U0738356

1993
2000

巴中地区
成立建设亲历者说

政协巴中市委员会　编

中国文史出版社
CHINA CULTURAL AND HISTORICAL PRESS

图书在版编目（ＣＩＰ）数据

1993—2000：巴中地区成立建设亲历者说 / 政协巴中市委员会编 . -- 北京：中国文史出版社，2023.8
ISBN 978-7-5205-4244-9

Ⅰ．①1… Ⅱ．①政… Ⅲ．①巴中—地方史—1993-2000 Ⅳ．① K297.13

中国国家版本馆 CIP 数据核字 (2023) 第 162427 号

责任编辑：梁玉梅

出版发行： 中国文史出版社

社　　址： 北京市海淀区西八里庄路 69 号院　邮编：100142

电　　话： 010-81136606　81136602　81136603（发行部）

传　　真： 010-81136655

印　　装： 北京新华印刷有限公司

经　　销： 全国新华书店

开　　本： 16 开

印　　张： 29.75

字　　数： 408 千字

版　　次： 2023 年 10 月北京第 1 版

印　　次： 2023 年 10 月第 1 次印刷

定　　价： 98.00 元

文史版图书，版权所有，侵权必究。

文史版图书，印装错误可与发行部联系退换。

谨以此书

献给巴中地区成立三十周年

《1993—2000：巴中地区成立建设亲历者说》编辑委员会

顾　　问：何　平　高鹏凌　李　映　喻在岗
主　　任：侯中文
副 主 任：温奇志　邱成平　马　婧　张　方
　　　　　秦　渊　黄拥军　王家富　罗　兰
　　　　　王俊岭
成　　员：王　荣　杨智慧　陈　中

《1993—2000：巴中地区成立建设亲历者说》编辑部

主　　编：侯中文
副 主 编：秦　渊
执行副主编：王俊岭　杨智慧　陈　中
编　　辑：纪彩萍　张万林　杨　海　屈心民
　　　　　向建明

前　言

　　三十年，说远也近，说近又远。远到或许就要遗忘，近到依稀可以听到当年的鼓角铮鸣。

　　三十年前的 1993 年，曾是川陕革命根据地中心的通（江）南（江）巴（中）平（昌）四县，迎来了历史上难得的发展机遇：7 月 5 日，国务院批准将其从原达县地区划出，设立四川省巴中地区；10 月 28 日，巴中地区正式挂牌成立，大巴山革命老区巴中的历史，从此翻开了崭新的篇章。

　　从 1993 年 10 月巴中地区成立，到 2000 年 12 月撤销巴中地区设立地级巴中市，七年多时间里，在党中央、国务院的亲切关怀下，在省委、省政府的坚强领导下，中共巴中地委、地区行署带领全区人民"宁愿苦干、不愿苦熬"，历经艰难困苦，坚持改革开放，谱写了一曲曲可歌可泣的创业奋进之歌，创造了闻名遐迩的"巴中经验"。巴中地区的七年，是拓荒兴业、承上启下的七年，是打基础、上台阶、发生历史性巨变的七年，不仅为建地设市三十年跨越发展奠定了坚实的物质基础，而且留下了极为宝贵的精神财富，在巴中发展史上具有里程碑式的重大意义。

　　今年是巴中地区成立 30 周年。为宣传巴中地区成立、建设的奋斗历程和巨大成就，赓续巴中历史，传承巴中精神，激励全市人民为建设"三市两地一枢纽"贡献力量，在中共巴中市委、市政府的领导和支持下，巴中市政协高度重视，主席会议多次专题研究部署并抓紧策划实施，2022年初正式启动采编工作，采访巴中地区成立、建设亲历者60余人，收集整理了大量录音录像资料，编辑形成了巴中地区口述史专辑——《1993—2000：巴中地区成立建设亲历者说》。

这是一部有血有肉的"巴中地区活历史"。巴中地区的见证者和参与者们以其"亲历、亲见、亲闻"的讲述，全面真实地还原了1993年至2000年七年多时间里全区人民改天换地、波澜壮阔的拓荒史、创业史和奋斗史，构建了朝气蓬勃、风清气朗的精神家园。其主要内容为四个部分：一是时任中共巴中地委、人大、行署、政协负责同志口述，主要讲述了巴中地区成立、交通大会战、池园经济、"五改三建"、扶贫攻坚和"巴中经验"等重大历史事件。二是时任县（市）负责同志口述，主要讲述了当年地县（市）同心共建新巴中的拓荒史。三是时任地级机关部门负责同志口述，主要讲述了贯彻落实地委和行署部署、发挥部门作用的奋斗史。四是社会知名人士口述，主要讲述了国有企业改革史、民营企业创业史、民主党派创建史和人大代表、政协委员履职史，等等。

三十恭铭建区事，铁血丹心写春秋。本次受访的讲述者现在均已退休，年龄最大者已有八十四五岁，他们一致称赞市委、市政府和市政协组织开展的巴中地区历史资料收集整理工作"非常及时，很有意义"。时任地委书记韩忠信说："巴中地区的历史非常珍贵，应当加强研究和保护。这本书是认识过去、服务当前、开创未来、惠及后世的重要历史记载，对传承人文精神、推进科学发展等方面都具有十分重要的意义。"时任地委副书记、行署专员李克明说："这个事情是该办的，存史资治，教化后人，功不可没。"时任地委副书记李开明说："这件事做得好！不忘巴中地区活历史，激励前行，促进发展。"时任行署常务副专员苟必伦说："你们做了一件非常有意义的事情。"

市政协秉持"存史、资政、团结、育人"的文史工作方针，已经开展巴中老红军、脱贫攻坚、西部大开发、巴中地区成立建设和经开区成立建设等口述史资料收集整理工作，还将继续搞好巴中地下党、撤地建市等亲历者口述，为讲好巴中故事、赓续巴中历史、建设文化强市贡献政协力量。

谨以此书，献给所有关怀巴中、热爱巴中、建设巴中和成就巴中的人们！

编者

2023 年 10 月

目录

韩忠信，男，生于1947年11月，山西垣曲人，中共党员。1993年9月至1997年3月，任中共巴中地委书记、地区人大工委主任。

巴中地区筹备工作领导小组组长。

万类霜天更自由
——巴中地区往事回顾

韩忠信

巴中是革命老区，红四方面军征战地，川陕革命根据地首府所在地，为中国革命的胜利做出了巨大的贡献。1993年7月5日，根据四川省委、省政府的报告请示，国务院批准设立四川省巴中地区，由原达县地区划出的巴中、南江、通江和平昌县组成，其中有两个县是国定贫困县，两个县是省定贫困县。当时全区农民人均年纯收入499元，不到全省农民人均年收入的60%；职工个人年均工资2600多元，为全省职工人均年收入的70%；320万人中有90万人处于温饱线以下；十年九灾，十灾九旱，是一个典型的多灾害的贫困老区，纯粹的"穷哥们"抱团发展，面临着重重困难。

1993年8月24日，中共四川省委批准成立了巴中地区筹备工作领导小组，任命我为组长，周登全为副组长，李克明、李开明、苟必伦为成员。9月8日，省委任命中共巴中地委领导班子组成人员，我任书记，周登全、李克明、李开明任副书记，苟必伦、宋仕珍、王吉安、梁廷寿为委员。10月28日，巴中地区正式成立，吹响了向贫困宣战的进军号角。

建区时很多事情记忆犹新，终生难忘。曾记得1993年9月21日，我和周登全、李克明、苟必伦四个人，早上7点从达县出发，乘坐已经跑了20多万公里的普通桑塔纳小车，冒着倾盆大雨向巴中进发，深夜10点多钟才到，李开明在巴中等候与我们会合。

第二天，筹备小组五人登上巴中南龛山，站在山头环望，巴中城四面临山，巴河依城而过。巴中怎么发展，发展的方向、发展的路径在哪里？大家一致认为，先分头调研，听听人民群众和各级干部的意见建议再做决策，之后筹备小组成员各自深入下去，开始请教干部群众。经过一段时间调研以后，国庆节就到了，然后我们就研究配备了部分地级部门负责人，开始筹备召开地委会议。

10月5日至7日，地委召开第一次扩大会议，初步提出30年至50年不落后的发展规划，明确了"狠抓基础、快上工业、活跃商贸、开发旅游"的社会经济发展战略，为巴中地区改革开放和经济发展奠定了一定的基础。

当时巴中的通信设备非常落后，电话通信根本不畅，用的是摇把子电话。交通十分落后，四县城镇乡村所有的水泥路总共只有30公里，其余全是碎石泥巴路，基础设施非常差。农业也属于基础产业，当然也是狠抓基础的题中应有之义。

巴中没有工业。我记忆当中，巴中只有南江县有一个铁矿、一个煤矿。巴中有一个罐头厂，还有一个齿轮厂和纺织厂，通江、平昌基本上啥工厂都没有。如果没有工业的话，巴中的经济也就上不去，富起来就很难了。从实际出发，办企业是势在必行之事，巴中地区本级没有一个企业，这在全国地级行政区中是"唯一"，独此一"家"。

巴中周边距离广元、汉中、安康、南充和达县都不远，位居中心地带，当时温州人在巴中县开办了很多市场。大家觉得巴中处于这样的一个优越的地理位置，完全可以成为一个商贸集散地。商贸活跃了，既培植了税源，还可扩大就业，方便人民群众的生产生活。

巴中四个县的旅游资源很丰富，全区森林覆盖率 40% 以上（现在是63%），生态环境非常不错，像一个天然氧吧，适宜养生养老。光雾山景区、诺水河景区，还有很多新的景区都是很吸引游客的，把旅游开发好了，等于开办了一个永久的不会亏本的大企业，这是天赐的摇钱树。

在这次地委扩大会议上，我们又在发展战略基础上提出了"三年打基础、五年上台阶、十年迈大步"的奋斗目标。打基础确定为三年，因为巴中边远落后，一穷二白，必须扎扎实实打牢基础，奠定基础设施，没有三年的功夫不行；在三年的基础上再稳步推进五年，这五年必定是经济发展的新台阶；有了三年五载的扎实努力再努力，两个五年发展的加持，经济实力进一步增强，十年迈大步就不是空话。现在回看，三年、五年、十年的奋斗目标都已实现，巴中革命老区的发展，迈出了实质性的步伐。

回顾三年打基础的岁月，非常艰苦。首先解决了通信难，以最快速度开通了全国直拨程控电话。"大哥大"、"二哥大"、市话比建区前净增容量1.8 万门，实现了无线寻呼联网，程控交换和数字传输的现代化通信网络已形成，使本区的邮电通信跃上了全省先进行列。其次是尽快完成了江北新区的总体规划，并开工建设。交通建设主要是修唐巴公路，当时动员了千军万马上公路，地委的领导都在公路上奔忙，解放牌鞋子都穿烂了好几双。有一位地委领导走路到施工现场督查，与民工一起干活，累得尿里出血。平昌县委书记蒋东生在工地与民工同吃同住同劳动，一次在危险施工地段摔了一跤，结果脑出血。地委从区外请来医生，全力抢救，使他脱离危险，恢复了健康。可以说，在修路施工中四县县委书记及其他领导都是靠前指挥，坚守第一线，既是指挥员，又是战斗员。基层干部和当地农民背着铁锅和铺盖卷，提着米面和青菜，有钱出钱，有力出力，很快把唐巴公路打通了，这就解决了瓶颈制约的大问题。接着又加紧施工，修了巴中到南江的二级水泥路，后来又修了巴中到通江和平昌的柏油路，通江县通往诺水河和达县的路相继由碎石路变成了柏油路。三年里全区改造了干线公路 430 多公里，新建二级路 222 公里，三级路 250 公里，水泥路、沥青路达 430 公里，新建大中型桥梁 62 座，出区出省交通大为改善。公路建设当时是得到了交通部充分肯定的，"平原学山东、山区学巴中"，这是当时交通部提出来的。后来有人问，当时为什么不修高速路？可知巴中建区时非常贫穷，财政基本为零，哪有钱修高速路？再说那时国家也不可能给巴中投资。只有先把迫在眉睫的路修通，才能够在这个基础上解决下一步发展的问题。

建区之初能源紧缺，用电紧张，三天两头停电，给生产与人民生活带来不便。地委研究提出了"引建结合、以引为主、水火并举、加强管理、注重效益"的电力发展思路，当时触动了地方上一些人的利益，他们百般阻拦，威胁我恐吓我。我们针锋相对，坚决斗争，终于把国家电网架到了巴中。

巴中地区的发展，得到了党中央、国务院和省委、省人大、省政府、省政协各级各位领导的人力支持。特别是时任的谢世杰书记、张中伟省长、杨崇汇副书记，对巴中支持非常大，他们多次到巴中视察，及时指明方向，解决难题，给了很多指导帮助。

谢世杰书记当时指出，巴中的问题是农业的问题，是"三农"问题。一定要把扶贫攻坚抓好，让农民富起来，让人们过上幸福的生活。"三农"工作特别是农村工作，地委是非常重视的。我们在 1996 年 3 月的全区农村工作会议上提出了坚定不移实施农业"四大工程"，确保粮食增产、农民增收。一是以治水改土为重点，加强农田水利基本建设。巴中是典型的干旱地区，十年九灾，十灾九旱，如果不能解决水的问题，农业要发展就很难，于是就学习邻居广元的经验，号召和帮助农民家家户户修微水池，抗旱保苗，解决人畜饮水问题，发展多种经营，仅此一项，累计增产粮食 36.2 万吨，户均增加收入 2804 元。二是以发展玉米生产为突破口猛攻旱作农业，1996 年全区种玉米 79.12 万亩，总产量达 3.65 亿公斤，比 1995 年翻了一番。三是以发展经济林为重点，力争实现以山富民，一年育苗 5125 亩，植树造林 30.15 万亩，"办绿色企业、建绿色银行"的热潮在全区兴起。四是以发展南江黄羊为突破口，牵着牛羊奔小康。1995 年黄羊养殖已从南江遍及巴中所有县（市），黄羊总数达 68.5 万只，全年畜牧业产值占农业总产值的 36.4%。用了三年时间，基本上家家有一个经济小庭院，有一个微水池，石板路铺到农民的家门口，饲养有猪、牛、羊和小家禽。现在看来是有些落后，但在当时应该说思路是对的，基本上让老百姓有饭吃、有衣穿、有房住、有钱花。

扶贫攻坚地委是一直抓在手上。为了解深山老林中乡村的贫困状况，我到过全区最边远、最贫困和最艰苦的地方。别人去过的地方我要去，别人没有去过的地方我更要去，先后走遍了四个县（市）的所有乡镇与近 1000 个村，体察民情，了解困难，解决问题。我去过南江和通江的麻风村。麻风病是传染性极强的疾病，人们谈病色变，这里曾是被遗忘的角落。我去这两个村慰问医护人员和病人，并和医护人员共进午餐。在调研中我提出"水路不通走旱路"，号召老百姓种玉米。南江光雾山下桃园镇原来种稻谷，一遇干旱颗粒无收，后来改成种玉米，亩产 1000 多斤。老百姓一下子不仅把粮食问题解决了，而且饲料问题也解决了，吃饭不成问题了，卖了玉米也有钱花了。

坚持依山致富。地委在通江召开了林业工作会议，提出把企业办到山上，开办"绿色银行"。地委、行署对全地区林业发展作出了规划，提出了要求，城市街道和公路两边种风景林，远山近山要发展用材林、水分涵养林和薪炭林，地坎田边栽经济林，形成了一套完整的林业发展思路，就是要巴中保持青山绿水，四季花开果香，有一个好的生态环境。

新区建设，当时我分工很明确。公路建设主要是周登全专员具体抓，江北新区建设是苟必伦常务副专员具体抓，提出在保证工程质量的前提下加快进度。江北新区那条街，从修起到现在 30 年没有大修过，质量非常好。当时江北大道规划是 45 米，后来改成 60 米，现在看来还是窄了一点，如果是 80 米就好了。当时有人写信到省上，说是街道修宽了，后来省上派人来查，查了以后说："这个 60 米窄了点，80 米左右才好，要为以后考虑嘛。"这算是解了扣子。当时我在会上批评了这种观点，我说再过几十年，你们看这条大道该修不该修，这个街道是宽还是窄?! 江北新区的建设很快，一夜之间高楼就林立起来了，奇迹般地，革命老区巴中这座崭新的城市展现在人们面前。很多人三五年以后到巴中去看，说巴中不像落后地区，站在王望山上往下看，像一个小香港。唐巴公路进入巴中城的西华山，是一个瓶颈。当时西华山那边的老百姓说，什么时间能够打个洞（隧道），我们钻过来，不要再爬山该多好！结果隧道打通了，他们终于实现不再爬山的梦想了，就从洞里直接到巴中城里来了。

江北新区建设时期，我们地区的领导经常亲临现场，了解情况，解决问题，督促施工，检查质量，寒暑无惧，风雨无阻。时任省委书记谢世杰首次视察巴中时，目睹了江北开发区如火如荼的建设场景，高兴地对我们说："新区开发进度快，质量好，你们做出了成绩。"

我们当年狠抓基础，扭住经济建设中心不放，全力以赴在通信、交通、新区开发、能源基础建设等方面大打攻坚战，打破了制约经济发展的"瓶颈"，打开了奋发图强的新局面，弘扬了"智勇坚定、排难创新、团结奋斗、不胜不休"的红军精神。要说现在的发展基础条件，那时是不能比的了。现在有机场，又有高铁和高速路，已经是四通八达。这是历史的进步，更是数届班子带领全区、全市人民奋斗的结果。

巴中新建地区之初，百业待兴，困难重重。巴中地处大巴山腹心地带，人们的思想观念有点封闭落后，地委认为办法总比困难多，只要解放思想、实事求是、精诚团结、开拓进取、扎实苦干，一定会把巴中地区的各项事业办好！为推进干部群众改变旧观念，树立新观念，以大开放促大发展，要求全区干部要善于从劣势中看到优势，要千方百计把劣势转化为优势，坚定发展的信心；要敢于冲破越穷越"左"、越"左"越穷的怪圈，凡是于国无害、于民有利的事，就坚决去办，而且坚决办好；要打破绝对平均、均衡发展的思路，鼓励条件好的农户、乡村加快发展，在竞争中求发展；

要敢于超常规、跳跃式发展，新建地区存在着千载难逢的发展机遇，一定要不失时机地抓住它，利用好。有了这些符合时代的新观念、新思想，就会为巴中的发展注入强大动力。后来，时任谢世杰省委书记、张中伟省长、杨崇汇副书记等领导同志都对巴中这种干法非常肯定。他们在通江召开了全省扶贫攻坚会议，正式提出了"宁愿苦干、不愿苦熬"的"巴中经验"，确定全省学习巴中。"巴中经验"不是我们自己总结的，是省委、省政府领导视察、考察巴中的工作以后提出来的。当时我们汇报，就是说"宁愿苦干、不愿苦熬"，没有说自己有什么经验。因为省委、省政府已经提出了"黔江精神"，就把我们定位为"巴中经验"，这是对我们的勉励和鞭策。

巴中地委、行署认真贯彻省委、省政府的决策和部署，努力地去干，干才能够改变面貌，干才能够创造幸福。现在看来，后来的历届领导班子都比我们能干，比我们干得好。只要大家一茬接一茬、一代接一代往下干，巴中的面貌必定会日新月异。

我记忆非常深刻的事情，是大家都是在非常艰难的情况下来到巴中干事创业的。当时没有地方住，好几个人挤在一间屋子里睡觉，领导和职工一样都在大食堂排队打饭，不搞特殊。当初在巴中县委招待所过春节，团年的时候，因为没钱，一块八毛钱的高粱酒都没有摆到桌子上。省委、省政府只给了700万元开办费，让我们新建一个地区，当时真是一分钱掰成两瓣来花，把钱都用在了刀刃上。省委、省政府，包括中央领导，对巴中都非常关心。省委凭政绩用干部，做到了论功行赏，我算了一下，巴中总共成长起来了九位省级干部。

毛主席说过，政治路线确定之后，干部就是决定的因素。巴中确定了社会经济发展战略，要靠人去干。一靠群众，二靠干部。新区组建，几十个部门的几百个职位备受关注。当时从达县地区分配来了一批干部，素质参差不齐，巴中四县也有很多干部想调入地区工作，思考再三决定实行干部试任制，凭政绩与表现决定取舍，并根据四县人口多少，按人口比例分配调入地级机关干部的人数多少，力争公平公正，调入人员必须严格按程序考察合格后决定使用。为调动干部干事创业的积极性，当时我们提出了"钢班子带铁队伍"，这个口号是喊得很响的。我们对干部要求严格，提出堂堂正正做人、清清白白做官、兢兢业业干事，只要不揣包包①，不出大格，就是好干部。什么是"格"？党纪国法就是格，不能出这个格，然后甩开膀子去干事情。对党风廉政建设，我们要求非常严格，逢会必讲，经常让大家提高警惕。新区工程项目多，专门成立工程招标站，一律向社会公开招投标，刹住了"回扣风"，杜绝了人情工程和关系工程。在巴中建区之初那三年多的时间里，干部违纪违法的现象基本上没有，只处理了几个干部。我们坚决支持政法部门依法办案，严肃查处了巴中市②法官徇私舞弊案。在抓反腐败时得罪了人，有人还给我寄子弹和恐吓信，但我没有惧怕。我们的乡镇干部和村干部都带头在公路建设施工现场和农民一起干活，有干部中午睡个懒觉被我发现，狠狠地批评了一顿。晚上我又把他叫来安抚安抚，第二天照样去干活。怎样把干部的积极性调动起来去谋事干事，这是地委非常重视的一个问题。按老百姓的土话来说，"不能又要马儿跑，又要马儿不吃草"。对干部既要严格要求，又要爱护他保护他。只要不出大格，不违反党纪国法，都要鼓励他认真地去干事情。后来，省委组织部发过通报，表扬了巴中干部队伍建设和班子建设的先进事迹。

在历届班子带领下，巴中的发展突飞猛进。仅以交通为例，现在巴中到成都十分便捷。当年我从巴中回省上开会，要走两天，第一天在南充歇一下，第二天才能到成都。现在车开得快点三个半小时，慢点四个半小时就到成都了。这几年我几次去巴中，每次去都能看到新变化，路边的老百姓住的房子很好，深山老林中老百姓的小别墅盖得都很漂亮，巴中人民已经过上了小康生活。现在巴中的变化发展速度，我很欣慰！

---

① 意为不贪腐。
② 本书正文中出现的"巴中市"，一般均为"县级巴中市"。1993年10月28日，巴中地区正式挂牌成立。同日，巴中县撤县建立县级巴中市。下同，不再注。如为地级巴中市，均另加注或另作说明。

我是 1997 年 3 月离开巴中的。从 1993 年 8 月省委任命我担任巴中地区筹备领导小组组长，到 1997 年初离开，我在巴中生活和工作了三年多；从 1993 年 10 月巴中地区成立，到今天 2023 年 10 月，弹指一挥间，已经整整过去了 30 年。人们常说，三十而立。新成立的巴中地区，乃至后来撤地设立的巴中市，刚好进入而立之年，进入了发展历程中最朝气蓬勃、奋进有为的美好年华。

我记忆之中的巴中，是一块红得天然、红得深沉的土地。每到金秋十月，光雾山的红叶，经霜而红，红色，是大自然赋予巴中的天然底色；巴中是革命老区，革命先辈的鲜血，染红了巴中的土地，红色，是后天赐予巴中的独特底蕴。巴中的红色文化、千年古迹和自然风光还养在"深闺"，美好的风光下还潜伏着积贫积弱的发展困局。要想打破困局，我和地委一班人决定加宽改造连接南江至陕西南郑的出川公路（简称二南路），以快上旅游、活跃商贸的决策思路，引入开放的"活水"，破解贫穷落后的困局！

1995 年刚进寒冬，海拔 2500 多米的南江县陈家山就冰雪封山。我和南江县商定成立了二南路指挥部，我兼任名誉指挥长。二南路最大的障碍就是翻越陈家山，陈家山的冬天到处是雾凇景观，银装素裹。但在她巍峨美丽的外表下，却潜藏着巨大的风险和危机。陈家山行路难，修路更难，冬天修路难上加难！有人说，冬天在陈家山修路简直就是修"天路"，修"天路"对修路人而言，就是一次困难与意志的对撞和较量！为了加宽改造这条出川路和旅游路，在修路期间，地区领导与沿途干部党员群众一起不畏艰难，与群众同筑"天路"。我记得当时在修路现场，有一位弓腰驼背的老人走到我们身边说，你们领导在这大雪天和我们一起修路，我活这么大岁数，还是头一次遇见哟！我问他，老人家，你多大岁数了，谁叫你来修路的？他说我今年 78 岁了，我是替我儿子来参加义务修路的，我家就住在陈家山下，我就姓陈，我儿子就在这条路上出了车祸，腰杆摔断了无法劳动，去年慰问贫困户时你还慰问过我们呢！

记得是 1996 年 1 月 9 日，正是三九寒天，在连日的强冷空气影响下，陈家山的冰冻导致全线交通中断。南江县的陈延荣书记对我说，山那边有两个乡的群众还在"鏖战冰雪路"。于是我决定冒险翻越陈家山看望修路人。受恶劣天气影响，我乘坐的越野车走走停停。一些人劝我说，前面的路更危险，不要再往前走了。我没听他们的，还是一路铲雪、清障、推车，坚持向前走。我们的车队在即将抵达桃园乡时，其中一辆车陷入了沟里，是村民来帮忙才将车开了出来。后来才知道他们中间有村干部也有党员，更多的就是普通群众。巴中人民淳朴善良，常常令我十分感动，有这么好的基层干部，有这么好的人民群众，有这么强大的民心后盾，我们有什么困难不能克服呢?! 真的谢谢他们!

空山坝是我一直难以忘怀的地方。她地处通江县北部山区，距巴中城100多公里。一场著名的空山战役，为川陕革命根据地的建立和扩大、为我们今天人民群众的幸福生活奠定了坚实的基础。这里是革命先辈曾经战斗过的红土地，也是先辈们给巴山人民留下的幸福源头地。这里是典型的山高地少的偏远山乡，一直是通信不通、交通不通，老百姓出行要步行到几十里外的两河口乡才能乘坐班车，许多人别说坐车，连车是什么样子都没见过。这里由于山路陡峭，除了偶尔拉木料的料贩子来过，基本上没有外地人涉足。在慰问期间，当地干部指着一块地方说，这里曾是空山战役的主战场，这棵核桃树是李先念和徐向前拴马的树，看到这棵树，就会想到革命前辈浴血奋战的情景。空山春秋云雾缭绕，夏天凉爽宜人，冬天银装素裹，雄奇秀拔的独特地理优势，使空山独具发展旅游的天然禀赋。我们和通江县委、县政府一起对空山的发展做了规划：加宽改造通往空山的通乡公路，让空山的老百姓早日在家门口坐上出行的班车；保护好空山战役遗址，建好空山战役纪念馆，让空山战役纪念馆成为启迪后人的红色教育基地；把空山打造成旅游景区和避暑生态疗养基地，让外地人到空山走一走看一看，感受一下空山不一样的景色，以旅游提升空山人气，以旅游致富空山人民。1995年和1996年连续两年，我都在空山与父老乡亲欢度春节。我看到开发空山的规划正在逐步实现，这里的路修好了，房子盖起来了。现在的空山坝非常漂亮，旧貌换新颜，是重庆人夏天度假避暑的胜地。李先念、徐向前曾经拴马的核桃树，现在叫"将军树"，依然挺拔矗立在那里。看到这棵树，更增强了我们把空山建设好的责任感。

1997年3月我调离巴中，周登全同志接任地委书记。我与登全同志朝夕相处、风雨兼程三年多，是人生的缘分使我们结下了深厚的战友情、兄弟谊。但是现在，包括周登全同志，还有原巴中地区行署副专员冉德玉同志，原地区人大工委副主任王思进同志，原巴中地委委员、巴中市委书记、行署副专员徐学明同志，原地区政协工委副主任李旭升同志，原地区检察院检察长向守万同志，这些曾经的战友，已经永远地离开了我们。在巴中地区成立30周年即将到来之际，我们格外怀念他们，并将永远铭记他们。

1997年，在那个春意正浓的巴中三月里，我告别了这片伟大而神奇的红土地、朝夕相处的战友、淳朴勤劳的人民，我的内心世界充满着无限的感动与感恩、无比的欣喜与欣慰、无尽的留恋与眷怀！我眼中饱含泪水，深深地热爱这片土地！

1994年10月，在巴中地区成立一周年的时候，地委办公室编撰出版了《跋涉中的辉煌》，我以《万类霜天竞自由》为题，衷心希望和祝愿新生的巴中地区在党中央、国务院和省委、省政府的亲切关怀下，抓住万物逢春、千帆竞发的好时代，不负时代赋予的时机和责任，"万类霜天竞自由"，以建立巴中地区为起点，书画巴中发展史上崭新的一页。

回忆巴中工作的日子，豪情满怀；

展望巴中未来的发展，信心倍增。

2023年10月，在巴中地区成立30周年即将到来之际，我谨以《万类霜天更自由》为题，衷心祝愿和祝福巴中人民在习近平新时代中国特色社会主义思想指引下，站在更高的历史起点，把握更好的历史机遇，利用更好的发展条件，在更有作为的新时代里，"万类霜天更自由"，开创巴中更加美好的明天！

周登全（1943—2021），男，四川达州人，中共党员。1993 年 9 月，任中共巴中地委副书记、地区行署专员。1997 年 6 月，任中共巴中地委书记。1993 年 9 月至 2000 年 9 月，兼任巴中地区政协工委主任。

巴中地区筹备工作领导小组副组长。

燃情大巴山

周登全

亮相新区

1993 年 8 月 22 日，四川省委通知韩忠信（时任达县地委副书记、组织部部长）、周登全（时任达县地委副书记、宣传部部长）、李克明（时任达县地委委员、政法委书记）、李开明（时任巴中县委书记）、苟必伦（时任大竹县委书记）五人赴省委受命。8 月 24 日上午，省委、省政府主要领导及省委组织部领导到会，向我们四个新地区（达川地区、巴中地区、南充市、广安地区）的筹备小组同志通报了国务院批准将原达县地区的巴中、南江、平昌、通江县单设建立巴中地区，将原南充市的广安、岳池、华蓥、武胜及达县地区的邻水县单设建立广安地区，并宣读了四个地（市）筹建小组名单。

巴中地区筹备组组长是韩忠信，副组长是周登全，成员有李克明、李开明、苟必伦。

我们五人小组在忠信同志率领下，于8月25日早上7点从成都出发，乘汽车直奔巴中县。由于交通状况差，600多公里路程就走了长达15个小时，晚上10点才抵达巴中县委招待所。

8月26日，筹备组在巴中召开了巴中、南江、平昌、通江四县党委、人大、政府和政协几大班子全体成员会议。会上忠信同志通报了国务院批准建立巴中地区的决定，宣读了巴中地区筹备组名单。我向各县讲了一些工作要求。

会后，我们立即投入筹备工作。忠信同志率我及克明回达县地区抽调赴巴工作人员，按照老、新地区划分的基本原则，我们及时抽调了50余名去巴中的干部参与新区筹建。接着，由省政府副秘书长雷喻义为组长的工作组，在达县地委召开了达川、巴中两地筹备组负责人会议，进一步明确和落实两地人、财、物划分。

初建巴中地区，百事待举。320多万人口的四县全系贫困县，南江、通江为国定贫困县，巴中、平昌为省定贫困县，是一个集老、边、山、穷为一体的连片贫困新区。由于历史及地理的多种原因，曾经为中国革命做出杰出贡献、被誉为"第二大苏区"的四个县，还未能解除贫困。老百姓穷，农民人均年收入不到600元，有110万也就是三分之一的农民还处在贫困线下；财政匮乏，四县财政收入不到1亿元，人均仅30多元，是当年全省20多个地市州人均财力最少的地区；全地区没有一条上等级的畅通公路；电力紧缺，城市里还时不时用蜡烛照明；通信，还是手摇式接转电话；农业上遭遇特大冷冻灾害，粮食大减产，还是靠省委、省政府的特别支持才让老百姓渡过难关。

9月8日，中共四川省委组织部通知：省委决定，韩忠信任中共巴中地委书记，周登全、李克明、李开明任副书记，苟必伦、宋仕珍、王吉安、梁廷寿任委员。王吉安任地委组织部部长，宋仕珍任地委纪律检查委员会书记。

9月19日，四川省人民政府第十三次常务会议决定：周登全为巴中地区行署专员，苟必伦、冉德玉、郭孝友、刘宗寿为副专员。

9月底，我们召开了第一次专员办公会议，按照地委的安排部署，本着轻重缓急原则，对年底前及今后五年的工作进行了研究，部署了当前应着重抓好的几项工作：一是年底前帮助巴中县完成程控电话的开通；二是集中人力、物力搞好公路建设；三是年底前帮助巴中县搞好江北新区的规划报批方案，做好"三通一平"的施工准备工作，争取3—5年新区建设粗具规模；四是协助巴中县及有关部门立即着手制定22万伏输电网路建设的准备工作，争取2—3年完成国家投资建电网的任务。

10月5—7日，中共巴中地委召开第一次扩大会议，地委、行署及各县四大班子、地级机关各部门负责人100多人参加。地委书记韩忠信作了《坚定地以建设有中国特色社会主义理论为指导，为加速推进大巴山老区改革开放和经济建设而努力奋斗》的主题报告。大家围绕报告座谈讨论，群策群力，形成了"三年打基础、五年上台阶、十年迈大步"的奋斗目标，确立了"狠抓基础、快上工业、活跃商贸、开发旅游"的经济发展总体战略。

会上，每位地委委员、人大工委副主任、行署副专员、政协工委副主任分别讲话。我以《振奋精神开拓进取艰苦创业，为建设老区振兴巴中建功立业》为题，就新区经济建设等讲了总体意见，着重强调了两点：一是加强理论修养，提高自身素质，当好人民公仆；二是集中主要精力，狠抓当前工作，打好发展基础。

打好基础

作为地委副书记、行署专员，忠信同志的主要助手，我主管经济工作和新区开发。在此期间，我感到自己对巴中人民的最大贡献有三点：

在抓基础建设的思路上，我大胆提出了"修公路就是办企业"的观点，在实践中逐步被认可。在巴乐公路的艰难改造中，先后40多次赴现场解决房屋拆迁、民工组织、资金筹措等问题。碎石机严重不足，62公里公路铺设要求在半个月内完成，实属不易。我提出发动群众打人民战争，碎石机不够用人工。1996年腊月中旬，巴中、南江两县组织了上千农民到公路边打碎石，每个劳力完成1—2立方米的碎石任务，验收合格后当即发给现金，几天时间就砸碎石6000多方，半个月内完成了全程62公里泥碎石的铺筑。在巴乐公路新建的15座大中型桥梁建设中，组织10多个工程队上路，一座一座桥梁地定标、议标、竞标、确定工期等，两天时间完成招、议标任务。施工中特别是在农忙时，我们帮助组织农村劳动力，由乡村领导带队，完成分配的石工、抬工等任务，支付现金。采用这种方法，不仅使一条60多公里的泥碎石路短期内建成，而且全面完成了15座大中型桥梁建设。这一示范性工程，可以说对全区所有基础建设都起到了积极的影响作用。

着眼长远，我提出并引导各县（市）统一思想，积极争取国家电网进入巴中。由于地理及历史等原因，原达县地区的通、南、巴、平四县电力紧缺，各县都在努力解决自己的能源问题，建电站，引进自己方便使用的国、地电网积极性很高。巴中市已基本完成仪陇至巴中的110千伏电网建设，南江县正准备与广元连接，通江县已着手与陕西毗邻地区连接，平昌县一直想利用自己的水资源建剪刀垭电站。这些举措有可能使全地区能源得到缓解，但从长远来看，还不能从根本上解决用电问题。在这种情况下，我们提出了"引建结合、以引为主"的电力建设方针。一方面向省水电厅汇报，希望省水电厅理解巴中的特殊情况，允许巴中引进国网并继续支持巴中地区各县（市）的小水电建设。另一方面我们积极向省、国家电业局汇报，希望尽快在巴中建立机构，用以支持巴中电力建设。当时巴中地区用电量很低，国网要拉线到巴中，投资大，效益几乎全为亏损，所以省电业局不愿意或者说不很积极支持巴中建立电业局。通过努力工作，1995年

8月4日建立了巴中电业局筹备小组，由于多种原因，省电业局迟迟未将筹备小组转建为局。对此我们不等不靠，用自力更生的行动去争取省电业局进入巴中。通过给四县（市）做工作，与巴中电业局筹备小组共同努力，自力更生筹款借款，首先架通从达川至平昌的110千伏电网，紧接着筹划引进22万伏电网建设。经过艰苦工作，统一了各县（市）的思想，争取了巴中电业局在1998年8月26日正式建立。总投资1.2亿元的22万伏输变电站，也于1998年8月中旬在巴中市兴文建成。

在加强农村基层组织建设中，我提出一定要注重选好村支部书记。现在劳动积累工、民勤义务工虽已取消，但在成立巴中地区的前几年确实起到了不可磨灭的积极作用。改造省干线公路，我们变通地提出了向农民借工，总工日不超过劳动积累工和义务工规定。整个干线公路改造的70%主要是老百姓投工实现的，激发了国家支持、银行贷款，三年内全部实现柏油路或水泥路面。据1998年统计，全区干线公路改造投资6.9亿元，其中争取补贴1.2亿元，贷款2.3亿元，劳动力借工折资就高达3.4亿元。四年时间，农民为水利建设投工1.14亿个，折资9亿多元。劳务输出由1993年的28万人增加到55万人，四年收入45亿元。另据统计，到1998年，全社会固定资产总投资34.41亿元，其中国家无偿投入3.5亿元，占10.2%；贷款6.55亿元，占19.0%；农民、居民投入达24.35亿元，占70.8%，其中80%以上是农民投资或投劳折资。

在任行署专员的三年多时间里，我与副专员们团结协作，紧密围绕地委的战略决策，立足巴中实际，尽职尽责做了一些工作，称职地履行了一个专员应尽的职责。在《四川日报》关于"巴中经验"的报道中，忠信同志评价我，"是一位得力的好助手，是一个称职的副班长，是一位合格的好专员"。我为此感到高兴和自豪。

再上台阶

1997 年 3 月，地委书记韩忠信被派往国家检察官学院培训。四川省委决定，在忠信同志培训期间由我主持地委工作。其间，省委组织部一行人来巴实地考察，听取了县（市）及地级机关上百名干部职工意见后，考察组长刘兴莲等人在与我交换考察情况时说，对你个人的意见是："调查中一致好评，政治素质好，能够联系巴中实际创造性工作，头脑敏锐，协调能力强，基层经验丰富，能吃苦耐劳，思路开阔，勇于开拓，有魄力，处事果断。重视听取意见，重视调查研究。当专员很注意维护地委和地委书记的领导权威，维护团结，当好助手。没有以权谋私行为。"

1997 年 7 月，省委组织部副部长彭柏林来巴中宣布省委决定：周登全任中共巴中地委书记，李克明任巴中地区行署专员，卢耸岗任巴中地委副书记，殷长任巴中地委委员、地区纪委书记。

担任书记不久，我被选为中共十五大代表，1997 年 9 月中旬，出席了在北京召开的中国共产党第十五次全国代表大会。

我主持地委工作时，把巴中区情定位在"初级阶段的初级时期"，由此大胆开展了一些探索和改革，不断给"巴中经验"锦上添花。

在所有制上，提出了构建以非公有制经济为主的区域经济结构。根据巴中现状，我认为应当狠抓非公有制经济的发展壮大，大胆鼓励个体私营经济发展，鼓励集体乡镇企业、塘园库站改制，使之充分发挥效益。并对个体私营经济发展的环境做了重大探索，实施了"六统一、一监督"，所有收费办证等均在一个大厅办理，使管理更加规范，"三乱"得到遏制，个体私营经济得到快速发展，经济总量及对社会、国家贡献的比重大增。

在产业结构调整上，从巴中的实际出发，我大胆提出了"深度开发一产业、加快发展三产业、积极促进二产业"的产业结构方针，提出要跳出"无工不富"的思维定式。巴中的农业任何时候都是重点，要充分发挥巴中空气好、水质好等生态优势，逐步形成无公害、无污染的粮、果、畜拳头产品。在第三产业上，主要以光雾山、诺水河为主的自然景观及历史、红军文化等优势，加快发展旅游业。在第二产业上，主要是搞好企业的改制和发挥龙头企业的骨干带动作用，把主要精力放在发展乡村、个体私营等加工企业上，提出了"千万个小就是大"的企业发展思路。我当时指出，在巴中，除国家重点支持、且科技含量较高的企业可以引进兴办外，其余原则上不忙于自己办大的工业企业。

把扶贫攻坚重点放在农民的生产、生活条件的改善上。通过多年的经验积累，我们在扶贫攻坚中提出了把公路修到村社、把石板路连到农户，帮助他们解决生产生活困难。探索出了"井池园机"配套（打井、建池、建庭园、推广小型机械）、"种养加运"结合（种植业、养殖业、加工业、运销业）为特色的池园经济模式，把"五改（改土、改井、改厨、改圈、改厕）三建（建池、建园、建家）"[①]作为扶贫攻坚的重点，一批一批地推进文明新村建设，很快使不少地方面貌大改观，生产生活环境条件发生了"一步跨百年"的变化。

在巩固发展"巴中经验"中，地委、行署领导成员不断解放思想，大胆探索，勇于实践，在二轮交通会战、文明新村建设、落实"六统一、一监督"改革、城镇建设和管理、能源通信的更大发展、基层组织建设的深化等各个方面都迈出了新的步伐，不仅使"巴中经验"得到巩固，而且有了很大的丰富和发展。

1999年1月，省委书记谢世杰一行到巴中视察了四个县（市）后，对巴中的工作给予了高度评价。他说："看到巴中地区的发展和日新月异的变化，越看越想看，越看越高兴，越看越振奋。看到巴中就看到了贫困地区的希望，看到巴中就看到了共产党的威望，看到巴中就看到了人民公仆的

---

① "五改三建"初创时，地区和各县（市）提法不一，在成为"巴中经验"的过程中提法逐渐统一规范。

好形象。"

国务院扶贫办主任高鸿宾一行来巴中视察后，说巴中是"艰苦的条件，创造性的工作，一流的水平"，"有资格成为全国扶贫攻坚的一面旗帜"。

省委、省政府于 1997 年 12 月在巴中召开一年一度的第十三次全省扶贫工作会议。1998 年应由毗邻市承办，因当年的工作等原因，决定推延到 1999 年召开。由于巴中工作突出，省委、省政府又临时改变决定，确定 1999 年 4 月的第十四次全省扶贫工作会议仍然在巴中召开，继续推广"巴中经验"。

在第十四次全省扶贫工作会议上，谢书记作了题为《学习巴中经验，推广巴中经验，打好扶贫攻坚总体战》的报告。报告强调指出："学习巴中经验，就是学习他们自力更生、艰苦奋斗、苦干不苦熬的精神；学习他们坚持不懈抓扶贫、真抓实干求发展的工作作风；学习他们善于因地制宜，坚持从实际出发，找准一条适合自己区情的发展路子；学习他们解放思想，看准了的事情就敢于决策、大胆探索，下决心一抓到底，抓出成效。"

接着，国务院扶贫办、中组部、财政部、农业部联合在巴中举办了四期贫困地区县级主要领导干部培训班，全国 21 个省市区的 416 个县的1200 多名县级以上领导干部来巴中参加了培训。

国务院扶贫办给巴中地委、行署赠送了"扶贫攻坚的典范"匾额，来巴学员赠送了"扶贫攻坚的旗帜，实事求是的楷模"锦旗。

2001 年 3 月 17 日，时任中共中央政治局委员、书记处书记，国务院副总理温家宝来巴中视察两天、听取汇报后讲：我这次来巴中，看到巴中近十年来发生的巨大变化，给我的印象，巴中确实是全国扶贫攻坚的一个典型，一个成功的典型。巴中所创造的经验，对于全国的扶贫攻坚工作都具有示范意义。巴中的经验最根本的有三条：

第一，就是艰苦奋斗。用巴中干部群众的话来讲，就是苦干实干，苦干实干改变面貌，促进发展。没有巴中干部群众多年的艰苦奋斗，就没有巴中今天的发展变化。巴中的成绩是干出来的。我觉得这是非常宝贵的一条经验，也是要继续发扬的一种精神。

第二，从巴中的实际出发，闯出一条发展的路子。如"五改三建""池园经济"，就是所谓修路、治水、改土、建园，井池园机配套，种养加运结合，这都是从巴中实际出发摸索出来的一条成功的路子。所以从实际出发，走自己的路，这又是巴中一条宝贵的经验，也是巴中继续发展必须坚持的一条原则。

第三，巴中有一个坚强的领导班子，有好的党委、政府，而且多年来坚持不懈地抓各级领导班子建设。所以巴中干部的精神是振奋的，群众的精神也是振奋的，因此整个巴中的干部群众都充满一种昂扬向上的精神，克服困难、自力更生、艰苦奋斗的精神。坚强的领导班子是巴中改变面貌的根本保证，也是今后巴中继续发展的根本保证。①

我主持地委工作，通过几项重大决策的贯彻实施，有力地推动了全区各项工作持续、快速发展。大胆以非公有制经济为主体构建区域经济结构，全面推进"一卖二租三股"为主要形式的产权制度改革，行动迅速、影响很大，成为省委第七次党代会新闻采访的热门话题。推行"六统一、一监督"一站式服务，在省内外引起了强烈反响，得到了国家和省领导及有关部门的充分肯定和高度评价，省政府、省纪委联合在巴中召开了全省收费管理现场会。国家计委特派员来巴中实地调查后，向国务院总理、副总理、国务委员的报告写道："巴中地区'六统一、一监督'是治理乱收费工作的一个创举，切实把治乱、减负和反腐倡廉落到了实处。"大力发展独具特色的池园经济，成批推进文明新村建设，全面加快扶贫攻坚步伐，使第十三次、十四次全省扶贫工作会议变成了推广学习巴中精神、推广巴中经验的现场会。深化农村基层组织建设路子新、效果好，迎来了全省基层组织建设工作会和四川省首届贫困县领导干部培训会在巴中召开，中组部将这一

---

① 摘自《巴中日报》2001 年 3 月 23 日第 1618 期头版头条《中共中央政治局委员、书记处书记，国务院副总理温家宝来我市视察》。

做法转发到了全国各省、市、区推广。及时将基础建设的重点转移到能源建设、乡村公路改造和小集镇、文明村建设上来，掀起了全区基础建设的又一轮创业高潮，全省山区公路建设现场会和全省建委主任工作会也先后在我区召开。大抓旱地改制和农业科技，赢得了全省农村大春生产现场会在巴中召开。可以自豪地说，几项重大决策在实践中都干出了特色、干出了成效，赢得了上级领导和有关部门的赞赏，推动了全区各项工作的健康持续发展，用实绩巩固和发展了"巴中经验"。

省委组织部一位老部长来巴中视察后讲：这次我来巴中主要是想看一看、听一听，了解一下"巴中经验"还有否发展。我看了不少地方，越看越高兴，一直处于兴奋状态。我是 1996 年下半年来过巴中，没有想到短短一年多时间又发生这样大的变化，可以说你们全面丰富发展了"巴中经验"。

巴中卓有成效的工作，主要来源于四个方面：一是得益于巴中地委、人大、政府、政协几大班子的团结战斗，每一位领导成员都是在尽职尽责、兢兢业业工作。二是得益于省委、省政府特别是谢世杰、张中伟等领导的特别关心和支持，国家及省扶贫开发办的支持与帮助。三是得益于忠信同志抓住建立新区机遇，率领地级几大班子和干部解放思想、苦干不苦熬，创立了"巴中经验"，给巴中地区打下了良好的工作基础。四是得益于广大干部群众对红军精神的继承发扬，这种自力更生、艰苦奋斗的精神赢得了支持，取得了辉煌成绩。

刻骨铭心

1995 年 1 月，一个星期天的上午，我刚从美国参加培训返回，还在时差调整中，考虑到较长时间未到公路建设工地，便去恩阳镇的唐巴公路改造段视察。午饭后，我准备返回机关休息，突接通知，韩书记要我随同去巴（中）仪（陇）路察看，随即去了下八庙乡。当大家准备从巴中与仪陇交界处返回巴中的时候，我走到离下八庙乡街道100多米的工地上，突然感到眼花缭乱，呼吸困难，脸色苍白，心里极为难受。

看到这种状况，不少同志很快围到了我的身边，有的人给我掐人中，有的人急忙跑到乡医院请医生。一些人将公路边一户老百姓家的门板取下，用被子垫上，将我抬到下八庙乡街头一家饮食店老板的床上。医生问了病情后，给我开了治感冒和肠胃病的药。我睡在床上，感到一切正常。考虑到我发病不轻，需要观察，大部队在韩书记带领下连夜返回巴中。

晚上8点钟左右，我吃了一碗稀饭，感到肠胃不好，急忙到厕所，可拉的全是"水"。便后我坚持站起来，但突然昏倒在厕所地板上。护理我上厕所的同志急忙将我扶起，这时我已感到自己不行了，上气接不住下气，心里特别难受。从厕所到我躺的床，仅10多步远，但我非常艰难地被扶着回到床边，可一倒床睡下，就没有难受的感觉了，而且头脑清醒。这一状况引起了巴中市交通局局长赖祯俊、纪委书记罗泉育的警觉，他们用电筒到厕所一看，吓呆了，发现我拉的全是血。

这时乡医院医生才认定，我不是感冒和肠胃问题，疑是胃出血。胃出血，乡医院是无能力解决的。于是，老赖急忙用电话向地委汇报我的病情。韩书记得知后，指示巴中市医院院长带队，前往下八庙乡对我进行抢救性救治。由于我不知自己的血型，院长、副院长、主治医生带上各类血型的同志一道乘车到下八庙乡。一路上因修路只能走便道、弯路、机耕道等，50来公里路程，从晚上10点钟左右出发，到第二天凌晨5点多钟才赶到。

医生们走拢立即实施检查，可幸的是，检查中发现我的体温、血压正常，只是出血太多。医生没给我告知病情，我自己也没多想。早上7点多钟，他们将我抬上一辆中巴车，垫了几床被子，把我放在中巴车走道上让我平睡。车里坐着医生、护士及几位工作人员。行进中，车里一片寂静，医生们非常严肃，尽量与我少说话或不说话，怕再度引起胃出血。

韩书记率领一些干部和工作人员，前往离巴中市20多公里远的恩阳镇接我。到市医院住院后，对我实行全面检查，这时医生才告诉我病情是胃出血。为了更快更好地给我治病，地委还特地邀请达川地区人民医院副院长任万武一行几位专家，来巴中给我观察治疗约一个星期。在他们的亲自指导下，巴中市医院精心治疗和护理，我很快得以恢复。

这次生病，我看到了地委几大班子成员对我的关心，达川地区人民医院领导及几位专家的深情，下八庙乡领导、农民、饭店老板和普通群众对我的照顾，还有不少地级机关干部听到我拉血的病情后，连夜从各个方向往下八庙乡走去。有的同志通夜步行到达，途中连晚饭也未吃上，有的同志把车跑坏又另找车前往，有的同志不顾一切前来为我服务，千方百计为我的治疗不停地想办法、出主意。

所有这一切都给了我极大的鼓舞，给了我很大的安慰，我感受到与同志们友好相处的情感价值。权力也好，金钱也好，哪能与金子般的友谊相比！我感到人间总有真情在，对人真诚，自己也一定能在别人的真情中享受到无限欢乐！

（据周登全《激情年华》整理）

李克明，男，生于 1944 年 9 月，四川通江人，中共党员。1993 年 10 月，任中共巴中地委副书记、党校校长。1997 年 7 月，任中共巴中地委副书记、巴中地区行署专员。

巴中地区筹备工作领导小组成员。

最有纪念意义的几件事

李克明

我准备讲述这样几个情况：一是巴中地区筹建的大致情况，二是谈一下巴中地区建立后，创立"巴中经验"这一时间段里几件最有纪念意义的事情。我的体会有这么几点：一是要致富，先修路，这是一个最大的亮点；二是池园经济和"巴中经验"誉满全国；三是钢班子带铁队伍；四是那时我作为第九届全国人民代表大会代表，提了三条建议，件件有着落，现在都变成现实了。

巴中地区筹建情况

1993 年 7 月 5 日，国务院正式批准建立巴中地区。接着 8 月 24 日，省委决定建立巴中地区筹备工作领导小组，韩忠信同志任组长，周登全同志任副组长，我、李开明、苟必伦为成员。省委就把我们五个人召到成都去谈话。

省委书记谢世杰就讲，巴中是革命老区，又是贫困地区，设立巴中地区的目的就是让巴中发展得快一点。但是省里面也有困难，给你们700万元补助，人头经费和相关的资产从达县给你们划拨。最后他说了一句，路子怎么走，靠你们自己去闯。我体会到他的中心思想就是，要我们自己去闯路子。

带着这个使命，我们五个人回到达县，在地委招待所找了一批房子作为临时办公地点，就开始了筹备工作。筹备工作，干了一些什么事呢？干了三件事。第一件事，就是拟定地级领导班子成员建议名单，就是几套班子嘛，地委、人大、行署、政协和纪委。领导班子的人选报省委批，我们只有建议权，没有决定权。第二件事，从达县分割人、财、物。所谓人，就是行政编制，给我们划530个行政编制，以及相应的人头经费。所谓财、物，就是相关的资产，经过协商，就把达县地委招待所、成都办事处新建的这两处资产划给巴中。其余各单位按照相关的规定，按照划拨的人员分割相应的资产。我觉得数量最大的大概有五十几台汽车，主要就是工作用车。第三件事，就是干部的调配、工作班子的搭建。要求尽快把地委、行署工作班子的"四梁八柱"搭建起来，人员从达县调，不足的就从本地区（巴中）四个县来选调。这个任务大概花了月把时间就完成了。

这样就到了9月8日，省委决定建立巴中地委；9月13日，省政府决定成立巴中地区行署。这两个班子就正式成立了。

筹备组的任务，就是继续抓好地委、行署挂牌成立的筹备工作。到10月28日，地委、行署挂牌成立。

地委、行署挂牌成立过后，立即开展紧张的工作。什么工作呢？就是巴中如何发展，走什么路子，突破口在哪里？这就要我们做决策。所以地委、行署一班人就决定深入基层，深入群众，叫作"访师问计"。所谓访师，就是拜群众为师，群众是真正的英雄；所谓问计，就是巴中究竟怎么发展，听听群众意见。这样又搞了一个多月。

10月份召开了巴中地委第一次全委扩大会议。在这个会上，正式提出了发展的目标，叫作"三年打基础、五年上台阶、十年迈大步"，当然还提出了"狠抓基础、快上工业、活跃商贸、开发旅游"这个战略。这个大会的召开，标志着巴中地区班子的组建、工作机构的组建完成了，正式的建设开始了。

巴中如何建设，从哪里起步？大会以后，韩忠信同志就带领地委一班人，首先到巴中县川陕革命根据地博物馆，到通江王坪红军烈士陵园——那是1934年红四方面军建设的一个烈士墓群。当时那个地方埋葬了将近8000位烈士，因为红四方面军总医院在那个地方。接着又到了红军精神"四句话"的发祥地——通江县毛浴镇。1934年红四方面军总政治部在毛浴镇召开了全军党政工作会议，提出了"智勇坚定、排难创新、团结奋斗、不胜不休"的训词。我在通江工作的1990年，就在那儿开了一次政工会议，是以县委的名义开的。当时我是县委书记，明确提出把这四句话作为红军精神来继承发扬。同时，把这个也报告了达县地委宣传部、四川省委宣传部，他们表示同意。所以从1990年以后，通江县就掀起了一个学习宣传红军精神的热潮。

地委、行署建立后，韩书记看过后说，完全正确，我们全地区就按这个精神办。当时，韩忠信同志就讲，当年红四方面军入川的时候仅14000余人，那么大的困难，但是经过两年半的奋斗，红军发展到8万余人，根据地扩大到22个县，成为毛泽东同志表扬的"全国第二大苏区"。靠什么？靠这四句话，就靠智勇坚定，靠不胜不休。今天，我们巴中面临的情况比那时候好得多，我们应该更有信心、有决心奋斗个三五年，使巴中地区来一个天翻地覆的变化。这是当年韩忠信同志拍了胸膛的。

当时的专员是周登全同志，他积极赞成拥护。他说，为了实现韩书记这个目标，我们巴中地区就是要上下一心，团结一致，实现"超常规、跳跃式"的发展。这是他当年提出来的。其他各位领导都坚决拥护地委、行署这个决策。巴中地区要实现省委谢书记讲的"发展快一点，脱贫致富"，就要用这个红军精神来武装自己，百折不挠，实现超常规、跳跃式的发展是可能的。

到此为止，筹备工作就结束了，发展目标也定了，下面就是具体实施了。

要致富，先修路

地委、行署建立过后，在"访师问计"当中，我们深刻感受到巴中这落后那落后、这困难那困难，交通落后是最大的困难。当时，四个县（市）没有一条水泥路、柏油路。公路有几百公里，大多数是等外级的碎石路面，所以说交通落后是制约巴中发展的主要矛盾。因此我们的突破口就应该选在突破交通瓶颈上，用群众的话说叫"要致富，先修路"。那时候通江、南江山上很多大队（村）都不通公路，老百姓盼啊盼啊，就盼一条公路，管它好路差路。要攻破这个难关，就要排除万难，就需要红军精神。所以从上到下动员，在全区掀起第一轮交通大会战。主攻方向是哪里呢？首先是打通出境路，重中之重是唐巴路。唐巴路是通往省城的要道，当时的路面等级很低，大概是一个三级路面。成都到巴中，汽车一般都要走两天，中间还要在南充、盐亭、广元这些地方住一晚上。我们那时候到成都来回都是四天，去两天，回来两天。

那么目标定了，主攻方向、重点也定了，下面就是干了。修建唐巴公路，是以当时的县级市巴中市为主。大概就是双抢过后，秧栽过后，调了两万多名民工，口号是"县、区、乡、大队四级书记上阵，大战唐巴路"。那时候没有什么机械，我记得全路只有一台手扶拖拉机，全部靠人工。人山人海，从巴中城到下八庙这一段路上，站满了人。那时候是酷暑天，每天都是36度左右。

我讲几个故事。劳力全部上齐后，群众干劲也大，但是困难也大，包括吃、住、用都是问题。比如，钢钎二锤、运输工具都缺，连手锤都缺。韩忠信同志为了鼓舞士气，带领地委一班人，决定从县城到恩阳，步行20公里，沿路逐个工地慰问民工，鼓舞士气。我记得我们有两个地委委员经验不太足，盐开水喝少了。那时天气很热，三十五六度，都是沿着施工现场走。路又不那么好走，尽是石头和乱石坑。结果走到恩阳，这两个同志晕过去了，赶快用盐开水抢救，然后在通风地方纳凉，才苏醒过来。群众看到地委书记这样冒着烈日来看望他们，说一定要在一年之内把这个路修好。说到做到，不胜不休。

第二个是专员周登全，他步行50多公里，把施工现场走了个遍，走到下八庙天就黑了，突然发病，急病。那时候公路又断了，汽车进不去，开不出。为了抢救他的生命，大家就是用门板搞接力赛抬到巴中医院的，你看那时候好恼火（困难）嘛！为了加快巴中到广元公路的建设，韩忠信同志亲自带领地委一班人在沙河参加劳动，就是铺块石做基础、担块石做基层，搞了一天，对沿途的民工鼓舞很大。

还有一个故事是关于平昌县委书记蒋东生的。他在坦溪工地指导工作，已经很累，天气又热，摔倒了，重昏迷，三天没有醒，当时在平昌县医院抢救。地委决定千方百计抢救蒋东生。第一种方案是给成都空军汇报，请求直升机支援，送到成都军区总医院。但是后来他们一联系，不好实施，风险太大。因为他三天没有醒，万一在空中出了事，不好处理，所以作罢。地委又决定向达川求援，请达川地区医院派出专家来支援，中午联系，下午就到，来了三位医护人员，由院长带队，在那儿守了三天三夜。结果到第五天苏醒过来了，把蒋东生这个县委书记救活了。这件事对修路民工是一个鼓舞，更重要的是对干部的教育鼓舞。就是说，组织上对干部是关心的、爱护的，大家一定要努力工作，不怕困难。

还有一个故事是关于南江的。陈家山海拔将近2000米，要在高空地段修一条水泥路到汉中。在铺路面的时候，恰逢天旱，几个月不下雨，没有水。是停工还是继续干？那时候南江县委书记是陈延荣同志，决定要排除困难，还要干。怎么干呢？就是组织汽车在南江河里拉水。上山是 20 多公里，铺几十公里公路的水，水泥路面的耗水全部是从南江河里拉上去的。那要下很大的决心才行。

讲到修路，再讲一个城里的故事，就是修巴中三号大桥的故事。巴中老城区是巴中市的办公区域，地委、行署决定开发江北作为地区的办公区域。但是需要一座桥，叫三号大桥。当时我就在联系这个项目。当时设计的是多宽呢？ 22 米宽，这在巴中历史上是没有的。过去修桥最多十四五米，没有修过 20 米以上的石拱桥。钱哪里出呢？没有，自筹。城市里的桥，只有城市维护费解决。

修桥当中碰到两个大问题。第一个是围堰。这个主桥墩在什么地方呢？主桥墩在老龙潭。根据河的位置，主桥墩必须放在这个位置，它是根据水流来测定的。多深呢？ 9 米深。如果是请国家队来做这个围堰，开价 300 万元。当时我们整个桥的预算才 300 万元，你一个墩就 300 万元，请不起！怎么办？土法上马，拼凑了 1000 多人背沙袋，用沙袋来围堰。堆了 100 万条沙袋，就把老龙潭围了一个圈，然后把水抽干，下墩来造桥。好，围堰做起了，当时我最害怕垮。9 米高是靠沙袋堆起来的，那么一个沙墙能不能挡住水？那个工程师叫邬学德，他说，李书记你放心，你只要按我画定的图来堆放沙袋，没有问题。他说，沙袋本身有一个重量，9 米高，起码是几十吨的压力。他说只要坡度放够，上面的水冲不垮它们，更主要的是，圈内一抽水，堰里泥巴里面的水就要被挤出来，越挤水，泥巴越坚硬，越有力量去挡水。他说你放心，你按我设计的图纸把 100 万条沙袋堆够，没得问题。堆码沙袋大概花了 10 天时间。那时河里面好热闹啊，排成四路，扛麻袋的，全部是人工。那时实行计件制，扛一袋给多少钱，老百姓很积极。

下一步就是抽水了，要想尽快把水抽干，清基下墩。当时巴中市交通局局长是赖祯俊，这是一个很能干的人，他在全县调了 20 台农用抽水机，摆了一大坪。我说你这够不够？他说够了。我说你莫吹牛，先安装好试一下看看。结果安装好后，很多机器启动不了。人们将农用柴油抽水机使用后就放在那儿，没有维修，不是这儿不对就是那儿不对。20 台机器，能够作业的只有几台，光在修理，抽不干水。今天抽了，晚上水又回来了，又满了。你抽好多水它又补好多水。水是怎么来的呢？岩腔里面漏水，堵的时候没有堵岩腔，水从岩腔里面绕一个圈，又漏进来了。那时沿河两岸，整天是上千人在围观指点。有人说这叫老龙潭，顾名思义，得罪了龙王爷，不得行！

当时我们就不信邪，不相信找不到办法，又跑去联系省和地区的灌浆队，说可以处理。就是在沙袋的堤上面和岩腔里面，高压灌入水泥浆，这样就可以堵住。但是好多钱呢？ 200 万元！又谈不拢。赖祯俊和邬学德商量，开"诸葛亮会"，然后就是贴告示，广泛征求社会意见，看民间有没有办法。结果就来了巴中市水电局的一个退休职工，在巴中县是老修桥的。他说，用豌豆和海带可以堵水。他说豌豆泡涨过后，体积要膨胀，一变二，海带发涨过后，也要膨胀，恰巧把豌豆拽住，豌豆就冲不走了。就是这样，第三天就见效，来水少了，海带和豌豆把漏水洞堵住了。

但是抽水还是不行。我就跟赖祯俊说，算了，你到达川地区农机厂去买两台大水泵，负责给你抽干。它一台出水量是 300 方，两台出水就是 600 方，600 方就相当于农用柴油抽水机 60 台全部开起的负荷。我对农业机械还是有点儿经验的。他连夜连晚就去买回来，第二天安装，闸一开，那个水很快就被抽干了。好！围堰成功了，就该清基下墩了，最后那个桥修起来。所以说，没有条件创造条件也要上，还是要靠自己的力量。靠自己又不是主管者拍脑袋，是靠群众的力量和群众的智慧。

第一轮交通大会战胜利过后，出境路打通了，北边到汉中，西边到广元，西南到成都，到南充，到达县。出境路打通过后，第二轮交通大会战就是搞县内联网，还有环线路，就是在地区周边修一条环线。同时建设县乡标美路，这样子一共高标准建成二级环线出境路 763 公里、县乡标美路

1300 公里，新建乡村道路 1800 公里。

至此可以说，巴中行路难的问题基本得到解决。

池园经济和"巴中经验"

"巴中经验"，真正的起源在哪里？就在通江。1993—1995 年这几年，通江县利用上级的补助、群众出劳力和部分资金，在干旱山区打机压井，建微水池，解决了人畜饮水的困难。当时四川省委在通江县召开山区人畜饮水工作现场会，推广这个办法，首先提出"巴中经验"的，是谢世杰、张中伟他们。"巴中经验"是人民群众苦干出来的，就是打机压井，建微水池，解决了人畜饮水的困难。

这个经验被巴中市学过来，徐学明书记就做了发展，叫"五改三建"。所谓"五改"，就是改路、改水、改厕、改圈、改灶；所谓"三建"，就是建池、建园、建家。这是徐学明他们总结出来的。这一推广后，全区推广，开了几次现场会，又发展了。发展成什么呢？在池和园上面做文章，水可以搞水产，解决人畜饮水和农业的部分用水。所谓建园，就是开发屋前周围的荒坡空地，发展经济林，发展种植业、养殖业、加工业和运输业，就叫"种养加运服"。这就形成了一种经济形态，所以叫"池园经济"。由打井起，到"五改三建"，到池园经济，形成一种新的经济业态，解决了农民增收致富的问题。

这个经验也得到省委、省政府的高度肯定。省委决定，全省在巴中召开了两次扶贫攻坚现场会，接连开两次，今年开了，明年又开，就是要推广池园经济。当时谢世杰有几句话讲得非常深刻。

1999 年 1 月，谢世杰带领 30 个厅局负责人来巴中考察，他说："看到巴中地区的发展和日新月异的变化，越看越想看，越看越高兴，越看越振奋。看到巴中就看到了贫困地区的希望，看到巴中就看到了共产党的威望，看到巴中就看到了人民公仆的好形象。"

谢世杰在会上讲的这一段话，讲得很有分量。

以后，扶贫办就把这个情况汇报给国务院扶贫办和中共中央政治局委员、国务院副总理温家宝，温家宝做了批示。1999年2月4日，温家宝副总理在谢世杰同志的报告上批示："四川巴中地区扶贫攻坚的成就充分说明，只要找准路子，真抓实干，就能改变面貌。巴中的经验和他们在实践中形成的艰苦奋斗，苦干兴区，实干改变面貌，大干促进发展的巴中精神，对全国扶贫工作具有普遍意义。"接着国务院扶贫办主任高鸿宾来巴中考察了一周，他的讲话是这么说的："巴中是艰苦的条件，创造性的工作，一流的水平，巴中有资格成为全国扶贫攻坚的一面旗帜。"就此温家宝副总理把巴中作为他的扶贫联系点。为此决定，把全国416个贫困县的县委书记、县长分批集中巴中办培训班，一共五期，1200多人。至此"巴中经验"就享誉全国。

钢班子带铁队伍

这句话是韩忠信同志讲的。韩书记说，巴中要发展，要实现目标，不胜不休，班子是关键。这个班子要建成钢班子，主要是指地委、行署和县委、县政府。各级的班子和各部门的班子，都要按照建钢班子的要求来建设。

怎么实现呢？有几条具体措施，也有几个故事。一个就是对干部任用的改革。因为领导干部实行任命制，地委、行署建立后，决定在全区实行干部试任制。就是新任的县级以上领导干部实行试任一年的制度，试任一年到期就考核，如果没有大的问题就正式任命。这个经验，省里肯定，全省推广，现在都在用。

在班子的组建上，严格尊重民意，民意不可辱。这我就讲一个例子。当时平昌县推荐县里主要领导时，内部有两种意见，一方拥护的，另一方就反对。当时韩书记就说，老李怎么办？这个事恐怕得你去一下。我说，去吧。我带了三个人，到平昌县以后，两边都来看望，很热情。这个可以理解，都是同志关系。听了三天意见，意见集中反映在几个人身上，这几个人又是当时确定书记、县长人选的关键，两派意见尖锐对立，如何取舍，真是考人啊！最后想想，怎么弄呢？用一个什么样的思路把认识统一起来？最后想到毛主席的话、邓小平的话，就开了大会，讲了五个字，"民意不可辱"。选干部用干部凭什么标准？就是多数人拥护，而且看实绩。讲过后，大家都觉得这个讲话可行，民意不可辱。就按这一条，尊重民意投票，无记名的。

我记得是开了300多人的大会，结果投下来，得票集中在三个人身上，相当集中。最后我们就按照"民意不可辱"这个原则，按照得票多少，按照实绩考核。花了三四天，三个组听了100多人的意见，最后确定了县委书记、县长的人选。报地委，地委就批了：书记王治寿，县长刘道平。刘道平同志最后到四川省当了省人大常委会副主任，碰到我，他说，老领导，民意不可辱，你那一句话，我到现在都是记得的！

这个班子建起后，干得比较好，以后平昌的矛盾也就基本解决了，过去所谓的派系也就消除了。又过了两年，我和韩忠信同志到平昌去，突然闯进来两个干部，一个是科协的，一个是农业局的。其中一人说，我听说韩书记来了，专门来感谢您。他说前年平昌闹得不可开交，互相攻击，弄得我们无所适从。他说你们最后决定，按照多数人拥不拥护、有没有实绩这个标准，选出来的人我们拥护，现在来感谢你。我没想到这个人会说这句话，那事都过去两年了。韩忠信问我，那次是你来的吗？我说，是我来的，是根据你的意见，我们这么搞的。他说对，今后就这么办。干部的群众基础好，很多矛盾解决了，这个地方的工作也就有起色了。

要讲的第三件事是地委党校的故事。巴中地区党校的牌子挂起来，人事也任命了，就是没有场地。长期不开学也不行，最后我们跟组织部部长王吉安商量，干脆我们拉出去，去找温州，请温州支持，把他们的场地借出来，加之我们要去看一下民营经济，学一下温州经验。温州方面满口答应，同意让我们办一个班，三个月时间，任课、现场、参观所有一切，都是他们负责。没有想到温州这么大方，回来我们就挑了50名中青年干部到温州学习。每年我们还要去开会了解一下情况，他们回来后干得如何，也要反馈一下意见。

干部犯了错误、贪污受贿等一定严惩，而且要开展警示教育。我们批评的第一个干部，是水电局一个领导，因为受贿，进行了严厉批评。当时他主动承认了错误，态度比较好，这个人就免予处理。反过来还有一个县公安局局长，最后逮捕了。这个人只认金钱，只认个人私利，干了违法的事。

还有就是经常敲警钟。用韩忠信同志的话说，作为一个领导干部不能出大格。我经常记得他这句话，不能出大格。小毛病有一点，改了就算了，不能出大格。巴中建地区前五年那么多投资、那么多项目，现在回头去看，没有因为建设一个项目倒下一批干部，没有！巴中地区时期犯错误的干部很少，说明当时管理干部这一套办法还是很成功的。

履行人大代表职责提建议

我是第九届全国人民代表大会代表。巴中三个人，我、梁大碧（她是南江的），还有一个是巴中棉纺厂的厂长张照荣。

我提了三条建议。第一条建议修建广巴高速公路。第二条建议快开通江油气田。第三条建议减轻农民负担，收费项目砍一半。就提了这么三条。我们有一条原则：提了意见不能甩包袱，就是要干中争、争中干。

修建广巴高速公路，这是第一条。当时四川省交通厅列入了"十二五"规划。因为议案有了，中央就将之转到四川省交通厅，省交通厅那时候的厅长也很重视。我们两人见了一次面，他说我们一定争取提前，所以才在我离任的时候，广巴高速公路东兴场连接线开工。但是整个线路还没有开工，因为那时候规定的流程还在走。所以这个任务算是完成了，当然不是我的功劳，只能说我提过议案，也可能有一定的推动。

第二个就是建议快开通江油气田。西南石油地质局第二普查勘探大队从20世纪70年代开始，一直在这里搞，搞了这几十年，进展不是很大。我们为了推进这个项目，希望国家地质石油部门加大力度，就提了这么一个建议，叫"快开"。结果西南石油地质局第二年就决定上马，用一种新型爆破方式来搞普查。由于地层比较深也很复杂，在圈定这个区域后，100米一个方格100米一个点，逢水逢崖都要打爆破井。有时候打在半崖上，然后放炮，他们根据烟雾来判断下面的地层。勘测的结果是，通江这一块不及宣汉富足，所以宣汉那边先开发，最后才有通江涪阳坝的天然气，用一根管子拉到宣汉。巴中建立地级市后，他们接着争取。现在已经争取到两个项目，其中一个就是平昌驷马镇的天然气液化项目，另一个是通江争取到了一个天然气发电项目，说是90万千瓦，今年可以开工。当然这些项目这么大，不是一两年一两届就能完成的，但总是可以接续干的。我们的后任接着干，比我们干得更好。我们只是在前面提了这样一个题目，后面主要是他们干的。

作为人大代表，我在大会上提出的几条建议中的最主要一条，是减轻农民负担，砍掉农村税费。现在都实现了。人大代表有提建议的权利，提建议，不是提了就算了。我这几条建议提过后，引起了各级的重视，在以后的几年里逐步兑现了。当然，这不是我个人的功劳。这个建议，也不只是我一个代表提出，但是我起码贡献了我的一份力量。那天小组会上，我发言，说农村乱收费全国有多少多少种，应该砍掉一半。好，这个意见一提下来，新华社、《人民日报》的四五个记者找到我，问，李代表，你说过全国有那么多收费，是真的吗？我说，是。因为人大代表发言不治罪，言者无罪嘛。

税费提留的问题现在解决了，农业税免了，各种收费大幅度减少，恐怕是砍了三分之二，这个亲身感受我就不说了。但是我想到的是，我们提的建议引起了国家重视，从全国人民代表大会秘书处给你转到某个部门，这个部门还要掂量掂量，还要回复。这样我们就起了一种督促作用，也可以说可能起了一定的推动作用。这三个问题都得到了较好解决，我感到人大代表说话有分量，人民当家做主。我感到欣慰。

李开明，男，生于1943年10月，四川达州人，中共党员。1993年10月，任中共巴中地委副书记、地委政法委书记。1997年9月，任巴中地区人大工委主任。巴中地区筹备工作领导小组成员。

巴中地区成立前后亲历

李开明

巴中县撤县建市渊源

在巴中地区成立前，我已经在巴中县工作了多年，1991年9月任县委书记，一直到地区成立。我回顾了一下，从1991年9月份，我们就开始在几大班子当中酝酿巴中县撤县建市这件事情，集体开会讨论，究竟有没有必要撤县建市，这样对巴中有没有更好的发展机遇？大家酝酿的时间比较长，最后通过反复分析，一致认为巴中撤县建市有必要，而且有可能。这样一来，我们就着手考虑如何来运筹巴中撤县建市有关的工作。

我们分析当时的条件，认为巴中撤县建市过后对于整个巴中的发展和争取中央、省上对我们的支持更有利，所以最后县委、县政府就决定，在1991年底就以巴中县政府的名义正式向达县地区行政公署报告，我们请求撤县建市。达县地委、行署和有关职能部门很重视巴中县政府的报告，先后派领导来进行考察，跟四川省民政厅也进行了沟通汇报。大概在1992年上半年这段时间，省、地民政部门就到巴中县来考察了两次。当时负责区划变更工作的省民政厅石副厅长考察过后，他表示，巴中这个事情他们很重视，要求我们按程序来办理。达县地区正式上报了省政府和民政厅，省民政厅研究过后提交到省委、省政府。

1993年春，我在省委开会，休会期间我见到了时任省委书记谢世杰同志，我就给谢书记汇报。我说，谢书记，我是巴中县的县委书记，我们1991年底就上报了巴中县准备撤县建市这样一个报告，逐级报告已经报到省上来了。当时谢书记就对我说，这个事情我知道，但是我们省里正在统筹考虑达县地区分不分家的问题。省里有个基本的想法，就是想让巴中县撤县建市和达县地区分家成立巴中地区这两件事同步进行。

我们当时就按照省里的思路运作，把成立巴中地区和巴中撤县建市同时上报了国务院和民政部。1993年4月，民政部行政区划和地名管理司司长张文范同志带领民政部有关部门的处长到四川来，省民政厅的同志就陪同他们一起先到达县，在达县看过之后就到巴中来实地考察，看了县城的建设和管理，听了县委、县政府和县建委的汇报，并与县里有关同志交换了意见。

1993年7月，国务院正式的批文就下来了。同意成立巴中地区、巴中撤县建市，是一起批复下来的。巴中撤县建市跟巴中地区的成立工作是紧密相关的，你中有我，我中有你。

从申报撤县建市开始到地区成立这两年当中，巴中县要按照这个目标来做工作，我们主要是补短板、打基础、促发展，积极为撤县建市创造条件。

当时我们巴中县发展当中确实存在着一些短板，最主要的是几个问题：一是能源不足，电力紧张。二是出县的交通通道不畅。三是通信比较落后。四是城市建设需要进一步加快速度，向北扩张这个规划和建设要尽快起步。还有就是，要进一步加强城市工业的发展，适时调整县属骨干企业的产品结构，以适应市场对产品的需求。

一是解决能源问题。当时巴中的能源是个什么样的状况呢？我们巴中县电网是孤立的，既没有跟达县地区接网，更没有跟国网联网。在这样一个情况下，当时县委、县政府就考虑，巴中的能源要得到有效的改善，这个路子怎么走？究竟是跟达县地区电网联网呢，还是引进国家电网？当时达县地区水电局积极主张我们接入地区电网，而且给我们安排了一定的资金。县委、县政府反复分析，我们跟达县地区联网以后，电源能不能保证还是个问题。因为我是从达县到巴中工作，知道达县地区本身电力就相当紧张，缺电。当时我的想法就是，不主张从达县地区联网，准备引进国家电网。最后县委下定决心，要引进国家电网。但是国家电网是从达县那边引进呢，还是从南充方向引进？最后大家比较了一下，决定从南充引进。

1992年上半年我们决定以后，就抓紧与南充供电局商量，分步骤进行。为了要快，我们第一步是先引进35千伏安电网，就从南充的复兴那里接线，接到我们巴中的三江电站，这样把电源输过来，而且我们要求南充供电局必须在1993年春节前给我们供电，我们在时间上对它要求很紧。当时南充供电局感到困难很大，因为1992年上半年我们才提要求，1993年春节就要供电，这么远的距离，施工量也比较大，但时间就只有这么一点。最后为了保证目标实现，我就去找县水电局吴尚鹏局长和王学维分管副局长，我说我们一起到南充找供电局商量，必须满足我们这个要求，不然我们就有另外的考虑和想法。这样去了过后，南充供电局也很重视，最后欣然同意，保证1993年春节前给巴中供电。紧接着第二步，就是准备建设110千伏安输变电线，这样来逐步解决我们的电力紧缺问题。

二是解决交通问题。当时我们积极争取巴乐路的改造。当时鲜雄是巴中县交通局的局长，我们给他下了任务，必须做好省交通厅的工作。巴乐路，其中巴中到乐坝段属于我们巴中地段的路，乐坝到广元那边属于广元地区，我们先把这条路打通，提高等级。鲜雄局长也是跑了很多次省交通厅，终于让交通厅支持了这个项目，在1993年初就已经开始动工改造我们巴中到乐坝这一段了。与此同时，我们又上报争取唐巴路的改造。唐巴路的改造难度相当大，当时我们只有一个县的力量，再怎么做工作，省交通厅坚决不松口，说唐巴路你们就不要想了，你们把巴乐路那边改造通畅就行了。

三是解决通信的问题。达县地区邮电部门在1992年的时候给我们提供了一个信息：国家计委和邮电部已经决定，从西安到成都要建设光纤通信。据他们得到的信息，这个项目国家计委已经基本确定了走西线经广元到成都这样一条线路，因为从西安到成都，这是捷径。我们知道后很着急，如果走西线不经过巴中，巴中这个通信就要落后好多年都得不到解决。

怎么办？我们就先到达县地区邮电部门找曹惠禄副局长，他分管这一方面工作，请求他带我们县邮电局局长李永航到邮电部设计院，先去做设计院的工作。因为这个线路的勘探设计是由邮电部设计院做技术工作。我们就先去沟通，向他们请教，然后再做邮电部和国家计委的工作。

当时我们考虑了一下，这个力度还不得够，必须打老区这一张牌去争取。我们想了个办法，就整出了个所谓的"八府上书"。八府上书就是当时的通、南、巴、平这四个县，再加上仪陇、南部、盐亭和金堂，我们想争取这个项目走东线，从汉中过来到南江再到巴中，然后沿途往仪陇这个方向走到金堂，走唐巴路这一条线。当时巴中县牵头，联络这几个县。我们把这个意图一说，他们也很支持，说这是件好事，都能路过自己县，他们同意我们一起去请求国家有关部门。既然大家都有这个想法，巴中县就先起草一个文稿谈理由，主要是从革命老区这个角度，谈得很充分。我们把这个文稿拿到有关的县签字，然后就"八府上书"，以正式的文件上报。当时主送了国家计委和邮电部，也不管越级不越级了。这个文稿也分送给在我们巴中战斗过的红四方面军老红军，请他们也去帮我们鼓与呼。与此同时，巴中县委、县政府还派人专程去北京汇报。

通过这样做工作，国家计委和邮电部确实就又松口了，他们就派出专家和行管人员一起走东线，经过巴中这一条线来进行实地考察。最后在与县委、县政府座谈的时候，他们就提出一些问题，说走巴中这边，一是线路增长，二是地形比较复杂，要增加不少投资。而且他看我们的路况很差，问以后路要改造，光纤经过你们这里会不会有损害？最后我们保证，遇到的所有这些困难，我们都千方百计克服，保证帮助你们解决，给你们施工提供方便，节约资金，减少开支。我们就以县委、县政府的名义出了一个书面文件，就是关于引进西成光纤通信有关问题给予的优惠条件，最后还写下一条，在实施当中遇到什么实际困难，需要我们给什么优惠，我们一定都给。就这样感动了他们，他们回去后研究，国家计委也就同意经过巴中这条线。

现在回顾，这条线确实是我们硬争过来的。如果不去做工作，根本就实现不了，国家计委同意过后很快就实施了，在巴中成立地区前夕，光纤这条线路已经进入巴中县城了。那时候开挖埋线的一些沟渠，成立地区的时候都还没有完成回填，都还存在。

四是城市建设的扩容。当时巴中县城江北这一片启动规划比较早，大概1991年我们建委就在逐步思考巴中怎么发展，除了把南池这一片改造好，还要过河向江北这个方向发展。当时规划了一条50米宽的江北大道，成立地区前已经开始动工建设了。以后为什么又是一条60米宽的大道呢？那是因为1993年8月下旬，巴中地区筹备领导小组成员到巴中县城实地考察，认为成立地区后50米还是窄了一点，决定再加个10米，最后就变成了现在60米宽的江北大道。

巴中地区的筹备和成立

1993年8月24日，省委决定成立巴中地区筹备领导小组，由五个人组成，我是其中的一名成员。五人小组存在的时间不长，从8月下旬到9月下旬，大概就是一个多月的时间。五人小组从8月下旬开始正式行使职责，正式筹备巴中地区的建立。

当时筹备小组给我分的工作任务是搞后勤。因为我在巴中县委工作，对巴中的情况比较熟悉，让我跟梁廷寿同志两人负责后勤。地区马上要调集一些人过来，先遣队要过来，这些人过来住什么地方，吃怎么安排？所有后勤方面的工作，这个担子，交给我俩。我们通过了解，根据巴中县的情况就定下来，县委招待所不对外营业，把这个招待所拿来安排地委、行署办公和部分机关职工食宿用房，县武装部招待所安排四大班子成员住房，巴中县其他有关部门负责对口接待安排相应的地级部门先遣队。

当时要筹备召开巴中地区成立大会，这是一件大事。筹备组也把这一工作任务交给我，由我来牵头把它做好。我们当时考虑：一是巴中地区成立大会一定要开得很成功，因为这是巴中地区第一件喜事；二是大会结束后要在城区组织游行；三是成立大会这天晚上要组织一台大型的水平比较高的文艺演出。当时就定了这么一个调子，这三件事情一定要办好。

通过积极筹备，地委确定在1993年10月28日召开成立大会。当时忠信同志在地委开会的时候就问我，开明，根据你们的筹备工作情况，你考虑成立大会什么时候能开？我说10月下旬开没有问题。建议能不能让大家图个吉利，10月28日开怎么样？忠信同志听了过后说，好啊好啊，那就定在10月28日开这个成立大会。所以10月28日按预定时间召开了成立大会，就是在当时的县川剧团召开的。

这个大会开得很隆重，省委、省政府派的是甘宇平副省长到会来宣布、祝贺和授牌。大会闭幕，就组织了游行，几个县都组织了游行队伍，有的县还扎了彩车，整个县城确实是一片欢呼声。晚上组织了一台大型的歌舞晚会，名字就叫"拥抱明天"。演出单位以巴中县为主体，经过反复排练挑选了比较好的节目，其他三个县分别出2—3个节目。演出结束，大家觉得很成功。

地区成立大会召开过后，紧接着巴中县就召开了撤县建市成立大会，巴中地区、巴中市正式对外挂牌。

巴中是新建立地区，为了争取上级支持、对外扩大影响，地委决定分别在成都和北京召开新闻发布会。地委安排由我牵头做好新闻发布会的有关筹备工作，成都的新闻发布会是在 1993 年 10 月 18 日进行的，北京的新闻发布会是在 1993 年 12 月 11 日举行的。这两个新闻发布会的召开，对巴中这个新成立的地区起到了宣传和扩大影响的作用，为后来争取国家和四川省的支持起到了一定的促进作用。

联系经济工作和宣传"巴中经验"

根据地委分工，当时我要管政法、管宣传、管群团，联系经济工作。依据这个分工，我用了一定的精力协助行署有关领导抓巴中经济发展。

巴中地区成立后，确实遇到很多的困难。1993 年 8 月份就开始秋淋，一直下雨，大片的水稻出现了稻瘟病，全地区的水稻大幅减产。1994 年又遇到了干旱，夏旱连伏旱，好多地方的水田栽不上秧，有些栽上以后，禾苗出不了穗，所以这一年我们的粮食产量有所下滑。这对地委、行署确实是一个大的考验。在这种情况下，怎样尽量减轻灾害带来的损失，是地委、行署当时应该思考的很重要的问题。根据地委的总体安排，当时我协助行署分管农业的副专员郭孝友同志来抓这方面的工作，具体组织实施，尽量减少灾害损失。

根据地委要求，抓好庭园经济。那时候就提出这个问题，抓好庭园经济的发展，发动群众在田边地角屋周围，凡是能够种上一棵苗的都要种上，种粮食，种蔬菜，栽水果树，要利用这些田边地角来抓经济。通过实践来看，确实收到了比较好的效果，弥补了一部分灾害带来的损失。与此同时，发动群众大搞微水池，这样平时的雨水都可以储备起来。这样做了以后我们下去看，家家户户凡是能够挖水池的地方，基本上都挖了蓄水池，都蓄了一定量的水，可以解决生活用水，也可以灌溉一些农田。这个时候我们就搞成了池园经济，收到了比较好的效果。

1994 年天旱时，我们在农村调查发现，平昌县西兴区成片的玉米种得很早，长势比较好。为什么西兴区能够大片种那么多的玉米，获得那么好的效果？结果发现，西兴跟达县接界，吸取了达县大种春玉米战胜旱灾的经验。

西兴的发现确实是一个启示，所以孝友同志和我商量，在西兴开了个现场会，把各个县分管农业的副县长和有关职能部门组织到平昌西兴区参观——在这样严重干旱的情况下，西兴的玉米为什么能长得这样好？要总结这个经验，要推广这个经验。这样确实使大家开阔了眼界，到会的同志们实实在在地看到了，因为春玉米种得早，在背包的时候躲过了旱灾，没有遭受到什么损失。参观过后，在平昌县县城召开了会议。

我跟孝友同志在地委的会议上汇报了我们与农业有关部门的想法，准备明年也就是 1995 年在巴中地区大种玉米，要改变巴中过去不爱种玉米这个习惯，从旱地耕作制度上来一次大的突破。我们建议地委发一个文件，并且提出了"231"大种玉米的实施工程。地委研究同意我们提出的"231"大种玉米的工程，很快下发了《巴中地委、行署关于大力发展玉米生产的决定》。"231"是个什么含义呢？当时巴中全区 300 余万农业人口，人均要备足 2 斤玉米种子，人均产玉米要达到 300 斤，这样我们全区玉米总产量就能突破 10 亿斤。这就是我们当时提出的"231"玉米工程。

这个文件发出以后，如何来组织大力发展玉米生产的工程，有很多具体工作要做。这个仗一定要打赢，不能出问题，一定要实现全区 10 亿斤玉米总产量这个目标。调运种子，技术培训，农业部门具体抓，宣传部门则在报纸、广播电台上大力宣传巴中大力发展玉米生产的意义和一些做法。与此同时，建立健全责任制，夯实党委、政府的责任，落实有关职能部门的责任，扎扎实实地抓好这项工作。

1995 年确实实现了全地区玉米大丰收。那年种得确实多，除了大片的旱地全部种上玉米，田边地角、屋前屋后那些地方到处都是玉米。我们下去看了，工作确实做得很扎实。最后通过验收，"231"的目标确实实现了，从此之后巴中旱地改制就比较顺利，种好春玉米成为农民的自觉行动。

第二个事情，我管宣传，就牵涉到"巴中经验"的出台和宣传。当时我是亲历者。1996年9月，省委、省政府决定在巴中召开农田水利建设现场会。因为是现场会，先要参观，当时省委副书记杨崇汇和分管农业的副省长张中伟两人各带一支队伍，沿途实地察看巴中小型农田水利建设的情况，也包括微水池的建设情况。我陪同杨崇汇副书记参观，孝友同志陪同张中伟副省长参观。参观过后，就在通江县城召开了会议。

开会的时候，省委、省政府的主要领导都来了，包括谢世杰书记、省长宋宝瑞他们两位主要领导都来了，参加了会议，也讲了话。会议结束过后，谢世杰书记就说请巴中几大班子的同志留下来，省委继续找你们开会。然后世杰同志讲话，他说1993年到1996年，三年来巴中的发展变化确实很大，也积累了不少的经验。对于巴中创造的这种经验，省委考虑要在全省范围内宣传。我回忆，好像谢世杰同志还说了这么一句话，巴中这个是叫精神呢还是叫经验？要说巴中精神呢，已经有了个"黔江精神"。世杰书记思考了一下，他说这样行不行，干脆就叫"巴中经验"怎么样？省上的领导一致同意，就叫"巴中经验"。

当时会上又决定由省委宣传部副部长杜江同志带队，组织中央、省上的主要宣传和媒体单位负责同志集中起来，到巴中进行实地考察和采访。回去后杜江副部长就积极地跟中央和省上的宣传媒体单位联系，要求他们派出人来，限定时间集中到巴中考察采访。根据地委安排，我和地委宣传部的负责同志自始至终陪同，大概历时一周，走访了四个县（市），进行了实地考察，找群众座谈，这样来丰富"巴中经验"的具体内涵。按照省委的要求，实地考察结束过后，省委宣传部就安排中央和省上的各大宣传媒体单位抓紧准备，在全省范围内广泛宣传"巴中经验"。

应当记住并感谢的人和事

1997年9月，我在中央党校学习回来以后，省人大常委会任命我为巴中地区人大工委主任。那时候人大工委人员也不多，原来的主任是忠信同志兼任，副主任当时有宋仕珍同志、郭孝友同志，他们两人先到人大工委去，后来何茂兴同志从南江县委书记任上退下来也到了人大工委。就是这么几个副主任，调配了一些工作人员。

当时我们地区人大工委根据法定职责，主要抓了几个方面的工作：

第一件事情是司法、行政监督。就人大工委的监督职能而言，如何监督司法机关公正司法，如何监督政府行政机关依法行政，从法律监督层面上保证我们法律的顺利实施、公正实施，这是一个重要的问题。怎么来推动司法公正，推动我们的行政部门依法行政？我们当时搞了一件比较有实用价值的事情，就是建立部门执法责任制，我们的司法机关、行政机关各个部门都要建立和实施这个执法责任制，这样才能把公正司法、依法行政落到实处。

责任制怎么建立？一开始我们酝酿先要抓点，然后普遍推开。先抓哪个点呢？抓的是地区交通局。那时候的局长是魏文通同志，找魏文通商量，他们先行，要先把这个部门执法责任制建立起来并运行一段时间。如果这个经验可取，我们再召开现场会在面上推广。何茂兴同志具体负责抓这件事。抓"点"看来效果还不错，通过建立部门执法责任制，工作人员都比较自觉地按照依法行政的要求来办理一些事情，下面各科室、有关二级局，都觉得不错。所以我们就组织地级各部门负责人在交通局开了现场会，之后就普遍推行部门执法责任制，效果很不错，对公正司法、依法行政起到了促进作用，保障了法律的顺利实施。

第二件事情就是工作监督。主要是搞工作评议，对司法机关和行政机关，凡是属于我们监督范围内的这些机关部门实行工作评议。那两三年，我们每一年都选择 2—3 个单位进行工作评议，就是召开评议大会，由这个单位的主要负责人向地区人大工委述职，人大工委对他的工作进行评议。这个评议就不单单是表扬了，当然该肯定的成绩还是要肯定，但重点放在对他工作的不足和需要改进的地方进行评议。参加评议会的，除了被评议的单位，凡属我们监督对象的司法机关和行政机关的负责人都要到场参加。实际上对这个部门的工作评议，也是对其他部门起到一个促进和改进的作用，我们一直坚持得比较好。

第三件事情是对一些与巴中经济社会发展直接相关的法律法规开展执法检查。每年人大都要组织相关人员深入基层，对这一方面的法律执行情况进行检查，把有关情况向行政机关和司法机关进行通报，指出问题，提出改进措施。

第四件事是抓法制宣传教育。因为要使我们真正提高法律素质和水平，教育非常重要。我们采取了多种方式进行法制宣传教育，在电视台开辟了法制宣传专栏，法制办也采取了其他多种形式，比如进行普法宣传教育，进行法律考试，都是促进法制普及的有效办法。

最后到 2000 年 12 月份，就是地区快要改市的时候，就要为建立市人大常委会做好积极的筹备工作了。因为市人大常委会有很多制度要建立，需要借鉴其他市州的一些经验，我们分别到广元、广安、达川进行考察学习，回来过后结合我们巴中的实际情况，拟定了若干规章制度，就为改市建立人大常委会做好准备，以便工作上顺利衔接。

任职期间，我亲历的主要事情大概就是以上这些。现在回想起来呢，成立巴中地区和巴中撤县建市，涉及的相关人和事件当中，我们确实有一些人要感谢。

第一，我觉得要感谢我们的省委书记谢世杰同志。成立巴中地区和巴中撤县建市，省委世杰书记确实很关心。世杰书记不仅在筹划成立巴中地区的时候有这么一个主导想法——要分家，而且地区成立后他一直很关心巴中的建设和发展。大概在地区成立不久，他就亲自组织省级有关部门负责人到巴中来开一个现场会。在现场会上，他确定唐巴路必须尽快改建，这是打通巴中到成都最快的一条道路，为了巴中的建设和发展，这条道路不改造不行。世杰书记下令，集中力量赶快干，力争两年把它改造完成。"巴中经验"的出台和广泛宣传，都是他深思熟虑亲自安排的。世杰同志对巴中地区的建立确实是倾心的，很关照的，既把巴中地区成立起来，又要为促进巴中的建设和发展出力。

第二，应该感谢孟俊修同志。在巴中、达县分区之前，孟俊修同志是达县地区的地委书记，他也很关心这件事情，当时地区申报主要是他的主张，因为他也很支持成立巴中地区。他还专门在地委开会的时候，把我们通、南、巴、平四个县的县委书记召集起来开会，商量这一件事情，要求大家一定要统一认识，积极支持，把巴中地区成立起来。

巴中地区成立之前，他经常到巴中县来考察，来了好几次。1993年春天，那时候正在实施巴乐路的改造，那条路很不好走。孟书记的工作作风一般人是做不到的，来之前不给你打招呼，来了你才晓得。那天晚饭过后，我问孟书记，明天怎么安排？他说这样，我先看看你们巴乐路的改造进度，慰问慰问施工人员。因为这条路也关系到巴中大通道大出口的问题。我说那行嘛，问还要不要有关部门的人陪同一道去，他说不用，只是你一个人去就行了，也不要带车，就坐我的车。我们车上就是他一个、我一个，还有驾驶员，我们三个人。我说那条路不好走，到处都是石头堆。他说没有关系，慢点走，只要走得过去就行。那时我们就三个人坐一辆车，越野车。幸好是越野车，遇到有石头弄不开的，走不过去的，就是施工人员帮忙，把那个石头推开让我们过去。我们一直走得很慢，走到乐坝就中午了，才走了60公里路。

乐坝的人有好多我都认识，我就给他们说这是地委孟书记。有的人认识孟书记，就说这么晚了，吃午饭的时间都到了，我们在工地上安排一下吃个便饭。他不干，他说我们不麻烦你们施工人员。那怎么办？我说转回去这个路不好走，我们就不走这个路。我说我知道另外一条小路，但是要往广元方向再走 30 公里到普济，才能走到那条小路上抄近道。他说那就按你的意见办。我们走到旺苍普济已经是下午，我说肚子确实饿了，下午 1 点过了还没有吃午饭，就在路边那个店里吃。我们三个人吃饭花了七元钱！我们的孟书记就这样俭朴，他就吃点饭，吃点小菜，吃了点红薯。那时候他经常对我说，我们的干部一定要作风俭朴，要深入了解民情民意，要把我们一些关键的大事情抓好办好。他再三说，成立巴中地区、巴中撤县建市我是很支持的，你们一定要把相关的工作做好。

第三个要感谢巴中县委、县政府徐学明、熊光林、张玉芳、张品祥等几位主要领导同志。在酝酿、决策和运筹巴中撤县建市的过程中，他们都积极支持，坚决拥护，并尽心尽力做好相关工作。

在两年撤县建市运筹工作中，徐学明同志先后担任巴中县政府常务副县长和县长。他认真贯彻执行县委的决策部署，在争取和组织实施巴乐路改造、引进国家电源和光纤通信中，付出了辛劳，做了大量的具体工作。巴中地区成立后，他担任巴中市委书记，按照地委、行署的要求，认真组织实施唐巴路改造和国家电网 110 千伏安建设，取得了明显成效。

为了推动和促进巴中县撤县建市，县委抓住了纪念红四方面军入川 60 周年这个大好时机，安排熊光林副书记带队，组成专门班子去北京汇报，收到了良好效果。

第四个要感谢的人是曹惠禄。通信光纤这个项目我们能够争取过来，我们地区邮电局局长曹惠禄同志是尽了心努了力的，扎扎实实做了工作。如果他们不做具体的工作，就把邮电设计院说不服；把邮电部说不服，国家计委也不会轻易改动方案。国家计委都已经明确了要走西线走广元，我们硬是争取过来走东线走巴中，因为这个光纤弄通之后上程控，巴中的通信就达到当时最先进的水平了，那确实是个跨越。曹惠禄同志和县邮电局的李永航同志在北京斡旋了好多天，努力做工作，他们是费了心下了力的。

第五个，国家电网的引进，我觉得最感激的就是当时的巴中县水电局局长吴尚鹏。这个同志很顾全大局，当时县委、县政府的一些安排部署，他是不折不扣地落实。为了加快国家电网的引入建设进度，他曾多次带领局里相关人员到南充供电局做工作。

第六要感谢的人就是巴中县建委的主任张光前和副主任杜明垓，这两位同志是为巴中城市建设的发展扩容做出了很大贡献的。巴中地区建立前，他们以超前意识超前地规划，规划都搞了很多次，巴中的城市发展，起点是比较高的，他们两人是付出了心血的。当时张文范司长来巴中考察的时候，在飞霞阁，张光前把规划图摆好，把巴城的现状和未来发展规划介绍得很到位，大家都给他点赞。当时他们抓南池的改造和改建确实是用了心的，南池那个地方过去是一条很小的路、一条河沟，他们搞出来，紧接着在江北进行规划设计。这两位同志对巴中的城市建设发展做出了贡献。

巴中地区成立的七年，是大干快上的七年，是显著变化的七年，也是人民群众生活水平不断提高的七年。"巴中经验"是全区广大干部群众智慧和实干的结晶，巴中地区的快速发展离不开党和国家以及省委、省政府对老区人民的厚爱和大力支持！

巴中地区已成历史，现在回忆起来有辛劳，更有喜悦。最后我想用以下三句话来结束我对巴中地区的亲历回忆：

心系百姓、情真为民的理念；
顽强拼搏、艰苦奋斗的精神；
求实创新、雷厉风行的作风。

苟必伦，男，生于1944年10月，四川巴州人，中共党员。1993年9月，任中共巴中地委委员、地区行署常务副专员。1997年6月，任中共巴中地委副书记、地委政法委书记，地区行署副专员。2000年9月，任巴中地区政协工委党组书记、主任。

巴中地区筹备工作领导小组成员。

巴中地区基础建设往事

苟必伦

国务院批准巴中成立地区的时候，我在大竹当县委书记。省委组织部周茂林处长找我谈话，说是组织安排我到巴中。我说，我是巴中人，按规定应该回避。他回答了一句，你这个人我们了解。我说那就服从组织安排，所以就过来了。

江北大道的来历

我记得是1993年8月24日，省委在4号楼召开了两个五人筹备小组会议，一个是广安，另一个就是我们巴中。

当年五人小组是巴中地区筹备时的最高决策者。以韩忠信同志为组长、周登全同志为副组长的巴中五人筹备小组在省委开完会后就一起讨论，大家表示一定要认真落实省委的决定，把新区建设的工作搞好。韩忠信同志是从省里下来的，周登全、李克明、李开明同志和我都是出自县委书记任上，大家决心很大。会上忠信同志叫我分管城建工作，我想可能是因为我在大竹工作时达县地区在大竹开了城市建设现场会。从这个时候开始，我就一直在考虑如何搞巴中城建的事。

第二天我们就往巴中走。我坐的是韩忠信同志的车，我们边走边商量事情，其中就有 12 月 11 日到北京去开新闻发布会的事。意思是巴中成立地区了，给中央部门汇报情况，给在京老乡通报一下，希望他们支持巴中，支援家乡。

到达巴中的第二天，我们同巴中县委领导徐学明、熊光林同志去选地委、行署驻地地址。我叫他们把原来巴中县的规划图带上，一起到了江北骑梁嘴，就是交通局那块地势比较高的地方，我们一起选址。大家看了后都觉得地委、行署应该选在江北，因为江北地块开阔，当时建筑物也少。我说，我们就在江北搞一条干道，因为江北最宽阔，是巴中的脸面，干脆搞个 60 米的干道。实际上 60 米也不是规范的宽度，我在大竹时开始规划 36 米，过一段时间就显得窄了，正在准备搞 52 米时我就调到巴中了。我想江北是地委、行署所在地，干脆就搞 60 米，大家都说要得。当晚在饭桌上大家讨论意见一致，忠信同志最后就拍扳了，好，就 60 米，搞个二三十年不落后！

这个消息传出去后，当时就有很多议论。有的说巴中县原来规划 40 米干道都争论不休，你一下子搞 60 米怎么行呢？我说，现在不争论，10 年以后再说。实际上没有 10 年就无人议论了，因为我们国家经济发展很快，城市建设也非常快，80 米甚至百米干道相继出现。这就是江北大道的来历。

江北大道定下来后，我对大道两边的建筑提出要求，所有建筑物要高低错落，要有不同的样式，60 米内的街道任何单位不得占用。我经常说，规划就是王法，要有铁的纪律，需要用铁石心肠保证规划的实施，所以江北 60 米干道无任何单位超出占用。为建设江北大道，我同闫大国带着技术员专门到成都考察，决定引进省建三公司，由于他们实力雄厚，修得又快又好，江北大道是当时全地区建设质量最好的大道。遗憾的是大道两边虽然规划了四个公共厕所，但后来陆续把预留地开发了，最后只保留住了一个。

规划和建设逸事

选址定后，立即进入规划、设计和建设阶段，地级机关成立了基本建设指挥部，周登全专员任指挥长，我全面负责具体工作。指挥部下设办公室，由袁绍汤同志任主任，这个指挥部办公室成员先后有杜明垓、谢光德、许大尧和张龙吉等同志。巴中市也成立了江北基建指挥部，由闫大国同志具体负责江北道路建设，协调各方面的关系。

由于我们是新建地区，又是边远贫困地区，上级要求机构设置按"小政府、大服务"的原则规划。江北这块地如何规划，地级部门如何布局，当时只能是边干边摸索，边摸索边调整。我们从各县抽调技术人员，由杜开礼、叶建森同志负责组建地区规划设计院，搞了个初步规划方案，但在实施过程中不断有新的单位冒出来，需要不断进行规划调整。

比如军分区现在那个地方，原来是给民政局的。当时李洪仁同志是省民政厅厅长，我和彭耀学局长还带着他到现场看了地方，李厅长很满意。时隔不久，省军区委托达县军分区来帮助组建巴中军分区，当时来了很多人，他们就要这块地。我说这块地李厅长也来看过，定给民政局了，不好办。他们非要不可。最后只好把民政局调到现在的位置，所以民政局的地盘就比原来小得多。

武警也是来得晚些，他们一个政委看了我们安排的地方，说地方偏了。我反复解释，说现在看来偏，今后发展起来就不偏了。现在看来，武警部队就在市政府旁边，恰到好处。

文体局那块地调整更晚。他们把地推平，地基都打好了，已经投入很多钱，但也需调整，局长李茂群就不干了。那天指挥部开会，反复研究，还是非调不可。李茂群坐在指挥部临时棚外等结果，会一开完她就问怎么定的，我说要调。她哇的一声哭了，后来我们还经常拿这事跟她开玩笑。有两个地级部门的女领导都因规划调整在我面前哭过，这一方面说明白手起家建个单位太难太不容易，另一方面也证明她们对工作、对单位的无比热爱和执着。

城市规划中，江北三号桥也是一波三折。开始提议修建三号桥，省计委就不同意。省计委主任来巴中，我们汇报三号桥的事，他说巴河上已有两座桥了，你们又穷，现在没必要再修一座。我们反复做工作，终得同意立项。桥设计好以后，我同当时的巴中市交通局局长赖祯俊同志到省交通厅去审图纸，开始他们说巴河拐弯凸顶处不适合修桥，这可急坏我们了，我们据理力争，他们才同意了。但又说车道太宽了，我们只好同意把车道变窄，由原设计的 21 米改为 17 米，但我们把人行道由两边各 2 米加为各 3 米。这就是现在的三号桥。

我们在省上开五人小组会的时候，省委明确只给 700 万元钱。常务副省长蒲海青同志在会上说，每个地区就是五个人，700 万元钱，如果"四大家"你们不建在一起，700 万元都不给你们！就是说，地委、人大、政府和政协"四大家"必须建在一起。

开始我们设计了地委、行署的办公大楼，刚刚进入招标环节，省委书记谢世杰同志带领省级部门的同志来巴中，我们向他汇报。他说，巴中那么穷，你们修那么大干什么？搞临时办公室就行了。所以那个计划就没实施，只搞了临时办公室。临时办公室有四幢，四家领导在 1 号楼办公，1 号楼地下室是开小型会和节假日搞活动的地方，开大型会议就在巴中川剧团，很不方便。

为了解决开会地点难的问题和迎接建区三周年，地委、行署决定修一个会议中心。当时我们无任何经验，于是我带着设计人员到广元、绵阳、德阳和成都参观学习，回来后综合各自优缺点搞了个设计方案。地委、行署审批后立即招标，组织施工队不分昼夜地加班加点突击，很快保质保量地完成了，保证了建区三周年庆祝活动在会议中心顺利召开。

记得有次省上有个会在巴中召开，各地市州的书记都参加了。谢世杰书记一开始就说，巴中那么穷，但在很短时间里就修了这么好一个会议室，你们一些老地区有没有这么漂亮的会议室？领导的肯定，让我们心里热乎乎的。

地级机关行署家属院建设，一开始我们是实行统一规划、统一设计、统一招标、统一建设，但在实施过程中发现问题很多，困难很大。特别是资金问题，地区基本无财政收入。有一次我到财政部，遇到预算司王处长，他下派达县时我们认识。我说，王处长，你知道全国地级财政收入为零的有没有？他一口咬定"没有"。我说，我们巴中就是！确实太难了，四个县（市）都是贫困县，全靠上级支持帮助。

为了调动各部门的积极性，尽快解决各部门办公和职工住房问题，我们出台了一个文件，就是每个单位按编制每人由财政给1.3万元，不足部分由各个单位按统一规划自己找钱修建。那时编制又少，财政给各单位的钱自然少。地委、行署要求急，不但要建好还要快。有的同志玩笑说，既无钱又要快还要好，这不"逼上梁山"吗?! 但是各部门领导和职工积极性非常高，他们不惜千言万语，千方百计，千辛万苦，八仙过海，各显神通，克服重重困难，在较短时间内把地级机关建设完成了，解决了办公和职工住房问题。我记得在行署家属院以外的单位——公安局、检察院、邮电局和工商银行修得最快。

坚持公开招标

地区成立后，我分管行署常务。当时我分管 22 个大小部门，但我的主要精力放在基建上。

我在省上开会的时候，成都市常务副市长朱永明同志在我们小组讨论时说，这几年基建一亿元投资，就可能养肥三只"老虎"。我听了很吃惊，印象非常深刻。我想我们地区新建，工程多，投资大，千万别出问题，一定要把好廉洁关。我到巴中后也听说，有几个部门领导很能干，到处找钱把单位房子修好了，办公条件改善了，但出的问题也不少，有的人房子修好自己却进监狱了，这是血的教训。所以我说，必须进行公开招标，制定严格的招标制度，严格管理。

地委、行署非常重视和支持。行署机关第一批有 20 多个单位招标，我们把"四大家"领导都请到现场监督，纪委书记宋仕珍同志、人大工委副主任王思进同志、政协工委副主任李旭升同志都亲自参加了，完全公开透明。

修会议中心时，我们考察回来后提了个初步方案，让投标单位都搞一个方案，大家来比选，选中方案后都按此设计投标，然后进行现场评标。

建政协机关时，由于资金紧张，我们把标底压得很低。我对建筑单位说，你们莫想在政协建设中得利，但你们可以得名，我们给你们打广告——政协大楼落成时我们把建筑单位老总都请上主席台。当时资金紧张，建筑公司收钱难，到处请客。我说，我们按合同进度，有钱就按比例给你们，你们把请客的钱省下来，用不着到处请客了。

在地委、行署的坚强领导下，一开始我们就高度警惕，要求严格，制定了完善的制度，所以整个地级机关这样大规模的建设未出现大的问题。我们当时那种招标方式，德阳市还专门派人来学我们的经验。

建区之初，地级机关基建招标两轮以后，我收到了一封信。这封信是谁写的？达川地区建委副主任老孔给我写的。他说，他一个朋友给他说了个情况，说有个人自称是你的亲戚，因为晓得你在管基建，那个自称你亲戚的人就主动说，可以来帮忙做你的工作。孔主任那个朋友就给了那个自称我亲戚的人几万块钱，拜托他来巴中做我的工作。但是第一轮招标完了没有他，第二轮招标也没他，所以老孔的朋友就说自己被骗了。老孔就给我写信，他说，我晓得你不是那种人，你肯定也被蒙在鼓里了。

我接到这封信，马上交给地委韩书记，请求一定要查实，不查我就不再管基建了。当然韩书记很重视，立即就查。我不认识那个自称是我亲戚的人，实际上他是我们那一方的骗子。老孔熟人拿的钱，好像已经被那个自称我亲戚的人用了一万多元，最后追回了一万多元。

这件事情也给我敲响了警钟。所以说我管基建，一直就对自己要求非常严格。搞地级机关建设，按规定有工地补助，我从来不要。我在家里经常跟娃娃讲，平安是福，知足常乐。这就是我的信条。

我弟弟是部队转业回来的，地级机关修房子，我弟弟一直在工地上打地板，打混凝土，反正是做苦活路。后来他也想成立一个建筑公司，我不准他成立，因为我在管基建，瓜田李下，说不清楚。后来他很早就走（去世）了，刚刚 60 岁。当时他几次来说要办公司，我都不准。其实我很痛心，他真的是很支持我的工作，特别体谅我的难处。

基础设施建设散记

建区之初巴中的基础设施非常薄弱，全区沥青路和水泥路仅 28 公里，其他都是碎石路。地委提出了"狠抓基础、快上工业、活跃商贸、开发旅游"的发展思路，基础建设的重点是交通。在抓交通上，地委、行署是全力以赴，以"宁愿苦干、不愿苦熬"的精神，在既无钱又遇天灾粮食减产的情况下，号召全区人民齐上阵，搞了两轮交通大会战，取得了巨大成就，使巴中交通发生了很大改善。

交通上有一个情节，就是1996年邹广严副省长在巴中召开了"川东北生产力布局座谈会"，我们巴中是东道主，发言的机会就多。当时我在会上说，别看巴中现在落后，只要把交通搞上去，就会改变落后面貌，再过20年，巴中到处都是"青城山"。我提出巴中要修高速路。当时省上领导说，苟必伦你乱说，现在你巴中低速路都少，还搞什么高速路！我记得那次会议省政府出了个纪要，第一次把我们巴中高速路写进去，说巴中要求搞高速路。建高速路，我们想的是先建唐巴高速，但省上总体路网布局是先从巴中到广元，所以先修广巴高速。

为了尽快修高速路，我们采用以动促进的办法，就是先动起来，让上级看到巴中的决心。地区提前成立了广巴高速路领导机构，我同王治寿副专员还在南江正直搞了个开工仪式！巴中的多方行动促使广巴高速进入实质阶段。

当时想修高速又没钱，怎么小呢？就先修"半幅"，先修巴中到广元这"半幅"。实际上这个点子是鲜雄同志出的，他在省交通厅当副厅长，对巴中支持非常大，巴中高速路的鼓与呼，他起了关键作用。

建区之初，通信更是落后，全部都是摇把子电话，而且要跑很远才能打。打电话难，发电报更难。地区成立后，为解决发电报难问题，巴中县邮电局还专门从省里借了一辆发电车摆在邮电局院子里应急。当时巴中县正在从比利时引进程控电话，但资金未解决，特别是外汇十分紧张，尚未落实，所以我到巴中后第一次出差，就是带上地区邮电局局长曹惠禄和银行的同志到省上解决资金。省上很支持，设备到位以后，巴中的电信情况大大改善，随着平昌、通江开通程控电话和光纤的接入，"大哥大"、"二哥大"、BB机、手机相继推出，通信出现了质的飞跃。

天然气的发展也有过曲折的经历。最早在江北搞的是罐罐气，这个罐罐气成本高，刚成立的燃气公司亏得厉害，公司经理廖玉军同志多次找我，要求提价。我想，地级机关同志们都很困难，再提价更难承受，所以一直做公司的工作，把价格压着不让提，廖经理他们也很理解支持我的工作。

针对这个情况，行署做了几次研究，一直把希望寄托在开发通江天然气上，因为当时国家已在通江钻了几口井，有两口井产气量还比较大。通江新场坝开了一口井，还用天然气发电。发电那天我还去讲了话，满以为通江天然气很快能够用上，后来钻井队却放慢了步伐。

我请宋宝瑞省长、省计委王金祥主任一同到北京地矿部汇报，还到北京石油学院了解具体情况。专家说，通江的气层很复杂，像个大老虎藏在地底下很难捉到它，而且国内的力量不行，要引进国外公司，谁愿意来我们就把图纸给他，让他们自己去考察。

从地矿部回来，我感到用上通江的天然气起码得是五年以后的事了，所以就打算从仪陇引气。这事在行署研究多次，部分人坚持等通江气，我说等通江起码五年，到那时我们的燃气公司早就垮了。分管领导提出个折中方案，为解燃眉之急先引民用气，工业和其他县还是用我们通江自己的气。他们按此原则做了一个方案，投资很大，就把周专员吓到了，说，投资那么大又没钱咋办？犹豫了。我也急了，说肯定要不了那么多钱，我在大竹最早搞天然气，大竹是达县地区第一个用上民用天然气的县，为解决天然气的出路，我还专门到苏联去考察过。为据理力争，我说，不客气地说，巴中懂天然气的只有我。

最后周专员还是决定引气，搞了个设计方案，成立了指挥部，记得组织部部长陈芳同志还挂包这个项目。在项目实施中，我总觉得按会上定的只供巴中城区民用气有问题，万一工业需要用气咋办？所以我同地区计委赵志刚副主任商量，将输气管径由119厘米加到139厘米。他很支持我的想法。我说，就照此实施，不再研究了，以免节外生枝。实践证明改对了，不光满足了巴中工、民用气，后来据说平昌也用上了这个管子的气。

建区之初不仅地级机关办公、住宿全部借住巴中市机关单位，公共服务设施如水、电、医疗、交通和通信等全靠（巴中）小市提供，随着机构和人员增加，这些问题急需解决。我印象很深的是1994年夏天遇干旱，巴河水位大降，上游的来水很少，抽水泵空转抽不上水，常需等几个小时才能抽出水。这次缺水让我们感到解决巴城城市供水问题的紧迫性，靠原来的自来水厂升级、扩容和改造根本满足不了市区的需求。我们多次研究，只有从群英水库和黑石腔水库临时调水。我同建设局副局长谢光德、市委副书记陈科益、副市长闫大国、自来水公司匡永吉经理等到群英水库所在地莲花山做工作。

那天下午酷暑炎热，我又得了结膜炎，他们说去了会加重。我想，吃水是大事，还是得去，协商好了才能解燃眉之急。这事过后，我们立即组织精干力量，加快设计和施工，在大佛寺四号桥上面修建新的抽水泵站。为什么选在这里？当时考虑下游橡胶坝关水水位不超过四号桥。地、市共同努力，用最快的速度建起新的自来水厂，新厂建起后，原来的水厂和泵站逐步废弃。

巴中建地设市一晃30年了。在巴中工作期间，非常辛苦非常累，但为了工作再苦再累也值得，更何况是建设自己的家乡呢！看到30年巴中发生了翻天覆地的变化，我由衷地感到兴奋和自豪，愿巴中明天更美好！

宋仕珍，男，生于1939年3月，四川通江人，中共党员。1993年3月，任中共平昌县委书记。1993年10月，任中共巴中地委委员、地区纪委书记。1996年12月，任巴中地区人大工委党组副书记、副主任。

为新区建设发展保驾护航

宋仕珍

巴中地区于1993年10月28日正式挂牌成立。地委、行署挂牌之际，巴中地区纪律检查委员会也于同一天挂牌成立。

建区伊始，我任纪委书记，从1993年10月到1996年12月，三年多一点时间，有这样一些感受：这三年是白手起家的三年，是艰苦奋斗的三年，是我转换职能的三年。

地委、行署刚刚成立，纪委也是刚刚成立，基本上是没钱、没车、没房，既要组建班子，又要抓党风廉政教育，还要服务于经济发展，所以说是艰辛、艰苦、艰难。

所谓转换职能这三年，是因为我在平昌当了10年县长，从1993年3月到10月任平昌县委书记，成立地区后，我任地委委员、地区纪委书记。这是个新的工作，所以我说是转换职能。

说实在话，我过去一直干经济工作，对纪委工作很不熟悉，我是逐步由搞经济工作转换成搞纪检监察和党风廉政建设工作的。主管三年多时间的党风廉政建设，基本做到了三个结合：

一是抓党风廉政建设与新区实际相结合。三年间除主要抓党纪、党规的教育外，还要全面履行四项职能，加强执纪执法的监督，以监督来促进巴中新区经济的发展。通过监督检查，切实纠正、制止对党的路线方针政策和地委、行署发展经济的战略决策"任意曲解""评头论足""只议不干"，搞"上有政策、下有对策"，甚至为保护自己的既得利益阳奉阴违，散布流言蜚语，把个人凌驾于组织之上的错误行为，切实保证政令畅通，使中央、省委的各项政策和地委、行署的决策真正落到实处。

按照中纪委、省纪委的规定，三年间还突出抓了县处级以上干部个人申报、干部住房和单位乱购车辆等问题的监督检查。当时规定干部只能有一处住房。我在平昌有套住房，还是福利房，也都退了，带头遵守。建区时，车辆很紧缺，很多单位没车子。记得有个单位买了一台尼桑轿车，按照省纪委要求超了标准，我们就作为接待用车，这样一来，解决了超标准的问题。

二是抓党风廉政建设与发展经济相结合。党风廉政建设关系到党和国家的生死存亡，经济建设也关系到党和国家的生死存亡，把两者对立起来的观点是错误的。党风廉政建设为经济建设提供精神动力和方向保证，经济建设为党风廉政建设提供物质基础和实践经验，两者相互依存，相互促进。这就要求纪检监察干部要解放思想，转变观念，改进作风，要积极参与经济工作，与从事经济工作的同志广交朋友，及时划清政策界限，为他们撑腰壮胆，要坚持实事求是的原则，一切从振兴新区经济的实际出发，正确处理原则性与灵活性的关系，把维护党规党纪的严肃性与改革开放的积极性结合起来，把执纪办案与服务经济中心结合起来。结合新区建设的实际情况，1994年3月制定了中共巴中地区纪委、巴中地区监察局《关于进一步支持保护改革促进巴中地区经济发展的意见》，其中的12个"支持"、12个"允许"和12个"严肃查处"，明确了政策界限，旗帜鲜明地支持促进新区发展。纪委严格按照"三个有利于"的标准处理好经济发展中的问题，为经济建设创造宽松环境，保证和促进全区经济持续、快速、健康发展。

三是抓党风廉政建设教育与惩处相结合。党风廉政建设是一项系统工程，必须综合治理，标本兼治，严格教育，严肃惩处。党风廉政建设要把思想教育作为前提，从严教育，不搞不教而诛。三年间每年召开一次党风廉政建设会议，办了三次培训班抓党风廉政教育，主要抓了共产主义理想和信念教育，全心全意为人民服务宗旨教育，艰苦奋斗、勤俭节约教育，提高广大党员干部的素质，从根本上解决好世界观、人生观问题，增强拒腐防变的能力，过好信仰关、权力关、金钱关和人情关。教育是目的，惩处是手段，只有把两者结合起来，相得益彰，才会取得明显成效。

我觉得我当纪委书记这三年，把三个结合基本做到了，而且保证了当时地区经济发展。说实话，那时候地区刚刚成立，白手起家，要钱没钱，房子是自己筹钱来修建的。我记得有个单位把款拨下去，然后又拿回来，被人举报了。我们去调查，原来拿回来的钱用于去上面跑项目，争取资金，没有个人揣腰包，我们就不查处这件事。

建区之初风气是比较好的。作为纪委书记，为促进巴中的经济发展，我觉得自己还是尽了应有的责任。比如，当时汽油、柴油有计划外计划内之分，计划内的价格便宜，计划外价格高。有人举报，巴中市有个单位把计划内的汽油、柴油卖了高价。经我们调查核实，卖高价这笔钱他们用来修了个加油站，搞了项目建设，我们就不再追查。这样既保护挽救了干部，又促进了经济发展。

刚成立地区的时候，条件艰苦。我们厅级干部来了，就住在武装部，尽管房子不宽，还是有一套住。其余来的工作人员、干部，都是一屋睡几个人、几个人一张床。大家进食堂吃饭都是排队，那确实有点艰苦。

王吉安，男，生于1947年2月，四川宣汉人，中共党员。1993年9月，任中共巴中地委委员、地委组织部部长、党校校长、直工委书记。1996年10月，任中共巴中地委常务副书记、党校校长、直工委书记。

巴中地区组织工作回顾

王吉安

我原在达县地区任中共宣汉县委书记。1993年8月28日中午，达县地委办公室通知我到地委参加县委书记会议。也就是在这一天的下午，时任达县地委副书记兼组织部部长、巴中地区筹备工作领导小组组长、即将任巴中地委书记的韩忠信同志给我讲，省委决定调我到新建的巴中地区做筹备工作，任地委委员兼组织部部长。

当时我的父亲去世才一年多，年过七旬的母亲独自一人住在宣汉边远山区的农村。我突然听到这个消息，犹如一声霹雳，心中难安，很不情愿领受这一任命。但在忠信同志和即将任巴中地区行署专员的周登全同志的劝说下，自己本着党性的要求，第二天下午就告别了生我养我的故土和人民，以及帮助支持过我的领导和战友，到达县地委第二招待所与忠信同志和即将任巴中地委副书记的李克明同志一道，开始了巴中地区和组织工作的筹备工作。

在达县设立临时组织部

到巴中要分成两站来说。

第一站就是到了当时的达县地委第二招待所，即现在的达州市宾馆，在那里开了两个房间办公，设立了临时的巴中地委组织部。实际上就是四五个人在那个地方办公，主要工作就是从达县地区协调调配干部到巴中去工作。当时的巴中地委书记韩忠信同志、分管党务工作的副书记李克明同志和我，以及临时选定的几个工作人员就在那里，研究巴中地级部门机构的设置，选配部门主持工作的领导干部，同时和达县地区协调工作人员的调动、财产的分家分配等。

当时的巴中地区既是革命老区、边远山区，又是集中连片的贫困地区，交通不通，手摇电话不畅，电力奇缺，地级财政为零。巴中地区的筹备和建设，就是白手起家、百业待建。我到任后，忠信同志跟我讲，巴中很穷，没得一点办公经费。听他这话，我还怀疑地问他，是不是哟？省上总要拨点嘛。他说，省上也没给多少，一切经费开支都要靠自己去解决，你一定要带点钱过去。我听后为之一惊，感到不可想象。赓即，我就给宣汉县县长李明宗和办公室的主任说，给我借 5000 块钱，我去巴中要买笔墨纸张办公，之后又去借了 5000 元，这才开基立业。

在达县地委第二招待所这一站住了 27 天。在地委和忠信同志的领导下，很快将设置的地委、行署的主要工作部门的主要负责人基本调配齐了，这些同志基本上是从达县地区相关部门的副职调巴中去任部门主官的。交通局局长当时物色了达县地区交通局的一个副局长，我跟他说，请你到巴中地区去暂时当副局长，主持全面工作，一年后经过考察就任命为局长。这是给他明确说了的，他当时也同意。可是他后来专门到达县和巴中交界处看了一下巴中的交通情况，就回达县地委第二招待所对我说，巴中交通问题 10 年都解决不了。他坚决不去巴中。此时，交通对于巴中来说，是重中之重的大事。达县地区又没人愿意到巴中工作，怎么办？后来地委研究决定，将巴中县交通局局长鲜雄同志直接提拔到地区交通局任副局长，主持全面工作，尔后当了局长，再后当了四川省交通厅副厅长。

当时，按照达县地区和巴中地区分家的约定，达县给巴中调配530个人头行政编制及相关经费，但必须从达县地区机关调320个人员到巴中工作。遗憾的是，后来经过一年多的工作，达县地区地级机关的人基本不同意到巴中，经协商只好从达县地区的县区去调人。即便如此，达县地区七个县区中，也只有白沙工农区的部分同志愿意到巴中工作。直到1994年8月，才从达县地区调了270多人到巴中，此后从达县地区调人的约定终止。实践证明，凡是调到巴中工作的同志，他们就是巴中实现跨越发展的骨干和中坚力量的一部分。

当自己在达县地区调配人员的工作告一段落后，赓即撤销了在第二招待所设置的临时办公室。1993年9月23日凌晨，我驱车前往举目无亲、从未到过的巴中地区工作，直到2010年底退休，共18个年头。我记得去巴中那天吃早餐时，忠信同志跟我说，老王，你很辛苦，你还要到巴中地区各县里去做工作，就使用达县地委刚买的一辆捷达小车。这天，恰巧谭毅同志也要到巴中去做行署秘书长工作，他就与我同行，经达县八字口、碑庙区和通江到巴中。一路风尘仆仆，百感交集。车行到通江界内的一处山顶时，真有点茅盾散文《白杨礼赞》里描写的"汽车奔驰在黄土高原"的味道。

当车行到通江春在乡后的山坡上时，车子右边两个轮胎突然都爆了。克明同志那台桑塔纳是旧车，他跑在前头，拐弯就看不见了。我们没办法，找不到修理工，就在那儿等克明同志，他进入通江县城后发现我们没跟上，肯定要派人来接我们。趁这个机会，我和谭毅同志就步行到春在乡政府附近的学校去看了一下。我问教师的工资发到什么时候的，学校的老师说发到了4月份，已经有五个月没有发教师工资了。我一下子就想到，我任县委书记时，向达县地委书记孟俊修同志汇报工作时，曾经请求，能不能去巴中开一次书记会？去看一下嘛！他说没法去，那个地方的公路很不好，去不了。

约半小时后，通江县委办派来的修理工把车修好，我们开到了通江，在县委机关食堂吃午饭，这已经是下午1点多了。午饭后，就往巴中赶路，直到天黑时才到巴中县委招待所住下。恰恰这一天是后来任巴中地委秘书长的梁廷寿同志的生日，他听说我到了，就请我去吃晚饭。我去一看，只见餐桌上点着蜡烛，上面又吊着颗电灯泡，其光亮犹如南瓜花昏黄昏黄的，我这才知道巴中的电力供应竟是如此之困难。

我到巴中时，把我在宣汉工作时的"二哥大"带上，认为可以方便工作联系，可惜不遂我愿，不能使用。当时巴中地区经济和社会事业发展面临的困难和问题是难以想象的严峻，这些问题如不尽快解决，那就有负于党中央、国务院和省委、省政府批准建立巴中地区的初衷。地委组织部是地委分管党的建设和干部队伍建设的一个重要职能部门，如何保证党管一切、党管干部，为巴中地区加快发展提供坚强的组织保证，很快就提上了我的工作议事日程，必须忠于职守，开拓创新，示范于人，为老区的发展尽到自己的一份力量。

地委一班人在韩忠信同志的领导下，调查研究，发扬民主，科学决策，很快就提出了"狠抓基础、快上工业、活跃商贸、开发旅游"的16个字的总体工作思路和目标。而要围绕着这个思路和目标，全身心地、尽快地去开展工作，那就必须要有一支不怕苦、不怕难的精干的干部队伍。如果党组织涣散软弱，如果我们没有一批具有艰苦奋斗精神、敢于作为的干部，想去改变巴中的面貌，想去实现这个目标，是根本不可能的。

在全国率先创新了干部试任制和干部交流制度

1992年邓小平同志南方谈话后，为我们如何抓住机遇、加快发展指明了方向。我作为地委委员、组织部部长，结合巴中地区的实际情况，首先抓的工作，就是按照地委要求，刻不容缓地加强干部队伍的建设工作。

当时组织工作最紧迫的任务，是加快干部调配，加快地级部门和县级领导班子的配备，并改革选人、用人的机制和制度，把一大批想干事、能干事、又能干成事的干部选拔到县处级岗位上。实践中，我们创新了干部试任制和干部交流制。这两项改革得到了中央组织部的认可，1994 年和1995 年，中央组织部先后发简报给全国，同时《新华社内参》刊发全国，这是当时在全国其他地方没有做过的新鲜事。

干部试任制是怎样来的？都是在实践中探索出来的。当时筹建巴中地区时，我们按照约定在达县地级机关调干部到巴中。我们第一次面对面做工作，准备调五个人，可是到出文时，只有三人同意，有两人坚决不同意。第二次就是克明同志和我一起去做工作，我记得大概协商面谈了 13 人，准备调到巴中地区的相关部门当领导干部。结果开会时只到了六个人，集体谈话后，他们走出办公室门，又有一个同志不愿意，最后只有五个人愿意到巴中。这就是当时面临的一个很严峻的问题。达县地级机关的干部都不想到巴中来工作，这使得我们的调配工作非常尴尬。鉴于此，我直接去找达县地委组织部部长张格民同志商量，我说你是我的同学，要支持我的工作，地级机关的同志不同意去，那我们就到其他县和白沙工农区去调人，只有这样，才能实现从达县调走320 个的人数约定。所以，后来有一次我们从白沙工农区一下子就调了 20 多人。但是尽管这样调动，到第二年的 8 月才调走多少人呢？你可能想都想不到，仅仅只有 270 人，此项工作不得不就此结束。

在达县调干部期间，我们几次协调过后，效果都不是很好，特别是调配部门领导干部的难度大。忠信同志、克明同志和我一起商量研究后，说这个路子走不通了，我们能不能够胆子再大一点，换一个思维方式解决。既然我们要选择他们到巴中工作，特别是到部门任领导干部，我们就把他视为一个优秀干部，能不能越级提拔使用，给他们一个做好工作的平台，激发他们工作的积极性？经过认真研究，决定将副科级干部直接提拔为副县级、正科级直接提拔为正县级。后来，鲜雄同志第一个由巴中县交通局局长提拔为巴中地区交通局主持全面工作的副局长，接着很快就任局长。后来，县里的正科级干部马上就要当正县级实职领导干部，我们似乎感到不太放心，总觉得应该有个过渡期再考察一下才好。就这样，我们绞尽脑汁地想办法，后来就搞了一个"干部试任制"。

试任制的运行，可以破格选拔一批想干事、能干事、干成事的干部到工作一线，赋予重任。但是，从一个副科级或正科级一下子就到地级部门来主持全面工作，或分管几个方面的工作，毕竟也有他的局限性，如视野的问题、专业知识的问题、工作方法的问题，甚至还有一个胆量的问题等。所以，我们在搞试任制时，除了加大对这批干部的培训力度外，就是先在职试任一年，并不与工资挂钩。一年内考察两次，上下半年各一次，考察结论分为优秀、称职、基本称职和不称职四个等次。考察后属优秀的和称职的，就越级提拔使用；基本称职的，就加大培训力度，延长半年时间后再考察决定使不使用；不称职的，让他官复原职。

第一轮试任，就有几个同志没有过关，延长了试任期。但是组织上并没有放弃他们，因为他们的问题主要是工作适应能力或工作方法欠缺了点，或没有完成地委、行署交给的任务等，都不是做人的本质有问题。后来，我专门把他们分别请到办公室来谈话，指出其缺陷是什么、问题是什么，叫他们不要气馁，好好总结经验教训，努力工作，接受年度考察。后来这些干部都得到了提拔任用。

记得当时巴中有个硬政策，是地委研究决定的。凡是到建立地区三周年时，哪个单位没有把办公室和职工宿舍建成的，其所在单位班子成员一律辞去职务，这也是试任制的一个考察的硬指标。这个任务，地委决定要我和纪委书记宋仕珍同志监督执行。地委组织部和地区纪委的房子到时修不修得起，我和宋仕珍同志也要接受监督。地方是没钱的，一分钱都没有，连办公经费都不能保证，何况建房子！建房子还得自己去找钱。当时，组织部很困难，我找了时任巴中县委常委、组织部部长张玉策同志说，能不能给我们支持一点点，用以购买打字机这些必要设备。他当即表态支持。当时就是面对那么一种现实的情况。你说我到哪去找钱？后来，只有硬着头皮跑去找省财政厅要，跑去找省委组织部要，到北京找中央组织部要。这些部门都先后给予我们及时的支持帮助。

"两三年建好房子"这个硬指标下达后，对地区各单位的压力非常大，你不去找资金就不行。我们不等不靠，但总还是得去要一点才行，所以就有地区老干部局副局长杨先成同志在试任期内和局里办事员夏长蓉同志分别到财政部和省级相关部门找资金的故事。先是先成同志直接去北京找财政部。当时财政部一些工作人员还不知道巴中，不同意给资金，后经过先成同志多次汇报——巴中是老区又是贫困地区，财政部才直接给巴中老干部局拨付了50万元建房资金。当这笔资金到巴中后，就立即动工建修。但是资金还是不够，还得跑出去找，就派夏长蓉同志独自一人去省财政厅，并说要不到钱就莫回来。夏长蓉同志感到压力很大，多次去效果都不好，直到把自己的盘缠用光了，碰到宣汉老干部局局长颜明兴，借了500块钱才渡过难关。后来她独自一人硬着头皮去财政部汇报，领导一看报告是巴中地区老干部局的，就一口否定。这么一个无官无衔的20多岁的小女子，她又有什么办法呢？但是，夏长蓉同志锲而不舍，天天去汇报，终于感动了有关领导，财政部直接给巴中地区老干局拨付了100万元建房费。老干部局的房子动工之时，就是老干部局杨先成同志试用期满之日，地委很快研究任命他为地区老干部局副局长，取消试任期。什么是硬道理？那时把房子建起来，就是硬道理。这是巴中江北不到三年时间建成了一条人人赞许的崭新而有特色大街的若干故事中的一个。

后来随着领导干部的使用和工作情况，又率先实行了部分主要领导干部交流的制度。首先从公安系统开始，四个县（市）局的局长、政委，在三天内全部异地交流任职。之后，四个县（市）的党委书记、县（市）长、纪委书记、组织部部长、法院院长、检察院检察长等，全部实行异地交流任职。

当时巴中地区在提拔使用干部时率先实行试任制和部分领导干部异地交流任职制度的探索与实践的效果，在全省、全国是有积极影响的。1994年6月和1995年3月分别获得了中央组织部的认可和好评，并用简报通报全国，同时《新华社内参》也在1994年第51期和1995年第19期刊发全国。再后来，有些做法为高层决策所采用。

加强干部队伍的培训和监督

当时，我们自始至终围绕着地委、行署的工作目标，不断抓班子和干部队伍的培训和自我学习、自我提高，增强党性，增强干部做好工作的自觉性和积极性，这就是党校学习培训的内容方向。经过培训，就是坚持解放思想，转变观念，坚持实事求是的思想路线，敢于负责，敢于担责，不能害怕做错了就不敢去做事，有些事情需要敢于在探索中去做。记得我出版第二本论文集的时候，取了一个特别的名字，叫作《探索中的记忆》。我曾经多次到党校上课，我给学员们说，我们有些干部越到后面条件好了，就越懒于学习、懒于思考了。实际上就人的一生来讲，无论你做不做官，无论你从事什么行业，要想实现你人生的价值，都应该坚持不懈地学习，学有所思，学有所为。没有思想，何谈思想解放？当官也好，当办事员也好，那都是一时的。做人做事要讲诚信，有能力，要敢说敢干，要谋民所盼之事。当时就这样来抓干部的培训和后续教育，实现办党校的目的。

记得我们在很短时间内就办起了地委党校，地委把从达县地区调来巴中地委宣传部工作的李晓春同志调到党校任常务副校长，正县级，我兼任校长。那时，党校一分钱都没有，地盘也没得。只有找巴中县协商，经地委研究决定，把巴中县党校和地委党校合而为一，既接受巴中县的干部培训，同时也培训地级机关和其他县的干部。同时我与晓春同志商定，加快跟省委党校联系，争取在地委党校对干部进行专科、本科的学历培训。我们号召当时的地级领导和地县（市）没达到专科或本科水平的机关干部，都积极报考党校学习，这样为当时培养了一大批干部。现在（地级巴中）市里好多的领导同志，都是经过党校学历培训培养的。培训使干部牢记着"智勇坚定、排难创新、团结奋斗、不胜不休"的红军精神，同时也践行了"宁愿苦干、不愿苦熬"的巴中经验。后来温家宝副总理来巴中视察工作，他总结归纳为"大干改变面貌、实干促进发展"的巴中精神。

上世纪 90 年代后期，国务院扶贫办在巴中举办了全国贫困县领导干部培训班，前后培训了数百人，地级领导多次给他们讲课，甚至外省有些市州县也来邀请我们地区的领导到他们那里去讲经验。曾任中央组织部秘书长的何载同志和省委组织部部长冯振伍同志，又专门选了全国最贫困的二十几个县的县委书记，直接通知他们到巴中来接受培训。他俩说，只带来了部分培训费，下差部分请巴中支持一下。我当即表态，我们保证完成任务。他们两个老同志硬是坚守了一周多，直到整个培训班结课才离开。

当初，因为刚刚成立地区，在干部的选拔任用时，我对干部的真实情况不是很了解，害怕选用的干部日后出现什么大问题。当时我就直接向地委报告，建议凡是提名为副县级以上的干部人选，在地委组织部研究前要征得相关监督部门的主要领导签字同意，然后再由组织部报地委决定。这个建议当即得到了忠信同志和地委的同意。是哪些监督部门主要领导签字呢？就是地区纪委书记、监察局局长、公安处处长、人民法院院长、检察院检察长、人事局局长、审计局局长和地区直属机关工委的常务副书记。为啥要这么做呢？我说的是对组织负责，同时也是减轻我个人的压力。记得时任地委书记韩忠信同志曾对我讲，今后县长助理、局长助理的干部选拔，由地委组织部决定就行了。我说不，还是要地委研究，大家来把关，我们组织部不使用这个权力。干部选拔任用和监督工作，我一直严格坚持到 2005 年初我调离市委（地级市）到市人大工作时为止。

当时采取干部试任制和特别监督的办法，基本上保证了干部廉洁奉公、遵纪守法、努力工作，当好人民公仆。同时在这时候，也以"创四好"为载体开展领导班子的"四好活动",把它和干部监督工作融为一体。这个方面在全省、全国的影响也不小。我记得全国贫困县县委书记在巴中培训的时候,我与他们交谈后发现,他们当地都没像我们这样搞过。有一天我给他们讲课时,把事先打印好了的讲话稿发给他们,但我没照稿子讲,而是抽出几个重点的问题讲。他们很感动,说巴中确实在全国扶贫攻坚这面旗帜下有着自己特定的东西。

坚持不懈,狠抓党的基层组织建设

我在宣汉当县委副书记的时候,就感觉到农村和街道(现在叫社区)党的基层组织建设是非常薄弱的,企业厂长负责制在实际工作中是淡化了党的领导,非公有制经济的党组织建设是一个很难实施的课题。自己当了县委书记后,狠抓这方面的建设工作,真有收获,同时也感到党的建设刻不容缓。

巴中地区当时的实际情况也和宣汉县差不多。我到巴中工作时正是"八七扶贫攻坚"的决战阶段,如果党的基层组织特别是村一级组织涣散软弱的话,要实现扶贫的既定目标是根本不可能的。地委组织部必须将全地区的基层组织建设作为最重要的工作立即研究解决,下决心建立、健全、巩固和提高,硬是要让基层党组织真正起到共产党的基层战斗堡垒作用,充分发挥全体党员的先锋模范作用。

那时,组织部门首要坚持的就是如何保证党的领导,做到党要管党。管党不仅仅是管好干部,重要的是要管好自己的基层组织,把组织建设好,把党员的作用发挥好。我们在全地区的村这一级,很快就开展了"建五有""创五好"的农村基层党组织建设创先争优活动,这是我们巴中地区首先推出的。是哪"五有"呢?一是"有人办事"。即首先选好村党支部书记,配好村级班子。二是"有阵地办事"。村里必须有办公室。共产党执政几十年了，我们的基层组织不应该还在火笼坑、田坎边开会，不能像解放前搞地下活动那样，现在必须要有党的基层组织阵地。有房子的就完善，没有房子的就修建，必须解决这个问题。阵地里要有党旗，有誓词，有"三会一课"制度、民主生活会制度、财务制度、重要工作议事制度、经济和社会事业规划和年度目标等。三是"有钱办事"。就是村里要有集体经济，要有公益收入。没得公益收入，怎么去解决问题？你做个牌子也好，解决贫困党员的生活问题也好，总要有钱才行，这就要靠村里发展小企业、小产业去挣钱。大的做不起，我们就从小处做起，滚雪球来做。四是"有制度办事"。就是如前所述，除了执行党组织自身建设的制度外，村里的建设和管理，只要涉及老百姓的事情，都必须有制度有规矩，使村民知晓并接受监督。五是"有积极性办事"。就是要解决农村支部书记的待遇问题。他整天在跑村里的工作，他家里的活路由哪个人去做呢？你不能长期叫他不管家呀！这些人都是农村的优秀党员同志，何况有些人年龄很大了，组织不给他们经济补贴，是说不过去的。这个"建五有""创五好"的创先争优活动，在 1996 年 3 月，我写了篇文章，《新华社内参》1996 年第 10 期发表了，同时中央组织部简报通报全国。

记得当时地委组织部做了一个自下而上的统计报告。全地区统计出来的好的村，我们就作为"先进村"去宣传示范引导；统计出来的最差的村，我们就采取地县乡和所属部门领导"三结合"办法，具体到人去帮扶，到时组织验收；至于统计出来的中等村，就动员他们自己发挥主观能动性，向先进村学习，去加快建设和做好管理。这就是我们按照毛主席讲的"抓两头带中间"的工作方法在做。说来也巧，各县自行上报，结果统计出来好的村和最差的村，都各是 108 个。我说这就神了，一百单八将，就看哪个有神功了！这两个"108"怎么办呢？地委组织部直接负责四个村，每个县（市）一个，我直接负责具体抓，比如巴中市的园艺村、通江县的鹦哥村、南江县的华光村，平昌县的村名我想不起了。所有的地级领导都必须包一个村，都是落实到人头上。我们给每个村都制定了一张表，内容包含村的基本情况、支部书记姓名、过去的经济状况、现在的主要目标、联系村的领导是谁。地委组织部统一订了几本送给韩书记、登全专员和克明副书记等地级领导和相关部门，以便随时对照检查，应该说现在市委组织部的档案室里都保存了这些资料。那时我只要下乡，就必须带上这本资料下去对照检查落实情况，那是逗硬（动真格）的。那时，你是先进的，就要更先进；你是落后的，就要尽快改变落后面貌，要有具体的措施和实在的行动，我们一看就明白。每年要做两次大的检查，四个县（市）轮流开现场学习会，互相学习，比学赶帮。年初有部署，年终有表彰，差的要点名。所以，那个年代的农业和农村工作确实是做得有声有色。

同时，基层组织建设除了农村以外，企业、学校、街道非公有制经济的党组织建设都一并进行，我觉得搞得最有效果的还是农村这一块。"八七扶贫攻坚"任务是非常艰巨的，必须要实现上级制定的目标，各地的门路不尽相同。巴中地区就搞"巴中新村"建设，就是坚持"五改三建"，即改水、改路、改厨、改厕、改圈，建池、建园、建家。现在回过头来看，说实话，"五改三建"在那个年代那个经济条件下的做法还是对的，主要问题是在"建池"这件事上，有个别地方违背了客观规律，没有考虑水源而盲目建池，把经念歪了。这是我们个别干部的工作作风问题，还有就是形式主义在作怪。这些问题只要发现了，我们都给予了纠正。

在新建巴中地区"八七扶贫攻坚"工作中，由于各级领导班子和全体共产党员带领广大干部群众有了不达目标绝不罢休的决心和宁愿苦干、不愿苦熬、大干实干的精神，几年下来，就有相当一部分落后村从根本上改变了面貌，获得了中央组织部简报通报全国的认可，《新华社内参》也同时刊发全国。这成为闻名全国的"巴中经验"的重要组成部分。

梁廷寿，男，生于 1941 年 8 月，四川南江人，中共党员。1993 年 9 月，任中共巴中地委委员、秘书长。1995 年 10 月，任巴中地区政协工委党组成员、副主任。

巴中地区的初始与发展

梁廷寿

设立巴中地区这个话题，最早是 1983 年，正遇到机构改革，我们就准备建议设立巴中地区，起草了文件。我当时在达县地委任办公室主任、副秘书长，我起草了文件，向省委报告要求设立巴中地区。省委书记杨汝岱在报告上批示："让绵阳一分为三，试一试再说。"就把我们的报告搁在那儿了。一试就试到上世纪 90 年代，直到 1993 年，我们又起草报告，要求达县地区一分为三，当时的想法也是通、南、巴、平设立巴中地区，大竹、渠县、邻水、开江设立大竹地区，其他设立达县地区。国务院民政部派人到巴中来考察后，1993 年 7 月 2 日，就正式批准撤销巴中县设立巴中市；7 月 5 日，国务院批准达县地区划分为达川和巴中两个地区，巴中地区辖巴中、通江、南江、平昌四个县（市），行政公署设巴中市。

1993 年 8 月 24 日，省委在成都召开巴中、达川、广安、南充四个地市筹备工作领导小组会议。省委常委办公室用机要电话打到我家里，通知达县地区到省委开会，共 10 个人（巴中 5 人，达川 5 人）。24 日省委会议确定巴中地区筹备工作领导小组由韩忠信任组长，周登全任副组长，李克明、李开明、苟必伦为成员，共 5 人。

筹备工作领导小组的同志从省委开会后直接赶赴巴中，25 日就召开四县县委书记、人大常委会主任、县长、政协主席工作会议，研究地区筹备工作有关事宜。

达川地区筹备领导小组就回达川，我当时被安排任达川地委秘书长，召开各部门的会议，研究这个"分家"事宜。之后韩忠信书记从巴中开完会回到达川，找我谈话，要求我到巴中工作。我说，这边已经安排我任秘书长，我已经在召开各部门的会议了。忠信同志说，你在达县地区工作时间长，各县的情况你了解，和我们一道去建设你的家乡算了。当时我想，巴中地区是革命老区，又是我的家乡，既然忠信同志要求我到巴中，我就同意了。我说，你要跟李隆春书记说一下。他说我先跟他说好了。于是从 8 月 26 日以后，我就参加巴中地区的筹备工作了。忠信同志叫我先带人到巴中做筹备工作，所以我就带了四部车 12 个人，9 月 3 日到了巴中。

当时巴中是个啥状况呢？我总结，一是路不畅。因为走哪里路都差，整个巴中地区，柏油路很少，包括各个县政府、城郊在内才 12 公里。从达川到巴中要整整一天，行车两头黑。我带队从达县地委球场坝早上 8 点钟出发，到平昌已经下午 2 点多钟，才吃午饭。原因是一路上既要向老百姓借锄头补路，又要下来推车，仅从白衣镇走到平昌就花了三个多小时。

二是灯不亮。为啥不亮呢？电力不足。那时候的巴中，我们接待客人，晚上吃饭都要准备蜡烛，就怕吃着饭电就停了。晚上到巴中城里，见人别说熟人，连男女都分不清楚，因为灯光那么暗。路不畅灯不亮，还有通信落后，那时哪里有手机呢？

再一个状况，地区分家过后，巴中地属企业只有两个，一个是四十七队（巴中运输有限公司汽车第四十七队），一个是通江烤胶厂。这两个地属企业都是亏损企业，所以当时地区财政在企业收入方面等于零，还要倒补。

当时的巴中地区所辖四个县，其中南江、通江为国定贫困县，巴中、平昌为省定贫困县，人口 320 万，贫困人口就有 260 万。在巴中所辖地找万元户，只有一户。那一户是哪里的？巴中枣林乡那边一拐弯处，有个姓王的，开车，是万元户。其他地方找不到万元户，这就是贫困的真实状况。在这种情况下，要把巴中地区建设好，困难相当多。

1993 年 9 月 8 日，省委决定韩忠信同志任巴中地委书记，周登全、李克明、李开明任副书记，苟必伦、宋仕珍、王吉安、梁廷寿任地委委员。同时，王吉安任组织部部长，宋仕珍任纪委书记。

9 月 19 日，省政府召开第十三次常务会议，决定任命周登全为巴中地区行署专员，苟必伦、冉德玉、郭孝友、刘宗寿为副专员。

9 月 28 日至 29 日，地委召开委员会议，任命了 34 个地级部门 60 余名负责干部，同时任命我为地委秘书长，李旭升任地委统战部部长，李开明兼任地委政法委员会书记。何光烈任中级法院院长，向守万任地区检察院检察长，何宗义任公安处处长，谭毅任行署秘书长。这样开始了我们的筹备工作。

1993 年 10 月 18 日在成都召开巴中地区成立新闻发布会，地点在四川日报社大楼里。省委常委、组织部部长罗良仰，省人大常委会副主任孟俊修，副省长马麟、徐世群，省军区副司令员曹德能等省领导出席新闻发布会。10 月 28 日，巴中地区暨巴中市成立大会在巴中市隆重举行，参加大会的近 10 万群众，表达了对巴中地区成立的庆祝。成立巴中地区以后，我们继承了红军的优良传统：智勇坚定、排难创新、团结奋斗、不胜不休。巴中地区的领导班子成员一直以这个红军 16 字训词为依托来建设巴中地区。

回忆起来，当时有几个突破性的进展：第一是组织交通大会战。从 1994 年 1 月开始，整个巴中地区接近 50 万人参加交通大会战，首要的是突击修通巴中到成都的唐巴公路。修唐巴公路是啥阵势呢？巴中市是小市，组织 32 支队伍现场作战，搭起工棚，吃住在工地上。在抢修唐巴公路的同时，各县也开始抢修公路。平昌到巴中这段路，平昌县委书记亲自指挥。地委书记韩忠信带领机关干部在下两那边参加道路抢修，同时，地区的干部组织若干个慰问分队，捐款捐物，到修公路前线慰问民工，参加战斗。那个阵仗叫交通大会战，各个县都开始搞。通江的大会战是修通江到达川的那段路。当时几十万人上战场抢修公路。我说的路不畅，是指有路但是难走，一些贫困群众，特别是住在山上的群众，行路更难。通江当时有个地方，老百姓把猪喂肥后去卖，用背篼背，在山路陡崖上，猪和人一起摔下来，死人死猪那叫一个惨。

当时铁路通到乐坝，我们当成大事喜事，去乐坝搞庆祝活动，这是第一条进入我们地区的铁路。经过这几次交通大会战，各县的路、地区到县的路基本上修通了，一两年时间把唐巴路修通了，所以我们感到很了不起。

还要不要继续修农村路？这个时候我已经到了地区政协工委，在我们地区领导班子里面有两种意见，一部分领导主张修路暂缓一下，来个休养生息，一部分领导主张继续修路，解决农村行路难的问题。我同意继续修农村路。我到乡下做过调查研究，亲笔写了一篇稿子，标题是《路通，给山区农村带来繁荣景象》。我调查了好多好多地方，农村哪个地方通了路，哪个地方就繁荣。这篇稿子登在《四川政协报》头版头条。大家最后统一了意见，有条件的地方继续修路，保证农村道路畅通。那时候的交通大会战不是像现在，修铁路，修高速公路，还修飞机场，我们根本不敢想这些，没那个条件。那时候能把路修通就好，打破制约巴中发展的瓶颈，哪还敢想高速路、飞机场？

第二是搞水利。巴中地区刚成立，恰恰遇到了1994年天气干旱，好多地方栽不上秧，我们就到一些地方调查，发现一个典型，是南江的燕山乡。其他地方都把秧栽不下去，它那儿满栽满插。这时候我们主张在农村搞水利，解决干旱问题，解决灌溉问题。我亲笔起草了一篇稿子《水是农业的命脉》，副标题是"大旱之年的思考"，突出宣传南江县燕山乡治水的经验，在省委《调研报告》中转发了。于是地委研究在全市搞小型水利，那种大型的搞不起，就修微水池。说句实在话，当时有搞得好的，也有搞形式主义、浪费的地方。在通江开会，我提出批评，有个地方在堰塘旁边还修微水池，还要粉刷一下，那就是搞形式主义。搞得好的占多数，比如南江赤溪乡，人家那个微水池修得大，既可以养鱼，又可以灌溉，那是很成功的。

第三，解决扶贫攻坚的问题。扶贫攻坚，当时每一个干部都有联系点，当然那时候还没现在这个政策到位，我们拿自己的办公经费去扶持贫困户。当时地委提出"宁愿苦干、不愿苦熬"，经过这一系列的战斗，最后得到了省委的肯定。省委在通江开会，省委常委都到场了，就提出全省学"巴中经验"。当时准备提"巴中精神"，因为原来建立的黔江地区有个"黔江精神"，所以就学"巴中经验"。"巴中经验"是什么呢？"宁愿苦干、不愿苦熬"！

第四，解决领导干部作风、机关干部作风的问题。建立巴中地区，那时候的机关干部是什么样呢？办公、住房靠租房，都是到老百姓那儿租房。有住在招待所的，招待所也是租房，我们拿了钱的。办公住宿靠租房，吃饭排队进食堂。韩忠信书记也排队，两个碗一双筷一个盘。干部到基层调查研究，有些干部、有些县就要接地区的干部去检查，甚至直接跑到巴中城里来接。当时我写了一篇建议：我们地级的机关干部下乡调查研究，直接到现场，不搞迎送。地委把我的建议在大会上宣读。

第五，就是注重教育。巴中第一座希望小学建在乐坝。韩忠信书记原来在省直机关，他动员省直机关捐款了30万元，就在乐坝建希望小学，我们还去祝贺。学校教育也从那时候开始，主张加强职业教育，解决农村缺人才的问题。我们去推广职业学校，强调大办职业学校，特别是南江那所职业学校。因为原来我在达县地委工作，四川大学那个党委书记（名字记不起了）最早是达县地委书记，他下来检查工作，就是调查职业学校，让我陪他去。我把那时候的职业学校都走了一遍，我给他代笔写了一篇调查报告《发展职业教育有利于解决农业不发达的问题，有助于农民致富》。那时候就主张发展职业学校，现在看来还应当继续发展职业学校，培养直接为农民服务的人才，培养不会走的人才，农民真正掌握职业技术的都要先富起来，包括养猪、植树、栽果树。高考出去的大学生，有几个回到我们巴中的？所以职业教育关乎地方发展。

巴中能够发展到今天这个样子，在我的印象当中，得益于党中央的政策。我们巴中人民应该永远不忘记温家宝同志，他当总理期间两次到巴中。巴中写的报告，温家宝批到交通部："巴中是我的联系点，这里至今没有一条大通道。"李克强同志那时候任副总理，也到过巴中，给予关怀。

巴中发展到今天，得益于我们的总书记习近平，现在这套扶贫政策，可以说从来没有过。我在达县地委工作的时候，杨汝岱当省委书记，在秀山开全省扶贫工作会议，我和盛永堂去参加会议。那时候的贫困是个啥状况？达县地区找个万元户，打起灯笼火把都找不到几个。

习近平总书记要求贫困地区的各级领导干部立下军令状，层层签订脱贫攻坚责任书，向全世界宣布，向全党全国人民宣布。这些年巴中能够发展，要感谢党的政策，没有这套政策，纵然你有天大的本事，扶贫都做不了，更别提要全部脱贫，一户不漏，一个人不漏。

郭孝友，男，生于 1940 年 8 月，重庆潼南人，中共党员。1993 年 9 月，任巴中地区行署副专员。1997 年 1 月，任巴中地区人大工委副主任。

一生为农，无怨无悔

郭孝友

1993 年 8 月之前，我是通江县的县委书记。1993 年 8 月 24 日，当时的巴中地区筹备工作领导小组通知我到巴中来，筹备工作领导小组组长、巴中地委书记韩忠信和副书记李克明分别找我谈话，并给我讲了一下巴中地区领导的组成情况。

按照韩忠信书记给我讲的，四个县每个县都有一名地委委员，同时以后各县的干部抽调到地区来都是按一定的比例，免得形成这个县干部多了、那个县干部少了的情况。韩书记对我讲，你不是巴中地区的人，也不是通江人，你是外地来的，地委委员当中已经有了一个通江籍人士就是李克明同志，你作为县委书记过来后只能够任副专员。同时你学的是农业，长期任农业局局长，所以就到地区分管农业农村工作，还有扶贫开发、民政和计生委等，你有什么意见？我说我是名共产党员，怎么能讲价钱呢？叫我干啥就干啥呗！

1993年我已经53岁了，那一年在省上开党代会的时候，我是党代表，报到时那个工作人员就说，哟，县级领导干部还有53岁当书记的呀？我就想，我已经53岁了，还要怎么进步呢？已经顶天花板了，所以我有啥意见呢？一切服从组织安排吧。

谈话过后，吃过午饭就回通江去了。回去没有两天，就接到了地区的通知，1993年8月28日四川省要在温江召开农田基本建设会议，由于地区农、林、水这些局的局长都还没有配，只有我一个光杆司令去参加这个会议了。于是我带了我原来在通江县委的一个秘书，用的是通江县委的车子，到省上去开会。在温江柳城宾馆报到的时候，就遇到分管农业的张中伟副省长在外面散步，还隔很远他就说，嘿，巴中的专员来了。他把我介绍给当时的农业厅厅长文正经，还有水利厅厅长敬正书和林业厅厅长曹正其。在柳城宾馆开了两三天会回来，我给韩忠信书记简单汇报了一下会议的主要精神，又回通江去了。过了不久，韩忠信书记说，哟，你恐怕还是应该贯彻一下这个会议精神哟。所以又到巴中地区来，组织各县分管农、林、水的副县长在一起开了一次专题会议。

这次会议开过后就走不掉了，因为农业上各项工作要开展，我也想尽快熟悉巴中地区的情况，尽管原来几个县都比较了解，但是具体情况还不怎么清楚，于是分别到四个县去走了几转。我这个人是搞农业工作出来的，喜欢下乡，在不到一年的时间里，全地区通、南、巴、平这四个县（市）的主要乡镇基本上都跑完了。以后随着农、林、水这几个局的建立，就经常要和省上的相关部门协调汇报工作，争取经费，除各类项目资金外，还要争取各大局的开办经费，以便早日解决其办公和生活用房问题，所以工作逐渐就忙起来了。特别是在巴中地区建立之初的一段时间里，这些新建单位都是租用原来巴中县相关部门的房屋办公，大家住的也是在巴中老城区租的房子，条件确实艰苦。我在原巴中县委招待所住了将近半年的时间，才搬到地委、行署在巴中市武装部租借的民兵培训基地去住，条件才稍微得到改善。

我记得上任伊始，运气不佳，连续遇到了三年自然灾害，都是干旱，所以农业上面临极大的压力，不是像现在所说的吃不愁，那时候是要解决温饱问题。所以这样一来，无论是雨天也好，晴天也好，我到农村就是家常便饭。为了下农村方便，我还专门买了雨伞、水鞋这些放在车子上，无论是哪一种天气，都做好了充分的准备。

我记得1994年冬天，召开农田基本建设现场会议。对于我们巴中来说，那时候的农田基本建设，特别是在改田改土、土地加工这方面，平昌很有优势，因为它一改就是一大片，上百亩。那一年我到平昌去看一些改田改土的先进典型，就到了得胜，看到北山茶场改田改土搞得比较好，就把它和双鹿乡的另一个点作为现场预备参观。现场会开始，各县（市）的书记、县（市）长和有关部门的局长都一道去参观。但是参观双鹿这个现场的时候，恰恰前一天晚上下了大雨，谁也没有预料到。本来平昌县已经做了很多工作，把从得胜到双鹿的那条公路重新铺了一下，因为没有多少碎石，就在公路旁边挖了一些泥巴把公路坑坑洼洼的地方填补了一下。落雨过后，不填泥巴还好，一填泥巴那条公路车子就过不了，一个一个深坑，车子一开就打滑。到底还要不要继续参观呢？我坚持说，人家工作做得那么好，还是要去看看。我硬着头皮，带着管农业的干部包括各县县长、副县长，继续前进。想一想，人家是做了充分的准备，还有200多名农民在山上冒着细雨搞土地加工，不去怎么行？所以现场我们还是坚持看了，县委书记王治寿他们非常感激。

1995年5月，我还遇到了这样一个很突然的事件，上了中央电视台。那是麦收时节，我到通江去检查工作，通江县的县长黄泽君和副县长王兴奎陪同，在沙溪区听了汇报，吃了午饭后，看着要变天，一幅快要落雨的景象。黄县长、王县长催促我往回走，恰好走到红云崖村——这个地方就是刻有"赤化全川"四个大字的那个村，刚上坡的时候突然狂风大作，下起了冰雹，最大的我看起码有乒乓球那么大。爬到那个山上的时候，冰雹打在车子上叮叮咚咚地响。驾驶员就说，郭专员，没法走了，再跑挡风玻璃可能要被打烂。我说，趁此机会，下去检查冰雹造成的灾情。我们那时下乡，有巴中电视台摄影记者陪同，他们跟着我下去一看，那个麦地边上起码堆起了一两尺厚的冰雹颗粒，因为风一吹，就吹到麦地的角落去了。房子院坝的角落、竹林包边上都堆起很厚的一层。在这种情况下，我就去麦田边捧了一捧，看一下冰雹有多大，就是我刚才说的，最大的有乒乓球那么大。我还是生平第一次看到这么大的冰雹，麦秆基本上被打断了。当时录像过后，巴中电视台报到了四川电视台，四川电视台把这段录像报到了中央电视台。中央电视台播放出来，我还没有发现我上了中央电视台，结果是我的一个亲戚在云南给我打电话说，老太爷，你上中央电视台了。他说了播出的情况，我才晓得。我遇到冰雹这种自然灾害，在下乡检查工作期间已经有两次，这算是第三次。隔了不久，通江县就收到了省救灾办的救灾款 15 万元，所以通江县的黄县长就对我说，老太爷，你这次来得好啊！就是那段录像，中央电视台播的那段录像，在我们没有打任何报告的情况下，上级给我们主动解决了一笔 15 万元的救灾款。

说到上电视台，我还有一件事情，感到有点愧疚。1996 年春天要收小春的时候，巴中电视台的记者申振华要拍一段各地市的领导人对当年农业生产现场评估的访谈节目，当时在兴文油菜地边他采访我，郭专员，你是管农业的，请你谈一谈今年你对小春生产增收的展望。当时我就讲：一是由于去年各地大搞农田基本建设，所以小春播种面积比往年有了大幅度的增加。二是农业方面的一些先进栽培技术得到了普及推广，比如油菜育苗移栽。三是管理比较精细，因为受了几年自然灾害的影响，所以在小春生产上各地都下了一番功夫，除草、施肥、防治病虫害这些工作都做得很好。这段录像录好后，巴中电视台就报到四川电视台去了。四川台在播放这一段录像的时候，就把巴中地区副专员这个"副"字漏掉了，我就成了"巴中地区专员郭孝友"。我当时并没有注意，结果我的秘书还有农业方面几个局长就说，郭专员你惹祸了。说省台播放的录像当中把副专员那个"副"字弄掉了，搞成"巴中地区专员谈今年小春生产"。这一下搞得我很难为情。他们就说，你去找周专员赔个不是。最后我一想，这又不是我搞错的，如果我说错了，说我是专员那还有道歉的必要，这是省台搞错的与我有什么关系？我就若无其事，不管它。隔了不久，和周专员坐在同一台车上的时候，我就对他讲了这事。他说，老郭，这些事情你不要管，我这个专员还不是当得好好的?！我说，谢谢你的理解。

当年当副专员管农业的时候，可以说为巴中地区争取资金最多的就是我老郭，每一年基本上在两个亿左右，有扶贫贷款，有水利方面的补助款，有农业林业上的资金，民政方面也有资金。就整个巴中地区来讲，各大局我找得最早的可能就是农业口的部门，农业口的文正经对我们的工作非常支持。我记得有一回张中伟省长下来检查工作，我和周专员坐在他那辆车子上。周专员就说，张省长，您看我们郭专员一天跑这跑那跑个不停，现在车子都没有，您能不能帮助郭专员解决一下用车的问题？我的车子问题就是省里解决的。

我认为我在农业口做副专员管农业的这段时间，对创立"巴中经验"也起到了很大的作用。当年，面对着严重的干旱，农民日子确实过得很辛苦，要靠人的力量去战胜自然灾害，确实是很难办到的，所以我多次深入农村调查研究，凭着过去在通江工作的实际经验，深感农业要获得丰收，是一件非常艰苦的事情。就巴中地区来讲，最严重的问题就是干旱，特别是伏旱。七八月这段时间，如果按照我们过去的耕作方法、耕作习惯办事，水稻、玉米正处于扬花、授粉、灌浆这个生产阶段，因为按水稻、玉米的生长期，从种子发芽到收获是145—150天这个时间段，刚好就是七八月份，用反推法去算，要躲过7月下旬到8月上旬这个关键时间段，唯一的办法就是提早播种。但是提早播种又有一个很难的问题：太早气温低，水稻育秧要烂秧；想要玉米早播，但是旱地上的小麦还没有成熟，你没有地方栽。当时我就提出，我们干的是"着急农业"，所谓"着急"，对农民来讲，必须解决早不起来、晚了遇灾的问题，做到适时早播早育，躲过伏旱。惹不起只能躲着过，从一开始种子下田就要着急，担心自然灾害，最后自然灾害来了，你无能为力更着急。所以在这个过程中，我们总结农业的先进经验，提出了农业"四大工程"这个口号。

第一大工程就是玉米工程。把玉米种植面积扩大，特别是那些高塝灌水田，没有来水的、没有灌溉条件的、常年干旱的田，一定要改旱作。我参观了全省很多农业先进典型，发现跟川中地区比，我们有一个最大的差距——玉米种得不规范，没有成行成排，没有集中连片，这里种一点那里种一点，有的种在田坎上，有的种在坡坡上，这里一苗那里一苗，玉米扬花时，雄花粉就落不到雌花上，所以就出现"稀拉籽"玉米，结籽率不高。发展玉米主要又提出了四条措施：第一条是增加面积；第二条是地膜覆盖，在高山不搞地膜覆盖的话，季节就延后了，苗期长得很慢，躲不过伏旱；第三条就是规范化种植，麦地里预留两行，一行麦子，两行玉米，这样花粉吹过去吹过来，就不会有授不到粉的玉米，这样巴中地区玉米在农业增产上做出了重要的贡献；第四条，后面还发明了方格育苗移栽玉米，普及推广地膜玉米，玉米增产更高了。特别是南江县光雾山铁炉坝村（现在成了游客集散中心），当年我们花了几十万元钱在铁炉坝中间挖了一条深沟排水，把冷浸积水排出来，搞成了大块旱地。原来铁炉坝人栽水稻，想吃大米，结果可能每一年一亩田没有收到10斤稻谷。我们让他们改种玉米，结果玉米长得不错，玉米扬花戴帽时，那一片好看得很。我们还搞成了省农业厅高产示范玉米片，那片玉米确实让人喜欢得很，结的棒子将近一尺长。1996年春在一次干部大会上，地委、行署对我在农业上的工作，特别是在发展玉米上的贡献给予了充分肯定和表彰，并奖励我个人现金5000元。

第二大工程就是畜牧工程，主要是南江黄羊和生猪规模化养殖。当时全地区普遍推广南江黄羊，由于南江黄羊生性粗犷，放养到山林里都可以，那些年由一二十万只发展到六七十万只。再就是畜牧上发展生猪，主要抓的就是规模化养殖，不再搞一家一户养一头两头。这个工作做得最好的是平昌，我看到平昌养猪场最多的有养五六百头的，我经常去参观。但就养猪来讲，最关键的一条是防疫，怕得猪瘟，如果防疫工作搞得不好，猪得了猪瘟，随便什么药都治不好，就跟现在的人得癌症一样。但是那几年抓防疫工作抓得很及时，那几年的畜牧业发展也起了重要的作用。

第三大工程就是微型水利工程。微型水利，在通江工作时我就有所认识，因为修建水利工程要讲条件，要考虑积雨面积。所谓考虑积雨面积，就是考虑在下雨时来水比较多的地方修水利工程，因为修一个塘也好，修一个库也好，它才能关得起水。如果没有来水，积雨面积不大，你修的塘修的库只好"关"月亮，蓄不起水。从地质上讲，塘库地基不能是那种红石地，红石地容易散漏，水被浸走了，蓄不起来。一些有条件建立塘库蓄水的地方，基本上在新中国成立后的这几十年，年年搞水利建设，可以建的位置都建得差不多了。现在来讲，高塝田、望天田和坡地这些地方没有修建水利工程的条件，所以只能搞微水和小型水池，10方、20方、50方、100方，最多500方、1000方，挖个坑，有的可以解决灌粪加水，有的可以解决淘菜、牲畜饮水的问题，所以我们采取了长藤结瓜的形式。比如这是一面坡，水往那头流，这里挖一个微水池，那里再挖一个，下雨了水顺着这条流水沟流，这个池子关满了关那个池子。就这样到处建了很多微水池。那几年微型水利工程发挥了很大的作用，特别是在一些旱地、高塝田起了重大的作用。

第四大工程，就是大搞植树造林工程。植树造林方面，我们花了很大的力气。原本巴中地区，特别是巴中老县的山头绿化就很好，也就是说所有的山头都戴了"绿帽子"，我们就大力在山下山中以及村中"四旁"（道旁、路旁、房旁、沟旁）栽植经济林，比如说杜仲、黄檗，还有一些中药材也是这样种上的。

四大工程也是"巴中经验"的一个基础。我记得是1995年，省政府在通江县召开农田基本建设会议，那一次省委书记谢世杰、省长张中伟都来了。我去迎接他们的时候，省水利厅的农水局局长宋朝华就跟我开玩笑说，郭专员，你不简单，我看这几年你在管农业的时候把什么方法都使尽了，各种新的举措都做完了，修微水也好，种玉米也好，这几方面你都抓完了，下一届怎么做呢?!

就是在这一次农田基本建设会议上，省委书记谢世杰的讲话和省长张中伟的报告，执笔人就是宋朝华。在他们的讲话中第一次提出了"巴中经验"这个概念，并号召全省都要学习推广"巴中经验"。可以这样讲，在为"巴中经验"的创立和拓展过程中，农业部门确实是出了很大的力，做出了应有的贡献。

由于年龄的关系，我是1996年底听从组织安排，到人大去了。

这些年来，我牢记从政的时候我的农民老父亲对我说的话。我当县长的时候，他就说，小子，你要好好地注意哟，现在当官了，最后退下来还是要当民，当一个普通老百姓。他说你要努力工作，不要骄傲！所以我一辈子都比较低调。我经常给基层干部讲，当官的"当"字实际上是一个"当"，典当的"当"，人民把这个帽子"当"给你，借给你，最后是要收回去的，所以当官只是一段时间的事情，在这一期间你就要好好地干。小时候你是普通人，老了仍然是普通人嘛！

现在回想这几十年我走过的路，基本都是在与农村、农业和农民打交道，好一个"农"字了得！我出身农家，研习农科，调研农村，打理农事，服务农民，一生为农，无怨无悔！

刘宗寿，男，生于 1941 年 9 月，四川南江人，中共党员。1993 年 10 月，任巴中地区行署副专员。1996 年 12 月，任巴中地区政协工委副主任。

建区初的那些话题

刘宗寿

我是巴中建区之初那时候过来的人，大致晓得当时的一些情况，所以拟了三个方面的话题：一是建区初的艰苦劲，二是关于我所知道的交通，三是关于工业。

建区初的艰苦劲

在巴中建地区之前，省委、省政府已经运作过一批新建地区，从涪陵地区分了个黔江出去，川中的绵阳地区分了个遂宁出去。

我在县长工作岗位的时候，国家计委、邮电部，好像还有几个部到南江来勘察西（安）成（都）光缆，那次考察的结论就是从西安经汉中连到成都。但是国家计委在确定这个线路时，在北京就有一个预案，经广元沿着宝成铁路到成都。最后没定,可能有人提出经汉中另外选一条线路,比如走通、南、巴、平这一块。我是县长,应该出面去接待和向他们汇报工作。国家计委来了个司长,在休息的时候摆龙门阵,我们交换想法。我当时说了一句话——当然这句话也不是我的发明,是看新闻知道的,就是沂蒙山区的老百姓过去有一句话。打淮海战役,山东、河北这几个省的老百姓人推牛拉把粮食送到前线去。老百姓说,我们推着小车把你们送进北京城,你们进了城就把我们忘了——我就借用那句话。省里领导和北京来的人,也喜欢说通、南、巴、平的老百姓跟着红军到懋功和中央红军会合。王司长把我肩膀拍了下,这个情况领导晓得。

巴中建区过后,西成光缆最后就从南江到巴中走南部,逢崖逢岩挖槽埋几组电缆线,一直布到成都去了。有了西成光缆,就可以把长途电话随便往外打,过去不存在这个便捷。

那时候电力是个啥情况?平昌有个风滩电站,巴中有个枣林电站,把河拦腰截断筑坝,安个发电机就发电,供应城市老百姓照明。南江因为在河的上游,也有几个小水电,最大的就是下两电站。还有就是小火电。但是各个县的电网都是自成体系,互不连通,因为连起来也无法供电。电网不存在,你想搞什么事都没法搞。省里要在南江建铁矿,准备在南江布点,但是南江那时候只有小水电,所以达县地区不愿意把铁矿放在南江。

再说交通,巴中地区几个县更多的是四级泥结碎石路,越岭线 4.5 米宽,仅能让一辆车开过去,撞不到路边行人而已。这个样子怎么搞工业?达县地区当时根本就不愿意在巴中这一块搞地区性的工业设施。

那时候,巴中的农村、农民这一块,主要靠种粮吃饭、靠养猪吃肉吃油,而且四个县基本上都没有解决温饱问题。建区之前我是南江县委书记,之前当县长,每年都要靠省里给一点救济粮去救济老百姓。因为那时老百姓吃不饱,灾害多嘛。

再就是财政也没解决温饱。我当南江县县长,按过去的习惯,就要算一下手头可数的东西有多少。我上任的那一年,财政仅 411 万元,财政局局长把表拿给我看。每年财政到年末，给大家把工资发了，救济款给了，财政就留下一个缺口，这个缺口就是赤字。达县地区财政局局长陈光华就来巡视，怕你捅一个很大的窟窿——本来你打紧可以安排留个三五万元的赤字，结果你给留个三五十万元的赤字，他解决不了。

那时候下两要修一座桥，区长没有钱，找老百姓想办法也不行。陈光华到县里来了，我就把他左说右劝，陪他到下两修桥的工地上去看一下。中午吃饭，区委书记就向陈光华叫苦，这个桥还差十几万元钱，他实在想不出办法了。陈光华说，本来地区财政很吃紧，但看到你们修路这么难这么有决心，我们想办法给你们解决12万元吧。区长当时很感动，也很激动，连声说："谢谢领导，谢谢领导！"

地区建成后也没得钱，在全区财政大盘子里，好像不到3400万元钱，这还包括修房子的钱、发工资的钱、出差补助的钱。地区建成过后，上级发指示，赶快把银行办到你们那个地方。那几家银行逐步来了。作为地区来说，我们到哪里去找钱？我们也没法贷款，不敢去贷款修房子。

在建地区之前，党中央、国务院专门发了一个通知，减轻农民负担，不准向农民摊派。那时候，各县有供销社和商业局，农民交税，粮食、其他非粮食的产品交给供销社，供销社便去卖了换成钱，把这个钱交给财政，这就是税收。那时候农民交税收，就叫实物税。农民的猪，割那么一刀肉，商业局去把它卖了，把那钱交给财政，这也是财政收入。南江财政400多万元，有三百七八十万元都是靠农民上交的实物税。但是这400多万元钱，发工资都不够。我们南江成天瞪大眼睛，看到巴中有罐头厂、丝厂和齿轮厂，都很眼红，也想办几家企业，但是毕竟各县条件不一样，只是想一想而已。

说个具体例子，我来到地区以后，地委打招呼，不能把家属带来，因为没有地方可住。地委、行署开会，只给了我们两个允许：第一，可以带个驾驶员，带台车。第二，可以带个秘书。我们就老老实实带个驾驶员，带个秘书。但是我的驾驶员来后没到一个月，因为工作太辛苦就跑回去了。

当时跑一趟成都起码花两天多时间，我们在南部休息过，在盐亭休息过，在中江那个水库边上照样休息过。一天跑不到成都，反正就是走到哪儿黑就在哪儿歇息，就在哪儿找饭吃。驾驶员没日没夜地跑，补贴又低。我不晓得其他领导有没有这个情况，反正我那个驾驶员一个多月就跑回南江县了。没有钱，就把人家留不住。只有秘书黄联学老老实实跟着我，一天跑这跑那。

建区后的主要任务，除了搞交通建设、基础设施建设外，就是解决吃饱穿暖的问题。我今年 80 多岁，生在旧社会，长在新中国，党培养我，看问题思考问题养成习惯，就是要看目前形势怎么样，确定干什么，应该做什么，解决什么问题。地委、行署主要领导韩忠信、周登全给大家打招呼，要做的第一件事情就是改善基础设施条件，第二件事情就是解决老百姓吃饭的问题。说老实话，解决吃饭问题是一个永恒的话题，年年都要做。饭要越吃越好，钱要越数越多，仓库要越装越满，这是一个永恒的话题。

关于交通的话题

那时候，交通就是县内通到区，通到乡还不敢说，不敢说每个乡都通公路。标准就是我刚才说的，四级标准以下，是县与县交接。四级路是建区之前依靠老百姓，带着锄头、钢钎和二锤逢崖逢岩挖出来的。成都经仪陇到巴中的公路，还是抗日战争时期修建的。

我当县长，把代字"摘"了过后，县里让我到成都去出差，向冶金厅汇报，要把铁矿项目争取到南江来。我们先去了一个副县长跑了一趟，省里不开口不表态。我到了省冶金厅以后，因为是县长，冶金厅的人就带我去给蒋明宽省长汇报。他是搞冶金的，好像是从攀枝花那边调到省里。

我去的那一回，凑巧蒋省长办公室的秘书人员正在搬办公桌，紧锣密鼓，忙忙碌碌。我年轻，40 岁前后，赶快搭手帮他们搬办公桌，搬书和文件，几分钟就把桌子椅子搭好了。

介绍信一放，蒋省长就问我是哪里来的，我说是南江县县长。他们就笑，我不晓得他们笑什么。那个秘书就对我说，你的问题解决了，县长来了，就把那个项目争取到了。我当然高兴，回来后马上动员县里的力量，赶快拉一条 35 千伏的电线到竹坝，找一个能够把事做成的人去当矿长。

铁矿建起来之后，需要把省里要求的铁矿拉出去。沙河到南江，也只有一条四级路，能拉铁矿吗？我们组织动员老百姓，省里也支持，给了点钱买炸药，买钢钎、二锤，把路给整好。后来由地方铁路局出资，省里又把广元到普济的铁路延伸到乐坝。

省里还有一个要煤的事涉及南江，也要修路，所以省里修铁路，我们就修公路，跟它衔接起来。正好赶在建区之后，就开始铺水泥路，原来那条路加宽整直，把桥梁修起，后面就搞水泥路。全地区最先搞水泥路改造的，可以说是南江到乐坝、巴中到乐坝这条线。

要说修路，第二个重点就是巴中到达县这条路。因为那时候地区很多干部都是从达县那边过来的，所以第一个要解决的，就是起码这边路可以通得快一点，车可以跑得快一点。地区在水宁寺开了一次动员会，涉及平昌县、巴中市沿线的一些乡镇，动员大家改这条路。那时候没有钱，只有动员老百姓和基层干部憋着一股劲苦干。

动员会是在恩阳镇的一个大会议室开的，乡镇干部、主要领导齐齐整整坐在那里，让我去讲。当时我讲，这几十公里路，我们要下定决心，自带干粮盘缠，乡村带上原先集中在村里的大锤、钢钎和二锤，自己带上干粮盘缠，另外大家注意安全。会开过两三天，老百姓自己就带上干粮开工了。

鲜雄原来是巴中县交通局局长，他很熟悉线路这块，找工程技术人员把石灰提过去撒两条线，把线路切出来修公路。

修路铺开了，县与县之间的连线，都是县里自己约定，当然地区也肯定了这些线路。1995 年开春后，当时在全线改路的人，最多的时候有十几万。我这个分管交通的副专员，就到现场看。包里没钱，在现场只能给大家鼓劲，看大家组织得怎么样。地委、行署两位主要领导最担心的，就是怕发生群体性的安全伤亡事件。

1994年下半年一直到1995年上半年，半年时间我都在这条路上跑来跑去，反正几个人就一直走路，因为没法带车。想吃饭了，有幺店子（路边小店）就去吃，如果有病，就到场镇药店去，看看有无适合自己的药品。

巴中县国营农场职工宿舍的一栋小楼，被地委、行署机关接管了，我住二楼，算是条件稍好点的。原来我住在巴中县委武装部招待所二楼里，有一个公共走廊，我跟王思进挨着，我住第一间，王思进就住第二间。因为平常我们都在外头跑，屋里很简单，弄个小锅，晚上回来有空的时候，煮点稀饭或者干饭，随便对付对付。

没过几天，冉德玉副专员走了。他也是南江人，从开江县委书记任上到巴中这边来。见面的时候，只感觉他脸上颜色很深，眼角颜色也很深，我想可能是肝脏上有问题，没几天就有人对我说，他过世了。

过了一段时间，我的那个隔壁邻居王思进也走了，我感到意外。在县里工作的时候，有时候去达县地区开会，在平昌过路休息吃午饭，有时候晚上在那里睡觉。王思进当时是平昌县委书记，每次都要来看我一眼，高兴时还喝两盅，都是熟人。现在说走就走，真的让人有些接受不了。

有一个星期天，我去检查修路回来，在屋里有那么半天的休息时间，赶紧洗头，正把洗发膏抹得满头泡沫的时候，突然间感觉天旋地转，看不清楚外面。我记得秘书黄联学的电话，马上拨通，他几分钟就来了，马上就打电话找车，拿个毛巾把我头包着，就送巴中县医院。送到楼上后，还是护士找了一盆水来把我头上的泡沫冲掉，把头发擦干，手忙脚乱地找医生来会诊。问我，我也搞不清楚是啥问题，医生观察了半天也搞不准问题。不明白问题也是问题，输液，打青霉素，就打在脚背手背上。

打针输液一个半月了，打针的护士看到都叹气，找不到下针的地方了。我就对辜天慧（巴中县医院党委书记兼副院长）说，能不能把我送到成都去看。听完，他正儿八经去找医生开会，评估敢不敢送到成都去。结论是不敢，怕送到路上回不来，或者送出去就回不来了。

其间，韩忠信书记来医院看我，在隔壁召集主治医生开会，问他还挺得过去吗？前面已经走了两个人。医生还是不敢决断。

最后过了几天，我又给他们提出，想转院。他们就认认真真研究，然后是辜天慧亲自陪同，送我到川医（四川省人民医院）。检查了几天，把心、肝、脾、肺、肾这些器官都检查了，结果没有发现什么问题。最后是啥问题？就是耳鼻喉科一个女医生检查，整整花了五天时间，结论是美尼尔氏综合征，是反复发作的上呼吸道感染没有得到及时治疗造成的，大家开玩笑说是"美女综合征"。

我回来过后，可以说两三天就解决问题。后来我平时非常注意，凡是感冒立即控制，特别是鼻炎，一定要把它控制住，后来再没发病了。

交通问题，由于大家努力，省里也很支持，很快就把唐巴路按三级公路标准改造完成。因为交通成全巴中，可以说地委、行署千方百计要把这个交通基础搞起来。

关于工业的话题

工业的话，当时各县都只有一小块。整个地区大电网没形成，交通也不便。平昌出名的有"两瓶酒"（江口醇和小角楼），还有几个丝厂，巴中有罐头厂、棉纺厂、齿轮厂和丝绸厂。我现在可以这样说，这几个厂为我刚才前面所说的交通建设做出了巨大贡献——即便像罐头厂这种后来资不抵债的厂子也是做了贡献的。原有的达县地区通江烤胶厂也垮了，原达县地区伐木厂因国家少伐禁伐，也在想法化解一批矛盾后，移交给南江县了。

这些厂我都去过若干次，地委、行署当时的意见是，地区没有工业，一定要把县里的工业搞好。我们就把这些厂当作重点做工作，力求把它们搞好。

我印象很深的，一个是平昌"两瓶酒"。我带了一个工作组，包括地区农业银行行长田凤先一起到了平昌。我们在厂里看了一下、车间看了一下、库房也看了一下，没有大量生产，只是销售了点酒，货款没收回来。

那天汇报的时候，银行就把一份资料交给我。什么玩意儿？就是农业银行关于平昌江口醇酒厂财务情况的评估报告，结论就是已经资不抵债，要关门。它的货款回来一块钱，银行就来收这一块钱。这个材料我翻了下，在小会议室里悄悄给挨着坐的田行长说，最好你把这个材料收回去，你交给我，我怎么处理？那个贷款你就睁只眼闭只眼，暂时不管。

通江那个铁溪水泥厂也是这样，也是农业银行给的贷款。我到通江去，田行长照样把那个本子拿出来，他晓得我的观点，让我看了一下就收回去。后面不到一年，厂里就开始冒烟了，收了货款，有几个钱周转买原料，可以给职工发点工资，有法子生产了。要说我能做什么事？因为这个企业是县里的，主要应该县里来做主，我只是打招呼，帮忙做一些力所能及的工作。

那时候我管工业，很想收集点可利用的资源，但地区的工业基础不行。地委、行署两个主要领导发动大家动脑筋，县里的资源你能够动吗？不能。地区找不到什么资源。比如南江贵民铁矿，以现在的眼光，可以搞点其他工业，但是那时候县里没那个水平。贵民还有一片磷矿，但是以现在的科学技术还没法开发。

当时南江建磷肥厂，就是为了解决老百姓的吃饭问题。因为种庄稼要靠肥料，尿素买不到，磷肥可以自己生产。后面还闹过笑话，曾经出现过满世界抢肥料的情况。老百姓在公路上搬几个石头堆到一起，拉肥料的车路过这儿，老百姓也不说什么，反正爬到车上就把肥料给你搬了。人家要解决种粮食吃饭的问题，所以要那些肥料，也不是说不给钱。

当时地区想搞工业，但确实还是不具备那个条件。

李旭升（1937—2016），男，四川巴州人，中共党员。1993年10月，任巴中地区政协工委党组副书记、副主任，主持工作。兼任中共巴中地委统战部部长。

又是一年好风光

李旭升

难忘一年好风光，最是橘绿橙黄时！

1993年10月，伟大的中华人民共和国载着累累硕果，迎来她44岁生日。神州共喜，万民同庆。巍峨的大巴山南麓，更是升腾着特别的喜气——10月28日，巴中地区宣告成立了。

岁月匆匆，今又十月①，当共和国诞生45周年时，大巴山人民走过了她建区一周年的光辉历程。此刻，我作为一名大巴山的儿子，激情满怀，心潮澎湃——365个日日夜夜，每张日历上都记录了巴中地区无数创业者的动人篇章，也饱含着统战政协人的艰辛跋涉。

---

① 本文写作于1994年。

白手奠基

一声令下，我奉命调巴中工作，留在达川协助区划调整中人、财、物的划分。在巴中地区宣告成立前夕，匆忙告别州河之滨，北回生我养我的巴河故土。数百里征程，一路颠簸，万千思绪，牵动着一颗赤子之心，当那十分熟悉的巴中小城跃入我的眼帘时，一缕缕故情新念油然而生，突发词兴，即咏《玉团儿》一首：

> 百里秋山树千重，伴我行，一日车匆。临城环眺，南龛伏地，东塔凌空。 巴河水起滩声隆，似欢歌，谐音吟颂。老区添彩，情系帆桅，意乘长风。

巴中，这块浸润着无数革命先烈鲜血的红色土地，沐浴改革的东风，成绩斐然。然而，这里毕竟是一个偏僻的山区，封闭、贫困、落后的沉重负荷，压在大巴山人民肩上，依然如故。

巴中地区刚刚诞生，这个年轻的生命，就面临一穷二白的严峻考验。精明强干的地委、行署领导班子，受命于拓荒创业之际，委身于艰苦困难之中，开始了万里征程。组建地级机关，构思发展蓝图，排难务实重干，一切从零做起。无房子、无车子、无票子……百业待兴，白手奠基！

组建初，地区政协工委、地委统战部（含地区工商联办事处），两个单位，三块牌子，只有三个干部。一间尘灰未净的仅 10 平方米的办公室，购进一张小桌，搬来一把藤椅，这就是我们的办公地点。随着干部的陆续到位，后来八个人拥在那间狭窄的小室办公，前来办事和上访的同志登门，只好叫我们的干部让座，站着和对方交谈。在那小小的办公室内，我们的同志抒发着"斗室容微躯，宏胸存大志"的豪情，拉开了工作序幕。

工作繁重，生活更是艰苦。我们单位来自达川和巴中以外的干部，都是离乡别亲，甘愿吃苦受累来到这里。住的是集体宿舍，吃的是大食堂伙食。白天，奔波劳碌；晚上，不是加班加点，就是躺在被窝里御寒，或者看书学习，或者相互叙谈，直到入睡，什么电视、卡拉OK、舞场，同他们一时无缘。是什么力量支撑着这样的场面？——地委的凝聚力，战斗力！

"看，我们的地委书记韩忠信同志，放弃省城优裕的工作生活条件，服从党的安排，只身来到巴中，一心扑在工作上，在大食堂排队打饭吃，与我们同甘共苦。"

"看，我们的地委副书记、行署专员周登全同志，为加快改善交通不畅、行路难的状况，日夜奋战在工地，好几次累病，上午打针输水，下午又上阵指挥筑路大会战。"

······

无声的号令，强有力的号唤。于是同志们的精神振奋起来了，艰苦创业的士气高涨了。

梅花香自苦寒来。终于，1994年1月30日，政协巴中地区工委在地委和政协四川省委员会的领导和关心下正式成立，地委统战部的领导班子相应配齐，地区工商联办事处的牌子也挂了出来。

这一天，各县（市）政协主席、统战部部长、工商联主任，地级各部门负责同志和巴中市区内各界人士欢聚一堂，聆听了地委领导的报告，畅谈了建区的意义目的和地委创业发展的战略，提出了不少好的意见和建议。政协，这块政治协商、民主监督、参政议政的重要阵地，在巴中地区展露了初生的活力！

耕耘寄予收获，牺牲带来胜利，代价引导成功。在奠基的过程中，同志们日复一日地超负荷运转，身上掉了几斤肉能值几何，眼眶熬上黑圈又算什么！统战部的一位副部长，身体一天天拖垮了，组织上几次催他休息，他都婉言谢绝，终因劳累过度，被迫住进了医院。医生几次发出病危通知，他的妻子流泪，前去照顾他的同志伤心，而他却说："大家不要为我难过，我更难过的是愧对组织和领导的重托、同志们的希望与厚爱。我若是死了，不瞑目的是为地区奠基创业出力太少。"住院期间，他一直未间断对工作的思考和对单位的联系。顽强的意志，终于让他战胜病魔，回到了工作岗位。我们奠基创业的成效，正是属于这些无畏的奉献者！

苦中求甜

新区新建，机构设置、人员编制，都按机构改革的要求一步到位。我们政协工委、统战部及工商联办事处两个单位，总共只有 11 名干部、两个驾驶员。人员少，工作多，一个人负担了几个人的工作量。组合，择优，择优，组合，我们选择了最佳方案——对外三块牌子抓工作，对内两个机关统筹安排，形成合力，分工协作。同时，加强机关自身建设，建立了机关各项工作制度和职工目标管理责任制，使每个职工肩上有担子，工作有目标，人人有责任，行动有准则。

领导班子，"学习、团结、勤政、廉洁"的四好活动经常开展——"火车头"及时得到检修。

职工，"创先争优"竞赛，你超我赶——个个不甘落人之后。

"一杯清茶一支烟，一张报纸混一天"的懒散风气，在这里被同志们艰苦创业的自觉性、积极性荡涤无迹。

超重负载，能压出背负的潜力；超量工作，可大振实干的精神——

一年来，我们的同志吃苦耐劳，围绕经济建设中心，突出主旋律，始终坚持三个服从：服从中心，服从地委的统一部署，服从全局，发扬本机关提出的"认真务实、谦虚谨慎、高效廉洁、和蔼热情"的作风，为新区创业，为人民办事，干了一件又一件的实事。

促进非公有制经济发展，联系非党知识分子，既是统战、政协工作的本分，又是服务中心的重要内容，也是我区以非公有制经济为重点构造贫困山区整个经济结构、调动一切积极因素、加快经济发展的要求。我们对此加强了调查研究，掌握和联系了一批非公有制经济大户，为他们在选项立项、协办手续、争取资金、协调关心等方面解决了一些实际问题。广交朋友，加强思想政治工作，调动非党知识分子的积极性，发挥他们的聪明才智和岗位作用。为全区的经济建设献智出力，不少知识分子同我们有了密切的联系。

按照地委分工，积极参与抗灾、协助抓达（川）巴（中）光缆通信建设，我们及时就位，尽心尽力。

地委安排我们筹建巴中地区老区建设促进会，动员和组织众多的关心老区、关心家乡和有志于巴中建设的老红军、老干部、科技人员以及巴中地区籍在外工作、务工的同志支持巴中发展。我们热忱担当具体筹建工作，在成都召开筹备工作座谈会，收效良好，目前筹建工作正在加紧按方案实施。

地委指定地区人大工委和地区政协工委组建巴中地区经济顾问团，我们为更好地发挥政协的"人才库""智囊团"作用，通力合作，完成组建任务，随即开展了活动。

我们发挥统战、政协优势，加强与各县（市）政协和统战部结合，积极向外宣传老区现状，发动各界关心支持老区的建设，经过努力挖掘和利用各种社会关系，广交朋友，四处联络，八方斡旋，全区统战、政协系统为本区争取"希望工程"资金200余万元。

我们通过召开各界人士情况通报会、党外代表人士座谈会等方式，加大统战、政协工作的政治力度，及时通报全区的形势，广泛宣传地委、行署的战略部署和所做的工作，力排社会上的谣言非议和小道消息，维护地委的领导威信，及时消除不安定的因素，促进了各界团结，维护了社会稳定。1993年圣诞节，巴中市基督教徒与巴州镇第四小学发生房产纠纷，我们按地委要求，及时赶赴现场，会同市、镇领导和有关各界人士妥善处理，迅速平息了事态，受到了省委统战部和省宗教局的通报表扬。

我们发挥工商联的职能作用，采取联系服务、直接挂靠两条途径，支持一些有经济头脑、会经营管理的能人创办了一批民营经济实体，年产值和经营额可达200万元。

……

实践使我们深深体会到，统战、政协工作不是只虚不实，而是有虚有实、虚题实作、虚实结合、重在务实。统战、政协务实，大有文章可做。

一件件的成绩，倾注着我们一滴滴心血。然而，我们的同志有着正确的苦甜观，那就是：与其循规蹈矩受穷苦，不如敢闯敢干求甘甜；宁愿苦干、不愿苦熬；只有在事业的成功中，才能收获真正的幸福。这正应和了蒲松龄的一副自勉联——

有志者事竟成，破釜沉舟，百二秦关终属楚；

苦心人天不负，卧薪尝胆，三千越甲可吞吴。

任重道远

征程，从十月起步。短暂的一年辛劳，怎能谈什么成绩！正如地委书记韩忠信同志所说："现在我们只不过是万里长征才抬起脚来。"任重道远，还需要我们继续发扬创业精神、奉献精神！

历史铸造了现实。我区基础设施落后，投资环境欠优；工业十分薄弱，财力非常匮乏；农业抗灾力差，难于稳产高产；群众收入较低，市场活力不足。我们的统战、政协工作，有很多事还未做，很多事做得不够。以经济建设为中心，解放思想，更新观念，争取超常规、跳跃式发展，实现我区的战略目标，是全区人民的共同任务，统战、政协系统责无旁贷。

在迎接下一个十月的征程中，我们将把工作重心更扎实地放在为全区经济发展服务上。

我们组建的经济顾问团，将很好地发挥其智囊作用，给地委、行署当好参谋和助手。

巴中地区老区建设促进会，将尽力做好筹建工作，以动员和组织各方来关心、支持巴中地区的建设。

继续做好非公有制经济和非党知识分子工作，团结一切力量，踊跃投入巴中地区经济建设的主战场。

充分发挥工商联的作用，不懈地抓好联系服务，直接挂靠去兴办民营经济实体，为地区开源增收。

下决心筹建巴中地区总商会，使其成为我区开放引进的一条重要渠道。

进一步发挥统战、政协的政治优势，加强思想政治工作，凝聚人心，推进改革，促进发展，维护稳定。

"团结各方力量，加速新区建设。"这是行署专员、地区政协工委主任周登全同志给地区人大工委和地区政协工委联合举办的庆祝巴中地区成立一周年画展的一幅题字，也是我们统战、政协系统各项任务的概括。

巴中的今天是贫困的、艰苦的；巴中的明天将是非常光明的、美好的。

"路漫漫其修远兮，吾将上下而求索！"

（据李旭升《征程，从十月起步》整理）

何光烈，男，生于 1944 年 12 月，四川通江人，中共党员。1993 年 10 月，任巴中地区中级人民法院党组书记、院长。

我在中院岗位亲身经历的二三事

何光烈

在巴中建立新区的历史机遇中，地区中级人民法院应运而生。自它成立那天起，中院党组在地委坚强领导下，带领全院干警肩负着党和人民的重托和期望，白手起家，艰苦创业，迎风斩浪，昼夜兼行，为巴中的改革、发展和社会安宁保驾护航。

"十八勇士"——巴中中院第一批法官群体

1993 年 10 月 5 日，在巴中地委第一次扩大会议上，我受命牵头，与谢果、周奇万负责中院筹备工作。那天参会结束，天已经黑了。为了抓紧落实会议精神，筹备组同志顾不上吃晚饭，就地在老城黄桷树招待所开会，研究当前急办的几件要事并明确分工，要求分头落实。

　　10月20日前后，我代表筹备组与达县中院屠元焕院长等领导两次开会，讨论分家事宜。协商的结果，是达县中院同意我们带走第一批自愿来巴的六名干警，给了一台老旧的伏尔加小车、一台通用打字机、一部手工油印机、一张旧办公桌、一台半彩电（一台新彩电加一台半新不旧的彩电），没给一分起伙钱，真是白手起家呀！

　　10月25日，我领着达县中院的李长霖、朱尚轩、邓飞等六名刚刚20岁出头的年轻干警，乘坐大巴车经过六个小时的艰难跋涉，直接来到巴城宕梁临街原县农机公司二楼落脚。那是一套两间一厨一卫并有一个小走廊、面积不到60平方米的私人出租房。因我年纪较大，又为了方便夜间工作，便住进小单间，六个年轻人就只好挤住在那间大点的屋子里。水泥地板上铺着一层厚厚的稻草，脚头用木棒挡着，这就是六个年轻人的"床"，墙壁上挂起从达县带来的那台小彩电——这就是我们七口人的"巴中之家"。每天晚上，大伙儿都要交流当天各自干活的情况，然后或看书学习，或聊天看电视。我总是尽可能挤出时间，与年轻干警们一同坐在地铺上谈心，讨论新的巴中中院应该怎么建设，如何发展。到了星期天，大伙儿一齐动手，有的打扫环境卫生，有的上街买菜，有的进厨房打开煤气罐生火做饭打平伙（聚餐）。小伙子们吃着自己亲手做的饭菜，无不感到别有一番滋味。

　　按照地委韩书记要求，配备干部要搞"五湖四海"和各县（市）"大体平衡"，筹备组研究并报地委组织部同意，从全区基层法院选调的第一批骨干于12月22日全员报到，他们是：南江法院副院长罗刚孝，民庭庭长何长兴；巴中市法院办公室主任徐伯理，审判员任绍英、刘英；通江法院告申庭庭长罗映朝，经济庭副庭长李刚；平昌法院政工科科长冯敬连，行政庭副庭长冯巍。以上九名同志，加上达县中院第一批来巴的六名干警和筹备组三名成员共计18人，这就是后来被省高院李玉龙院长誉为"十八勇士"的巴中中院第一批法官群体。

　　为了解决干警"吃饭难"和"办公难"问题，经筹备组与巴中市法院领导协商，在市院停放摩托车的院坝墙角处，由中院干警自己动手，用牛毛毡搭建临时工棚，办起了职工临时食堂。在那个异常寒冷的 1993 年冬天，筹备组领导每天坚持与干警同吃一桌大锅饭，共享一大盆萝卜汤。与此同时，市法院打紧安排办公用房，为中院腾出两层楼供我们无偿使用。紧接着，筹备组使用"化缘"来的微薄资金，在优先安排印制急用的《法律文书》(试样)前提下，添置了一些必需的办公用品和桌凳。为了节省开支，我和政治处冯敬连副主任共同使用从达县带来的那张老旧办公桌长达三年之久。除了继续租赁县农机公司那套私房(年租金 1000 元)，供达县中院来的干警使用外，各县(市)来的第一批九名干警充分理解筹备组的难处，主动"投亲靠友"，自己解决安身处。他们有的住城东，有的住城西，步行走路上班，晴天一身汗，雨天一身泥，没有一个人迟到过。为了赶急，干警们常常工作到深夜。整整三年里，竟然没有一个人伸手要过一分钱的住宿补贴，报过一分钱的差旅费，领过一分钱的加班费和奖金。

可敬的"拓荒者"，可敬的"十八勇士"！他们就是在那样的艰苦条件下工作、学习和生活，整整熬过了三个严冬，到 1996 年 10 月，近万平方米的职工宿舍和临时办公用房交付使用，才迁到江北新址，从来没有人叫过一声"苦"，没说过一声"累"。"十八勇士"在党的教育培养下快速成长，其中 10 人分别受到省委、省政府、省高院和地委、行署表彰，14 人走上副县级以上领导岗位。

中院成立暨全区法院第一次工作会议

1993 年 12 月 20 日，最高法院颁发的铜质院印和统一订制的国徽同时到达。中院党组决定启用院印，连夜向全区法院印发了《关于做好当前"严打"几项工作的通知》。12 月 25 日地编委批复，同意中院设立政治处、办公室、纪检组、检察室、刑事审判第一庭、刑事审判第二庭、民事审判庭、经济审判庭、行政审判庭、告诉申诉审判庭、执行庭、司法警察大队、司法行政管理科和全国法院干部业余法律大学巴中分部，共 14 个职能机构。至此，筹备工作基本就绪。

1994 年 3 月 9 日，"四川省巴中地区中级人民法院成立暨全区法院第一次工作会议"在巴中市法院审判大厅召开。最高法院发来贺电，省高院李玉龙院长专程到会祝贺。地委书记韩忠信，地委副书记、行署专员周登全，地委副书记李克明，地委副书记、政法委书记李开明，地委副书记、副专员苟必伦，地委委员、组织部部长王吉安，地委委员、秘书长梁廷寿，地人大工委副主任王思进，地政协工委副主任李旭升等领导出席。巴中市法院院长李昭江，平昌县法院院长王宗文，通江县法院院长张廷炳，南江县法院院长张培玺和全区基层法院政工科长、办公室主任及中院全体干警参加会议。达川等友邻中院和达、巴两地 188 家企业代表到会祝贺，或发来贺信贺电。

会议举行了隆重的授印、授牌仪式。李玉龙院长，周登全、李开明等领导分别发表重要讲话。他们充分肯定了中院筹备组前期工作的成绩，高度赞扬了"十八勇士"的创业精神，强调指出：全体法院干警要在地委坚强领导下，坚持全心全意为人民服务的宗旨和信念，认真学习，扎实工作，严格执法，公正办案，以创业者的姿态、勇气、胆量和气魄，努力创造第一流的工作成绩，不断为巴中改革、发展和稳定提供优质高效的司法保障和服务。

我代表中院党组作了题为《以严肃执法为中心，全面提高司法水平，为加快我区经济发展提供优质高效的司法保障和服务》的主题报告，总结汇报了前期筹备阶段的主要工作，重点就全区法院 1994 年度工作讲了安排意见。最后，我代表中院党组和全区法院干警庄严承诺："党和国家关怀着我们，巴中 320 万父老乡亲期望和注视着我们，人民法官的使命感、责任感激励着我们，全区法院和广大干警一定要在地委和县（市）委的坚强领导下，自觉接受人大监督、法律监督、审判监督和人民群众的监督，忠实于宪法和法律，忠诚于党和人民，坚持团结拼搏，艰苦创业，廉洁奉公，勤政为民，恪尽职守，秉公执法，解放思想，开拓进取，决不辜负党和人民的重托和期望！"

会议结束当天，中院印发了《致全区企业家的一封公开信》，满腔热情地鼓励他们大胆探索，开拓创新，努力为巴中人民创造更多财富。人民法院作为他们的坚强后盾，将为企业的改革发展坚持不懈地提供优质高效的司法保障和服务。

3月28日，《人民法院报》头版登载了《四川省巴中地区中级人民法院充分发挥审判职能，保障春耕生产》的消息。

记忆较深的几件案例

中院审判工作于1993年12月正式启动，1994年1月各项审判工作全面展开。中院党组带领干警，坚持审判工作为党和国家工作大局服务的指导思想，用小平同志"三个有利于"标准作为审判质量和审判效果的最终评判，通过制定并较好地执行中院印发的《关于加强合议庭职责的若干规定》《审判委员会工作细则》和《错案责任追究办法》等，逐步形成了案件主审人、合议庭、院庭长和审判委员会依法依规、各司其职的审判工作良性运行机制，促进了公正司法。

案例一：坚持"严打"方针，从重从快判处

被告人谭××为首，纠集贾××、谭××等10名被告人，于1994年9月至1995年10月期间，先后在巴城的几条街道和多家商店、饭馆持械抢劫，流氓滋事，故意伤害他人，累计作案10余起，严重危害人民生命、财产安全，检察机关以"抢劫、流氓、故意伤害罪"，于1996年7月起诉至本院。案件受理后，我们发现这是一起明显带有黑社会性质的重大刑事犯罪案，必须依照"严打"方针，从重从快判处。决定由分管副院长挂帅督办，刑一庭庭长担任审判长，依法组成精干的合议庭，加班加点审阅多达十几卷宗的案件材料，连夜提审被告人，开庭核实证据，经合议完毕报告于我。我连夜主持召开审判委员会，中途电灯突然熄灭，我们点起蜡烛继续进行。经过激烈讨论，最终决定，判处首犯谭××死刑，剥夺政治权利终身；判处主犯贾××死刑，缓期两年执行，剥夺政治权利终身；判处主犯蒲××无期徒刑，剥夺政治权利终身；对同案另七名被告人分别依法从重判处有期徒刑3—15年不等。从受案到开庭完毕，仅仅半个月时间。本案经省高院复核，并报最高法院核准，中院于9月下旬召开万人公判大会，将首犯谭××依法执行枪决，并布告全区。地区电视台将庭审全过程和公判大会情况，以"严打"新闻在黄金时段播放，收到了很好的社会效果。

案例二：准确定性，依法量刑

被告人通江县双全乡公民李××，为了获取非法经济利益，以偷放老鼠药等手段，先后毒死通江、平昌两县交界处18户村民的18头耕牛（其中4头孕牛、1头奶牛），给受害农民造成直接经济损失达2万多元。更为恶劣的是，被告人又廉价收回有毒牛肉，在市场高价销售牟利。合议庭报告审判委员会讨论认为，被告人行为侵害的客体不仅仅是受害农民的合法财产，并影响生产，更主要的是危害了公共安全，即不特定众多人的生活健康权。在客观方面直接实施了投毒和销售有毒牛肉的行为，主观上又具有明显的投毒犯罪故意，完全符合投毒罪的构成要件。故确认检察机关定性"破坏生产罪"明显失当（最多只能判刑7年），决定按重罪吸收轻罪原则，以"投毒罪"判处李××无期徒刑，剥夺政治权利终身。本案就地宣判后，冒雨旁听的数百名村民欢声雷动，拍手称赞人民法院执法如山。

案例三：秉公执法，决不护短

原巴中市法院审判员程×、助理审判员石××等，在办理被告人李××为主盗窃某个体户价值4700元的香烟一案中，为徇私情，利用职务之便，帮助董××（在逃）伪造虚假证据材料，图谋为李减轻罪责。市检察院以"徇私舞弊罪"向中院提起公诉。鉴于该案是中院受理的第一起

（也是至今唯一一起）法院公职人员职务犯罪案，中院党组高度重视。我反复强调：实事求是，依法办事，决不袒护，决不护短。案件经审委会讨论决定，被告人程×犯徇私舞弊罪，从重判处有期徒刑3年；被告人石××犯徇私舞弊罪，判处有期徒刑1年，缓刑1年。

该案宣判后，我在全区法院院长会上通报了这起典型案例，要求借助这个反面教材扎实开展审判纪律大整顿，对干警进行思想作风再教育："如发现有任何违法违纪线索，必须一查到底，严肃处理，决不姑息迁就。"

案例四：拒绝诱惑，不徇私情

1994年冬，地区一家知名企业因经济合同纠纷诉至中院。案件标的大，争议大，影响大，社会普遍关注，有关领导几次批示要求报告结果。

法人经理明白，自己公司确有过错，官司面临败诉风险，但他依仗着与我是老熟人的关系，四处打听我的软肋，结果发现我一家四口人，仅靠我一人工资维持全家生活，还有两个老人要靠我赡养，经济压力确实有点大。于是亲自登门求情，甚至当面许诺："只要把公司那件案子摆平了，让你爱人不用上班，每月直接来公司领工资就是了。"在情与法、法与权和法与钱的较量中，在如此迷人的诱惑面前，我确实有过心动，但是一想到自己是一名已有20多年党龄的老党员，又是中院的首席法官，正气凛然而生："坚守初心不能忘，公正执法大于天。"不仅当面拒绝，还告诉他："你作为法人经理，又是一名共产党员，应该知道法律的威严。还是好好经营公司，耐心等待法院的公正裁判吧！"两个月后，我主持召开审判委员会讨论，一致同意判令该公司赔偿对方当事人违约金13万元。合议庭及时写出司法建议，通报了败诉理由。分管副院长还深入企业，帮助总结教训，制定整改措施。

案例五：实事求是，有错必纠

1997年，我在处理群众来信中发现，巴中市清江镇残疾人刘云祥，因房产纠纷案不服终审判决多次申诉，市残联也致函反映裁判不公。我便调阅原审卷宗审查，原来诉争之房系刘在解放初土改时分得，后因其母死亡发生继承，合议庭仅以遗嘱为依据，剥夺了刘在土改时确权的份额，显然属于错判。于是决定依法另行组成合议庭，对该案进行再审。案件经审判委员会讨论决定，撤销原审判决，依法改判诉争之房归刘云祥所有。事后，按照《错案责任追究办法》，对原审主审法官及其合议庭成员进行了相应处罚，并在全区法院开展了为期三个月的执法大检查。

人民法院通过依法及时审结一大批刑事、民事、经济、行政等案件，有力地打击了严重刑事犯罪，维护了巴中一方平安，依法调节了大量平等主体之间的人身关系和财产关系，有效地保障了公民、法人和其他组织的合法权益，维护了社会公平正义，促进了巴中的改革开放和经济发展。

何茂兴，男，生于 1939 年 6 月，四川巴州人，中共党员。1993 年 10 月，任中共南江县委书记。1995 年 4 月，任巴中地区人大工委副主任。

南江人民胜天公

何茂兴

从 1993 年巴中地区成立，到撤地设市的七年间，可谓千头万绪、困难重重。全地区各级干部群众为了老区振兴发展，天天似乎都有使不完的劲、干不完的事，巴中大地呈现出一片热火朝天的繁忙景象。作为南江县委书记、地区人大工委副主任，有幸参与见证了老区建设，至今回想起来还热血沸腾，回味深长，感慨万千，终生难忘。

一

上级组织同意成立巴中地区大概是 1993 年 7 月。通过三四个月的筹备，当年 10 月 28 日巴中地区挂牌，这是全区人民梦寐以求、盼望多年的一件大事。因为我们过去属于达县地区管辖，地理位置比较偏僻，不利于项目布局，后来省委经过多方考虑，想把巴中这块革命老区划出来成立巴中地区，争取在国家有一个"户口"，有些项目就可以直接下达到巴中，帮助巴中老区发展。

所以那时听到这个消息，大家都感到非常高兴。成立巴中地区的时候，我任南江县人民政府县长。由于南江原县委书记刘宗寿同志到巴中地区当副专员，所以我要主持县委的工作。在南江县委召开的成立巴中地区筹备会上，我和准备任县长的熊启伦、宣传部部长何敏章商议庆祝的事情。我们认为，成立巴中地区是党中央、国务院对巴中老区人民的关怀，是巴中人民盼望多年的梦想，是巴中加快发展改善民生的历史机遇。为庆祝这一件政治生活中的大喜事，我们县筹备月余，组织了一个文艺方队，准备在巴中城精彩亮相。我们找南江中学老校长、后任县人大常委会副主任何宗寿当顾问，设计整个方队的运行，以此来表达南江人民对成立巴中地区这件大事的喜悦心情。巴中地区庆祝大会那一天，各县的方队到巴中川剧团那条街游行，全城就像过节一样热闹得很。庆祝大会过后，我们县对这次活动进行了总结，大家认为巴中地区成立后，缩短了同中央和省的距离，南江成为巴中地区工业建设的重点县，上级的支持力度会明显增加，大家都对未来充满信心。

二

1993年10月30日，我正式上任南江县委书记。当年10月底，巴中地委书记韩忠信到南江县搞调查研究，由我全程陪同。我们走了农村、光雾山风景区、林场、工矿企业，包括竹坝铁矿、红山铁矿和水泥矿等，最后他要我汇报，要我谈南江今后怎么发展。

我说，第一，要发展农业。南江不能把农业基础失掉，必须把农业基础抓上去。农业上，我们当时舞的是一条"绿龙"，也就是茶叶、黄羊、烟叶、金银花、核桃、生猪等。我打了一个形象的比喻，南江县从下面看来沟壑纵横，山坡陡峭，好像没得肉，全身都是骨头都是山，但是一到山顶，顶上的肉很多，山顶基本上都较平坦，而且光照充足，气候较好，土壤富硒，海拔相对高度为300多米到2000多米，这种立体性的气候适合多种生物的生长，应该说生物品种繁多，山顶大有搞头。那时实行"分灶吃饭"的财政体制，发工资的钱靠自己挣，抓烟叶就是抓财源。1989年全县种烟5.7万亩，生产烟叶15.15万担，再夺全地区交售冠军，财政增加了收入，农民增加了实惠。我们培育了本地大叶茶，在元顶子扦插繁殖，每100克干茶含氨基酸560微克，含硒56微克，比普通茶高4倍，产量高出30%。我们决定将每年4月29日作为南江一年一度的茶叶评展日，1992年"云顶茗兰""云顶绿芽"双双获得全国首届农业博览会金奖，1993年获全国陆羽杯奖，南江名优茶叶走向全国。

第二，我就对他讲，南江发展工业主要是发展资源性工业，南江的花岗石、大理石、铁矿石、水泥矿、木材和煤炭等资源丰富，可以大力发展工业。

第三，我说要发展旅游业。我在南江县从副县长当到副书记，从副书记当到县长再到书记，共有八九年时间，我把南江的山山水水走遍了。我觉得南江县山清水秀，风光美丽，还有燕子岩奇观、光雾山的杜鹃花奇观、香炉山的奇观、寒溪河以及"十八月潭"的奇观。我说这些奇观是无烟工厂，是朝阳产业，我们应该把它抓好。

韩书记听了非常高兴，他说，我通过对南江的调查研究，形成了巴中地区的发展理念，那就是"狠抓基础、快上工业、活跃商贸、开发旅游"。

近30年来，我回想起这个理念，觉得概括得很精确。这些年来，我们一直都是围绕基础抓产业、抓商贸、抓旅游来抓南江的发展的。

三

沙（河）南（江）路是进出南江的唯一通道，始建于 1953 年。由于公路等级低，长期超负荷带病运行，经常出现堵车现象，交通事故不断，甚至车毁人亡。县内丰富的资源得不到有效开发，常年 300 多万吨的煤、铁、石、木等物资吞吐困难，风景如画的光雾仙山，因交通不畅"锁在深闺无人知"。修这条路是南江人民血与泪的呼喊！可是等呀盼呀，呼吁了多年，一直难以动工兴建。这条路，我记得在省里都讲了 20 多年，省人民代表大会的议案都提几年几次了，但一直没得到解决。1994 年，巴中地区开展第一轮交通大会战，我们主要是修好沙河到南江这段路。原达县地区交通部门制定了沙南路设计方案，我当时看了觉得不行，就带了一批人一段一段地走，一处一处地鉴定，对原来的设计方案进行了修改，果断决定将林家坝到黄石包、黄石包到东榆铺，以及人小水沟共五处做了较大的修改。林家坝至东榆铺的设计是走老路，后绕弯、穿洞、架桥，把弯弯曲曲的路改为不绕弯、不穿洞，架通谯河桥，修筑大沙坝"女子农场"堤埂，一条直线通到东榆。

为了实施公路封闭修建，安排好群众生活，顺利度荒是首要任务。那时连续几年春旱连夏旱、秋淋，农业歉收。秘书张根生同志陪我到全县灾情频生的红四、天池、高塔、金盆等多个乡镇进行深入细致的调查研究，基层干部和农民群众提出了很多实在管用的抗灾办法，使人深受启发。我们在金盆四村一社农民家中住宿，连夜归纳研究，再找村民印证，起草了《认真抓好抗灾自救的一封信》，信中提出要因地因户制宜落实好抗灾自救的双八条措施，逐户算好五笔硬账，印发给县委常委、县级领导和区、乡镇党委书记，并迅速组织实施。在 1994 年 7 月至 10 月，打了一场大种秋粮秋菜、大采野生五宝、大抓收入的抗灾攻坚战，收获颇丰，户户生活安排落实，从而激发了大家修路的热情。

从 1994 年 12 月 1 日起全线封闭施工。全县 56 万人，农村劳力 27 万个，每天有 5000—10000 名民工上路，他们分两支队伍：一支是石工专业队，有 2000 多人，从事打石、砌坎、建桥；另一支是开挖回填土石方的普通民工，轮流上阵，经常出现父子同修路、老少齐上阵的动人场面。机关单位干部职工轮流参加修路，组织物资到工地慰劳。

因缺少机器，修路主要靠双手、双肩和钢钎大锤。比如下两区施工段的大红岩，高 76 米，长 291 米，因要在悬崖绝壁上凿出一条大道，专业队搭梯子打炮眼，炮手何祥国放炮不幸牺牲，被追认为烈士，并授予"创业功勋人物"称号。我们的修路任务已下达到各区，设计修改后，大河区任务加重了。时任区委书记李兆举表态，"保证完成任务，不拖全县后腿"。我们与南江煤矿商量，邓矿长热情出动推土机支持修路，机关干部轮流参战，从而缓解了区里的压力。他们劈开黄石嘴这面山后，被直径和高度各 30 米的黄石包阻挡。仙人庵村支部书记符道阳通过精心设计，从包脚打洞至中心，装上 6.5 吨炸药，一声巨响，包飞路平。符道阳因业绩突出，被破格提拔为乡党委副书记、书记，后调到南江县政协，现在是副县级干部退休。时任南江镇党委书记康定富带领居民背土修路一月多，肩上伤疤脱了一层又一层。

我的指挥部设在路的中间段、石矿乡政府所在地，到县城和沙河镇两头都是 15 公里。我吃住在工地，坐镇指挥，先后 19 次往返整个沙南路工地，去问计解难、参战督战，道路成了乱石山，石头锋利得像刀子一样，撞伤了脚板磨破了皮，还磨破了四双鞋子。

1994 年 11 月 27 日，我从成都开会回来，在沙南路天心桥查看路基工程，突然跌倒，摔下去后就起不来。驾驶员李自强就问，何书记，你怎么啦？我当时脑子是晕的，我说，四肢无力，爬不起来。过了一会儿，县委办公室副主任郑开屏从县城赶来，告知我的父亲去世了。我当时感到很突然，一下子回不过神，顿时悲痛万分。农历三月初二才给他祝寿，他说"我想你回来"。我出去八年多了，没有陪过他，在他临终前没说上一句话，没有伺候他老人家，实在感到未能尽孝，令人愧疚。

1995年5月12日，沙南路举行了通车典礼。在庆典会上，我们大张旗鼓地表彰奖励了179个先进集体，1600个先进个人，特等奖24名，给29名筑路英雄分别颁发了一级、二级、三级创业勋章，实地选拔了一批优秀村社干部到乡镇工作，给一批优秀干部晋职晋级。

从1994年11月中旬到1995年5月上旬的160天（其中雨日48天）大会战，开挖土石方76.8万立方米，回填21万立方米，铺筑路面15.2万平方米，砌挡墙护坡、路沿碎落台37处、1969米，人工砌体17.89万平方米，建大中小型桥梁21座、734延米，修建石箱、拱涵94道、917延米，公路里程由原来的30.6公里缩短到28.4公里，路面的宽由9米改为12米，将这条不上等级的路改建成为标准山岭重丘二级路，完成了路基的铺筑和泥结石路面工程，总投资3800万元（含浇筑混凝土路面贷款），中央和省补助900万元，财政和职工捐资500余万元，农民投工154.9万个，彻底改变了"好个南江县，走拢才看见。大堂打板子，四门都听见"的偏僻面貌，为南江经济发展安上了"金翅膀"，为南江人民美好生活架起了"幸福桥"。

当年，我写下《南江人民胜天公》，抒发内心感慨：

会战沙南士气宏，钢钎大锤展雄风。

移山填海辟大道，悬崖绝壁升彩虹。

九征滑坡终伏虎，十战泥潭锁蛟龙。

血汗铸成致富路，南江人民胜天公。

四

沙南路竣工通车，创建了20多年来想干不敢干的辉煌业绩。它既是排难创新的战场，又是学习技术的课堂，更是八方支援的见证。

巴中地委很关心沙南路的改造。1994 年 3 月，我专程向地委领导作汇报，回应地委领导的关切，专程请他们去视察。地委韩忠信书记乘车到沙河区罗坪，步行全线，一处一处看，一处一处查，一处一处慰问民工。在沙河区天星桥皇柏林处，他碰到了时任南江县检察长王道先同志，王道先向他作汇报，韩书记说："县委何书记真有办法，把检察长安排去守皇柏树，好！"走到石矿坝，我们就到指挥部简单地吃了个午餐。那时候没有什么大鱼大肉，指挥部吃什么就吃什么，吃饱就对了。和大家一起，韩书记走到哪里就在哪里吃，工地上就是一碗面。下午继续视察，他越看越高兴，当南江县广电局副局长熊光秀把话筒送到韩书记面前，问韩书记，您对这个路的修建工程怎么看？韩书记兴致勃勃地说："沙南路工程艰巨，成绩是大大的。我看到了南江 57 万人民的艰苦创业精神，看到了干部的作风，看到了坚强有力的领导班子。"

南江县财政困难，挤了又挤，也只能挤出 300 多万元修路资金。职工集资，集了又集，也只有 180 多万元。那时候干部每月工资一般只有几十元到一百多元，县级干部捐资建路一般是 500 元，科级干部是 300 元，一般干部一两百元，很多人相当于捐出了一年的工资。大家毫无怨言，筹资修路的热情很高，总共筹资 180 多万元，但仍然是杯水车薪。

1995 年 3 月，我们趁全国人民代表大会召开之机，给江泽民总书记写了一封汇报信，托高塔乡青春村的全国人大代表梁大碧面呈总书记。据梁大碧讲，我盼呀盼呀，总书记来了，我抢先到了总书记面前自我介绍说，总书记，我是大巴山的人大代表，给您带来乡亲们的一封汇报信，祝您老人家身体健康！她把信交给了总书记，总书记收阅后，转给交通部黄镇东部长，黄部长热情接待了梁代表，并表示支持 200 万元修好沙南路，后来这笔钱兑现了。

1995 年 4 月 19 日，时任省交通厅副厅长王光泗一行步行沙南路，指导工作时说："精神感人，困难不小，将养路费全部返给你们修路，未到位资金及时安排到位。"

五

人民公仆要时刻想到群众，敬畏群众。为了防止下级给上级拜年的苗头出现，我提出了不准"主人"给公仆拜年，只准公仆给人民群众拜年。当时我们把省、地给县上的奖金全部集中起来，财政再出一点，给老百姓拜年，给 60 岁以上的修路英雄一包糖一瓶酒，给抓春耕有贡献的基层干部拜年，每人一包糖一瓶酒，这个举动感动了全县人，都说盘古开天以来，没有哪个官给老百姓拜年。这一斤糖一瓶酒，有很多人把它放在神龛上供起，舍不得喝，舍不得吃，而是教育子女要好好奋斗，好好工作，好好劳动，不忘记党不忘记政府的恩情。

那时候我们的风气相当好，如果谁送点东西，比如给我送点，先给对方做好工作，叫他拿回去，不拿回去，就要在大会上点名。所以南江县当时风气好，南江县的纪检工作受到中央表彰，县纪委书记何永健后来到市纪委当副书记了。当时在南江县任中层领导职务的同志，退休后见到我就回忆当年的情景时说，不知怎么的，好像没有完不成的任务。风清气正的政治环境，带头奋进的扎实作风，把全县人民团结得更紧，激发了全县人民的斗志、智慧和力量。

六

在南江县干了多年，有很多创新探索，不少亮点值得回忆。

为了适应南江的气候变化规律，我们搞了一个创新：一是对原有的水利工程进行了维修加固。二是过去蓄水讲冬修、春蓄、夏用，我们根据当时的情况，搞了个夏修、秋蓄、春用，夏天抽比较闲的时候修补堰塘，筑墩水田，秋天水来了把它蓄起来，春天就可以用，解决了很多问题。这条经验在全地区推广。

我谈一下建设小康村的情况。我们地区成立时，正处在全国八七扶贫攻坚计划实施时期。我们于1994年初在全县开展了百村调研活动，用心研究本地小康村、小康户典型经验，为全面开展小康村建设提供借鉴。平岗乡张公塘村以发展白蜡、黄羊为特色，建设小康村培育典型。通过调研分析，提出了在稳定人均粮食900斤的基础上，三年实现人均"千株蜡树、百丛银（黄）花、五只黄羊、一头肥猪"的要求。

通过不断调研，制定出小康村建设规划。重点是抓"两头"：一头是建设示范村，发展小康户；一头是促进后进村，扶持贫困户。在全县建设100个小康示范村，辐射带动100个中间村，转化100个后进村。建设小康村的初步标准确定为人均粮食900斤、人均年增收200元、户有货币收入500—1000元的骨干项目、村村社社有集体经济项目、效益翻番、小康户达到60%以上、基层组织健全、领导班子强、能充分发挥战斗堡垒作用和先锋模范作用、社会治安良好等10条。我们把兴办绿色企业、建设产业支柱、扩大集体经济、发展私营个体经济、扶贫开发、劳务输出、基础设施建设和基层组织建设有效地结合起来。

我们从年轻有为的优秀干部中抽出120名到村兼任职务，给每村配备一名技术人员实施科技攻关；一个村有一个联系单位。1994年要求建设小康村30个，三年内建成100个，后进村有显著变化。下派兼职干部，实现目标就回单位，提拔使用。技术人员晋级，挂包单位实现目标才能脱钩，形成三方责任人一条心、一股劲地抓小康村建设，实现抓好一个村、辐射带动一个村、转化一个后进村的目标。

通过安排部署、总结表彰，南江县的小康村建设搞得热火朝天。百名驻村干部、百名村支书、百名科技带头人员开展竞赛活动。因建设成效显著，我在省委绵阳会议上作了《夯实农村基层组织，加快小康村建设步伐》的汇报，如火如荼的"小康热"令全省瞩目。《四川党的建设》等多家报刊刊载了我的《围绕增收做"小康"文章》《围绕增收做文章，加快步伐奔小康》等署名文章。以南江小康村建设为题材，中国电影文学发展中心影视部主任、总导演何文明编导的三集电视剧，叫作《时代变奏曲》，在南江县拍摄成功，由时任中央政治局委员、全国政协副主席杨汝岱题写片名，1995 年在中央电视台和四川省电视台多次播放，引起强烈反响。

我在南江一共工作了八年零四个月，从副县长当到县委书记，都是一个台阶一个台阶走，这使我对南江有了深刻认识，产生了深厚的感情。南江风光秀美，南江历史光荣，南江人民勤劳勇敢，使我深深地爱上了南江。我曾写道："山峦起伏，沟峪纵横，大地披绿装，腹中藏诸宝，林海滴翠桃源媚，一寸风光一寸情；英雄人民，勤劳勇敢，奴隶当将军，翻身掌政权，掘地土成银，点石金更赤，脱贫奔康创奇勋，千秋伟业千秋颂。"

回顾起南江这个八年多的奋战，既高兴，也惭愧，还是欠了不少老百姓的情，人民群众的很多愿望没有实现，好在通过后面各届领导干部的努力，南江的发展变化越来越大，南江人民的生活已经变得越来越好。

张忠孝，男，生于1947年11月，四川通江人，中共党员。1993年3月，任通江县县长。1993年10月，任中共通江县委书记。1995年7月，任中共巴中地委委员、秘书长。

"巴中经验"创立巩固和发展亲身经历的回忆

张忠孝

1993年到2000年，我先后担任通江县县长、县委书记，中共巴中地委委员、地委秘书长，亲身经历了"巴中经验"的创立、巩固和发展的全部历史过程。现在想起来，那真是一个火红年代，以韩忠信同志为代表的中共巴中地委、人大、行署和政协一班人，在党中央、国务院的亲切关怀下，在省委、省政府的坚强领导下，在通、南、巴、平300多万革命老区人民的大力支持下，我们经历了艰难困苦的考验、开疆拓土的考验、扶贫攻坚的考验和改革开放的考验，把一个老、山、边、穷的巴中建设成了全国最年轻的新建地区，创造出了名扬全国的"巴中经验"，在这块富有光荣革命传统的红色土地上谱写了一曲战天斗地、可歌可泣的英雄史诗，成就了跨越新世纪的英雄壮举。

通江精神

通、南、巴、平四个县，地处巴山南麓、四川东北，交通闭塞，经济落后，是一个典型的集中连片贫困地区。为了加快改革、开放和发展，省委、省政府报请党中央、国务院批准于1993年7月5日正式设立巴中地区。地委、行署遵照邓小平理论、党的基本路线和巴中地区的实际情况，作出了"狠抓基础、快上工业、活跃商贸、开发旅游"的战略决策，要求各县自力更生、艰苦创业、立即行动、狠抓落实。根据地委、行署的决策，通江县委、县政府连夜开会，传达贯彻，立即部署，闻风而动。通过集体研究，我们提出了"交通先行、农业奠基、商旅富民、科教兴县"的发展理念和"打基础、富农村、上工业、活流通、抓旅游、兴科教、节生育、强保障"的治县方略。具体讲，我们连打了五大战役，并取得了辉煌的成果，受到了中央和省、地党委、政府的表彰。

第一仗，交通大会战。县委、县政府作出了《关于加快全县交通建设步伐的决定》，三年筹集资金1.3亿元，投工100多万个，建成13公里二级出城水泥路，建成通巴公路、通达公路100公里柏油路，建成通南公路21公里连网路，打破了全县没有柏油路、水泥路的历史纪录，被省、地评为交通建设先进县。

第二仗，扶贫攻坚战。我们清醒地认识到，通江是农业的大县、工业的小县、财政的穷县和经济的弱县，属于全国三大连片贫困地区，国家《八七扶贫攻坚计划》要求我们30万贫困人口提前越温脱贫。为此，我们因地制宜、统筹规划、突出重点、稳步推进，开展了"奋力扶贫攻坚、建设文明新村"四大工程建设。一是改土造田工程，新增高标准农田12万亩。二是微型水利工程，共建水库12座、堰塘218口、微水池12万处、灌溉水渠28万公里，新增保灌面积10万多亩，提高防洪抗旱能力，被评为全省农田水利建设先进县，通江提前一年跨越温饱线。三是减负增收工程，我们抓住"粮油烟猪茶"五大系列产品和"桑耳果药桐"等十大骨干项目发展，努力开源增收，同时注意减轻农民负担，鼓了农民的钱袋子。四是科技兴农工程，大力推进微机、微肥、微水、微电和地膜栽培技术，引导劳务输出 10 多万人，确保农民人均增收每年保持在 5％以上。同时，开展了以"五改三建"为主要内容的文明新村建设。

第三仗，国企改制战。我们制定了《深化国有工商企业改革的具体办法》，坚持以经济效益为中心，采取国家、集体和个人一起上的方针，坚决撤销倒闭了一批亏损企业，整顿改造了一批微利企业，加快发展了一批重点企业，巩固提高了一批优势企业，仅烟酒食品企业年创税利就达到了1200 多万元。

第四仗，活商兴旅战。一是狠抓市场建设，按照县建中心市场、区建综合市场、乡建农贸市场、村建双代店要求，大力发展民营经济，全面构建社会主义市场经济体系。二是搞活边际贸易，建立川陕革命根据地经济技术协作区，举办"中国通江银耳节"，发展通万、通南、通巴、通平边际贸易，真正建立"三多一少"的流通体制，放开搞活，四边通商。三是开发旅游产业。把通江定位为"一府三乡、红色通江"（一府指川陕苏区首府，三乡即中国红军之乡、中国银耳之乡和中国溶洞之乡）。立即开展县城规划修编，建设红军城，开发诺水河，拓展空山坝，打造王坪红军烈士陵园，大搞"红色旅游"。同时，狠抓基础教育，建设希望小学近 30 所，广泛开展爱国卫生运动，从根本上提高人口素质，开通数字电话，改变营商环境，通江被首批命名为全省对外开放县。

第五仗，组织保障战。县委先后发出了《关于加强各级"四好"领导班子建设的意见》等文件。本着"政治坚定、勇于改革、结构合理、团结协作、联系群众、作风民主、廉洁务实、精干高效"的要求，抓学习，练内功，提高自身素质；抓团结，增合力，发挥群体优势；抓勤政，求发展，实施治县方略；抓廉洁，改作风，落实为民宗旨。通江县委被省委命名为"四好领导班子"，我本人也被省、地委表彰为优秀党务工作者和优秀共产党员。

当时通江在全地区创造了多个"第一"，被省、地领导誉为"通江精神"，成为"巴中经验"的源起之一。记得是 1995 年上半年，省委谢世杰书记来通江检查工作，看了通江的交通建设、扶贫开发、微水工程和班子建设，听取了县委、县政府的工作汇报。谢书记高兴地指出，都说边关难守，但你们干得很好，领导班子思路清晰，内部团结，作风扎实，成效显著。特别是忠孝同志汇报中总结的"苦熬不如苦干，晚干不如早干，小干不如大干，干才能促进发展，干才能脱贫致富，干才能改变面貌"的"通江精神"值得弘扬，全省推广。

巴中经验

1995 年 7 月，全省农田水利建设现场会在通江隆重召开，通江县委、巴中地委先后发言，省委书记谢世杰同志作了重要讲话。在这次会上，世杰同志再次肯定了"通江精神"。大会结束后，又在通江金华宾馆会议室召开巴中地委、行署的工作汇报会。会上世杰同志讲，我们西边有一个"攀枝花精神"，东边有一个"黔江精神"（这个时候重庆还没有分出去），北边又出现了一个"通江精神"，大家研究一下怎么推广，让它在全省生根、发芽、开花、结果。世杰同志讲了过后，中伟同志马上发言说，书记，我看是不是就叫"通江经验"？因为有两个精神了，这个就叫"通江经验"。中伟同志话音刚落，地委书记韩忠信就说，我们请求叫"巴中经验"，通江这些做法，我们已经在全地区广泛推广，称为"巴中经验"对我们巴中地区的整个经济发展、社会进步和扶贫攻坚更有价值，我们艰苦奋斗，再干一年，请省委、省政府来检查验收。这时，省委管干部的秦玉琴副书记说，好啊，我看可以叫作"巴中经验"，书记，我们给不了太多资金，可以给政策嘛！省委副记杨崇汇同志也说，很好，就叫"巴中经验"。省委世杰书记最后说，好，大家都同意，那就叫"巴中经验"。一锤定音！"巴中经验"的产生和创立，"巴中经验"的巩固、发展和壮大，这是连续通过几届地委、行署，包括地改市以后的市委、市政府和全市人民的共同艰苦奋斗换来的。

1996年9月8日，谢世杰同志到巴中来视察工作。因为我7月份到地委做秘书长了，谢书记就给韩忠信书记讲，你叫秘书长牵头，对巴中全地区扶贫攻坚情况再做一个全面调查，写个详细的报告给我。于是，我便带了一个秘书班子，历时三个月，跑了四个县数十个乡，走访了几百个农户，就是亲自到农民家里去，访贫问苦，现场考察，当面算账——他们一年打多少粮食，有多少收入，吃水远不远，行路难不难，娃儿读书没有，都登记在册。这个报告，我记得有一万多字，对巴中的贫困现状、巴中扶贫的成就、巴中扶贫的经验、巴中扶贫的教训和巴中扶贫的未来发展做了综合性调查研究。报告送到省委以后，世杰同志非常重视，做了部分修改，迅速报送到党中央、国务院。中央以《政策研究》简报作了批示，转发到全国，在这个简报上面写的是印发中央政治局委员、国务院副总理、国务委员和各省市自治区党政"一把手"。可以说这是迄今为止我们巴中地区最重要的一个调查报告。

在这个报告中我们就提出了智力扶贫的问题、资金扶贫的问题、项目扶贫的问题、移民扶贫的问题和医疗扶贫的问题。譬如：

移民扶贫问题。就是把边远山区的吊角户搬迁到低山地区。我给他们算了一笔账。比如在高山那种地方，住居分散，人口稀少，道路又很长，要搞道路，搞水利，搞电力，搞通信，投资很大，但是效益很差，还不如将这一部分农户搬迁插花或集中安置到低山坝区，这样节省投资，扶贫快，攻坚快，效益好，费省效宏。这个建议在后来中央出台的政策中得到了采纳。

干部任期问题。贫困地区的干部，特别是县委、县政府的领导，不能够干两三年就走了。真正要在这个地方实现脱贫致富，没有七八年的努力，甚至更长时间的艰苦奋斗是不可能的。建议延长贫困地区领导干部的任职时间，如果考虑到他们有贡献，要提拔使用，可以先解决他们的待遇问题。这个建议近几年才得以实现。

贫困地区人才问题。新中国成立以来，为了支援全国的发展，完成国家资本的原始积累，老区人民勒紧裤带，送粮缴税，送子读书，那些娃儿出去了就回不来，地方想用人用不上，回来最多的就是教师。所以我们建议，能不能给贫困地区的学生高考适当加分，但是要求他们外地求学、返乡工作，报告里面也提出了这个问题。这些建议在后来中央一系列扶贫攻坚政策中得到了采纳，特别是十八大以后，提出了精准扶贫，这些政策才开始普遍运用，而且加大了力度，实现了全国农村贫困人口全部脱贫。

这个报告里面第一次正式提出"巴中经验"四个字。1997年底，全省第十三次扶贫工作会议来巴中召开，接着中央又在巴中对全国贫困市县干部进行现场培训。巴中全区54万贫困农民也提前一年跨越温饱线，这是一个了不起的成就。国务院扶贫办的主任高鸿宾到巴中视察，他在通、南、巴、平考察后激动地说："巴中有资格成为全国扶贫攻坚的一面旗帜。"我们把巴中的整个扶贫工作情况重新整理报送给了时任中央政治局委员、国务院副总理温家宝。温家宝同志在批示中指出："四川巴中地区扶贫攻坚的成就充分说明，只要找准路子，真抓实干，就能改变面貌。巴中的经验和他们在实践中形成的艰苦奋斗，苦干兴区，实干改变面貌，大干促进发展的巴中精神，对全国扶贫工作具有普遍意义。""巴中经验"得到了中央的认可，并在全国推广。

"巴中经验"是全区人民艰苦奋斗共同干出来的，包括全地区的交通大会战，修通唐巴路、二南路、巴平路等。"五改三建"形成了"池园经济"，这些都是"巴中经验"的重要组成部分。说实话，"五改三建"是池园经济的核心内容，我们在通江就有初步尝试。后来我到地委当秘书长，地委、行署在东兴场抓点，我作为分管联系领导十分重视"三建"：第一是建家。把人的住房和牲畜圈舍分开、厨房和卧室分开、生产工具和生活用具分开。第二是建池，就是每个农户至少建设一个微水池。第三是建园，就是每一户有一个果园，不管是李子园、梨子园、西瓜园还是草莓园，反正一村一业、一乡一品。所谓"五改"就是改房、改厕、改水、改路和改灶。对于池园经济的发展，开始我们也没有这个灵感。还是在通江申报诺水河省级风景名胜区的时候，四川省建设厅高级工程师钱振越来实地验收，我陪他去诺水河，他把整个诺水河风景区看完了之后就给我提了一个意见。他说，老张，你们这里农户都喜欢上楼下圈，上面住人，下面关猪牛。我们在楼上睡觉，下面一晚上猪儿牛儿哼哼地叫，臭得不得了。还有到他家里看，生活用具和生产工具始终放在一起，锄镰斧杖、簸箕粪桶这些都是放在灶屋里的，这怎么行呢？最后就是住宿和生活没有分开，炊烟满屋熏，眼睛都睁不开。我就跟他说，你放心，怎么搞，搞成什么样子，花多少钱，用多少个工，我们尽快研究解决这个问题。

办法还是问计于民。下乡调研时有一个村民对我说，张书记，你去看我们金家坝一农户，小伙子外出打工回来把房子改造了，住房是住房，厨房是厨房，还专门搭了一个偏棚放生产工具。他有意识地把原来的猪圈拆了，隔了一条路，大概有 10 来米的样子，在堡坎下修了一个猪牛圈，住房就没有臭味了。这三者分开，对我启发很大。但是三者分开以后，你看那个房子还是不行，七翘八拱的，很不好看。所以我就说，下决心，第一个，提檐做脊，把檐提了，把脊做起。第二个，粉水上墙，把所有内外的墙壁用白石灰给粉了。第三个，就是砍三合土地板。那时到处找瓦块来砸，加石灰，加水，给它搅搅，搅了过后给它铺上去。我都亲自干过，铺了过后用木刀挨着砸，砸过后，用敷墙壁的腻子拖一次，最后把它抹光，这个地板才算行。第四个，道路整修，就是把进村入户的道路整修好。你看，整修地板，提檐做脊，翻盖屋顶，整修道路，再建家、建池、建园，这样一弄整体形象就改观了。先在麻石区擂鼓寨搞点，然后在通江全县推行，"池园经济"逐渐在通江生根、开花、结果。诗曰：

诗意山水秀巴中，铁血丹心贯长虹。

精准扶贫开先河，创业艰辛建奇功。

秦砖汉瓦可做证，唐诗宋词唱大同。

裕民强市行天道，遍地英雄济苍穹。

总之，"巴中经验"的核心是"扶贫攻坚"，途径是"劳务积累"，实质是"苦干实干"，目的是"富民裕区"，关键是"党的领导"。

人生感悟

我是土生土长的通江人，1972年我从重庆回到通江工作，是家乡的党组织培养了我，是家乡的人民养育了我，是家乡的建设锻炼了我，可以说是生于斯、长于斯、成于斯，有极其深厚的家乡情结。

历史的经验告诉我们，"水能载舟，亦能覆舟"。人民是天，人民是地，人民是我们的衣食父母，人民的利益高于一切，我们的宗旨就是全心全意为人民服务。每到历史的紧要关头，你该不该干某件事，怎样才能干好事，凭什么去成就人生？这三个问题是必须回答的。个人感悟是：该不该干某件事？必须记住12个字，鉴真伪、辨是非、懂得失、知进退。鉴真伪，这件事是真还是假，对党、对国家、对人民是否有利？是真则干，是假就不能干。辨是非，就是一个问题来了，必须弄清楚它符不符合党的方针、政策和法规，符合的就做，反之则不能做。懂得失，在利益面前，谁也绕不开，你必须有取有舍，该得才得，不该得的分文不取。知进退，任何事情的应对都有三策，上策、中策、下策，必须权衡利弊得失，进退有据。

怎么才能干好事？也有四句话做基本原则：诚为先，干为实，和为贵，廉为本。诚为先，诚是德的重要标志，人与人、单位与单位、事情与事情都必须讲诚信第一，既要诚信于人，也要诚信天下。干为实，事情是干出来的，不是吹出来的。看一个人不仅要听他的唱功，更要看他的做功。列宁说，一打纲领，不如一个具体的行动。和为贵，和气生财，和谐兴业，和平世界。团结一个人要靠一辈子的维系，得罪一个人就是半句话。人们常讲："好言一句三冬暖，恶语伤人六月寒。"廉为本，一个干部要始终廉洁勤政，遵纪守法，否则你将失去人生最重要的信誉、尊严和自由。

靠什么去成就人生？这就需要高人指点、贵人相助、"小人"监督、本人努力。高人指点，历史上的大秦帝国之所以扫平六合，统一天下，靠谁呢？靠丞相李斯这些"高人"。贵人相助，任何人的进步成长都离不开党的培养、领导的信任和重用，如果不给你平台，你再大的本事也无法施展。"小人"监督，"小人"随时盯着你，使你谨小慎微，不犯大错误，不栽大跟斗，至少没有铁窗之苦、牢狱之灾。本人努力，这就是一个哲学问题，本人努力是根本，其他是条件。如母鸡抱蛋就能抱出小鸡，如果抱石头永远不能抱出小鸡。因此外因是靠内因而变化的。实践证明：一个领导干部想干事，敢干事，能干事，会干事，这还不是本事，最大的本事是好事办实，实事办好，多为国家、人民办好事实事，那才是真本事。

抚今追昔，巴中地区建立已经30周年，昨天的往事总在脑海里萦绕，令人记忆犹新。特作小诗一首以作纪念：

春风拂绮栏，茅庐试小鲜。
往事堪入梦，高处不胜寒。
词赋怀雅谊，诗酒即清欢。
唱罢古稀颂，再迎期颐年。

　　熊光林，男，生于 1949 年 10 月，四川巴州人，中共党员。1993 年 10 月，任中共巴中市委副书记、市长。1996 年 12 月，任中共巴中地委委员、巴中市委书记。1998 年 5 月，任中共巴中地委副书记。2000 年 8 月，任巴中地区行署副专员。

殷切关怀带来的历史转折
——巴中县纪念红军入川 60 周年赴京汇报会纪实

熊光林

　　争取建立巴中地区和撤巴中县建巴中市，是原巴中县人民多年以来的一个梦想。我所能见证的是，早在上世纪 70 年代，原巴中县委的领导同志就开始讨论和争取。到上世纪 80 年代，原达县地委和巴中县委的领导同志都为此做出积极努力，奠定了一些基础。

　　1992 年 9 月 26 日，原巴中县委书记李开明主持召开县委常委会议，主题是研究"巴中县纪念红军入川 60 周年赴京汇报会"相关事宜。会议决定：由时任县委分管宣传和农业的副书记熊光林，县委常委、县委宣传部部长王永明和时任县政协主席廖栋成、县人大常委会副主任彭再俊、县政府副县长陈科益等五位领导成员负责筹备，工作人员有时任县委办公室副主任鄢永都、县委宣传部副部长杨天礼、县民政局副局长杨开怀，同时决定抽调负责项目筹办的工作人员。会议决定由我带队，9 月 30 日出发去北京开展汇报会的筹备工作。

9月29日上午，李开明书记主持县委中心组学习会议，再次研究赴京汇报会相关事宜。会议集体审看了电视专题片《革命历史名城——巴中》，提出了修改意见，对汇报项目作了最后审定。李开明书记最后强调，这次赴京纪念汇报会的主要目的，就是扩大宣传影响，争取经济项目，重点是争取建地设市。

9月30日，我和先期到京做筹备工作的同志从巴中出发，下午在广元上火车，10月2日上午抵达北京，住进了太平路46号院巴中籍乡友陈立河提前为我们联系的招待所。当天下午，就请巴中籍在京好友海军大院的陈立淮、民政部机关的王然等一起研究会议筹备事宜。

10月2日晚上，老红军徐斌、王定国和巴中籍在京乡友杨少平一起宴请我们，听取我们的汇报，对筹备工作提出了很好的建议。

10月3日到4日，我和鄢永都召集同行到京的工作人员商量，拟请老红军代表23人、中央国家机关相关领导22人、新闻单位7人、巴中籍在京相关人士15人，共计67人出席会议，逐一列出了名单。并就请柬制作、项目材料、宣传画册、会场设置、客人邀请等具体事宜明确分工到人，分头逐项落实。

10月5日开始，我和赴京的巴中同志开始逐人上门呈送请柬，邀请领导出席会议。我先后到了刘华清、张爱萍、吴瑞林、陈其通、洪学智、王定国、魏传统、杨国宇、徐斌、罗应怀等老红军和时任国务院扶贫办主任杨忠等领导同志住处，汇报情况和呈送请柬。在老红军、开国上将洪学智和张文的家里，听取我的汇报后，洪学智将军语重心长地说，通、南、巴那个地方，我是有深厚感情的。我是通江县的女婿，可是60多年没有回去过，关心也不够，我这个女婿也是不大称职的。老区人民当年为革命做出了那么多牺牲和贡献，现在还是贫困，我们心里很难受。可是那里有山有水有土，资源还是非常丰富。不要光等别人的支持，根本的出路是要靠自己，利用好那里的资源，是可以发展起来的。条件差要努力干，发展不起来，大家永远受穷。你们要给群众讲清楚这个道理，把大家的积极性充分地发挥出来，改变面貌就大有希望。当然，我们也有责任呼吁，希望中央加大对老区发展的支持力度，让老区人民尽快脱贫致富。

在老红军、北京军区原副政委罗应怀家里，罗老深切关怀地讲，通、南、巴是革命老区，加快发展是当务之急。经济要发展，第一靠交通，第二靠经济资源的开发，第三靠人才。没有人才不行，要从文化教育抓起，美国就是抓教育起家的。既要抓文化教育，也要抓革命传统教育。发愤图强，自力更生，要树立这个思想，遇到困难要敢于斗争。当年皮定均和我两人进巴州，许世友当团长，老百姓不了解，我们就大搞宣传，余洪远任县委书记主要抓宣传教育，克服了困难，很快就把群众发动起来了。红四方面军的将帅有 1700 多人，你们要通过他们去宣传和呼吁，让各方面都了解巴中、支持巴中。总后勤部副部长胥光义将军是巴中人，你们可以请他给出出点子，争取支持。

我所拜访的每位老红军、老将军，都对川陕革命老区怀着深厚的感情，对老区人民怀着无比的关爱，对老区的发展寄予莫大的希望。

10 月 6 日晚上，我们赴京筹备汇报会的同志在一起召开了会议。由于工作需要，原定的县委常委王永明部长、陈科益副县长没有来北京，时任县委分管组织和政法的副书记张玉芳、分管农业的副县长陈良明前来北京，参加汇报会的领导工作。会议商议，汇报会于 10 月 10 日下午 4 点举行，地址定在丰台区鹰山公园的鹰山饭店，由我主持会议，县委副书记张玉芳汇报工作，县政协主席廖栋成和副县长陈良明负责来客的迎送，县人大常委会副主任彭再俊负责引导客人报到签到，杨天礼负责录像播放和新闻单位来客接待及新闻报道，鄢永都和杨开怀负责制药厂技改、巴师校升格、三号桥建设、巴中机场建设、广元到巴中的铁路建设等项目报告的报送，重点是建立巴中地区和巴中县撤县设市报告的报送，鄢永都和鹰山饭店的负责人负责会场布置，同时邀请了时任丰台区常务副区长的通江籍人士杨宗奎和时任丰台区公安分局政委的平昌籍人士夏其忠出席协助指导会议并负责安全保卫工作。

通过前几天赴京筹备组同志和巴中籍在北京工作的乡友们夜以继日的辛苦努力，10月10日下午会议如期召开。前来出席会议的老红军代表有魏传统、何正文、吴瑞林、傅崇碧、陈其通、徐斌、王定国、胡奇才、胥光义、何成富、符先辉、罗应怀、张文、王定烈、孙克、肖驰、刘海清等17位；前来出席会议的中央国家机关和驻京部队的领导同志代表有杨忠、王明达、沈一之、陈干群、吴文英、郑科扬、陈耀邦、何静修、范宝骏、张美远、余定文、蒲忠义、雷洪和建设部、四川省政府驻京办事处、达县地区驻京办事处、丰台区委和区政府等单位的领导同志共25人；前来出席会议的新闻单位有人民日报社、新华社、中央电视台的记者6人；还有巴中籍在京工作的乡友代表陈立淮、王然、谯长乾、徐传红、陈立河、杨少平、全德礼、杨成秀、魏春江、于俊道等21人。

鹰山公园地属太行山余脉，地形高低起伏，错落有致，高差52米，原为荒山区，后经过多个部委和丰台区机关多年在此植树造林，形成千亩林区。1990年正式更名为鹰山森林公园。全是低层建筑的鹰山饭店坐落在绿树林荫之中，环境非常幽美雅静。

10月10日下午3点开始，邀请的老红军和其他领导及客人陆续来到会场。丰台区的领导说，从来没有这样多的老红军、老将军和领导人来到鹰山森林公园。这个当时比较偏僻的市郊公园，充满了喜庆和热烈的氛围，仅仅100多平方米的小会议室里，更是喜气洋洋、热情融融、生机勃勃。一张长方形的普通会议桌，四周排列着两排共65张木质座椅，显得分外朴实和些许紧凑，出席会议的巴中籍朋友只好加了木凳。就是在这样一个似乎拥挤且普通的会议室里，却充满了温暖、关爱、激情和亲切。我们开始是按照现任职务，把中央国家机关领导和时任第三十八集团军军长张美远将军安排在第一排座位就座的。即将参加党的十四大、后被选为十四届中央委员的张美远第一个来到会场，就主动把自己的座牌放到第二排。他说，必须请老红军、老将军坐在第一排。就这样，老红军、老将军都坐在内圈第一排，中央国家机关和驻京部队的领导同志都坐到第二排。

下午 4 点钟，准时举行会议。我首先一一介绍了出席会议的老红军、老将军和各位领导。老红军洪学智先说要参加会的，后来有事没能来。我在介绍张文时说她是洪学智同志夫人，她当即很风趣地补充说："洪学智是洪学智，我是我，我也是通南巴走出来的老红军啊！"话音未落，会场就响起了热烈的掌声。然后，我代表巴中县委、县政府和老区人民表达了充满真情和敬意的致辞，接着张玉芳同志作了工作汇报，请大家观看了《革命历史名城——巴中》的专题片，然后就请老红军和中央国家机关的领导讲话。

杨忠同志当即说："今天我们来，主要是聆听老红军、老将军的指示。我们是来接受教育的，我们是来接受任务的，应该先请老红军、老将军讲话啊！他们交办的事我们会后认真去办就是了。"

王定国老红军接着说："川陕革命根据地是红四方面军入川创建的，应该先请从鄂豫皖转战到通南巴的老红军先讲，大家就欢迎罗应怀同志先讲话吧！"

在热烈的掌声中，罗应怀将军首先作了充满深情、充满关爱、充满激情的讲话。他说："当年徐向前总指挥带领我们从陕西镇巴进入通江两河口，首先解放了通江，然后解放了巴中和南江。我们入川时部队不到一万人，后来发展到 12 万多人，根据地的面积和人口发展成为全国第二大苏区。这个全国第二大苏区不是我们自封的，是毛泽东主席讲的。要是没有革命老区人民的支持，哪有红军的发展壮大！60 年过去了，老区还是那样落后，老区人民还是那样贫困，想到这些我的心里就非常难过，真是对不起通南巴那里的父老乡亲。我希望今天来参加会议的中央国家机关的同志们，好好帮助和支持老区的经济社会发展，让老区人尽快过上好日子。刚才巴中同志汇报中提到建立巴中地区的请求就很好，希望你们考虑考虑。"

魏传统老红军接过去说："今天你们北京在座的同志可能很多人都不清楚，60 年前的川陕革命根据地，巴中不仅是红四方面军总部和西北革命军事委员会的首脑机关驻地，也是川陕省委和省苏维埃政府所在地，而且还建立了巴中道委和巴中特别市。那时候的道委就相当于现在的地区。所以他们现在提出建立巴中地区和巴中市，是有历史渊源关系的。"

胡奇才老红军跟着说："通南巴地区幅员辽阔，资源很丰富，那里的山好水好，人民更好。你们过去就是宣传不够，上面也支持不够。这次你们这个活动搞得好，就会起到很好的宣传效果。这样的活动今后要多开展，通过宣传让更多的人知道通南巴，了解通南巴，才会更好地支持通南巴。在通南巴成立一个单独的地区，就是一个名副其实的川陕革命根据地腹地的革命老区，这样就有利于中央和国家集中力量进行支持和帮助，就像支持井冈山地区和延安地区那样，通南巴很快就可以发展起来的。"

陈其通老红军激动地拄着手杖站起来说："我就是个巴中人，我知道家乡的人民并不是懒汉懦夫，是非常勤劳朴实的，是能够吃苦耐劳的。现在还很穷，主要是那里的条件太差了。所以请你们转告父老乡亲们，要想富，先修路，少生孩，多栽树。要自力更生，加快发展，打好基础，创造条件，去感动'上帝'的支持。"他十分幽默地指着坐在第二排的领导同志说："他们就是'上帝'，我希望'上帝'们好好支持通南巴老区人民修路、治水、植树、打基础，创造条件争取尽快建立巴中地区和巴中市！"陈老的讲话引起一阵热烈的掌声。

吴瑞林老红军最后说："前些年我回过巴中老家，看到那里已经发生了很大变化。今天又听了你们的汇报，看了录像片，进一步感受到家乡的变化。我感谢你们为此付出的艰苦努力，对家乡的发展变化感到满意。但是，家乡总体上还是贫困地区，既需要老区人民自力更生改变面貌，更需要中央和国家给予支持。那些年我们在台上'掌权'的时候，国家建设刚刚起步，经济也有不少困难，所以对老区的关怀和支持不够，心中时时感到愧疚。想当年老区人民送儿送女送夫送妻去参加红军，送粮送菜支援红军，送药送水抬担架上前线支援我们打胜仗，10多万人参加红军，还有不少人参加地方赤卫队、童子团，还有不少人参加县乡苏维埃，基本上家家有人参加革命，绝大多数人在为革命做贡献，反三路围攻，反六路'围剿'，空山坝战役，万源保卫战，嘉陵江渡江战役，牺牲了好多人啊，绝大多数都是根据地的优秀儿女啊！要是没有革命老区人民的牺牲和贡献，没有革命老区人民的支持和帮助，哪有今天的红色政权啊！回想起来，我们真是欠老区人民的账太多了！"他讲到这里的时候，在座的老红军不少人都黯然泪下。他接着说："欠账是要还的。过去我们欠了账，对不起川陕苏区人民，只好拜托你们这些现在台上'掌权'的人去还了。他们今天汇报中提到的那些需要支持的项目，希望你们带回去好好研究一下，尽可能给予支持。建立巴中地区和巴中市，这是一件大喜事，有利于对老区的集中支持帮助，有利于老区加快发展，有利于老区人民的脱贫致富，我希望你们作为特殊情况给予关注。"

时间已经到了6点半了，我主持会议也不好说不再继续发言，王定国老红军说："我们这些老同志就不再讲了，请你们在座的国家机关的同志讲讲好吗？"

沈一之同志接着说："由于时间关系，我们就不发言了，就请民政部范宝俊副部长代表我们表个态吧！"

在异常热烈的掌声中，范宝俊副部长深有感触地说："今天下午，我们实际上是听了一堂很好的生动的革命传统教育课啊！对于川陕革命老区，过去由于宣传不够，我们的确缺乏了解，也就缺乏支持，深深地感到惭愧和内疚。支持和帮助革命老区加快发展，为老区人民排忧解难，这是我们国家机关义不容辞的责任。请各位老红军、老将军、老领导放心，今天会议结束回去后，我们对巴中同志提出的建立巴中地区和巴中市的请求，一定认真研究，争取尽快派人前往巴中实地考察，如果条件成熟，就抓紧按照程序办理。"

他的话音刚落，全场响起热烈的掌声。

会议在热烈的掌声中开始，在热烈的掌声中结束。掌声虽然结束了，老红军、老将军和中央国家机关的领导以及在京工作的巴中乡友们对老区人民的深厚情感、对老区人民的殷切希望、对老区人民的巨大鼓舞、对老区人民的莫大关怀，永远铭刻在了老区人民的心中。正是这次汇报会，促成了巴中地区和巴中撤县建市的历史性转折。

会后，时任全国政协常委的王定国老红军会同空军原副司令王定烈等全国政协委员，向全国政协提交了关于建立巴中地区和巴中撤县设市的提案。

1993年4月，民政部派出行政区划和地名管理司司长张文范，在四川省民政厅地名规划处原处长陈处长陪同下，前来达县地区和巴中县，专门考察建立巴中地区和巴中撤县建市的具体事宜。

1993年5月，民政部向国务院上报了同意建立巴中地区和撤销巴中县建立巴中市的报告。

1993年7月，国务院常务会议同意，撤销巴中县建立县级巴中市和批准建立巴中地区。

1993年10月28日，巴中地区正式挂牌成立。

蒋东生，男，生于 1955 年 12 月，四川南江人，中共党员。1993 年 10 月，任中共巴中地委宣传部常务副部长兼巴中时报社总编辑。1995 年 10 月，任中共平昌县委书记、县人大常委会主任。1998 年 5 月，任中共巴中地委委员、宣传部部长。1999年 12 月，任中共巴中地委副书记。

我们是这样干起来的

蒋东生

大家都有一种精神和毅力

1993 年 8 月 25 日，时任巴中地区筹备工作领导小组成员李克明同志（巴中地区成立后任地委副书记）通知我到达县地区谈话，他说，我受巴中地区筹备工作领导小组组长韩忠信同志（巴中地区成立后任地委书记）的委托跟你谈一下，初步研究决定你担任巴中地委宣传部部长，你尽快去巴中向李开明同志（时任巴中地区筹备工作领导小组成员，巴中地区成立后任地委副书记）报到，把巴中地委宣传部、巴中报社和巴中地区广播电视台组建起来。

8 月 26 日，我冒着倾盆大雨，早上从南江县城出发绕道（因大河涨水）赶到了巴中，来到了李开明副书记的办公室，开明副书记要求我尽快把地委宣传部、巴中报社和巴中广播电视台组建起来，人员可从各县借调，抓好地区成立的宣传工作。

赓即,我从南江县委宣传部借调了三名同志,通江县、平昌县各借调了一名同志,巴中县借调了三名同志,一共九名同志组建了地委宣传部。后来,地委确定了高隆才、李晓春两位同志任副部长,高隆才同志兼任广播电视局局长、广播电视台台长,李晓春同志兼任党校常务副校长。我任地委宣传部常务副部长兼巴中时报社总编辑(1993年10月18日创刊号名为《巴中时报》,1997年1月1日更名《巴中日报》),主持宣传部工作(当时省委考虑,若我由南江县委常委、宣传部部长直接任地委宣传部部长,提得太快)。

巴中地区筹备建立之初,各项工作正处于开局起步、百业待兴的关键时期,能得到组织信任并被选派到地区工作,我们深感使命光荣,深知责任重大,也下定决心不辜负组织信任,立志为巴中干点事业。尽管工作环境和生活条件都比较艰苦,宣传部领导班子成员和工作人员都挤在一间办公室办公,只有几张旧办公桌和旧木椅子,大家围在一起,加班加点工作,排队打饭吃,宿舍自己租,但都没有一点怨言。

宣传部刚组建起来,我又从各县借调了几位同志,在原巴中县印刷厂租了几间办公用房,创建了巴中时报社。

当时我们组建地委宣传部、巴中时报社和巴中广播电视台,既没有钱,又缺少人手,真可谓一穷二白、创业维艰,既全靠自力更生、各显神通、各自想办法,又不分彼此、拉通使用。地委宣传部修建职工宿舍靠干部职工集资。记得修建巴中时报社时,地委、行署开初划拨了10亩土地,后因建设用地紧张又给科协分了四亩去,就只剩下六亩土地了,报社职工宿舍只能由职工集资修建,每平方米300多元,建好后就把前面的两层平房作为报社的办公室。那时大家都比较积极乐观,觉得困难再多总没有办法多,真是"找钱干事,无钱干出有钱事来",而且还干得挺欢。

我记得那是1993年10月,要在成都召开巴中地区成立新闻发布会,地委书记韩忠信同志专门找到我,问我能否在新闻发布会上把《巴中时报》

的创刊号拿出来。我当即表态，请书记放心，一定完成任务。我深知新闻发布会上发出的创刊号，是新成立的巴中地区对外宣介的一张重要名片，代表着地委和行署的形象，办不好是要给我们巴中丢脸的。我和报社的干部职工深刻认识到书记交给我们的是一件从无到有、从"0"到"1"、没有任何条件可讲的工作。时间紧，任务重，要求高，我一刻也不敢耽搁，带领全报社的同志加班加点，夜以继日，分工协作，密切配合，从确定报头刊号、版面设计，到明确宣介重点、栏目主题，再到撰稿组稿送审、排版校对付印，仅仅七天时间就把创刊号拿出来了。我们在地区成立的新闻发布会上发出高质量的创刊号，受到了地委书记韩忠信、行署专员周登全等领导的表扬。现在回想起来，当时在一无所有的情况下，能把报纸办出来真是不容易啊。那时的干部再苦再累也无怨无悔，从不讲条件和待遇，那种精神真是令人感动。

巴中地委宣传部的组建，巴中时报社的创建，巴中地区广播电视台的升格、扩大、节目质量的提升和对巴中地区的宣传，与当时地委的正确领导和地委宣传部、巴中时报社、巴中地区广播电视台干部职工艰苦创业、苦干实干、辛勤付出是分不开的，体现出一种无私奉献的精神和坚韧不拔的毅力，更有大家积极向上的人生态度。

后来，省委派省委宣传部卢耸岗同志任巴中地委委员、宣传部部长，我分管宣传部常务工作和巴中时报社，工作一段时间后于1995年10月调任平昌县委书记、县人大常委会主任。

把老百姓的事当成自己的事来办

我去平昌县工作，临行时，地委韩忠信书记指示我"一定要把平昌老百姓的事办好"，行署周登全专员要求我"要把平昌发展好"。

那时，巴中到平昌的路尚未修通，天又下起了大雨，我是绕道平昌青云乡前往县城的。一路颠簸，车行了大半天，我一直都在思考着这两个问题，如何把平昌老百姓的事办好，如何把平昌发展好？我是农民家庭的孩子，家里很穷，小时候连饭都吃不饱，深知农民的疾苦和农村的艰难。我家祖祖辈辈都是农民，唯有我一人当了干部，从村支部书记到乡党委书记，再到如今的县委书记，一路走来，一步一个脚印，真是不容易啊！古人讲，身在公门，行善更易。一直以来，我都坚持替老百姓办实事、办好事，始终把老百姓的事当成自己的事来办。如今党把这一县几十万的百姓交给了我，我决心在更高的平台、更重要的岗位上更好地为人民服务，为群众办更多的实事、好事，不辜负党的期望和重托，不辜负群众的期盼和信任，这就是我的职分所系、职责所在。

把平昌老百姓的事办好，拿现在的话讲叫作解决好民生问题，那到底该怎么办呢？我们给出的答案，也是我一直坚持的原则、坚守的承诺，那就是把老百姓的事当成自己的事来办，关键在脱贫致富。要把平昌发展好，推动全县经济社会更好更快发展，我们认为单靠一时热情，单凭主观愿望，事情是办不好的，必须先把平昌的情况摸清楚，然后因时因势、因地制宜制定系统全面、重点突出的工作思路并一以贯之地抓好落实。说到做到，不放空炮。经县委研究决定，我们县委班子成员带头深入基层到群众中去，走访慰问、了解情况、调查研究，问需于民、问计于民，找寻全县脱贫致富加快发展的新路子。

有一天，我同县委副书记程青兰及有关部门的同志一道去镇龙区翻身村走访调研，慰问贫困家庭。翻身村距县城120多公里，是全县最偏远的一个村，山高坡陡，土地贫瘠，气候恶劣，自然条件差，常住人口少。我们到翻身村徒步走了12个小时，当天电闪雷鸣，风雨交加，我们跋山涉水，栉风沐雨，打着手电筒访贫问苦，调查研究，走一户，看一户，慰问一户，一直到深夜。看到有不少深山里的老百姓人畜混居，生病的老人卧床不起，屎尿拉在床上。有些家庭一天只吃两顿饭，有的甚至只吃一顿饭，而且很少吃到大米。这里的农村真穷，农民真苦，农业真落后。我们越看越心酸，越看越不是滋味，越看越觉得肩上的担子沉重。

我们发给每户老百姓的慰问金是 1000 元钱，其中有两户老百姓一直跟在我们身后，直到我们走进一位病重老人和一名辍学儿童家里发放慰问金的时候，这两家人分别从自己的慰问金中掏出 200 元，凑在一起，塞到了病重老人手中并对我说："蒋书记，这家娃娃的爹妈去年出车祸死了，他们更困难，比我们更需要钱。"看到她们纯朴真挚的眼神，我鼻子一酸，忍不住流下了眼泪。遗憾的是，慰问金带少了。我握着她们的手，郑重地说，我们对不起你们啊！但请大家放心，有党和政府在，一切都会好起来的。

当晚，因夜已深沉、雨雪交加、山高路陡，我们回不了县城，只能投宿到山顶一个小林场，在林场的阶沿上烧起柴火，吃着方便面，取暖过夜。林场的两名护林员告诉我们，翻身村因为没有通公路，发展基础差，条件差，缺少得力的村干部和精壮劳动力，因病致贫、被迫辍学的现象还非常严重，日子苦得很。之所以叫翻身村，就是老百姓急盼着翻身呀！

第二天，在回往县城的路上，我脑海里总是不断浮现出翻身村一幕幕艰苦的画面，耳边时常响起老百姓声声呼唤我这个县委书记要为他们做主，老百姓的生产、生活状况深深地触动我。回到县城后，我们立即召集有关部门同志研究解决翻身村老百姓急难愁盼的问题。首先解决行路难问题，通过县交通局牵头出资，干部捐款，农民投劳，很快修通了镇龙到翻身村的公路；又为村里修建了一所村小，解决了农民子女入学问题；同时，给他们送去一批畜、禽、经济作物和粮食种子，发展种养业，派去两名得力干部常驻村里，帮助他们解决生产生活困难。这个村有了明显变化后，一批老百姓联名给我写信表示感谢，我看到他们的来信后，一直揪着的心才慢慢放下来。这个村给我的印象太深了，我一生都忘不了它，翻身村如今真正翻了身。

通过翻身村的变化，我们深刻认识到，脱贫致富不是一句空口号，必须扭住产业扶贫和增收致富两个关键点，深入分析，研究对策，踏踏实实地真抓实干。后来，我们县委一班人一个乡镇一个乡镇跑，一个村一个村跑，一路走，一路看，一路解决问题，一路推动工作。不到半年时间，我们就跑遍了全县60个乡镇、几百个行政村，终于掌握了平昌各个乡镇的第一手资料，每个乡镇的风土人情、资源禀赋、干部特点，优势在哪里，短板在哪里，我们都挂了号、记了账。正是靠这种"扎硬寨、打呆仗"的笨办法，因地制宜，对症下药，使每个乡镇都找到了适合自己发展的方向和路径，为脱贫致富、建设小康打下了基础。

你离群众有多近，群众就对你有多亲

在县委班子的带动下，全县各级干部深入基层，到农村、街道、企业和学校中开展调查研究，到群众中间去发现矛盾问题，解决具体困难，推动各项工作有力有序有效开展。大家和老百姓同吃同住同劳动，一级带着一级干，一级做给一级看，加深了对老百姓的感情，老百姓也看到了我们的真心实意，开始相信我们，逐渐与我们形成了相互信任、鱼水情深的干群关系。

当时老百姓给我写了很多信，他们有什么话就向我说，有什么困难就直接提。我白天在乡下，在企业、在劳动现场，很少时间在办公室，因此，群众来信我一律放在晚上集中处理，有时处理来信到深夜，做到件件有着落、事事有回音。我身边的一位工作同志担心我长期熬更守夜，身体吃不消，就劝我把这些信件交给他们几个先做处理，提出拟办意见后再呈我审阅，没必要事必躬亲。我感谢他的好意并对他讲，老百姓遇到困难给我们写信，是对我们的信任，是请党委和政府给他们做主。我认为，吃别人嚼过的馍没有味道，只有自己带着感情、带着责任，认认真真、实事求是地阅读，处理好每一封群众来信，才能一次次增进我们对群众的感情，一次次拉近我们和群众的距离，同时帮助群众解决具体的生产生活困难，也是最好的调查研究。

一天晚上，我收到青云乡白庙村一社农民吴星成夫妇的求救信，信中这样说："我家小儿子吴良平正在上初中，突然得了败血症，已经花了4000多元，我卖掉了家里的猪、牛、羊和房檐木材，粮食也卖了，小儿子的病仍不见好转，小良平处在绝望之中。我在走投无路的情况下给蒋书记写信，请蒋书记救救小良平吧。"看到这里，我感同身受，第二天一早就带着民政局局长伍正平前往青云乡探望，送去了2000元慰问金，当即安排车辆送小良平到平昌县医院治病，并组织了县委机关干部职工为小良平捐助医疗费，最终小良平得到了妥善救治。吴星成夫妇向我下跪感谢，我连忙扶起他们讲，不要这样，你们写信找我，就没有把我当外人，而是把我当亲人。当长辈的救助自己的晚辈，难道不是分内之事吗？夫妻俩泣不成声，千恩万谢。

那时我们都是开门办公，老百姓可以直接到县委书记办公室说事。凡属该解决的问题都尽力解决，县委门口没有保安，办公室工作人员对来访群众都很热情，干群关系很好。老百姓也非常支持我们的工作。

1996年元月7日晚上，我处理群众来信到了次日1点多钟，凌晨5点半又起床写在全县粮食工作会议上的讲话提纲。我一直是自己写讲话稿，到省里工作也是如此。上午开完会后，中午12点回到宿舍急匆匆地吃了一碗方便面，又冒雨去察看平（昌）驷（马）路施工进展情况。当时平昌县城出口处因修路垮了方，我和修路的群众一起挖通了道路，继续往前走，走到坦溪乡察看修桥情况，因疲劳一不小心滑到坎下去了，造成头上左枕部硬脑膜外血肿和左侧额叶挫裂伤，伤情十分严重。地委书记韩忠信同志得知后十分着急，立即给省委书记谢世杰同志打电话，说我们的一位县委书记在工地上摔伤了，伤得很重，恐怕有生命危险，请求谢书记联系成都军区派直升机到平昌将人接到成都抢救。后因天气原因，飞机无法降落。当时因巴中不通高速，若用汽车把我送到成都，要一天半时间，伤情凶险，风险难料。为了抢救我的生命，地委李克明副书记亲自赶到平昌，和县里的同志商量后立即决定将我送到达川地区医院救治，对我大脑进行了手术。从平昌县医院送我去达川地区医院时，许多老百姓夹道为我送行。我伤好以后，一些干部给我讲起当时感人的情景，进一步坚定了我当好人民的勤务员和贴心人的信心和决心。

我摔伤后，当时有很多人认为我救不活了，就算救活也是个植物人。经过医生的全力抢救和我的意志力抗争，七天后我苏醒了。不到一个月，我坚决要求出院返岗工作。回到县里后，立即召开了一个区局级干部大会，我用了五分钟时间（医生在旁，只准讲三分钟），讲了五个问题，一句话一个问题，部署了当前最主要的工作，稳定了人心。住院期间，我不准干部来看望慰问，坚决不收任何礼金礼品。不少老百姓排起长队带着土特产来看望我，也被我婉言谢绝，一些亲朋好友送来的水果，也都交给了医生和护士。

一定要把平昌人民的事干好

到平昌工作几个月后，我找到一位县委的本地班子成员作了深入交流，我问他，像平昌这样一个长期的扶贫开发重点县，能否走出一条后发赶超的路子？实地调研的这段时间，我一直在思考和琢磨加快平昌发展、改变平昌面貌的出路何在。他沉思了一下，回答说："在于人思想的改变。""对，"我回答说，"是思想解放，更关键的在于领导干部思想的解放！"没有干事的干部，就没有干事的群众。

按照地委的要求，我秉持一定把平昌人民的事办好的理念和信心，和县委一班人在充分调查研究的基础上，按照地委"狠抓基础、快上工业、活跃商贸、开发旅游"的工作总思路，借鉴平昌上届县委的工作思路和工作经验，从县情实际出发，提出了"树好平昌人形象、加快平昌县发展"的总要求，这句话至今留存在平昌县佛头山森林公园中。树好平昌人形象，就是树立平昌人"思想解放、求实创新、艰苦拼搏、团结奋进"的形象。又概括了"科学加苦干"的平昌精神，制定了"重农兴工活商贸、增粮增收富财政、突破重点强基础、调整结构增效益"的具体工作思路。这样，一个平昌未来发展的蓝图被制订了出来，大家都觉得方向明、思路清、信心足，无形中增加了不少力量和干劲。多年后，我到省里工作和省直部门一位平昌籍的处长偶遇，他脱口背出了树好平昌人形象的 16 个字，并告诉我，当时他还在平昌中学念高中，这 16 个字对他影响很大，令他受益匪浅。我听后很是欣慰，也很感动。

在此基础上，我们按照地委韩忠信书记提出的"钢班子带铁队伍"的要求，狠抓党的建设和干部作风建设。我们深刻认识到，越是落后地区，越要抓好党建，只有有效提升基层组织、基础建设和基本能力，各项工作才能更好地开展。党的建设主要抓了干部的思想建设，开展了思想解放的大讨论，用事实说话，解放大家的思想，包括引进外来企业、兴建文化设施、实施城市光亮工程等，大家从中得到了启迪。韩忠信书记说，平昌解放思想、改革开放力度很大。回顾起来，我办的最大一件事，就是解放了人们的思想。

在组织建设和作风建设方面，我在调研中发现，平昌 60 个乡镇中，有许多党委书记和乡镇长都是在本乡镇任职，而且有的任职时间较长，工作起来放不开手脚。经县委研究，凡在本乡镇任职的党委书记一律交流。县委头一天开会，第二天县级领导班子成员分别到各乡镇宣布县委决定，一天之内所有交流任职的各乡镇党委书记全部背着铺盖卷到新的工作岗位履职，无一人不服从安排。《四川日报》作了专门报道，称赞平昌干部交流力度很大。当时一些干部对大面积交流不理解，后来慢慢明白了，认为县委的决定是正确的且富有前瞻性。离开本乡工作，用不着考虑亲朋好友的关系，可以甩开膀子干事业。实践证明，各级党委、政府主要领导异地任职有利于工作开展，是制度设计上的创新创造。

我们在全县实施三项重大工程，其中一项是创卫工程。当时我三次去涵水乡检查工作，但每次去，都发现工作开展严重不力，街道环境脏乱差，结果免去了该乡党委书记职务，并在电视台曝光一周。我们当时在工作方法上就是狠抓逗硬和落实，任何工作"事不过三"，三次不达标，就地免职。事后我听人讲，这名干部私下说我让他在全县人民面前没有脸面。一周后，本着不放弃任何一名干部的原则，我专门找他谈了话，苦口婆心地跟他讲了县里开展创卫工作的重要意义，并说现在处分你，弄得你没有脸面，恰恰是为了让你改正错误，以后更有脸面。

过了一段时间，我下乡发现，这位被免职的干部背着高音喇叭动员农民种玉米，一天到晚都和老百姓干在一起，工作很卖力，不久县委研究又将他提拔为副区长。我们认为，一个地方的发展，干部是决定性因素。我们对干部就是要奖功罚过，奖惩分明，该惩罚的毫不含糊，该奖励的理直气壮，用人导向对了，干部作风正了，群众也更有劲儿了。

我们把改善农民的生产生活条件放在十分重要的地位，靠自力更生、老百姓投劳投钱、干部捐资和以奖代补等多种办法搞基础建设。抓了基础设施建设，老百姓的生产生活条件才能改善，经济发展才有保障。平昌交通差，财政穷，老百姓最盼望的事是修路，但最难的事也是修路。因为只有解决了路的问题，才能彻底破解群众出行难题和经济社会发展瓶颈。我去平昌任职时，地委韩书记要求我在 1996 年 8 月底前必须打通平驷路。我说，请韩书记和地委、行署放心，我一定在 7 月 30 日前打通此路，完不成任务就把县委书记的帽子还给地委。硬态表了，心里还是很虚，因为没有钱。但是，我是带着地委嘱托和期望来的，是带着改变平昌落后面貌、改善群众生活的决心来的，就算有天大的困难，也要杀出一条血路来。我们坚信办法总比困难多，采取了农民投劳、干部捐资，多方筹措解决修路款问题。我们书记、县长和民众一起干，到群众中去，和他们同甘共苦，吃住在工地，晚上打着灯笼火把干。因雨多经常塌方，塌了又挖，挖了又塌，一些区委书记、乡镇党委书记都干哭了。经过干部和群众一道加班加点，挑灯夜战，终于在 7 月 30 日修通了此路，还是一条标美路，公路两旁的栏杆和路牌上贴上荧光纸，晚上形成了一道亮丽的风景线。省交通厅领导经过此路时赞叹不已，当即给了 100 万元奖励。那时的农民收入少，干部的工资又低，农民投劳，干部捐钱，修路真不容易呀！

通过几年努力，我们修建了达广路平昌段、平洗路（平昌到洗脚溪）、坦兰路（坦溪到兰草区）、鹿邱路（鹿鸣到邱家乡），还改建了平青路（平昌到青云乡）、平得路（平昌到得胜区）、平镇路（平昌到镇龙区）。硬化了平昌五条出口干道，修建了乡村公路420公里，300多个村通了公路。这些路都是老百姓和机关干部职工一起干出来的。我清楚记得在修鹿鸣到邱家公路时，大热天，我将3000多包烟亲手发到了正在修路的3000多个农民兄弟手中，一人一包，边走边发，老百姓很感动，我也越发越有劲。那时你干部只要带了头，群众就跟着你走，你对得起老百姓，老百姓一定会对得起你，我们的老百姓是很纯朴、很勤奋、很讲情义的。

我们还大搞市政建设，修建了七个综合市场，解决了一批人的就业问题。干部捐资购买树苗，植了8万多株行道树，平昌到巴中公路两旁就是干部捐资投劳植的树，如今成了一道亮丽的风景线。还筹资800多万元建起了佛头山森林公园。在建设过程中，县级机关每个干部捐资169元，修建县城到山顶的石梯路，不出钱的就自己动手修一步石梯，大家都积极主动地投身到森林公园建设中来。

我们还大抓文明新村建设，得到时任副总理温家宝的充分肯定。文明新村就是走"五改三建"之路（改房、改灶、改厕、改井、改路，建池、建园、建家）和发展水禽、水产等庭院经济。同时，还大修户与户之间的石板路，深受老百姓喜欢。我们还提出了发展乡村旅游，坚持重点突破、典型示范、先进带动，搞了几个示范村，为平昌旅游业发展奠定了基础，现在看来都是正确的。

"巴中经验"的精髓就是一个"干"字

巴中地区从达县地区分离出来后，只分了700多万元钱，可以说是白手起家建新区。在地委、行署强有力的领导下，巴中人民靠自立更生，艰苦奋斗，苦干实干，干出了一片新天地。我在任地委委员、宣传部部长期间是这样概括"巴中经验"的:第一,解放思想、更新观念是巴中经验的思想基础;第二,巴中经验是红军精神的发扬和升华,是老区人民用红军精神来建设和发展巴中;第三,巴中经验实质就是"苦干兴巴",它体现了团结拼搏、艰苦创业、求实进取和无私奉献的兴巴精神;第四,相信群众、依靠群众是巴中经验形成的力量源泉;第五,"钢班子带铁队伍"是巴中经验重要的组织保障;第六,巴中经验是推动贫困山区健康快速发展的不竭动力。《四川日报》在头版头条用"山风浩荡""山路朝天""山花烂漫"三篇长篇通讯报道了"巴中经验",四川各大媒体、中央媒体不时进行了宣传报道。

"巴中经验"得到了时任国务院副总理温家宝同志,时任省委书记谢世杰、省长张中伟同志和国务院扶贫办主要领导的充分肯定。巴中成为全国扶贫攻坚的一面旗帜,国务院扶贫办在巴中举办了多期扶贫攻坚培训班。全国扶贫工作会也在巴中召开,"巴中经验"推向了全国,"巴中经验"是干出来的。

在工作中,我们有这样几点体会:

(一)要把人民放在心中最高的位置。解决我是谁、依靠谁、为了谁的问题。

(二)一个落后地区的改变首先是领导思想的解放。否则,外地的经验学不进来,本地的经验总结不起来,推广不开来。必须依靠改革创新,扩大开放,突破条条框框,敢于担当,不断完善体制机制,使之与经济社会发展实际状况相适应。

(三)实事求是。既要尽力而为,也要量力而行。注重强基层、打基础、利长远,要有"功成不必在我"的胸怀和境界,不可能"毕其功于一役"。

(四)设想不等于现实。必须自力更生,艰苦奋斗,否则再好的蓝图,不干,也只是一张图纸。

(五)精神的力量。要有"踏石留印、抓铁有痕"的坚韧和执着,抓工作要有股韧劲,干事业要有股拼劲。

陈延荣，男，生于 1955 年 8 月，四川巴州人，中共党员。1993 年 3 月，任巴中县副县长。1994 年 8 月，任中共巴中市委副书记、市人民政府副市长。1995 年 6 月，任中共南江县委书记。1998 年 9 月，任巴中地区行署副专员。

历尽艰辛精神在，一条玉带连川陕

陈延荣

正当我们深入贯彻党的二十大精神，步入新时代，迈向中国式现代化新征程的关键时刻，迎来了巴中建地设市 30 周年。我作为参与者和亲历者，见证了 30 年来的风雨历程。过去的 30 年是巴中人民激情澎湃、艰苦创业的 30 年，也是我们巴中老区地覆天翻、发生根本性变化的 30 年，更是令人难忘的 30 年。在这个时刻，我们不会忘记党中央、国务院和省委、省政府对巴中老区的亲切关怀和巨大支持，我们不会忘记巴中人民艰苦创业，特别是为创造享誉全国的"巴中经验"、形成巴中精神所付出的巨大努力，我们也不会忘记以韩忠信同志为代表的历届班子团结奋斗、无私奉献，我们更不会忘记社会各方面对巴中老区给予的极大支持。

我认为巴中这些年来的发展，变化最大的是交通，变化最快的是城市，变化最深刻的是民生。这 30 年来，巴中形成了很多宝贵的经验，有三条值得坚守：第一是自力更生、艰苦奋斗的精神不能丢，第二是寻求国家的政策项目支持不能少，第三是市场化改革的取向必须长期坚持。

在这里我仅就在南江县工作期间的点滴做一些简要地回顾。

1995 年 6 月，我到南江担任县委书记。刚到南江的时候，给我印象最深的是由于自然和历史的原因，南江交通闭塞、观念陈旧、贫困面大、贫困程度深、经济欠发达。我们就是在这样一个特定的历史背景下开展工作的。那时候我们紧紧抓住了"两个历史机遇"，坚持"三个依靠"。

抓住"两个历史机遇"：一个就是紧紧抓住党中央、国务院提出的"八七扶贫攻坚"的历史机遇。南江作为国定贫困县，扶贫任务很重，要打歼灭战，挑战贫困，推动发展。另一个就是紧紧抓住巴中建地设市的历史机遇。因为通、南、巴、平这一块革命老区长期以来由于自然和历史的原因，形成了封闭，形成了贫困，压抑了人们干事创业的热情。1993 年建立地区以后，重新激发了人们的激情。

坚持"三个依靠"：一是依靠党中央、国务院，省委、省政府和地委、行署的亲切关怀和大力支持；二是依靠英勇的 60 万南江人民不屈不挠、艰苦奋斗的精神，投入到挑战贫困的战斗当中来；三是依靠县委一班人的团结奋斗和创新能力。通过这些工作，拓展了南江的发展思路，提升了发展水平，统一了思想，凝聚了力量，形成了合力。

——以思想解放为先导，拓展南江的发展思路。县委结合实际，制定了"狠抓基础、调整结构、开发资源、建立支柱"的发展战略，提出了"三年脱贫、五年富民、十年兴县"的总目标，探索了"农业稳基、工业立县、旅游活县、科教兴县"的发展路径，特别是县委向各级干部提出了要坚持"讲党性、讲学习、讲团结、讲奉献、讲规矩"和"思路要宽、节奏要快、工作要实"的"五讲三要"基本要求。

在给新进的大学生召开座谈会时，我给大家提出了"心怀大目标、路从脚下走"的要求，对南江的广大干部群众提出了"山穷有石头、人穷有志气""宁愿苦干、不愿苦熬"，最终在实践中形成了"不等、不靠、不怨"和"自加压力、自力更生、自我积累、自我发展、自我提高"的"三不五自"南江精神。

——以交通为突破口，改善南江的区位条件和发展环境。那时候的南江交通基础非常差，进出都很不方便，再多的物资、再好的产品都运不出去。我们针对这一实际，提出"要致富，先修路"，把修路作为破除南江发展瓶颈的有效举措。我记得，从1995年到1998年，用了四年时间，我们新修建和改造提升县乡道路800多公里。尤其令人难忘的是修筑二南路（南江至陕西南郑）和沙南路（南江县城至南江沙河镇），这两条路创造了山区公路建设的典范，因此，全省山区公路现场会议在南江召开。同时，我们还先后加宽改造了野正路（野羊溪至正直镇）、大关路（大河镇至关门乡）、南杨路（南江城至杨坝乡）和双江路（南江至通江）等，并大规模启动了乡村道路的改扩建。

在那种特定的历史背景下修路，是很艰难的。特别是二南路的修建，那时候我们是依靠肩挑背磨，用钢钎、二锤和炸药开山筑路，不像现在机械化程度那么高。同时，那时候也没有钱，二南路全线从马跃溪到台上陕西交界处有89公里长，当时财政一共才筹集了35万块钱，很艰难！有的老同志就提醒我：现在农民负担那么重，你修这么长的路能不能修得成，能不能组织起来？也要考虑民生问题哟！所以当时面临的压力不小。最后经过反复论证，听取各方面的意见，南江的各级干部和群众还是有这种热情和激情的，那时候修路主要是靠老百姓的内生力量。

二南路是1995年12月5日全线启动的。那天小雪纷飞，我查看了89公里路的现场。大家那种热情很高、干劲很大，上路的民工高峰期达到10万人，用七个月时间就完成了二南路的标美路改造。然后在标美路基础上，又花了一年多时间铺装水泥路，这样就打通了一条出川的通道。沙南路也完成了水泥路的铺装。

1997年道路开通的时候，好多同志建议我开一个通车典礼，大规模、高规格地宣传一下。后来我想了想，说不用了，最好的丰碑是无字的丰碑，这是用人民群众的血汗修筑的路，我们不要把钱花在通车典礼上。在1997

年底的时候，我走完了二南路，来到陈家山顶，看到山下蜿蜒盘旋的一条高等级的山区公路非常漂亮，恰似一条玉带。情之所至，我便吟诵了一首诗：

> 深山峡谷英雄胆，冰天雪地战二南。
>
> 历尽艰辛精神在，一条玉带连川陕。

我说，这就是最好的通车典礼！之后，我们每修好一条路，都不搞通车典礼。

我记得有新闻单位采访我，问"你几年时间修那么多路，哪来的钱"，包括陕西汉中市委书记带了80多个人来参观的时候，他也问我："你们修路哪来的钱呢？"那时候财政相当紧张，南江县60万人口，财政收入只有3000万元左右，支出远远不止这些，那时工资只发60%—70%，全县都发不起工资。我们修路资金的来源主要是这么几条：第一条，坚持劳动变积累。什么叫劳动变积累？按照国家的规定，每个农民每一年出15个义务工。我们就从这中间拿了一部分义务工出来专门用于修路，实现劳动变积累。二南路一期工程、二期工程一共花了8000多万元，按照现在这个标准肯定不行了，起码要两三个亿，当时大部分是靠老百姓的劳动积累。第二条，寻求国家的项目支持。1997年的时候，我陪同时任省交通厅厅长看了南江新修的二南路，他深为感动，他说："老陈啊，你们为四川做了一件大好事，又打通了一条出川的通道。"回去研究后每一公里给我们补助20万块钱，虽然钱不多，但是解决了很多问题。那时候的水泥路和标美路加起来的话，恐怕要七八十万元一公里，所以缺口相当大。第三条，贷款修路，收费还贷。当年二级路允许收费，所以我们就在工商银行、农业银行等贷了一些款。第四条，适当举债。第五条，接受社会捐赠。那时我们的干部职工工资虽然很低，但是大家都带头捐款捐物，包括外边的一些乡友都给予了捐助。

所以，几年时间我们修了 800 多公里路，我觉得这是很不容易的。同时在政治上的要求是既要干事，又不能出事。随着交通的改善，全县发展的环境也得到改善，南江的铁矿、煤炭都能够源源不断地运出去了，全县上下都非常高兴。

——以扶贫开发为中心，促进县域经济的全面发展。当时党中央、国务院部署了"八七扶贫攻坚"计划，就是通过七年时间（从 1994 年到 2000 年）解决全国 8000 万人的绝对贫困问题，脱贫标准是"五八标准"，就是农村人均 500 元收入、800 斤粮食，重点解决温饱问题，确保有衣穿、有饭吃。因此，除了抓交通，我们的主要任务就是以扶贫开发为中心，尽快消除农村绝对贫困的问题。

第一，抓池园经济，增加老百姓的收入。鼓动扶持农民在家门口、承包地、自留山建鱼池、栽果树、搞种养业来增加经济收入。

第二，抓"五改三建"，改变老百姓的生活环境。主要是改水、改灶、改厕、改路、改房和建池、建园、建家。那时候的层次和水平虽然不像现在的文明新村标准那么高，但是也很不容易，没有钱还要干好这些事情，主要靠老百姓自力更生，然后适当补助一些。

第三，大力发展旱作农业。尤其是南江寨坡乡水田坪村，还有桃园镇铁炉坝村，在这些海拔高的大山上大力发展旱作农业来提高粮食产量，提高山区老百姓的增收能力，效果很好。以水田坪村为例，1995 年以前，在那样的海拔高度种水稻，一亩只收得到几十斤谷子，怎么不贫困呢？后来我们坚持在水田坪这样的山区村改种玉米，一下子产量就提高了。我记得省委常委、宣传部部长席义方同志当时到南江来，我陪他看了水田坪村以后，他感到心情很沉重。随后我就把水田坪村和铁炉坝村作为我的扶贫联系点。当然现在这两个村都成了光雾山的旅游景点了，但是在那个年代，它所发挥的作用和产生的影响是非常大的，趋利避害搞旱作农业，大力发展玉米，效果很好，既增产又增收，终于解决了老百姓的吃饭问题。

第四，抓生态建设。南江县从上世纪 50 年代开始到 80 年代末，有好几个伐木场，有达县地区的伐木场，也有县里的伐木场。在那几十年里，大力伐木，把过去的原始森林大量砍伐了，砍了几十年啊！那时一方木料才几十块钱，就拉出去卖了，当然这也是为国家最初的工业积累做了贡献的。1995年9月我到南江，在光雾山看了以后很是痛心。调研过后，便在光雾山上面召集了一次现场办公会，提出了一个响亮的口号：刀斧手住手了！不能再砍树了！所以有幸保留了大坝等地的5万多亩原始森林。那时候提出这样的要求，面临着2000多名伐木工人问我们要饭吃的问题。县上没得钱，怎么办？财政每年只能适当给他们挤一点，其余全靠自力更生解决，比如停薪留职去打工，改种经济林木，或发展林下产业来创收、解决工资收入等。根据国务院的部署，南江率先在1998年初就全面封锯了。

第五，抓科技教育卫生。在当时那种条件下，我们在扶贫当中竭尽所能，尽量尽力改善办学条件和医疗条件，缓解老百姓上学难、看病难的问题。

通过这些有效措施，经过几年时间的努力，最终实现了"越温脱贫"这一目标。

——以基层组织建设为抓手，加强人才干部队伍建设。这些年来，我觉得不论在南江工作也好，在市里工作也好，不外乎就是两件事情：一是干事，一是用人。用人方面，在南江工作的时候，我们探索提出了一些行之有效的办法和措施。

一是以基层组织建设为保障，切实加强党的建设、人才建设和队伍建设。探索推行了公推公选、竞争上岗、绩效挂钩、目标管理、教育培训的基层组织建设和干部选拔任用机制。这个机制受到了中央组织部和四川省委的充分肯定，南江县被评选为"全国基层组织建设先进县"，我本人也被评为优秀县委书记。中央电视台在专题栏目制作了16集专题片，其中南江有一集，我也出席了中央基层组织"党的建设座谈会"。1997年中央组织部在北京市万寿路开了半个月研讨会，全国有25个县委书记参会。在会上我介绍了南江抓基层组织建设的经验，受到了中央组织部领导的充分肯定，时任中央组织部部长张全景同志还单独接见了我。中央组织部副部长欧阳淞给我们带班，就把我的发言提纲作为此次研讨会的科研成果，在《中国组织人事报》发表了，既为四川争了光，也为巴中争了光。同时1997年南江也被评为"全国纪检工作先进单位"。

二是选人用人。在用人上我们首先打破"论资排辈"。在南江四年时间里，我们选拔了400多名大学生，每一年选拔100人左右，我都要给他们开座谈会，给他们鼓励。这些大学生都必须先到基层、到乡镇、到村、到企业接受锻炼，然后才提拔使用。当时我们还选择了一大批年轻干部到村任职，去参与公推公选、公推直选，解决干部队伍青黄不接的问题。通过几年的努力，使整个干部队伍充满了活力。这些干部总体来讲很不错，这400多人现在80%都成长为了领导干部，其中有相当一部分已经成长为县处级以上领导干部。前段时间他们告诉我，1995年选的第一批大学生中就有32个同志已经成长为副县级以上干部，个别的已经成长为市厅级领导干部。我听了非常高兴，说明我们的事业后继有人了。

在南江的工作时间虽然不长，但是依靠全县人民的共同奋斗，为"巴中经验"的创立提供了南江篇章。1998年底到地区工作以后，到2000年主要抓了三件事。一是在地委、行署的统一领导下，协助国务院扶贫办在巴中举办了五期全国贫困县县委书记、县长培训班，全面推介巴中、宣传巴中。二是大力推进巴中地区旱作节水农业发展，促进了农业增产、农民增收。三是大力推进巴中地区小微水建设，有效地缓解了"两保水"（保人畜饮水、保灌溉用水）的矛盾。

李树海，男，生于 1955 年 8 月，四川南江人，中共党员。1993 年 10 月，任中共南江县委副书记。1995 年 4 月，任中共巴中市委副书记。1997 年 1 月，任巴中市代市长、市长。1998 年 7 月，任中共巴中市委书记。

欲成非常之事，必下非常之力

李树海

1993 年成立巴中地区时，我在南江县委工作。1995 年初调入县级巴中市工作。时光荏苒，岁月如梭，如今 30 年了，建区那时的艰苦经历，仿佛就在昨天，历历在目，难以忘怀。

克难攻坚——巴河第一段城市防洪堤建设

建区之初，我们积极贯彻地委"狠抓基础、快上工业、活跃商贸、开发旅游"的发展战略，大力加强基础设施建设和城镇建设。通过以干线公路改造和县乡标美路建设为重点的两轮交通大会战，城乡公路建设大为改观，到 2000 年，境内公路里程由 1993 年前的 1121 公里增加到 3100 公里，其中柏油路由 8 公里增加到近 320 公里，路况质量改善，通行能力增强。巴城建设步伐加快，在重点建设江北新区的同时，全面推进旧城改造，到 2000 年，旧城改造大部分完成。江北、回风、宕梁和南坝四个新区建设粗具规模，城市建成面积由建区前的 7.9 平方公里增加到 16 平方公里，江北新区 60 米大街东西贯通，12 条支干道南北穿越，昔日的坡田沟滩，如今高楼林立、错落有致，巴城形象大幅提升，成为粗具规模的现代化城市，被誉为"大巴山下的一颗璀璨明珠"。

在这些众多的重点项目建设中，难度最大的当数巴河第一段城市防洪堤。巴河第一段城市防洪堤分巴河南北两段，巴河南岸段为罐头厂河边至巴河一号桥，巴河北岸段为柳津桥至麻柳湾，全长 5 公里多。工程设计将河堤、滨河路、污水管网安装三项工程一并实施。两岸河堤均采用衡重式、浆砌条石构成，水下水上高 9 米至 14 米不等，加条石护坡，有的段面高达 20 多米。

当时防洪堤建设的最大困难有三个方面。首要的是资金缺乏。第一段 5 公里多防洪堤全面建成需要 5000 多万元，而县级巴中市的财力全年不足 1 亿元，要供养将近 2 万名财拨人员，其中安置地级机关职工家属子女就达 1500 多人，相当于成立两个巴中地区的编制人数（成立地区编制为 700 人）。不要说财政拿钱搞建设，连人头工资都发不齐，最困难时仅按 80% 发工资。地区也无钱支持，地委、行署主要领导当时最时兴的"激励"话语就是："有钱还要你来干？"其次是技术难度大。既要保证河堤立面顺势美观、行洪安全，又要保证管网里的污水能顺畅自流到污水处理厂，沿途坡度小，每段施工安装管网衔接要求高，特别是缺乏机械施工，全靠人力，水下施工难度更大。最后是原材料需求多。条石、水泥、沙石在较短时限内很难保证全面开工需要，稍不注意就会停工待料，影响整体工程进度。

面对如此巨大的困难，我们不服输、不怕苦、不信邪、不气馁。成立城市防洪堤建设领导小组，市委、市政府主要领导任组长，江北段由副市长、江北管委会主任闫大国负责，江南段由市委常委、常务副市长赖祯俊负责；下设资金筹措组、技术指导组、工程督查组、材料采购组、拆迁安置组和民工慰问组，并明确职责到组到人；将整个工程分为 21 标段，明确为业主负责，实行定时定量定奖惩责任制，对提前完成进度时量的给予奖励、延迟进度时量的给予惩罚；实行三天一督查、一周一公布、一月一算账，一线发现问题，一线解决问题。高效有力的运行机制和非常举措，较好地解决了诸多困难，推动了工程建设。

在资金筹措方面：我们一是积极搞好城市防洪堤规划，争取水利部支持。我记得我和当时的市水电局局长王清平带着报告和规划上北京去水利部争取资金，我们只算了巴城防洪堤工程，总投资不到 1 亿元。分管司长看完后说，太小了，进不了"盘子"，当时我们就傻眼了。后来还是水利部敬正书副部长给我们出点子，把巴河流域防洪堤一起做，就符合要求了。特别令我们感动的是，我们想请敬部长吃个饭，他说："巴中又没钱，还请吃啥子饭哟？把钱节约了回去修河堤。"有了敬部长的支持，我们连夜赶回巴中，集中技术人员搞了巴河流域防洪堤规划建设报告，通过地、省转报，很快得到水利部支持，解决了防洪堤工程建设资金的大头。二是利用河堤沿线零星土地开发和业主单位工程建设的税费抵扣，由财政、税务局长牵头负责明算账，也解决了部分工程资金。虽然不够规范，但当时还是允许的。三是组织收取地级机关征用土地费用欠交部分先用于工程建设。我记得当时我们书记、市长出面请欠费的地级部门主要负责人"吃饭"，讲明困难，希望能交点费用用于防洪堤建设。一位主要负责人风趣地说："这是在摆'鸿门宴'啊！"地级机关当时也是十分艰难，但大家都顾全大局，克服自身困难，给予了我们最大支持。四是滨河路上的绿化树苗，统一要求地、市机关科长以上干部每人认购一棵（150—180 元），就解决了绿化费用问题。

在技术指导方面：我们明确了三线技术负责人质量终身负责制。一是河堤立面行洪安全由水电局副局长、高级工程师陈加庭负责，他当时提出要做行洪模拟实验最安全，但要花 20 多万元，这哪里有钱！就叫他想办法，他硬是查了巴河有洪水记载以来的所有水文资料，反复研究，明确了防洪堤立面转弯接点定位。这么多年来行洪安全，没出问题。二是明确了

21 标段工程接头顺势美观技术负责人，由建设局分管副局长负责，确保整个河堤建设立面顺势美观。三是明确了污水管网一线标高顺畅自流技术负责人，由设计院沈裕彦负责，也比较成功。

在工程材料采购方面：我们组织市物价局和有关乡镇领导负责对巴中境内采石场实行价格监控，防止人为抬价；对在仪陇、旺苍、南江外购水泥、沙石实行合同订购，保证了工程需要。

为争取所有参建民工的理解支持，我们将市级机关定向分配到各标段定期慰问建设工地民工，送去清凉饮料、防暑药品、大米、烟酒、猪肉等物资，代表市委、市政府感谢他们对城市建设的贡献，激发参建积极性。

通过将近四年的持续建设和艰苦努力，巴河第一段城市防洪堤建设完成，受到了地委的表彰和市民的广泛赞誉。实践证明，要成就非常之事，必下非常之力，必用非常之策。正是有了第一段城市防洪堤建设的经验和实践，又经过历届市委、市政府和区委、区政府的接续建设，巴城从大佛寺起到李家湾拦水坝止，沿河两岸防洪堤和滨河路已全面建成，为巴城市民提供了锻炼休闲的好去处，为巴城人居环境营造了一道亮丽的风景线。

众志成城——化成水库枢纽病害整治工程

原巴中县化成水库是巴中地区建区之初唯一的中型水库，1958 年开工建设，1960 年完工投入运行，至 1995 年，其大坝内外坡五次发生裂缝滑坡，有五处集中渗水及大量散漏。经有关专家鉴定，大坝已处于极限状态，一旦出现溃坝，将对下游巴中市、平昌县境内 20 万人的生命财产和 20 万亩农田、11 个场镇、8 座电站及巴平公路造成巨大损失。

1995 年，经省计委、省水利厅批准增设防空底洞，1998 年 11 月批复由省水利设计研究院设计的《枢纽病害整治及新增效益初步设计方案》，总投资 9890 万元，其中枢纽病害整治 4600 多万元，渠系改造 5200 多万元。

同月，省水利厅要求地方尽快筹措配套资金开工建设，并纳入1999年基建计划。

化成水库枢纽病害整治工程是巴中市有史以来最大的水利工程，最大的难度在于，只有地方自筹资金到了位，才能争取到部、省的资金支持。但当时巴中的地方财力连财政拨款人员的工资都不能满足，哪有资金来支持工程建设呢？一方面水库病害已到极限，不治不行，另一方面自筹资金又没有渠道。面对这一拖不脱、躲不过的紧迫事项，只有召开常委会发挥集体智慧进行决策。在常委会上，我说：能不能这样考虑，化成水库本身就是全市人民出力流汗修成的，现在得病了，也需要全市人民来帮助治病。建议受益区人均20元、非受益区人均10元、机关干部职工包括教师人均100元，下游电站根据效益大小筹集，以保证第一批自筹资金到位开工建设。大家一致赞同我的意见，同意筹资决策，并决定由我任化成水库枢纽工程整治领导小组组长，市政协主席陈科益任指挥长，全力负责工程整治建设。根据常委会意见，迅速出台了相关机构组建和筹资文件，决定召开全市村支部书记以上干部会议进行动员，并由市里出钱给村支部书记每人买双胶鞋，鼓励他们多费心、多用情、多跑路，早点筹集资金，以利水库开工建设。经过简短的准备，市委组织召开了全市1000多名村支部书记以上干部参加的会议，在会上，我讲清了水库枢纽整治的必要性、筹资开工建设的紧迫性、一方有难八方支援的合理性，20分钟的动员会议就结束了。参加会议的干部一致拥护市委的决定，支持筹资开工建设化成水库。短短半个月时间，第一批500多万元自筹资金就到位了，为开工建设奠定了坚实的物质基础。说实话，当时决策筹集地方配套资金还是有风险的，因为本身农民负担就重，确实是不得已而为之。好在动员工作细致深入，筹资方案科学适度，基层干部工作扎实，从始至终都没有出现因化成水库筹资的信访和上访，使我从内心深深感到巴中的人民群众真好，巴中的基层干部真行！

经过充分的前期准备，1998年12月化成水库枢纽病害整治工程如期开工，创下了多项"第一"：第一次规范进行了工程招投标；第一次组建并实行了项目法人责任制；第一次组建了工程监理单位，成立了整治工程监理部，实行了总监负责制；第一次组建了施工单位项目经理部，具体承担工程施工任务；第一次组建了工程质量监督项目站，代表政府行使工程质量监督职能，从而使化成水库工程质量得到了有效保证。这为后来的工程建设提供了范本，至今也没出什么问题。

经过两年多的紧张建设，到 2000 年化成水库枢纽病害整治工程全面完工，达到了工程设计预期和投入概算，得到了省、地的充分肯定。整治后的化成水库总库容达到了 6560 万方，有效库容由原来的 910 万方增加到2860 万方，改造整治渠系近 100 公里，新增有效灌面 5 万亩，常年为巴城供水 1000 万方，运行至今效益显著，质量稳定。如今经过历届巴州区委、区政府持续努力，化成水库已建成 4A 级水利风景区，成为巴城市民不可多得的休闲度假目的地。

勇于担当——全省第十四次扶贫工作会议承办事项

建区五年来，省委、省政府连续两次在巴中召开全省扶贫工作会议，充分肯定巴中扶贫攻坚和文明新村建设工作。尤其是 1999 年全省第十四次扶贫工作会议，省委书记谢世杰等近 20 位省级领导、省级部门主要负责人和全省地市州委书记、扶贫办主任及 63 个贫困县县委书记共 300 多人齐聚巴中。这次会议主题是进一步学习巴中精神，推广巴中经验，打好扶贫攻坚总体战。地委、行署高度重视，要求各县（市）勇于担当，精心组织，高标准完成全省第十四次扶贫工作会议承办事项。当时巴中市承担三大任务——参观现场、文艺演出和信访稳定。

在参观现场建设方面：我们在沿唐巴路和水宁寺、清江至巴城两线已建设的文明新村中，重点选择了六个村进行提升改造，坚持以池园经济为特色，以村户为主战场，把改善农民生产条件与生活条件结合起来，把富民和培植财源结合起来，把农村小康建设与扶贫攻坚结合起来，把农村物质文明建设与精神文明建设结合起来，实行统一规划、分步实施，大力推进农户"五改三建"，就是改水、改路、改厨、改厕、改圈，建池、建园、建家，实行"井池园机"配套、"种养加运"结合，发动群众大搞池园经济增收致富，突出一村一特色、一户一亮点。在提升改造过程中，实行领导定点苦抓、部门帮户苦帮、群众参与苦干。东兴场乡兴隆村就是由地级机关几十个部门包户帮扶建成的。地区总工会帮扶的联系户问题较大。总工会主席陈兴仁给我打电话说，"我包的户不配合工作，我把他莫法（拿他没办法），可能影响整体进度"，叫我出面去做一下工作。我赓即通知东兴场乡党委罗书记，叫他和村支书一起到现场调查。原来是有一户户主认为帮扶工作是帮扶单位的事，与他无关，运去的砖瓦叫他搬运，他说："不空，我要去巴城办事。"帮扶干部说："你这么做恐怕完不成任务哦。"他咋说？他说"完不成有我啥事？有个大人要找你"，意思是说你完不成任务，地委书记要过问。另外一个部门帮扶的一户是两个老人在家，卫生习惯不太好，在刚弄好的白粉墙旁又堆上牛粪和柴渣，很是难看。其他部门的帮扶户中也存在这样的情况。鉴于此，我们立即召开户主大会，对这种现象进行讨论，该怎么办。经过商量，我们找当地思想觉悟高、有群众威望的老党员出面开展引导教育，收到了很好的效果，这两户当场表示内疚、道歉，积极配合整改，按时完成了文明新村提升改造任务。六个重点村后经省、地现场验收，确定恩阳镇元窝村和东兴场乡兴隆村作为全省第十四次扶贫工作会议的参观现场。

在参观恩阳镇元窝村时，省委书记谢世杰和参观队伍走在宽阔平整的标美村道上，踏上纵横交错的连户石板路，看到白墙碧瓦的农户院落整洁美观，院前屋后果木扶疏、鸡鸭成群，十分高兴。走进村民张学东家，只见老房子修缮一新，石院坝边机井、蓄水塔和厨房灶台都贴上了瓷砖，洁白不染纤尘，厨房梁上还挂满了腊肉。谢书记又到另一间屋拍拍粮柜子说：

"听声音很实在，是装满了的。"当他知道张学东一家三口前几年还是贫困户，这几年干部连续帮扶，儿子在汉中务工，他本人农闲时也揽点加工棉絮的活计，1998年全家的收入达到了2.3万元时，谢书记对身边的地委书记周登全说："这说明对贫困户关键时候帮一把就是不一样，看来帮扶工作还要更扎实才行！"从元窝村返回，又参观了东兴场乡兴隆村。谢书记春节前已来过这里，他主动向大家介绍："这里以前唐巴公路没修通，很闭塞、很穷。路通后，去年巴中地区几十个地级机关在这儿帮扶，才有如今这个样。"与会代表看到，一条条整齐干净的水泥路或石板路通向各家各户，屋前有鱼塘，房后有果树，家家有机井，仓里有粮食，墙上有腊肉，冰箱、电视、电话进了农家，农民的生产生活方式发生了根本转变，精神面貌焕然一新，社会风气大为改观，展示了社会主义新农村的雏形。大家都说，越看越高兴，越看越振奋，看到了脱贫致富的希望，看到了农村的美好前景，看到了人民公仆的好形象。

在文艺演出方面：由地委、行署主办的文艺晚会也是展示巴中两个文明建设成就的重要窗口和缩影。我们组织市川剧团、曲艺团和抽调机关单位的文艺人才，按地委宣传部分配的参演节目，加快创作，精心组织，强化排练，在比较成熟的基础上与其他县参演的节目统筹谋划，拉通彩排，为大会代表奉献了一台精彩的节目。但就在演出的前一天，会议安保组提出，唯一的演出场地——巴中市川剧团属土木穿斗结构，使用期限为20年，而当时的建筑使用期已经大大超过年限，有安全隐患。这事引起了各方面的担忧和顾虑，到底能不能演出，无人拍板。

问题反映到地委周书记那里，周书记正在陪省领导视察工作，无法脱身，就指示："问一下李树海，他说有法演就演，莫法演就算了！"我知道周书记其实就是叫我想办法，必须保证顺利演出！对此我深感责任重大，节目好不好是小事，演出安全才是大事。全省的干部精英都在巴中，稍有闪失，谁也负不起这个责任。我赓即找分管副市长黄吉翠和建设局高工丁玉坤以及安保组的同志一起商量，看怎么解决。我问丁玉坤，他也不敢表态，但他说主体结构虽超期限，但没有特殊外力作用不会一时倒塌，就看室内吊顶部分安全程度如何，有没有掉落的隐患。听了他的发言，我感觉可以一试，当即就叫黄吉翠组织几个人到吊顶上面去用力闪几下，如果没问题就可以决定了。他们立即找了几个人，按我说的操作后，说川剧团建筑主体稳定，室内吊顶安稳无脱落。我听后就电话给周书记汇报："可以演出，出了问题我负责。"4月6日晚8点，文艺演出如期举行，装扮一新的巴城彩灯闪烁，华灯灿烂。省委书记谢世杰等省领导和与会代表在地区领导的陪同下，同近千名观众兴致勃勃地观看了演出。晚会在器乐合奏《钢钎赞》中拉开序幕，明快活泼的舞蹈《山娃嬉杵》、激昂热烈的歌舞表演《奋进》等精彩节目把晚会推向了一个又一个高潮。欢歌劲舞颂巴山，异彩纷呈展新颜。代表们在一个又一个文艺节目中体会到了巴中人民苦干实干的精神，体会到了巴中人民团结拼搏的品质，体会到了巴中精神风貌、巴中经验的深刻内涵。

在信访稳定方面：这次会议正会三天，加上报到和散会离巴前后共五天，时间长，人员多，住地分散。能否为会议提供一个安定祥和的社会环境，非常重要。当时巴中市信访稳定任务非常重，且面宽量大，既有新区建设征地失地农民问题，也有旧城拆迁改造还房问题；既有罐头厂、丝厂等企业停工职工下岗就业困难，又有多年遗留问题叠加矛盾复杂，也还有个别人别有用心，巴不得看水流舟（出问题）上访闹事。按地委、行署"万无一失"的要求，我们一面组织公安、信访部门加大排查不稳因素，一面有针对性地严格落实"各家娃儿各家抱"、人盯人的信访稳定责任制，加大社会管控力度。特别是改变思维，一改过去所谓的保密要求，分别召开各类信访人员座谈会，把全省第十四次扶贫工作会议的重大意义讲够，把关系巴中未来发展的影响讲透，把地委、行署的要求讲响，让干部群众和各类信访对象充分认识到，所有信访问题都是发展中带来的问题，只有通过发展才能解决这些问题；在会议期间出现信访上访，既给巴中未来的发展带来负面影响，又会延误问题的解决，个人也没有一点好处。通过细致的工作和扎实的举措，获得了信访对象的理解。罐头厂、丝厂的下岗职工代表当场表示，不给巴中丢脸，不游行、不上访；还有些信访对象主动为我们提供线索，帮忙化解不稳定因素。整个会议期间，代表住地安宁，社会层面稳定。特别是文艺晚会结束退场，广大群众自觉为会议车辆让道，为领导和代表鼓掌送行，展示了巴中人民良好的精神风貌，受到了参会代表的一致好评。

30年，弹指一挥间，多少人和事，物换星移斗转。纵观巴中的沧桑巨变，都是接续奋斗，一届接着一届干，不管这个团队班子成员怎样的荣辱浮沉，历史终将定格这些难忘的记忆。而今的巴中，潮平岸阔，帆正风顺，到处新绿，生机盎然。当岁月之轮旋进到新的嬗变，时代的风云激荡会再次将这片红土地推向前台，开始续写老区巴中新的传奇，巴中的明天一定会更加美好。

王珍敏，女，生于 1957 年 10 月，四川平昌人，中共党员。1993 年 11 月，调巴中地区人大工委工作。1995 年 1 月，任巴中地区人大工委办公室副主任。1997 年 3 月，任巴中地区人大工委办公室主任。

在人大工作是我的幸运

王珍敏

回忆建区初期的一些情景，可以说是百感交集。总体感觉，当年那段经历，就是一段艰辛拼搏、激情燃烧的难忘岁月。

地区人大工委筹备情况

1993 年 9 月，平昌原县委书记王思进带了一名驾驶员，到巴中地区赴任人大工委副主任。主任是地委书记韩忠信同志。

由于新建地区还没得住房，王思进副主任来了以后，和驾驶员一起租用了当时巴中县人武部五楼上的一套住房。这个住房是那种老式的一进二的房子，比较简陋。王思进副主任和驾驶员在里面住，因办公也没有场地，所以住宿兼办公室都在那里。办公室里所有设施设备都没有，也没有电话。

当时的人大还没有车，他从平昌带来一辆旧吉普车，驾驶员也是借用的。当时还没有配工作人员。

1993年11月2日，我接到电话通知，第二天到地区人大工委报到。当时所有的工作人员基本上都是先借用，后调用。各县（市）抽调来的人，一般都是电话通知，不行文，试用一段时间才给办手续。

我是11月3日从平昌坐公共汽车来的。当时平昌到巴中的路非常烂，要绕道从平昌到青龙场，再到顶山、果敢过来，要走六七个小时。路途很颠簸，崎岖泥泞，坐在车上的感觉不亚于现在的碰碰车。

我到人大以后，就成了第一个工作人员，做一些前期的筹备工作。没有办公室，就在原巴中县人大常委会四楼借用了两间房子，政协工委和人大工委各借了两间房子。我记得当时巴中县审计局在上面有一间办公室，局长王菲，是后来我们市里一个领导，也在楼上办公。

当时借的办公室里面是空的，没有办公桌，连椅子、窗帘也没有。我们首先去购置办公用品，买了两张桌子和椅凳，重要的是安装电话。电话安装本是一件非常简单的事情，但是当初建地区时，所有的基础设施配不上套，安装电话要排队，很久才能安上。为了这部电话，想了很多办法，走了很多程序才申请到。

当时巴中没有卖成品的办公桌椅板凳，我记得有一家成都公司，就是后来大家都熟悉的三环家私在卖办公用品，当时的行管局就给我们统一购置了一套。就在借用的办公楼上，摆一张桌子、两张椅子和一部电话。装窗帘的时候找不到工人，只好晚上带上家属，找到县人大办公室杨主任帮忙，几个人爬上去把办公室的窗帘装上。窗帘也不存在质量好坏，只是有一块布，能够遮一下光。

王思进副主任从北京汇报工作回来后，看到办公室布置好了，非常兴奋，觉得在这里上了两个多月班，终于有间像模像样的办公室了。

作为第一个工作人员，我其实很少在办公室上班，主要原因是白天要替代王思进副主任参加一些会议，晚上才有时间回办公室处理一些公务公文。我们不分白天黑夜地工作，一点都不觉得累，因为对生活充满了希望，激情飞扬，应该说是辛苦并快乐着。

1995年6月，经人推荐，组织上给王思进副主任找了个秘书，是通江县人大常委会的史国旭同志，现在他是地级巴中市政协的副主席了。当时因为他熟悉人大工作，文字功底好，是四川师范大学中文专业的毕业生。他来以后，减轻了王思进副主任的文字负担。之前所有的大型材料，都是王思进副主任自己准备，自己亲自写。

1993年12月的时候，达县地区人大工委跟巴中地区人大工委分家，给巴中地区人大分了一台老旧吉普车、三台吊扇，同时分了两名工作人员过来，就是后来的常平光同志和白沙工农区的陈家乐同志。然后又从平昌县进了一名年龄比较小的姑娘来打字，叫张梅，当时可能就只有19岁。

1995年以前，人大正式的工作人员也就七个人，思进副主任、驾驶员、我、史国旭、常平光、陈家乐、张梅，后面陆续来了杨秀全、郭俊春、陈立香、周书生和胥荣等。到了2000年的时候，人大工委的人员和机构基本上就相对健全一点，有办公室，还设了经济工作处（室）、法制工作处（室）。

江北新区基建情况

1995年以前，新建地区的主要工作精力放在基本建设这一块。新区要建到江北，从江南到江北，只有一座木吊桥，几十年了，有些板子都已经掉了，走在上面都有点儿提心吊胆的。当时江北纯粹属于农村，是一大块农村的田地。

当初在修办公楼和住宿楼的时候，地区人大工委和地区政协工委是两个单位合起来修建的。因为人不多，我们只有几个人，政协也只有几个人，只是修了一栋房子。一栋房子一分为二，就修到一个大院里面，也就是现在的政府家属院里面。

当时地区成立了一个基建指挥部，所有的资金调度、技术力量的配备和使用，都是由基建指挥部来统一安排、统一修建、统一招标，各单位主要是负责监督和衔接。

当初我们地区人大工委没有工作人员，所以就是我在负责这件事情。政协工委是由张之富同志和杨端同志负责。他们年龄要稍微大一点，经历的事情要多一些。张之富同志是从巴中县调来的干部，所以他对基本情况要熟悉一些。我们当初年轻，也没有经历过修房造屋，主要是跟他们一路学习。需要我们跑路的时候，我们就去一起配合着修这个房子。

因为基建指挥部指挥有力，两家单位也监督得比较好，所以工程被评为优良工程。这座房子修好过后，一分为二，反正资金、经费都是一家一半，职工们就有了住房。

在修办公楼和住宿楼的过程当中，非常艰辛。那时的路特别不好。要从江南到江北来处理事情的话，必须穿高帮水靴，因为穿浅帮水靴一走，水泥浆和泥巴浆就会涌到鞋里面去，打滑、摔跤是经常的事。

在地区基建指挥部统一领导下，完成了基本建设的工作，办公楼开始分配。何茂兴副主任到了人大，他是从南江县委书记这个位置上来的。李开明主任也来了。地厅级的领导，就有一进二的那么一小套（办公室）。人大工委的办公室有四间房子，也比较紧。

人员精神状况和工作状态

人大工委主任韩忠信书记，他是北方人，生活非常简单，不管到哪儿出差，只要求吃一碗面。所有的副厅级以上领导，或者以下的工作人员，都是遵循领导们的做法，生活上简朴，工作上要求高。

因为没有钱，地委给各单位任职的领导都只是发一个公章，就是给

"一把手"发一个公章，你凭这个公章到省里去找资金、拉赞助。这是真实的事情。至于你怎么去把这个资金跑回来，把买地的钱给了，把房子修好，就是各单位领导的本事。

但是确确实实，我觉得巴中这些同志有惊人的毅力。就在短短几年之内，各单位的领导在地委的统一领导下，确实就凭一块牌子、一颗公章上下奔跑忙碌，把这些房子修建起来了，而且是在一块荒地上拔地而起一座新城。这一段相当感人。亲历了这个过程的人，是很有感触的。所以工作条件改善以后，我们都常常回忆当初，都觉得当初虽然辛苦，但是值得回忆和纪念的。

当初出差的情况是什么样子呢？不存在讲条件的问题，因为单位没有车辆，大家都是坐公共汽车。后来过了将近一年的时间，地委就买了一批车回来，其中有一台车最好，就是桑塔纳。韩书记说，人大王副主任年龄大一些，就把这辆车先拨给了人大工委，其他各局就配了几辆通工车。通工是越野车，里面不带空调，大家就开着车窗跑，虽然从头到脚都是灰尘，但仍然觉得非常享受。

我记得我们人大工委第一次去参加省人代会，代表们一路坐着公共汽车。要走两天，到南部县天就已经黑了，要住一晚上。刚好碰到南部也在开人代会，住房也紧张。我们没有地方住，想了很多办法，才把房子联系到了。因为钱紧张，付不起房费，当时住的是三块钱一晚上的房间。整个团只要了一间16块钱的单间，这个单间主要是拿来供给全团的人洗澡用的。其他人全部住的是大房间，三块钱一晚上。吃饭，全部是到街上小店里随便点点儿东西吃了。去开省人代会的这些代表没有怨言，所有的领导和工作人员也没有怨言。

去开省人代会，人大代表为了巴中的发展，主要呼吁省里和国家支持新建的巴中地区，那时代表呼吁的力量是很大的。我记得当时的全国人大代表叫梁大碧，她到北京去开全国人民代表大会，都是地区人大工委给她准备议题、议案带上去，包括后面的大交通、老区发展，还有红色老区的宣传，地区人大工委在议案这一块做了很多的工作。每次人代会，我们地委、行署的领导，还有各县（市）的主要领导都参加，他们都站得高、看得远，通过履行人大代表的职能来建言献策，是做得非常好的。

其他市州每次去省里开人代会，工作人员起码带一二十个，组织专门的班子搞宣传服务。但是巴中刚刚建区，不具备这个条件，我们每次去的工作人员最多四个，但是要承担全部的工作任务。好在这些人大代表和领导都是齐心协力，没有哪个领导把自己当领导、代表把自己当代表，大家都是一起为了把这个工作完成好。所有的人都在做对外宣传、对外发展的事，提建议，去争取一些领导到巴中团来参加会议，参加讨论。

建区后头几年，我们地区人大工委去参加省里的人代会，每年省里的主要领导和一些分管领导都来巴中团。因为巴中比较困难，又是新建地区，再加上巴中团的宣传到位。我记得第一年我们去宣传，就把我们的人大常委会主任韩忠信同志和巴中的整个情况在《四川日报》登了一个整版。广元人大常委会主任赖明阳是巴中人，他看了感触很深。

地区人大工委的发展情况

地区人大工委的建立和发展，虽然只有短短七年，但是当初的领导和同志们都付出了很多的辛劳。特别应该记住的是王思进副主任。他的离世是因为生病，他这个病外面的同志可能不是十分清楚，但我是记忆犹新。就是因为刚刚建区，没有房子住，是租用人家的房子，住在五楼。当初巴中城区缺水缺电，没有燃气，晚上要在家里办公，要等水，一般都要等到晚上两三点才有水，接了水把衣服洗完才能够休息。他有高血压，长期因工作劳累休息不好，就在他离世前的那几天，我们正在召开一个代表联系会议，他又连续地加班，于是诱发了心梗，突然就走了。

地委高度重视这件事。我记得医生为了抢救，轮流做人工呼吸。本来是深夜一两点的时候发现的，但是抢救到早上5点多，确实没有办法。地委李克明副书记到了现场。那时候我才30多岁，头天晚上下班，我们还把思进副主任送回家，半夜看到他去世的那种场景，就感觉六神无主。他的小儿子和我们全都蹲在抢救室外，全都不知道该做什么，就觉得这个事情好像不是真的。幸好我的爱人也去了医院，他经历得多，看到这种情况，才把离世的王思进副主任的袜子穿好、衣服整理好，配合医生和其他几个年龄大的领导完成了遗体告别。

到了1997年，李开明主任从地委副书记位置上调到人大工委任党组书记、主任。1995年，何茂兴副主任从南江县委书记调任人大工委党组副书记、副主任。1996年，宋仕珍同志从地区纪委书记岗位上调任人大工委党组副书记、副主任。郭孝友副主任是1996年12月从副专员位置上调任人大工委副主任，是党组成员。1996年4月，省人大常委会任命袁太政同志为地区人大工委秘书长。人大工委后来调进一些办事人员，包括周书生、胥荣、蒲勇等，人大工委机关规定的编制就基本满员。

何茂兴副主任来以后，才逐步设立了经济工作处和法制工作处。随着人员的增加，机构各项职能正常运行。人大监督一府两院工作，我觉得开展得非常好，应该说是化解了建立地区以前的一些积案，纠正了一些错案，包括一府两院的一些任命和业务上的一些指导，我觉得人大工委工作做得很到位，没有因为人员的缺少而失位。

我认为特别感人的是，人大工委的领导是从地委、县委来的领导，比如地委副书记、地区纪委书记、行署副专员这些岗位来的。给我感受最深的，就是他们到人大以后，从来没有说我从主要岗位上下来了，我失落了。没有！这些领导来到人大的岗位上，从来没有松懈过，从来没有失去工作的锐气，相互之间也从来没有权力之争。他们之间，从"一把手"到副职之间，都是非常非常的团结，把他们过去在各个岗位上的好作风、优良品质都带到了人大。

在我们年轻人心目当中，他们都是楷模、都是丰碑，从他们身上可以学到很多东西。

我当初就在想，我很幸运到了人大工委。我面对的都是高层次的领导，他们对我们的影响真的是深远的。开明主任在人大工作期间，样样事情都是身体力行。当时也没有给他配专门的秘书，一切都是亲力亲为，没得怨言。从资源分配上，即便有时候分配不是特别合理，他们也没有怨言。比如用车，他们从来没有因为这些有什么意见。

这些人大领导对我们这些部属十分爱护，我们觉得在人大工作，心里就很有底气。碰到任何困难，有领导们在后面支撑，就像家里小孩有父母在的那种感觉。那些领导用他们的工作经历和他们的人格、品德，为我们树立起了楷模和标杆。所以我说，在人大工作，是我的幸运。我感谢组织，把我从县里调到地区的第一个岗位是人大，我这一生都感激这段经历。

喻汉文，男，生于1939年8月，四川恩阳人，中共党员。1994年3月，任中共巴中地委统战部副部长。

杨端，男，生于1954年3月，四川通江人，中共党员。1993年12月，借调巴中地区政协工委，历任巴中地区政协工委副科长、科长，社会事务处副处长。

合署办公的记忆

喻汉文　杨　端

喻汉文的讲述

巴中地区初建那两年，地区政协工委主任是周登全专员兼任，副主任只有李旭升同志一人，且兼任地委统战部部长，他一身二任，既要主持政协全面工作，又要主持做好统战工作。两个部门人员少，办公室紧，又无会议室，所以传达地区指示、讨论问题、部署工作，多数是开会在一起，会后分头干，分工不分家，哪家需要到哪家，从客观上讲是合署办公。

1993年10月28日地区召开了成立大会。在之前的25日，李旭升副主任率原达县地委统战部经联科科长、后任巴中地委统战部副部长谢百军及两名工作人员到巴中参加成立大会。当时地区属于筹建初期，地区各个单位、部门都在忙于组建班子、调配工作人员。地区政协和地委统战部筹建初期，地区政协一个领导，加一个驾驶员，财物分文没有；地委统战部一个半领导（因部长是兼任），加一个办事员、一辆旧北京吉普，资金没有。当时为了开展工作，地区政协先后借调了三名工作人员，统战部借调了两名工作人员，一起参与政协、统战筹备工作。

那时形势迫，任务重，人员少，时间紧，李主任又是一个工作责任心非常强的人，上级交办的事，他不分白天黑夜、天晴下雨，路途再远，也要按时按质按量完成。他紧急召开会议，详细分工布置任务后，就率谢部长驱车到三县一市去调研。他俩白天到区乡单位调查走访摸情况，晚上二人把房门一关就研究工作。研究来研究去，无非是如何摆好摊子、搭好架子，也即是研究如何在较短时间内迅速改变"四多两少"（条块多、门类多、事情多、会议多；人员少、经费少）以及如何使工作迅速走上正轨这样两个问题。通过这次调研，首先为两个部门物色好了干部，1994年7月，缺编干部相继补齐。

在人员少、任务重的情况下，为快捷有效地完成起步工作，李主任经过深思熟虑后，召开了两个部门干部联合会，专门研究分工。在会上李主任强调，我们这两个部门具体情况多，人少事多经费紧，尽管如此，我们决不辜负地委、行署领导的信任与重托，在工作上一定要协调合作，做到分工不分家，困难一起克服，任务一起完成，我相信大家。

巴中地区民主党派成立这件事给我的印象很深。地区成立前民建成员只有水文站朱仕华一人，地区成立时农工党成员只有卫生局副局长罗良娟一人，两个民主党派，一共就两人。很明显，要想组成党派，就只有先发展后成立。但要发展成员，又必须注重三条，即政治性、代表性和自愿性。特别是代表性问题，这就需要到三县一市各界别内的尖子人物中挑选发展，工作量比较大，需要两个部门共同工作才行。于是，李主任亲自点将，分成两队，一队由谢部长领队到四县（市），另一队由张之富主任领队到地区各部门。到达考察人员所在地后，先找申请人交谈，再找单位座谈，最后写出考察材料，签署意见，交该党派审批。

经过数月紧凑而有序的工作，成立党派的条件具备了，经请示地委、报告省民主党派同意，决定召开民建、农工两个民主党派的成立大会。那时，政协除李主任外，已有张之富等五名工作人员，统战部有谢百军、喻汉文、杨健全、吴传国、李文果和杨松远等七人，当时工商联设在统战部内，由统战部副部长谢百军兼任工商联主任，配备了一名工作人员，没有单独的办公室，就在统战部办公室里搭了一张桌子。当时政协、统战两个部门加起来就13人，为了这个民主党派成立大会，几乎是两大部门总动员。从筹备之日起，两个部门都忙起来，一般干部忙具体问题，领导忙筹划、忙写讲话稿、忙找经费，从会议地点的选定、客人的接待、会议材料的起草打印、会场的布置与服务等都由两个部门的干部分担。虽然会议开得很成功，但许多人都累病了，特别是"一把手"李主任和熟悉统战工作的谢部长，他们白天忙着争取资金和安排工作，夜晚则在家伏案给领导和自己写讲话稿，还要审改发言材料，常常通宵达旦。会议结束后，李主任和谢部长病了，而且谢部长还住进了医院。所以，省政协在达县开全省政协会议时，李主任只好叫我代为参加。

人们知道，政协、统战比较特殊，虽然上下条块多，如民主党派、工商联、民主人士、民营企业，还有台胞、侨胞、宗教民族人士等，但因为行政经费紧，而且从上到下没有收取经费的渠道，工作开展起来比较困难，更不用提办公用房与住房的建修了。地区新建，这些问题又亟待解决，而且所需资金量较大，对主要领导来讲，肩上担子很重很重。无论在大会还是小会上，李主任总叫大家开动脑筋、想办法，开辟寻找资金的路子。当时，政协、统战部门想了一切办法争取资金。

李主任率先垂范，不辞辛劳，多次到省政协、省财政厅去争取资金。功夫不负有心人，最终在省政协争取到了 50 万元的住房建设补助金。他先分别在政协、统战开会商量，他说，为了一碗水端平，每个部门各分一半。取得一致意见后，才在合署办公会议上宣布。在政协与统战部办公与住房建修上，李主任、谢部长和张之富主任花费的心血也不少，虽然有李主任挂帅，但是其中许多具体工作要谢、张二人去落实调处。比如住房个人支付资金数额比较大，在哪个银行贷、合同怎么签、利息与本金怎么付、担保人由谁签等，非常细致具体，一点也不能马虎。通过他们细心周到的操作，最终没有出任何纰漏，从而达到了领导、银行和个人三者都满意。

统战部那台北京吉普车，十分烂朽，实应淘汰，勉强行驶很不安全，谢部长看在眼里，急在心里，生怕出安全事故。为此他又不辞辛劳，跑了地区几大管车部门，又找了分管领导，反复讲安全的重要性，最终在领导的关心下，地区财政局解决了数万元，购买了一辆昌河牌汽车，保障了行车安全。

李主任又单独找我谈话，希望我或在国家、或在省里为地区和部门争取资金。我先后在中央和省上，共八次为地区争取资金 217 万元。

韩忠信书记和周登全专员特别关心关怀政协、统战工作。有一次，我正好汇报省统战工作会议精神，在毫不知情下，周专员就进来了，我停止汇报，请周专员讲话。他说，我专门下来听你们的声音，怎好下车伊始呢！当我汇报结束后，他简短讲了话，称赞李主任能力强，思想好，作风民主，所以政协、统战工作成效显著，地委和行署对政协、统战班子非常信任，对政协、统战工作非常满意。

杨端的讲述

1993 年 12 月 5 日，我接到通知，借调到地区政协工委工作。报到上任的第一天，主持工委工作的李旭升副主任就召集我们几位借调的同志开会，部署全区首次政协工作会议筹备任务，给我分配的任务是写地委副书记李克明在会上的讲话。由于这是一个崭新的岗位，又是给地委领导写讲稿，加之建区初与地委统战部合署办公，六七个人挤在租用的原巴中县委招待所一间 10 来平方米的客房改用的办公室里，两张小办公桌拼在一起办公，一人一个座位的标准都达不到，有人坐有人站，哪能写讲话稿？这个任务就只好晚上回到租住的家里完成。那时候的材料都是手写，交打字室打印，然后校对出稿，再交领导审签。我写的讲话稿，几经修改审核，终于被领导签字同意付印。然后就拿去"四大家"共有的打字室排队打印、校对、付印、分拣、装订，然后分装在会议资料袋中，其中的艰辛只有经历过的人才有体会。

1994 年 1 月 30 日至 31 日，全区首次政协工作会议顺利召开。各县（市）委分管书记、政协主席、统战部部长、工商联党组书记、宗民办主任、地级各部门负责人及地区政协、统战系统全体干部职工 120 余人参加会议。地委书记韩忠信受省政协委托，向地区政协工委主任周登全、副主任李旭升授牌授印，巴中地区政协工委正式成立。

政协工委的机构设置和人员配备大致是这么一个情况：在建区初期，政协工委主任由地委副书记、行署专员周登全兼任，李旭升任政协工委副主任，主持全面工作。后来地委秘书长梁廷寿、行署副专员刘宗寿、行署秘书长谭毅先后调入政协工委担任副主任。我记得好像是 1995 年初，地委任命了政协工委第一批委员，有任家寿、张品祥、何文成、沈逢珍、罗良娟、张照荣等。政协机关开始时的内设机构为办公室，下设秘书科、社会工作科和经济联络科，仅有 7 个编制。1998 年 9 月，地委批准政协工委机关机构改革方案，机关设置为一室两处，即办公室、社会事务处和经济科技处，编制增加到 17 个。地区民政局副局长刘锡军、地区纪委副书记刘多发、地区计委副主任赵志刚等先后到地区政协工委社会处和经济处担任处长。政协工委的工作人员先后有张之富、杨端、欧佳萍、陈中、王文学、谢育生、朱晓敏、钟诚、陈福文和夏溱。2000 年 9 月，地委副书记苟必伦调入政协工委，担任政协工委党组书记、主任，随之调入了唐军、苏洲、罗桂生、李松柏等，紧接着巴中准备撤地建立地级巴中市，政协工委随之进入筹备巴中市政协的紧张工作之中了。

筹备之初，政协办公室和统战部挤在巴中老县委招待所一间屋子里办公。后来政协在原巴中县人大租了一间办公室，1995 年 7 月迁入江北新区地委、行署综合办公区的 4 号楼办公。政协在一楼，分了两间办公室，统战部在三楼。虽然办公室分开了，但两家单位的工作人员有时仍然在一起拉通使用，未分彼此。

随着时间推移，建区后所有机关干部职工的住房问题已实实在在地摆在地级各单位领导的重要议事日程上。经地委、行署决定，将在巴中老县城河对岸的江北农田区修建地级机关职工住房和单位办公用房。地区政协和地区人大两工委共同修建一栋住宅楼，建好后各一半。我被单位领导安排和人大王珍敏同志负责监督施工。那时由于没有方便的公路桥跨越巴河，要过河，只能步行，从晃晃荡荡的铁索桥上过，为确保质量安全，每天风雨无阻都要到施工地督查。天晴还好，雨天行走在泥泞路滑的田坝里，深一脚浅一脚，往往弄得周身是泥，走在路上狼狈不堪，惹得行人注目。但是这时的委屈已经被即将住进自己新房子的激动所取代，反倒是笑在心里，有时还不自觉地哼起《走在乡间的小路上》的歌儿。由于我们与施工方的友好合作，职工住宅楼按要求顺利完工，还被评为了优质工程。看到一栋拔地而起的高楼坐落在当时江北大道还未建成的田坝里，我的心里别提多高兴了。

巴中建区初的财政收入基本为零，职工工资都要靠中央、省里转移支付，地级财政根本拿不出钱来给各单位搞基建，各单位都按照地委提出的"办法总比困难多，自己想办法去找钱"的要求，八仙过海，各显神通。工委也曾发动职工创办企业、编织地毯、种植黄豆、与人合作创业等，可是隔行如隔山，一年下来，收效甚微。而欠施工方的建房款却一直无力偿还，于是工委旭升副主任便带我一起拿着请示报告去成都，几经周折找到了省长办公室。

当时省长在他里间的办公室签署文件，我便和李主任在外间的会客室等候着，一边为能踏入省长办公室感到自豪，一边又在担心着省长会给我们签字吗？过了一会儿，省长的秘书通知李主任进去，我便很知趣地继续在外间会客室忐忑地等着。终于李主任拿着报告出来了，看他的表情，我猜想肯定要到钱了。出门后李主任十分高兴地告诉我，省长批了 20 万元。我俩当时那个高兴的样子，就像三岁小孩吃了蜜糖一样。然后我们又马不停蹄地赶往省财政厅交签批报告和衔接具体拨款事宜。办好后，我们在街边随便找了一家面馆，吃了一碗面就往巴中赶。那时巴中到成都的路非常难行，路上必须住一晚，第二天才能到。现在想来那个苦啊，已刻心里永铭不忘。

洪学智老将军是当年川陕革命根据地走出去的上将，曾为中国革命做出了重要贡献。老将军时刻挂念着当年战斗过的老区建设和发展，1997 年以全国政协副主席的身份来巴中视察。当时巴中全地区的公路都是泥石路，坑坑洼洼弯又急。为做好巴中地区首次接待副国级领导的吃住行访，地委将本次接待任务交给政协承办。

为使接待尽可能圆满，政协工委领导非常重视，派我提前去达县，学习借鉴达县地区的整个接待活动安排等，并及时报告给我们政协工委领导，以便在有限的条件下尽可能做好接待的各方面工作，最大限度地让老将军感到满意。然后照此延续，洪老所到的平昌、通江、南江都由我打前站，协助指导做好整个接待工作，真正做到了让老将军此行满意、地委满意、政协满意。当老将军结束南江县的视察驱车前往广元的时候，南江县的老百姓听说当年在该县战斗过的老将军要走了，把大堂坝围得水泄不通，人山人海的百姓都在为见到老将军、欢送老将军而欢呼着、跳跃着。

热烈的场景深深地感动着老将军，他不顾年事已高，毅然下车站在车旁的台阶上向群众挥手告别，两行老泪已在眼角打转，大约五分钟后才依依不舍地上车离去。这感人的场面至今记忆犹新，永远难忘！

李良才，男，生于 1945 年 8 月，四川通江人，中共党员。1993 年 9 月，任中共巴中地区政法委副书记，主持工作。

坚定前行的政法委

李开明　李良才

李开明的讲述

1993 年 10 月，地委分工明确后，政法委就立即建立起来了，当时就叫我兼任政法委书记，同时还任命苟必伦同志为副书记，另外任命一个专职副书记李良才同志，还有公检法司几个部门的"一把手"都是政法委的成员，这样政法委员会就完善了。因为我们是新成立的政法委系统，从干部的抽调来看，当时我们想要使地委政法系统领导和干警的素质不低，在抽调人员的时候都抽调了各个县的一些骨干力量，调了一部分局长来，务必要把这个政法干警队伍建设好。

政法工作最关键的一个问题是怎样做到公正司法，在这个方面我们花的功夫比较多。为了做到公正司法，过去确实是冤假错案的一定要纠正，千方百计不出现新的冤假错案，树立这样一个信条，让老百姓看到，我们确实能够做到公正司法。我这里举一个具体的案例，过去的错案怎么被纠正过来的。这个错案时间相当长了，那时候我还没去巴中县工作。巴中县电力公司的职工吴某，被定了破坏罪。当时县委正在大礼堂召开会议，突然停电了，然后马上根据县领导的要求查值班记录，看看当时是谁在电力公司电力调度室值班。一查，就是吴某在值班。停电过后，会就没法开了。领导很气愤，要求必须认真查，查过后该治罪的，坚决要治罪。司法机关按照这个要求，查过以后，就给吴某定了刑事责任。他一直不服，曾多次上诉上访，但这个问题始终没有得到解决。

巴中地区成立后，我们在原巴中县委招待所魁星楼办公，一楼设立信访接待室。没过多长时间，那天我在三楼办公室上班，突然听到一阵锣响，当当当，边打边吼，就到了我们信访室。我说，这又是哪里出事了？还没有来得及出去看，信访办的同志就上来了，说巴中的吴某来了，又在喊冤。我说我马上下去接待。我先听吴某说情况，听了过后就说，现在你不要再到处去上访，影响我们的正常办公秩序，我今天表态，对你这个案子负责，我们要找中级人民法院对你这个案子进行全面复核。最后他听我的话走了，也就不闹了。

下来过后，我就找中级法院的院长何光烈同志，我说得很清楚，这个案子你们必须认真对待，认真复核它究竟是不是个错案，我们一定要公正司法，错了该纠正的坚决纠正，不管涉及哪个领导，都必须纠正。何光烈同志他们组织相关人员进行了全面复核，复核过后，他来给我报告说，这个案子确实有问题，不是有意搞破坏。这样就把这个案子纠正过来了。

第二个问题是政法委如何维持好社会治安秩序。巴中是个新建立的地区，很多事业的发展都才刚刚起步，遇到的困难也很多，如果治安秩序不好，势必影响我们发展的进程。当时我们做了很多工作维护治安秩序，对司法部门有这样一点要求——哪里出现问题，就在哪里立即解决在萌芽状态，不能扩大事态，这样来保证我们的经济社会发展能够顺利进行。

我也讲一个小故事来说明这件事。我们引进国家电网的时候遇到了波折，因为有利益之争，国家电网和地方电网过去始终有矛盾。国家电网当时在巴中，要求江北新区成为他们的直供区，地方电网有人坚决反对。地方电力有人采取了不恰当的做法，影响了社会治安。当时巴中市电力公司有一个人，他坚决反对引进国家电网。那个人的脾气暴躁得很，这一天据说他得到的消息，国家电网要在巴中江北这一片成立供电所。他就理直气壮地跑到我们地委宣传部，出言不逊。他是我们宣传部副部长、广电局局长高隆才接待的。那人很不客气地说，据说国网马上要在江北成立供电所了，你们广电局要为他们宣传报道，那不行！供电所不能成立，你们的宣传报道也必须立即停下来！这个口气大得很。高隆才就跑来找我，因为当时我管宣传。他问，李书记，怎么办？我说，管他怎么办，你不理睬他那一套，你的宣传按你的安排进行。国家电网成立供电所，那不宣传怎么行呢？就是要宣传报道，这是你的职责，也是常识，按你们的安排进行，不管他那一套！我的表态表得比较硬，公安机关也正在采取措施，他可能也听到了风声，没有再敢到广电局闹。

李良才的讲述

1993 年成立地区，大概是 9 月初给我发调令，我从白沙工农区纪委书记任上调到巴中地区。9 月 20 日左右到达县铁山，向巴中地区筹备组报到，就碰到韩书记、克明、吉安他们。当时吉安书记问我了一句，你到纪委还是到政法委？我说在纪委工作了那么长的时间，换一个地方看看。就到了政法委。

当时有一个原则，达县和巴中要分家。我到达县地区政法委去，没有一个人愿意来巴中，那怎么办呢？政法委本来就穷，分人，没有一个人过来；分钱，达县地区政法委也没有钱；分物，他们有两部车，一个是伏尔加，一个是北京吉普。达县地区政法委的领导们很爽快，就把那部北京吉普分给巴中了。

从那边过来后，我们住在魁星阁。一直要不到人，找不到人，我希望组织部门给我调人过来，结果一直没有人过来。这个问题一直持续到2002年。后来杨玉兴、张勇、赵祥来了，1996年又进了杨灵、邹进川、刘建，这样就有七个人了。到1997年又来了张理全，搞了一段时间，他又调到眉山工作去了。到1998年、1999年又进了田景炎、李育体，再后来又有赵克新。政法委有10来个人，这10来个人一直搞到2002年我离开。后来人员也就增加了，现在有几十个。2002年过后考了一批来，又招了一批，人员就不是问题了。

第二个难题就是财力。整个巴中地区都是白手起家，我们政法委也是白手起家，艰难前行。那几年只有人头工资有保障，没有其他经费。政法委没有过路资金，上级部门也没有支援的，连一台打印机都没有，一分钱、一点儿物品也没有支援，只是靠财政给我们一点儿。

交通工具，开头从达县要来的吉普车，没有用多久就无法用了，因为已经很旧了。后来省里送了十几台汽车给巴中，韩书记当时去雅安接通工车。我就打电话，叫他们接车的同志要一辆警车，好，就要了一辆警车，用了两三年。到1998年地委领导实在看不过了，给20万元买了一辆桑塔纳。人、财、物，就是这个情况。

政法委这点钱怎么够用呢？那就节省开支。有的部门领导干部很早就买手机了，可能在地级机关我是最后一个持有公用手机的。开始那些年，其他一些部门发交通费，我们没有发。周围有同志提醒我发，但是我没有发，挺一挺，过去就行了。也是2002年以后，政法委的春天来了，保障一步一步地增加了，现在这个保障就没法和那几年同日而语了。

我们在魁星阁一直住到1995年，然后我们又出去租房子住了一年，1996年搬到新修的住房里面去。政法委的住房是和工会、妇联、统战部联合修的。当时我们人员紧张，主要是工会陈兴仁他们牵头。政法委修房子，管得最多的还是杨玉兴同志，他当时是办公室主任。资金问题，除了财政补贴一点之外，其他都是自己给的。上级那里，政法委没有争取到一点儿住房资金，因为我们不需要修办公室，原来临时的也好，后来的也好，都是地委统一修的，给我们分了两间。后来在原来那个地方，我们有三间办公室，再后来，就在车库上面搞了一间，但是夏天日子不好过，因为没有空调。我那间办公室后来装了一台空调，是向魏文通同志求援的，3000 多块钱买台空调，不然夏天太热了。

争取资金方面，还有件印象较深的事。我跟开明书记到成都开会，会后我们两人就到财政厅去，还介绍了开明书记的身份。一个女科长就坐在那里，不说倒茶，连"请坐"也没说一句。我们两人就立在那里，她支支吾吾半天，未予理睬，最后我们就走了。

在机关，我们只有那么几个人，不能出去，人脉也有限。我参加工作时是在渠县纪委，在白沙工作还是在纪委。在纪委工作，交往需要十分谨慎，如果经常和五湖四海的企业家搞在一起，那就很麻烦。我在白沙工作时是一个人，三点一线，就是办公室、住房、食堂这三点一线。我的办公室在从楼梯上来的迎面，故意这样安排的。别人路过那里，他就晓得我坐在这里，我的对面坐着谁，他都一目了然。

大环境就是这个样子。政法委的工作是代表党委在政法系统贯彻党的路线方针政策，同时实行监督，对一些重大案件进行督察督办，当时还承担了社会治安综合治理委员会办公室、维护稳定工作领导小组办公室的工作，还有防邪办，就是说处置邪教问题的办公室也设在这里。因为人手少，当时几个主任又是实职，我都全兼了一段时间，所以我到成都开会的机会就很多。开级别高一点的会议，不是开明，就是苟必伦同志去，要么就是我一个人单独去。有一年差不多每个月都有十几天在成都，这个会开完了接着又开第二个会。

因为人少，综治办主任又要求是副县级，610 办公室主任是正县级，维稳办主任也是正县级，这些职务就全部落在政法委，加之综治办人员少，省里意见很大。每一年年初，对各个县（市）要进行社会治安综合治理责任书的签订，年底要进行考评检查，省里对地、市也是这样的。省里不满意巴中地区的就是综治办没有人，或者有人，也只有一个工作人员。大概在1999年，省里最后评比，我们的名次不太好，开会的话我就坐在最后一排了。开会时，需要书记上台去领牌子，他不好意思去，叫我去，我说，我也不好意思去。有些问题，用现在的话说，是讲工作呢还是讲职位、人多人少呢？人虽然少，只要把工作干好了，我认为也就行了，对不对？但是当时省里有些同志不那么认为嘛！

一提起政法部门工作，往往就涉及具体案件，涉及具体案件就不好讲。我们过去组织"严打"，我也积极参加、出面组织，搞"严打"把犯罪嫌疑人抓到后，开一大路车，造声势。组织很长的队伍，沿街走一趟，从江北走到老城，再走后河桥。"严打"有成就，也有不尽合理之处。但是法律也是在逐步完善的。

政法委出面协调管理干部，那时不像现在，现在中央已经出台了政法委工作条例，就有所遵循。那时我们没有什么遵循，怎么协调？政法委就成立一个政治部管理干部，协助组织部门管理，组织部门征求意见，协助纪委查处有毛病的干部。大概是1998年，地委做了一个决定，在全省开先河——公安局的局长、政委交流，我在省里开会还发了言。

杨继孝，男，生于 1945 年 2 月，四川通江人，中共党员。1994 年 5 月，任中共巴中地区直属机关工委常务副书记。

地直工委工作回顾

杨继孝

1993 年 9 月 14 日，地委批复成立中国共产党巴中地区直属机关工作委员会，我接到通知后，立即于 1993 年 9 月 15 日奔赴巴中报到。建区一开始，各方面条件都比较差，我是早上 7 点从达县出发，晚上 12 点过才到巴中，当时住在巴中县的招待所。当时一些同志都不大愿意来巴中，因为达县的条件比巴中好得多，但后来还是都服从组织分配。刚到地直工委的时候，只有我一个人，后来陆续调来了赵克英、蒋树清、王敏和李勇，另外还有一位驾驶员，一共就六个人。当时根据地委一手抓筹建、一手抓党建，以党建促筹建的要求，我们把地直机关党建工作作为党的头等工作，摆在一切工作的首位来抓，为筹建工作顺利进行做出了贡献。

机关党建步入正轨

基层组织建设是党全部工作和战斗力的基础。按照地委韩忠信书记"尽快把地直机关党的组织建立起来"的指示精神，我们克服人员少、事情多、办公条件差等实际困难，坚持加班加点超常规工作，在对各单位全面了解、吃透情况的基础上，1993 年 9 月 21 日召开了地直机关第一次党员大会。同时，我们还根据地委的要求，制订了地级机关党的组织和地直单位（党组）以及地直工委组建方案，提出了地直机关党建工作的具体要求：先成立临时党支部，待人员到位以后，各单位再根据《党章》规定的程序成立机关党委（总支）、支部，成熟一个，建立一个。成立了 2 个临时党支部、15 个临时党小组，将所有到巴中工作的党员都编入临时支部或小组，及时转接组织关系，使所有党员都能及时编入一个基层党组织，接受组织的教育和监督。经过半年多时间的努力，在地级 118 个县级单位中建党组 37 个、党委 5 个，设机关党委 2 个、党总支 10 个、机关党支部 103 个。

火车跑得快，全靠车头带。在基层组织健全的基础上，我们结合当时的形势和要求，结合新建地区的实际情况，在地直机关县处级领导班子中开展"学习、团结、勤政、廉洁"为主要内容的"四好"活动，努力在"落实、深化、实效"上下功夫，扎实推进班子建设。每年年初，工委督促机关县以上的领导班子和领导干部制订"四好"活动规划，做到一个单位一个单位地抓"四好"规划的落实，做到班子建设奋斗有目标、领导行为有规范、年终评比有奖惩。我记得应该是 1994 年 6 月，地直工委还组织召开了地直机关领导班子开展"四好"活动座谈会，地委表彰了这些先进集体和个人，有九个"四好"领导班子负责人在会上做了经验交流，那时候主要是农行、交通局等单位，鲜雄、田凤先、何宗义等同志受到了表彰。同时，我们还结合党组织在不同时期的中心任务，不断赋予"四好"活动新内容，并实行分类指导与重点帮助相结合。对开展"四好"活动成效显著的单位，及时总结推广；对工作一般的，要求增添措施，向先进看齐；对工作较差的单位，重点帮助他们深化认识，努力追赶。后来由工委牵头，从地委办、行署办、地委组织部、地委宣传部、地纪委等单位抽人员组成四个考核组，对地级机关六个正县级单位及领导班子开展"四好"活动的156个支部建设进行了全面考核验收。

我们结合当时的大形势，在地直机关还开展了以学习《邓小平文选》和党的十四大精神为主要内容的"双学"活动，坚持中心组集体学习和个人自学相结合，根据地委的统一安排，工委及时发出通知做出安排，统一购买了学习资料，送发到地直机关党员干部手中；要求各机关党委、总支、支部充分利用每周的学习日和组织生活会，分层次有重点地组织党员干部学习，在学习教育中，我们还组织机关党员干部参加"双学"活动知识竞赛。

随着机关干部人数不断增加，党员人数也在不断地增加，党员的教育管理也必须跟上。针对很多干部对党务工作业务不熟悉的实际情况，我们举办了地直机关党委总支支部书记、组织委员培训班，后来还举办了首期企业事业单位的党支部书记培训班，召开了地直机关金融系统的党建工作座谈会，地区人民银行等七个金融部门的负责人参加会议，并交流了经验。我们还组织地直机关党员干部参加在巴中电影院放映的影片《孔繁森》首映式，学习孔繁森，学习先进人物。同时，我们还特别注重把机关里的优秀干部吸收到党组织里，所以对党员的发展工作也特别重视。我记得我们组织了地直机关入党积极分子培训班，第一期只有10个人参加，到第二期就有80多个人参加了，到举办第三期入党积极分子培训班时候，地级机关就有150多名入党积极分子参加培训了。

1994年5月，地委任命组织部部长王吉安任工委书记，我当时任常务副书记，我们组织召开了首次地直机关党的工作会议，各县（市）机关工委负责人、地级机关各单位的党委书记等共43人参加。地委书记韩忠信，副书记李克明，地委委员、组织部部长、地直工委书记王吉安出席会议。

省直工委常务副书记黄昌华、省直机关党建工作研究会会长梁宏宇也到会并讲话。中共巴中地委办公室批转了工委《关于加强和改进地县直属机关党的工作的意见》,可以说这个时期我们地直机关的党建工作就打开了局面,真正走上了正轨。

机关活动开展活跃

那时候整个机关的活动还是比较多的,我们组织开展各种活动来活跃机关文化生活,提高机关素质,展现我们地直机关干部的良好形象。

当时我们经常利用重大节庆和纪念日组织机关干部开展一些活动,比如先后组织了地直机关"庆七一"篮球赛、地直机关庆祝巴中地区成立三周年文艺晚会、召开"庆八一"座谈会、庆祝中国共产党诞辰 74 周年暨机关开展"四好"和创先争优活动表彰大会、"庆七一、迎回归"表彰大会等。地委领导很重视,机关干部的积极性也高。我记得组织"庆七一"篮球赛的时候,14 个单位的 7 支代表队参加了比赛,比赛 45 场次,观众达 3 万多人。这些活动很好地凝聚了机关干部的合力,激发了大家工作的热情,同时也展现了我们党员干部奋发有为的良好形象。

同时,我们还按照地委、行署要求抓文明新村建设,周登全书记非常重视,多次找我谈话。我们先勘测点,登全书记亲自听取汇报,最后定了西华山隧道那边的兴隆村,那是他抓的第一个点,他多次到点上去看。第一年抓了兴隆村,第二年抓了回风村,第三年抓了大溪沟村,连续抓了三年,我就跑了三年,大部分时间都在农村。作为地委、行署的一项专项工作,登全书记从兴隆村、龙蛇坝村、回风村一直到大溪沟,这几个地方,他经常定期去检查督促。1999 年 2 月,地委提出地级机关要帮助龙蛇坝村、回风村搞好文明新村建设,工委就成立了巴中地级机关文明新村建设领导小组。那时候主要是缺钱,文明新村建设要钱,"五改三建",改厨改厕，建园修路，没有钱怎么行？那时候有些老百姓的依赖性还是比较强，我们机关部门把砖给他运到家门口，叫他背回家他都不愿意背，所以也需要教育，当然也有一个过程，后来就好了。地直工委后来组织地区交通局、科委和水电局四个牵头单位，召开文明新村建设座谈会，研究解决文明新村建设中的质量、进度和资金等问题。就后来看，抓文明新村建设成效还是很明显的。

那时候地直工委在大灾大难或者重大项目上经常组织机关干部捐款捐物。我记得修三号桥时，各个单位都在搞基建，资金也非常紧张，但还是积极响应地直工委的号召为三号桥集资 10 万余元。个人和单位都出了资，大部分都是个人出资。1998 年巴中市顶山片区发生"5·29"特大暴雨，受灾比较严重，地委、行署的主要领导都去察看灾情、慰问灾民。我也去了灾区，回来后我们地直工委组织地级机关干部职工捐款，地级机关总共捐款 15 万余元，衣物有 9000 多件，为支援灾区恢复生产、重建家园出了力。修唐巴公路的时候，我们地直机关党员干部职工自发捐款 6 万余元，援助蔬菜 20 多万斤、大米 3 万多斤，参加义务劳动 1000 多人（次）。

一点一滴抓作风

建区之初，地级机关人员都是从各个地方调来的，有乡镇的，有各县（市）的，人员素质参差不齐。机关一些规矩大都不懂，包括接电话要用礼貌用语、到办公室要敲门。这些基本规矩都没有。我们从基层一点一滴抓起，抓机关作风建设。地委、行署领导对这个工作很重视，忠信书记还专门要求我们组织机关干部进行培训。地直工委对地直机关科级以下干部分期分批进行集中培训，先后举办了培训班七期，分别由地委主要领导上课，忠信书记、吉安书记，还有克明副书记都上过课。记得有一次在南江开工作会，所有的参会干部都不准请假。忠信书记说，老杨，你可以请假，你们办的培训班不能松、不能停。所以那时抓得非常紧。我们共培训机关干部816人，占机关科级以下干部总数的99.6%。后来工委还对地直机关40个单位干部职工的思想作风建设情况进行了调查，并向地委、行署报送《关于目前地直机关干部职工思想作风建设情况的调查报告》。1994年7月15日，地直工委还在地区农行召开了地直机关工作作风现场会，进一步端正机关风气，稳定职工队伍。还组织召开了地直机关反腐败工作会议，有60多个单位的主要领导及部分纪检监察部门的负责同志共80多人参加会议，地委副书记李克明出席会议并讲话。1996年，地直工委组织地直机关2144名党员干部职工观看在巴中举办的四川反腐败查办大案要案成果展览。通过方方面面的努力，整个机关的作风都得到了比较大的改善，机关人员的基本素质得到了不断提高，保障了地委、行署决策、决定和指示在地级机关各级党组织中顺利实施。

　　总的来说，当时工委方方面面的事情都要做，地委、行署的一些主要中心工作工委都要参与。可以说，通过机关党建工作的落实，促进了班子的团结，发挥了党组织的战斗堡垒作用和广大党员的先锋模范作用，推动了机关各项工作的全面开展，对巴中地区整个经济社会发展起到了积极作用。

　　杨先成，男，生于 1952 年 8 月，四川平昌人，中共党员。1993 年 11 月，任巴中地委老干部局副局长，主持工作。1996 年初，任巴中地委组织部正县级组织员。1999 年 10 月，任巴中地委老干部局局长。

老干部工作给了我们一份共同的责任

杨先成

借车去开会

　　1993 年 10 月一天早上天刚亮，韩忠信书记就把我从达县家里叫来，坐他的小车到巴中。当时道路不通，我们走到晚上 10 点才到。我找了个公用电话给家属打电话，家属说，你到哪里去了，一天都没见到人？我说，到巴中地区来了。

　　因为在搭巴中班子的时候，我在达县地区老干部活动馆当馆长，为省委组织部和搭班子的地区领导们服务，韩忠信书记就认识我了，叫我到巴中来，尽管我没有主动报名要求到巴中工作。

　　来到巴中后，我先被安排在巴中地区纪委上班，宋仕珍同志为纪委书记，张长云同志、朱军同志等我们五六个人挤在一间办公室里，总共三张桌子，我和朱军同志共用一张办公桌。1993 年 11 月底，我从通江出差调查一个案子回来，看到办公桌上放了一份文件，任命我为地区老干部局副局长，主持工作。

我吃了一惊，因为我对韩忠信书记讲过，我到巴中不再做老干部工作了，做其他任何工作都可以。在达县老干部活动馆做老干部工作那几年，上级让我到县里去当副书记兼组织部部长，我没有去，我认为我们军人转业到地方，有个稳定的工作已经很不错了。这时候我就去找韩书记，说我不做老干部工作才来巴中的。他说不是我要你做，是上级组织要你做，因为你熟悉老干部工作。韩书记给我做工作，要我先干三年再调整。我说那好，只要我在老干部局一天，我绝对不让老干部们拄着棍棍棒棒来找各级党委、政府的麻烦。当时，我表了这个态。

成立巴中地区不到半年，我就把老干局的架子搭起来了，当时只有我一个人。工作了几个月，我到省里去开全省老干部工作表彰大会，老红军先进个人代表程吉先、刘洪才等人也要去参加会议，我只有到通江借车去省里开会。1994年4月份，组织上从达县粮食局把夏长蓉同志调到巴中地委老干局工作，后来又从巴中市老干局调了杨秀华同志。我们在1994年争取资金买了一辆车，就从巴中市调来了张润民师傅，我们四个人一直干到2008年。同志们团结一致，艰苦奋斗，克服千难万难，不折不扣地为老干部们服务，相互配合，一起完成了地委、行署交给我们的光荣任务。

老干部是"宝"

对于工作，我们只有认认真真去做，才对得起巴中地区300多万老百姓对我们的期盼。成立巴中地区时，据统计，巴中本地有在乡老红军116人，流落老红军4578人，西路老红军321人，走完长征的健在离休老红军46人，全地区离休干部有300多人。我们的老红军和离休老干部到地方工作，那时候不是自己挑工作，是由组织安排，所以好多离休干部被安排到企业去了。1983年改革过后，他们的工资就是企业发，这个难题很大。全国、全省在解决老干部的待遇上都是个大问题，只能财政补一点、企业拿一点、社会集一点。2000年，省委副书记宋宝瑞就提出，尽量解决好老干部的待遇问题。我回来向周登全书记汇报，他叫我拿个方案。我说就全由财政兜底，不管是企业还是机关，统一由各级财政发工资，报销医药费，行不行？当时周登全书记拍板说，你在第一届工作中已经把老干部工作做得很好了，没人找过党委和政府的麻烦，现在我们要保证老干部过年过节有酒喝有肉吃。韩忠信书记在成立巴中地区老干局后就讲了，我们再穷不能穷了老干部！巴中这两届书记认识到位，决策措施到位，把全区离休老红军、老干部的待遇全部纳入各级财政予以解决，受到了省委、省政府的表彰。

我认为，老干部有好的经验、好的思想、好的作风这"三个好"，他们是党和政府一笔宝贵的财富。今天搞建设促发展等工作，我们的指导思想，一是要他们用行动和思想来影响和带动我们的党员干部群众，二是让他们来为稳定社会起个带头作用。当时我的观点就是，老干部你不要一有事就着急去找领导，你们有事直接找我和老干部局，如果我们解决不了，你想办法把我撤了。建巴中地区几年间，我同每个离休干部都一一谈心交心，把全区老干部工作做好。老干部队伍稳定了，他们在各方面就能发挥余热，我们的工作受到了省里表彰和社会好评。同时他们可以帮巴中呼吁，帮助巴中争取项目争取资金。举个例子，建设将帅碑林，张崇鱼同志功劳大，我们老干局也努了很大的力。在全国各地，有巴中籍离休老红军600多人，每年回来探亲访友的老红军及其家属子女很多，他们回来的吃住问题，需要我们老干部局解决。凡是省领导来看望我们老红军的，无论是逢年过节来慰问还是平时来看望，我们都请他们向省里汇报。通江老红军李玉南，每次省里的领导来看望时，她就拉住领导的手说，我们巴中困难很多。她为巴中争取了不少项目。

在北京睡一个月凳子

当时我们有将近 400 名老干部，按中央的要求应该建老干部活动中心。我们争取不少资金，指挥部当时征地就给我们划了 47 亩，把地方圈起来准备建活动中心，计划建 600—1000 人的活动中心。周围的人都批评我，说你口气太大了。我说，以后，我们的离退休干部就会越来越多。当时我们把土地征了，土地费给了，一亩土地搭多少人的钱也给了，就在人大办公楼那个地方，已经打建房柱头了。我从北京出差回来，才晓得这块地已经调整，韩忠信书记说大家要服从大局。当年修建活动中心时，我们征地的钱、推土机推平几个山包的钱、所赔坟地的钱、所赔老百姓的钱，都是老干部局自己去争取的。对于老干局来说，争取资金很艰难，吃了不少苦，受了不少气，当中我还算有一份小小的功劳。

难忘的是，1994 年开春去北京，韩忠信书记带队，各单位去了 20 多个人。我没有钱，同时也舍不得拿钱住宾馆，就在平昌驻京办事处主任孙高贤租的小房子住，他那里只租了一架钢丝床。我说，对不起，我们两个挤着睡。他说，你别把我挤到地上去了。我就想办法，去借了两只凳子搭在钢丝床边上，就这样睡了一个多月。这是我一生最难以忘记的事。

没过多久，我到财政部汇报工作，正好遇到省政府、省财政厅有关领导，他们到我的临时住处来，才发现我睡的两只凳子和楼梯角落，这件事就被传开了。后来，夏长蓉同志一个人又在北京驻扎了几个月，继续争取资金，也吃了很多苦。

把钱往外拿的"奇葩"

成立老干局我们是白手起家，机关事务局一分钱没有，办公室也没有，只能保证发基本工资。想起来让人感动的还是我家属，当时我家在达县，我跟家属张明荣商量，想把我的转业费几万元钱借用一阵。她说那怎么行，家里还有两个娃娃和老母亲要吃饭，人来客去还有那么大的花销。我说你借给我，以后我们把账报了，就把钱还给你，但是没有利息。她当时也没怎么发脾气，只是暗地里抱怨，自言自语地说，你这个人怪得很，别的男人都是挣钱往家里拿，你是把家里的钱往外头拿，简直是个奇葩。

后来省委组织部任部长和叶部长他们知道了，对我的家属能够支持工作表示了赞赏。

我非常感谢省领导对巴中老干部工作的厚爱。1994 年春我在省里开会，恰逢和省委谢世杰书记、张中伟省长共进晚餐。我说感谢领导对巴中地区的厚爱和关心，目前巴中老干局很困难，恳望支持。一边说一边把随身带着的申请报告恭敬地递给了两位领导。后来在 6 月份，财政局通知说，我们老干局有 10 万块钱；隔个周末来通知说，又有 10 万块钱。我当时不相信，就说财政局别搞错了。最后去查，开始的 10 万元是谢书记给的专项资金，第二个 10 万元是张省长给的专项资金。

我从巴中地区成立开始，只走了两家单位，一个是地纪委、监察局，一个就是组织部老干部局。当时地委要求我们搭架子、上本子、要票子、建房子，在这种情况下我没有办法——其他局都成立了，我们没办公室，只好在望江楼把一个厕所腾了，我们老干局在那里办了几年公。后来几年间，老干部局一共向国家、省里财政争取无偿资金 300 多万元，除政府使用一部分外，其余的钱用来征地拆迁，修建了现在的老干部活动中心等配套设施，购置了三台次工作用车。

我作为巴中地区的首任老干部局局长，要感谢地委、行署及县（市）

委、政府各级领导和地区各单位对老干部工作的支持。同时，感谢我的搭档同事，为我们争取那么多资金，吃那么多苦，我觉得他们对我支持力度很大，老干部工作给了我们这一份共同的责任。

李玉清，男，生于 1946 年 4 月，四川恩阳人，中共党员。1993 年 10 月，任巴中地区计划国土委员会主任。1997 年 7 月，任巴中地区计委主任。

未负当年好时光
——巴中地区计国委（计委）创建回忆

李玉清

巴中地区成立 30 年，是巴中地区发生翻天覆地、历史性巨变的 30 年，是巴中地区干部和群众艰苦奋斗、砥砺前行的 30 年，也是巴中地区人民享受实惠最多、幸福感最强的 30 年。我也自认为不负韶华，在巴中地区计国委、计委工作的那段时间，是我人生中感到骄傲和自豪的时期。

回忆建区，我用 16 个字概括：一穷二白，困难重重，千头万绪，举步维艰。全区财政收入 1.012 亿元，320 万总人口，其中 180 多万是贫困人口，人均年纯收入 2000 多元，城镇居民年均可支配收入 7000 多元。巴中县城老旧，最恼火的是道路不通，手摇电话打不通，到成都开会坐车都要两天时间。灯呢，上面照着电灯，下面还要点煤油灯才看得清楚。地委、行署思路清晰，审时度势地提出了"狠抓基础、快上工业、活跃商贸、开发旅游"的发展思路，又制订了"三年打基础、五年上台阶、十年迈大步"

的战略目标，再就是提出了"实事求是、解放思想、改革开放、政策灵活、艰苦奋斗"的方针策略。特别是"政策灵活"上，当时就提出了先上车后补票、踩红线不越红线等思路，地委、行署领导高瞻远瞩，我们部门同志的底气也就足了，敢于甩开膀子大干。根据地委的发展思路和战略目标，我到计委后，也提出了三步走：第一步用三年时间奠基，站稳脚跟；第四年固本，重点突破；第五六年起飞，整体推进，全面发展。

1993 年成立巴中地区之前，我是达县地区计委副主任。这年 7 月份，达县地区要分家，地委领导找我谈话。韩忠信同志在门口见到我说，老李，你到巴中去当计委主任，兼任专员助理，计委班子由你建，人员由你挑，具体事情周登全同志、李克明同志跟你谈。我刚进屋坐下，周登全同志对我说，巴中要成立地区，我们叫你回去建设巴中。一开始我很不情愿，周登全同志就生气了：李玉清，你是巴中人，还嫌巴中穷不愿意回去？我是达县人都去建设你们巴中，你回去也得回去，不回去也得回去！领导都说到这个份上了，我只好答应下来。最后周登全同志叫我收集巴中地区的有关情况，我向他汇报情况时说道，周书记，我给您推荐一个人，叫闫平，很年轻，交通学院毕业，他给我汇报达县地区交通情况时，不用本本，全凭口说，汇报得头头是道，一清二楚，我很赞赏。周书记说，玉清，你一定给我"挖"过来。我牢记周书记的叮咛，最终把闫平"挖"过来了。

为什么周书记一定要我回巴中呢？得从认识他的时候说起。1978 年，我从部队转业到达县地区计委工作，1983 年考入北京大学经济管理系读书，1986 年从北京大学毕业回到达县地区计委当综合科长，1992 年周登全任达县地委副书记，分管乡镇企业，那一年全地区乡镇企业领导干部会议在大竹县召开，周书记就叫地区计委派一个人给乡镇企业干部讲一堂课。我作为达县地区计委副主任，就把我在北京大学学的一些新理论、新观点，结合实际，讲给了乡镇企业领导干部。周书记听了后很赏识，他当时就说，李玉清是一个人才，有本事。看来那时候周书记就盯上我了，调我到巴中地区工作，无论怎么说我都是逃不掉的。

1993 年 9 月份，我带着两个工作人员和一个司机正式赴巴中地区上任。两个工作人员都是川大毕业生，同我一起在达县地区计委工作，且都是巴中人，笔杆子也比较硬，一个叫张建功，一个叫王武才。结果王武才工作了三天就跑回去了，因为他爱人在达县地区人事局工作，不愿意到巴中来。"起步钱"全是我在达县地区经济职称改革办公室当副主任时结余的钱，加上利息共计 6300 多元，我如数交给了办公室，用于办公开支。刚来时住在巴中县委招待所，后来我们就租了县粮食局的房子办公。他们局长说，李主任，房子你们尽管用，水、电、房租费我们全免了。我很感动，家乡的干部群众如此热情，大力支持，我们没有理由不把巴中建设好。

首先是机构设置。巴中出于当时的情况，将国土、物价、地质矿产和计委合在一起，就取了一个计国委的名称——巴中地区计划国土委员会。编制 21 人，设置 9 个科（室），有综合科、投资科、农经科、商贸科、社会事业科、国土科、物价科、地矿科和办公室。当时从达县地区过来已有 11 个人，还有 10 个人就要靠自己去挑选了。我就到处物色人员，因事选人，从通、南、巴、平四县相关部门挑选能干事的人。到平昌县物价局找到张家彩调地区物价科工作，后来把他提升为物价科副科长，巴中县国土局副局长马荣堂调地区计国委任国土科副科长……每一个科室只有 1—2人，要对应省计委、国土局、物价局和地矿厅等四大部门几百号人，其工作量之大，任务之繁重，不言而喻。就是白加黑，6 加 1，没完没了地干，手上的活路都干不完。同时我们还组建了一个自收自支的事业单位——信息中心，主要任务是收集经济信息，分析经济形势，为地委、行署当参谋，为地计国委建言献策。我当时任计国委主任，兼任国土局局长；赵志刚同志任计国委副主任，兼任物价局局长。

刚成立时，地委、行署就要求先建"窝子"，必须在一两年内把房子修好。开初地委、行署把我们的房子建在地委、行署家属院内，房子建到两三层了，推土机把房子的 26 根柱子撞断了。我就找分管的苟必伦副专员，我说我们要出去建。苟专员不同意，说你们计国委那么大一摊，管了四个部门，怎么能跑出去？我说，苟专员，这房子我坚决不要了，26根柱子断了，我没法弄。后来苟专员同意了，我们就在麻柳湾征了11亩地重新建房，那时也相当艰难，我从1994年开始建房子，到1996年才建好。先是建住房，后来又建办公楼，修堡坎，还要建临江北大街的房屋。我既要工作，又要去找资金。这房子的土地费就是100多万元，住房200多万元，办公楼后面一个堡坎将近100万元，堡坎上面又要建临街门面、计国委招待所和住房，那一块又需要100多万元，整个建房花了五六百万元。

那时候地区穷得很，给单位每个职工只发70%—80%的工资，差20%叫自己创收去找，找得够吃干饭，找不够喝稀饭。我这个主任还得把这个钱找到，能让干部职工吃上干饭。找这些钱是最大的困难，比建房子还苦，真的是没日没晚地工作。地委副书记王吉安后来写到巴中建设经验时，还把我写到他的书里，说李玉清病了坚持上班，一只手在写字，一只手在输液，吊瓶就挂在窗子上。那时候不止我一个，我们的职工都是那样干的，带病坚守岗位，输液就在办公室里。

我离开地计委到人大常委会当副主任之前，召开了最后一次党组扩大会议，因为还下欠建房工程款100多万元。我把两个施工方负责人叫到会场，党组成员全部参加。我说今天主持计委的最后一次党组会，我把你们两个施工方也叫来了列席会议，我还欠你们一百几十万块钱。当然我也了解到，在我们这儿你们还是挣了钱的，现在计委老李穷得很，下欠你们的钱，都砍10%支付，比如该补100万元的，只补90万元，该补50万元的，只补45万元。我说你们都给我记好，今天党组会议记录在案，我交给继任主任邹仁见。为什么我敢这样做？第一是他们赚了钱的，并不亏，第二也是主要的，我个人没有收施工方一分钱，我腰杆挺得直，敢于说硬话。所以，党政干部清正廉洁，首先还得靠自己身正，严于律己。

其次是计国委、计委的作风建设。打铁还得自身硬，一个单位的作风好不好，关键在领导，在班子。我能以真待人，以诚待人，以实待人，清廉处事。赵志刚从南江调来当副主任，我们党组就立了规矩。我跟老赵两人约定好，班子成员不能谋私利。计国委还需要招人，但我们的亲戚子女一个都不能进。我俩是这么约定的，也是这么做的。我和赵志刚两人的报账，我出差应报销的费用他签字，他出差应报销的费用我签字，我们班子始终坚持这么做。班子成员跟职工一样吃苦耐劳，不管是热天冬天，我带他们去开会，从来没有住过空调房。那时候到成都开会，住大房子，扇电风扇，没有买过矿泉水，为了省钱，路上就吃面条。有几个人跟我们出差，说李主任、赵主任，你们再这么搞我们都来不了了，一天三顿都吃面条。我们说这样省事啊，也还省钱。那时候每一个月要跑五六趟成都，因为我这边要对接省国土局，对接地矿厅，还要对接省计委，赵主任那边他还要对接省物价局，也要对接省计委，都忙得不得了。我们班子确实做到了艰苦奋斗、团结一心，与大家同甘共苦。

我们施行便民服务，特事特办，好事快办，先上车，后补票，这都是符合地委、行署政策的。每当人家来办事，不能说不能办，只能说怎么做才能办，不能让下面来小事的人跑回头路，要减轻他们的负担。有特事就特办，县里报来文件，往省里转报争取项目的时候，如果有的文件材料不齐，我和赵志刚都说，先办，你们回来后给我们补上材料。

单位要讲团结，领导之间、同志之间不能搞内耗。那时候也没有时间和精力搞内耗，一天工作都忙不过来，哪有心思搞内耗？说实在的，刚成立地区，人员都比较单纯实在，心里没有什么小九九，大家心往一处想，劲往一处使，拧成一股绳，齐心协力办事情。我们计国委、计委就形成了这么一种良好的风气，加上班子也过硬，所以我在计国委、计委工作七年多，我们单位没有一个干部职工受到法纪处罚，我感到很欣慰。

最后讲一下计国委、计委的工作。本来计委的工作有四大项，编规划、跑项目、求平衡、当参谋，但巴中地区多了国土、物价、地矿，所以就有管好、开发、利用国土和地矿资源的任务。第一个是编制规划，"九五""十五"规划我们都编了，还有每年的计划，这是必须要做的。第二个是稳定物价。赵主任当物价局局长，审时度势，紧跟形势，把控好大宗商品，平稳市场物价。省里非常赞同巴中这种模式，还多次对我们的物价工作进行表彰发了奖。第三个是管好、开发和利用好国土和矿产资源。巴中是新建立的地区，新增用地量比较大，我们既做到了"先上车，后补票"，保证新建地区用地的需要，但同时没有出现违背土地法规的事情，也没有乱开乱采矿产资源，都受到省政府的肯定。第四个是为地委、行署当参谋。一是我们建立了信息中心，给地委、行署提供数据和经济预测分析。二是我们计国委、计委两个领导也经常给地委、行署出主意。比如有一次在通江召开的地委扩大会议上，我有个发言，就是针对巴中地区的"快上工业"作了认真思考，提出要"深度开发第一产业、大力发展第三产业、积极促进第二产业"。按照传统的经济学观点，都是按一、二、三次产业排序，而我偏偏打乱传统排序，来个一、三、二次产业的排序。我的理由是，巴中很特别，也很特殊，不具备大搞快上工业的条件，只能促进工业的发展。首先巴中很穷，没有资金，没有资源，没有人才。其次是软硬环境都很差，别说铁路、高速公路没有，就连一条二级公路都没有，汽车跑成都都要两天，谁愿意到巴中来搞工业？谁不想快上工业，让巴中尽快富起来？想法很肉感，但现实很骨感，像巴中当年那个样子，大搞工业，快上工业，现实吗？当时是周登全当专员，我在地委扩大会议上的这个发言，他就赞同。周书记在其著作《激情年华》中这样写道："新上任的省委书记第一次来巴中视察，不少同志提示我不要汇报巴中的产业调整思路，怕受批评。而我如实汇报后，不仅没有受批评，反而还得到肯定。事后在一次全省研究室主任会议上，省委书记还特别肯定了巴中的产业结构调整思路。他讲，四川的差距在工业，潜力在工业，前途在工业。但是各地有各地的不同，比如巴中地区就应该以农业产业化为重点。当然巴中的产业结构调整思路至少在当时是正确的，将来怎样，还将用实践来验证。"还有一次，我写了一篇调研报告《保名牌，上规模，加快南江黄羊产业化进程——关于南江黄羊的调查思考》，在省计委主办的《改革与发展》杂志上发表，并被评为当年的优秀通讯奖。

计国委、计委的工作，我着重讲些争取项目的事情。项目是一个地区发展的动力，也是后劲。有项目就有资金，争取项目始终是计国委、计委工作的重头戏，放在第一的位置。每一个科都有争取项目的责任。我们两个委领导更是身先士卒，把它作为抓手。比如：巴中建会议中心，那就是我直接向邹广严副省长争取到的 300 万元资金。我熟悉的省政协副主席、省计委老领导、著名经济学家辛文，刚成立巴中地区时我就去拜访他，恰好省计委管投资等方面的何先聪副主任进来了，辛文副主席对何主任说，老何，巴中老李他们那里穷得很，你们省计委怎么也要想办法支持一下。何主任说，辛主席，我们记住了。接下来我得知省政府要召开川东北生产力布局会议，我就找到省计委陈宽金主任，申请将这个会移到巴中来开，让来参加会议的领导和人员认识巴中，了解巴中。

1995 年 11 月，川东北生产力布局会议在巴中如期召开。我们把会议安排在当时巴中最好的东华宾馆，会场就设在东华宾馆七楼。东华宾馆没有电梯，参加会议的人员都要从一楼爬到七楼。有一天吃早饭，韩忠信书记和我一同陪邹广严副省长在地委招待所就餐。我说，邹省长，实在对不起您，让您呼哧呼哧地上到七楼去主持会议，巴中要是有个会议中心就好了。邹省长说，巴中是有必要建一个会议中心。他问韩书记，老韩，巴中建一个会议中心要多少钱？韩书记说可能要 800 万元才行。邹省长说，800万元多了。我打圆场道，邹省长，您说 800 万元多了，我认为最少也要600 万元。邹省长说，好，就 600 万元，我们省里补助 300 万元，老韩你们自筹 300 万元，省里这 300 万元由省计委安排 200 万元，另 100 万元由省财政厅安排，回去后我和分管财政的省长沟通一下。因为邹副省长分管省计委，他说话就算数了。就这样为建设会议中心争取到 300 万元。

又比如去北京，向国家计委争取项目资金。冬天，北京很冷，我们 12月份跑北京国家计委，想到社会事业司去给巴中争取点无偿资金，改造破旧小学校舍。我们去找白秘书长，我和他比较熟。当我打听到他住在哪里后，晚上就和唐明清同志去等。北京冬天冷得很，风也刮得大，我们两个就站在墙角，不时跺脚来御寒。那天晚上，白秘书长快 11 点钟才回家。看他回来了，我就到他家里汇报了巴中的情况。我说，请白秘书长给社会事业司沟通一下，给贫困老区巴中拨一点经费，改造一些破旧小学。最后还真给我们巴中安排了 80 万元。那时候我们计国委、计委争取项目就是这么辛苦，吃饭也是啃点冷馒头。

还比如平昌县 600 万元的生态县建设资金，那是全省第一批安排生态县建设项目，且系无偿资金。那次省计委陶主任首次来巴中，我到平昌县边界去迎接他。李映那时候当平昌县副县长，就陪我到达川边界上等。他说，李主任，你争取争取，把平昌县列为生态建设县嘛。我说，那好，既然陶主任来了，你跟我坐陶主任的车，你就一路向他汇报。我和李映就陪陶主任一路汇报到巴中。后来果真给平昌安排了全省第一批 600 万元生态县建设资金。

争取乐坝铁路项目，赵志刚副主任去省地方铁路局争取，把这个项目争取下来了。还有争取化成水库 2000 多万元的改扩建项目、5000 多万元的巴中污水处理厂，我都是直接参与。

再比如争取高速公路项目。那时成（都）南（充）高速公路正在建，成（都）广（元）高速公路已建成，我们舍远求近，首先争取广（元）巴（中）高速路。我到省计委交通处汇报，一个工程师说，你们巴中建什么高速路？拉猪都没有拉的，来成都的人也不多，高速公路一公里投资上千万元，不是白投了吗？再怎么汇报，也是油盐不进。有一次，省委工作会议刚结束，当时赵志刚在成都争取项目，他向周登全书记汇报了情况，周书记突然提出，老赵，我们去省计委专门汇报一次。时间快到上午 10 点了，赵志刚当即找到他熟悉的省计委常务副主任刘伯华，刘主任便叫办公室通知所有处（室）的负责人到会议室听取巴中的汇报。周书记着重汇报了修建广巴高速公路对巴中发展的重要性、必要性和紧迫性。这次汇报后不久，就由省计委牵头，组织省级多个部门负责人参加的考察团赴巴中进行高速公路的踏勘，地委周书记和李克明专员全程陪同，接着紧锣密鼓地做高速公路的前期工作。功夫不负有心人，最终省计委批复，修建广巴高速公路。周书记和李专员赴省里工作之前，顺利主持了广巴高速公路的开工仪式。

往者不谏，来者可追。过去已成历史，现实也变了模样。我们追忆缅怀过去，就是要总结经验教训，继往开来，创造巴中更加辉煌的未来。

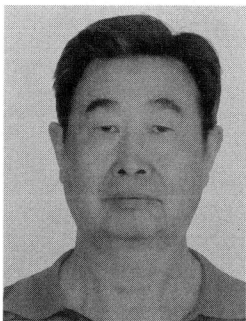

严德贵，男，1944 年 8 月生，四川南充人，中共党员。1993 年 11 月，任巴中地区经贸委党组副书记、副主任。1994 年 5月，任巴中地区经贸委党组书记、主任。

斗罐儿钱开会
——我亲身经历的几件事

严德贵

巴中建区后，我从南江县政府调到地区经贸委任主任，亲身经历过一些事。

第一个故事：斗罐儿钱开会

俗话说，万事开头难，白手起家就难上加难了。我到地区，领导说的什么话呢？给你一顶帽子，给你一个公章，其他的事情你自己去想办法。其他有什么事情呢？总要开展工作吧，要把中央、省里关于工业工作方针、政策、指示下传，要按照行署根据中央、省里的精神，结合本地区工业实际制定的各种措施来抓本地区工业的发展。我一个人从南江到巴中组建经

211

贸委，既无办公地点，又缺办公经费，还无工作人员，就领一张任命书、一枚公章。

我从 1985 年到 1993 年，在南江当了三届（三年一届）副县长分管工业，当了一年常务副县长，做什么事都是照规矩、按部就班开展工作。比如召开县工业工作大会，就让工业局编预算到县财政要钱，但是到地区这一切都变了，钱要自己找！我又没法向地委申请不当这个经贸委主任，把帽子、公章交回去，只有硬着头皮上。没有办公地点，去找当时的巴中市工业局协调，在丝绸公司的五楼借了四间房子办公。到各县商量抽调些人，自带行李盘缠来，自找住房，只是办公在一起。

当时我们委里几个领导挤在一间很小的房子里，桌椅都不好放，进出都要互相起身相让。当时地区财政还是给了点办公经费，人员工资是按我们编制人数的 80% 来拨付。不但缺办公经费，还缺人头经费，什么事情都要大家自己动手。比如单位文件我们都是自己刻钢版，自己印刷、装订文件，没钱拿到外面去打印。出差到省里开会，都是去找夜班车坐，因为便宜，一坐七八个小时、十几个小时。我在县里工作还配了台车，考虑到县里用车也困难，我就没有把车带到地区来。我去成都开会，要么去搭专员的车子，要么也是坐夜班车。我们从来没享受过套间房，都是去宾馆找个大房间，几个人住在一起，就是为了节约。

让我记忆犹新的一件事：地区要召开传达省里工业工作会议精神的全区工业工作会议，各县党政分管领导、部门、企业都要参加，会议规模很大。当时地区实行"谁开会谁找钱"的规定，地区财政没有会议预算。说实在的，在一些人眼里，经贸委下面管这么多企业，随便找哪个企业要点，或叫参会者自己拿住宿、伙食费，交会议费，问题不就解决了？但当时我是"一根筋"，自己想，坚决不能向企业摊派，增加企业负担，主管部门都向企业伸手，那就是更不得了的"紧箍咒"。但我自己又拿不出钱来，怎么办？会又不能不开，只好逼领导"凑份子"，用土话讲，就是斗罐儿钱来开会。行署分管领导刘副专员说从他的包干经费出 1000 元，地委分管经济工作的李副书记说他也出 800 元。周专员说，你们两个分管的出了钱，我再出点。韩书记说，全区工业工作会事关大局，我也出点。这样"逼"领导，我心里很难受。但在当时那种情况下，我又有什么更好的办法呢？

第二个故事："无中生有"修房子

为解决机关办公和职工住房问题，行署在江北规划了办公和机关大院，在统一征的地中给我们划了一块地皮修办公楼和职工住房，规定了房子外观、占地面积，其他也是啥都不管。修房子，钱又不是一点点就好，这下真的让我憋住了，只好"无中生有"：第一个欠费先设计。虽然我也可以设计，但没有设计资格证，况且我也没时间坐下来搞设计。我只好去找我的好朋友白某，他是西安交通大学毕业的，在南江搞建筑设计，还组建了南江建筑对外承包公司，回成都后搞了个设计事务所。请他帮我设计，不但设计费优惠，我还可先打欠条。他碍于情面，看在我们都在南江工作、我还分管过他的分上，也就为我设计了。第二个找人垫资修。我找熟悉的南江建筑建材公司梁经理给我先垫资修，找到了资金再给他。第三个先预售门面做"起伙钱"。我们建修的 21 号楼，面临江北大道，有门面。我把左面几十个平方米的门面按照概算造价，叫南江冶金矿山公司岳矿长来买，先给我预付了十几万块钱做"起伙钱"。第四个积极向省主管部门汇报，争取支持。

通过这几个方面的措施，并在修建过程中做到精打细算，从 1994 年开工，到 1996 年按行署要求按时完工。房子结算建筑面积 4000 多平方米，耗资 160 多万元，房子造价仅 380 多元钱一平方米。我们房子建成后，在银行没得任何贷款，没有任何遗留问题。

第三个故事：电力建设的"引建"之争

当时省委、省政府领导很重视工业，特别关心我们落后地区的工业发展，省领导也多人多次到巴中来视察指导。地委、行署制定的经济建设16字方针就是"狠抓基础、快上工业、活跃商贸、开发旅游"。但是要快上工业，首先必须有电力保障，电力先行，不然"快上工业"就是一句空话。

当时的电力管理体制从全国来看分两块，一个是国家电网，一个是地方电网。国家电网是电力部管理，地方电网是水利部管理。

当时巴中以三江电站为主，平昌以风滩电站为主，通江以九溪电站为主，南江以中嘴火电厂为主，形成了互相独立的小电网。电网装机容量小、脆弱，供需矛盾突出，很不稳定，经常突然断电，蜡烛是必备之物。为了解决电力问题，行署让我们经贸委和有关部门分别提出方案。

我们通过调查，详细分析了地方电网的现状、水力和煤炭资源、电力建设、资金投入、工期等问题，提出了要迅速解决电力问题，必须优先引进国家电网，实行"引建结合、以引为主"方案，有关部门提出了"建引结合、以建为主"的方案。

行署专门组织了一个论证会，行署主要领导与分管领导、各主要经济管理部门都参加了，在招待所论证了两天。通过充分辩论，行署采纳了我们提出的"引建结合、以引为主"的方案。这个方案遭到了地方电网一些管理人员的坚决反对。巴中市电力公司王某就是一个典型，他公然写信、打电话威胁地委、行署主要领导，气焰十分嚣张。最后还是地区公安处介入，他听到风声就跑了。可见当时斗争之激烈。

行署同意了"以引为主"的电力建设思路，就责成我们经贸委去跑引电项目，我们便去拜访省电力局和达县地区电力局的领导。在省经贸委分管领导的协调下，省电力局同意从达县架设一条11万伏线路经平昌到巴中兴文，向巴中供电，并在巴中江北设立电业局。行署和他们签订协议，把江北正中心的一块地划拨给他们，建修巴中电业局。

我们经贸委觉得还应该解决南江的用电问题。因为南江有两个大的矿山企业和水泥企业，用电量很大，生产连续性很强，经常停电造成企业损失很大。然而在南江建 11 万伏变电站时，也遭到了抵制。我们虽然受尽了气，最终还是在南江把 11 万伏变电站建起了。现在我们可以看到，我们巴中地区以至全国电力，都被国家电网覆盖了，对地区发展和人民生活用电确实起到了保障作用。事实证明，行署引进国家电网这个决定是非常正确的。

第四个故事："五小"企业破产成心中之痛

这是我在经贸委工作期间经历的一个很重要的事情，影响至今还争论不休，我的心情也很沉痛。

上世纪 80 年代改革开放之初，各县为了发展地方经济，建了很多"五小"企业，如小化肥、小钢铁、小水泥、小制药、小食品等，这些"五小"企业，在当时促进了县域经济发展，对满足老百姓的需求从物资稀缺到物资丰富起到了积极作用。

上世纪 90 年代初期，对外开放的门越开越大，国家引进了很多外资企业，国内的企业也要走出去参与国际竞争，80 年代办起来的"五小"工业就很不适应这个发展趋势了。以巴中为例，80 年代还很红火的巴中罐头厂、齿轮厂、丝厂、纺织厂、制药厂、制鞋厂等，到了 90 年代逐渐陷入了困境。这些原先发展的"五小"企业，技术落后，并在"低工资、多就业"的思想指导下，人浮于事，产品成本高，缺乏市场竞争力，产品没销路，企业负债累累，发不出工资，政府想了很多办法都不行。比如罐头厂，1996 年春节前厂领导来对我说，他们与上海梅林罐头签有代销合同，就是缺流动资金和火车车皮。我专门到省里去给他们跑了专项贷款 100 万元和车皮。结果发到上海的货也销不出去，存在其他企业的库房里，钱也收不回来，厂里还挪用了部分专项资金给工人发过年钱，弄得我很被动，一时无法向上级交代。

还有巴中丝厂，上世纪80年代蚕丝可卖28万多元一吨，蚕茧从三元多一斤涨到八九元，还收不到，农民养蚕也有赚头，积极性很高。后来市场发生了变化，国际市场丝价一落千丈，每吨丝低到十三四万元，生产一吨就要亏十几万元，生产越多，亏损越多。工厂人浮于事，效益好时，各个部门都向厂里安置人。我调查过巴中丝厂，3000多人，上班工人不到800人，三分之二都是非生产人员，造成丝厂人工成本很高。厂长跟我说，不是他不努力，是实在没办法。我两次到省里争取的专项贷款，都被挪去给职工发生活费，没有用于生产。还有一点，由于出口丝价垮了，企业收购蚕茧价格也下压。农民养蚕没钱赚，纷纷放弃养蚕并砍桑树，企业经营陷入恶性循环。

后来中央实行"抓大放小"，国营大企业进行重组，实行股份制，对经营不下去的小企业实施破产。"五小"企业破产的时候，我亲身经历，感到很痛苦。为什么呢？我们巴中地区因为历史和地理原因，本来就没有什么大企业，也不可能有什么大企业，这些发达地区看不上的"五小"企业，在巴中地区的县域经济中发挥了重要的作用，也可以说就是县域经济的主要支撑。"五小"企业破产了，再要发展就很难了，这对于我们这个本就缺少工业的地区来说，就是雪上加霜。

当然对于这个问题，我觉得也要客观看待，不改革，我们就不能融入世界，2001年11月就不可能加入世贸组织，就不可能有现在的发展。

赵友川，男，生于 1954 年 2 月，四川通江人，中共党员。1993 年 10 月，任巴中地区教委党组副书记、副主任。

在一张白纸上做教育文章

赵友川

地区教委筹备情况

1993 年 8 月底前，我在达县地委宣传部工作，任党员教育科科长。8 月巴中地区筹备组成立，原达县地委副书记兼宣传部部长周登全是筹备组副组长，曾多次找我谈话，邀请我到巴中地区工作。因我的爱人、孩子均在达县，便一直予以谢绝，一直到 9 月 1 日晚上才同意。第二天组织通知我调巴中地区工作，因我是师范院校毕业，教过七年书，在宣传部门工作近 10 年，便选择了到巴中地区教委工作。

1993 年 9 月 14 日，我正式到巴中地区报到，被任命为巴中地区教委筹备组副组长。我虽是教师出身，但教育行政管理工作的经验，简直就是一张白纸，加之毕业后一直在达县地级单位工作，巴中四县教育部门和学校中基本没熟人。9 月底前地区教委筹备组只有我一人，临时办公地点就设在原巴中县委招待所的一间客房内，只有两张单人床、两把旧木椅和一张简陋的办公桌。为保证筹备工作的开展，一是租用巴中县供销社三楼为临时办公地点，并购置了一些简单的办公用品。二是请各县教育局推荐借用一名工作人员，加上白沙工农区来了一名女同志参加筹备工作，于是我们就有六个人了。

国庆后，巴中地区教育委员会正式挂牌成立，我被任命为地区教委党组副书记、副主任，随即从各县借调了第二批工作人员，初步搭建了地区教委内设科室及直属单位的班子。11月份，杜波从原达县卫校调巴中地区教委工作，任党组成员、副主任，招办自考办主任。1994年3月和4月，王家寿和冯明理分别从南江县、平昌县教育局调地区教委任党组成员、副主任。1994年5月，原巴中县委副书记张玉芳调巴中地区教委任党组书记、主任。

地区教委成立初期，在地区教委有正式编制并领取工资的只有我一个人，其余的工作人员全部属于借用，原单位发工资。怎么解决借人问题，当时也在考虑，这个办法就两条：一是各县推荐，二是向分管领导做好汇报。好在各县教育主管部门对地区教委的工作是非常支持的，推荐的都是政治思想素质比较好、业务能力较强的同志。从第一二批我们借调的人员来看，后期在我们局里包括直属单位发展都很好，基本上都是提拔使用。同时所抽调的人里，后来无人受党纪、政纪处分和法律处分。那时候的分管领导也很民主，地委这边是李开明副书记在分管，行政方面是冉德玉副专员在分管，他们从不干预人员的借调。

1993年12月底地区教委的内设机构和直属单位的框架基本形成，工作开始步入正轨，接下来的问题就是着力解决办公条件问题。巴中地区是没有任何依托的新建地区，全凭在一张白纸上做文章，部门当时也没钱，地区也没钱。那时候我们的办公经费是怎么解决的呢？巴中那时候是小市了，所以三县一市的教育主管部门对我们的工作很支持，我们没有钱，他们就借点钱过来，有时候没有物资，也送点过来。南江、通江看我们冬天无火烤，还给我们运一些钢炭过来。在各县（市）教育主管部门的大力支持下，我们初期算是渡过了难关。

修办公大楼

地区成立后，当时地委、行署的领导要求各部门自己想办法，一年之内要把办公楼盖好。地区只给你划一块地皮，不给钱，因为没钱。当时上级就在现在的地级机关家属院小区 13 号楼那里，给我们和卫生局一起划了很小一块地，只有一亩多点，只能修一栋楼。在建设的过程中，因为卫生局也是一个大单位，就主动分出去，挨着河边另建。只能建一栋楼，规划的是九层，每一层都是按照职工宿舍那么建的，一层三套，共 27 套房子，一楼做办公用，二至九楼作为职工宿舍。没有钱怎么办？只能向上级争取。初期的时候，当时班子成员只有两个人，我，杜波。我俩就分工，局里的日常工作由他负责，我的主要精力就是去跑资金。因为是机关建房，你向上级争取资金，是不可能立项的。我们向上争取资金的渠道也就只有两个：一个是省教委，另一个就是国家教委。所以从 1993 年 10 月中旬开始，我就带领人先到省教委去找领导汇报工作，给相关处（室）汇报工作，还要去给各直属单位汇报工作，因为各直属单位也有经费，也能给一些支持。

巴中地区成立时，从巴中到成都都是碎石公路，如果从巴中跑一趟成都，基本是两头摸黑，这边天不亮起来赶车，走到成都天就黑了。那时也没有小车，好在通江县委宣传部把他们一台小中巴车连同驾驶员都借给我们了。后来总觉得这样还是不方便，便在恩阳中学借了 10 万元钱，买了一台普通的桑塔纳，12 万元钱不到，这样就把交通工具问题基本解决了。

到省教委去见处（室）领导容易，见教委领导很不容易。一是那时候没有无线通信，他没在办公室，你就找不到他，但是你又非见到不可，所以每一次来见他们，都是在过道里等，反正一直等到领导回来。找得多了，我有一个感觉，要争取领导的支持，一味地哭穷也不行。所以在汇报的时候，第一我们就尽量把为什么落后的基本情况汇报清楚，第二提出巴中教育的发展思路，让他认为给巴中支持以后有效益，就愿意支持巴中了。我们13号楼在一年内顺利建成，主要靠省教委的大力支持。在争取省教委支持的同时，我们也注意到它的一些直属事业单位，因为省教委直属事业单位跟我们不一样，有钱有物，比如电教馆、技术装备处，还有省招办、省自考办，我们都去争取。去之前先商量好，去汇报就谈它这一块的工作，汇报巴中怎么做，保证做出效益。这些直属单位对我们的支持也很大。

我们去国家教委争取资金的经历，现在想起来确实是终生难忘。大概是1993年11月初的时候，我带领计财科和办公室的同志到北京，我们三个人都是第一次坐飞机，害怕。那天坐飞机，中途恰好碰到高空冷气，飞机颠簸得非常厉害，我们三个人坐在飞机上都是提心吊胆的，连飞机上提供的餐点都没心思吃。到了北京，我们就来到国家教委门口，根本进不了办公大楼。门卫很不错，主动替我们联系，大概隔了半个小时，国家教委计财司一个基建处处长通知我上去，同时也说明，只准我一个人上去，其他人不能上去。这个处长很好，一见面就对我说了两条：第一条，国家教委在资金的安排上原则上是对下不越级，只对省。第二条，在接待上是按照对等接待的原则，你作为一个地区教委的负责人来，只能是我这个处长跟你对接，你不能见司长，更不能见主任。然后这个处长认认真真听取了我的简单汇报，并把我们争取资金的报告接了过去，表示一定给领导做好汇报，争取给一些支持，临走的时候还记下了我的办公室电话号码，同时把他的办公室电话号码给了我。出来后，我总感觉心里还是不踏实，到底落不落得到实呢？后来达县地区教委一个老主任也帮助我们争取资金。最终，国家教委给了我们60万元的支持。

房子修好了，1994年张玉芳主任来后工作也步入正轨。但教委又面临一个新的问题，那一栋楼只27套房子，其中24套都是分给了职工的，只有一楼的三套房子作为办公室。那么多直属单位还搬不进来，都在外面租借房子办公。当时教仪站在外面租房子；电教馆依托巴中市的电教馆办公；招办就在巴中师范学校租房子，后头就买了那一层楼；教科处当时只有一个人，就跟基础科一起合署办公；电大好一点，教委把巴中市电大收购上来。总的条件还是不行，直属单位也不能长期在外。

1996年、1997年的时候，玉芳主任就在考虑谋划，教委机关必须搬出来另建办公楼，于是就在胡家巷那个地方征了一块地，大概有15亩，是一个大峡沟填起来的地。地区的看法是，那个地方没法修房子，规划的是做停车场，因为那里地势条件确实很差。这个地征过后，当时也没钱修，征地费也跟管委会欠着。好在当时的管委会主任由巴中市一个副市长兼任，叫闫大国，跟张主任熟悉，对教委很关心很支持。

好像是1998年底还是1999年初，张玉芳主任退居二线，组织安排侯中文同志从南江县委副书记、县政协主席任上到地区教委当主任。他一调进来，就见到当时办公条件的困窘，实际上，他那间办公室都是硬腾出来的。他就开始主动酝酿修房子的事，也晓得我们征了一块地，就说想办法把那块地用起来，建一栋教委办公大楼和教委机关小区。那样研究过后，尽管没钱，大家的心很齐，所以都同意。如何解决钱的问题，想了两个办法：一个办法就是争取银行的信贷支持，动工之前，地区农行给了我们300万元无息贷款，无偿使用三年。动工之后，资金还是有缺口，最后就用在建工程作为抵押又在工行贷了100万元。第二个办法，中文主任也是明确要求向省里争取。他把这个任务交给了我。

于是我又开始跑省里跑北京，这时候每一年年初和年底都要去争取的。省教委对巴中的支持力度是很大的，在建区初期，几个主任、副主任都到巴中来过，我们条件艰苦，他们都晓得，所以说每一年都是尽可能地给我们多安排多帮助一些，资金问题就慢慢解决了。修办公楼时，我们最初想的是不修那么高。当时好像是常务副专员苟必伦在分管建设这块，批规划时苟专员就不干了。他说，不行，不能低于13层。不管怎么办都必须要修成13层，你那个地方要修个稍微高点的，修矮了影响形象。不仅办公楼没形象，而且影响整个江北大道的形象。

当时有一个要求好像是，办公楼要在 2000 年底撤地建市的时候完成，要求我们在 2000 年 7 月 1 日向党的生日献礼，所以我们最后通过努力，硬是在 6 月 30 日正式搬到办公楼里面去了。后面修建职工宿舍要慢点，大概在 2002 年整个小区基本建成了。

现在想起来都觉得不可思议，在我们自己没有一分钱的情况下，我们修的房子大概是接近 1.7 万平方米，不仅解决了办公和机关职工住宿，也解决了直属单位的办公与住宿。除了电大以外，我们所有的直属单位都在一栋楼里面办公，而且我们的办公室还有多余的，后来团委、宣传部都在我们那个地方租用一些办公房，真是不容易。

抓巴中教育的几点感受

第一个感受，要有一个好班长。我主持地区教委工作的时间不长，后来无论是张玉芳同志还是侯中文同志任地区教委主任，地区教委的班子一直是团结有力的，两任"班长"起到了模范带头作用。玉芳主任作为一个女同志，硬是冒严寒顶烈日，在乡村的泥巴路上奔波，把我们全地区乡级以上的学校跑完。她这个人工作很细，善于发现问题，下去做教育上的调研和指导的同时，还善于跟各县（市）的领导做规划，尽量争取县（市）党委、政府对教育的重视和支持。我认为巴中地区教育落后局面的改变、教育的发展，特别是我们办公条件等的改变，玉芳主任是功不可没的。

侯中文主任廉洁公正，为人友善，领导经验丰富，因为他是从基层上来的。他最大的特点是善于用人，并发挥集体的智慧和作用，做事情从来不搞一言堂。在班子的分工方面，善于发挥各自的长处，为推动巴中教育的发展做出了很大的贡献。在侯中文同志当地区教委主任期间，地区教委年年都被省教委评为先进。

第二个感受，要把工作做好，还要有一支能够产生共鸣的职工队伍。作为地区教委和直属单位，在建立之初编制紧缺，人员很少，行政编制只有 14 个，有的直属单位没有人，有的直属单位就那么一两个编制，所以最初的时候，我们教委的职能科室还在代行直属单位的一些职责，那时候一个人确实就要顶上几个人的工作。

第三个感受，就是要有清晰的工作思路。巴中属于贫困地区，人力、财力、物力十分紧缺，加之交通不便，信息也不灵，还是比较封闭落后。要提高教育质量，改变落后的教育面貌，必须有一个清晰的工作思路，研究巴中的实际，这样才能够做出成效。当时巴中教育在全省做得比较有影响的有四件事。

一是民办教育抓得好，抓出了一个很有名的中学——龙泉外国语学校，省里专门在这边开了一个民办教育现场会。因为那时候政府这边缺人缺物缺资金，通过民办教育来发展教育，民办职业教育这块也发展得很好。

二是职业教育抓得好。南江小河职中是全国有名的职业中学。

三是高中教育抓得好。那时候跟现在不一样，现在不准谈高考评级，那时候就有一个排位，管它是民间排位还是内部排位，就是在给你排位。我们巴中在全省 21 个地市州里面，一般都是在第 11 名到第 10 名左右，作为一个贫困地区，能够达到这个水平很不容易。高中这方面我们就采取了平衡的方法，就是把全地区的中学拉通，搞联合调研室，联合指导，特别是由好学校来指导差学校，大家不搞封闭。

四是农村学校抓得好。当时，农村中小学校舍很陈旧，危房很多。巴中这种贫困地区，靠地方政府给很多钱修房子是不可能的。这时候我们抓到两个契机：一个是省里有一个中小学危房改造工程，我们尽量争取，得到不少资金；另一个是借抓"普九"改造中小学危房。因为搞普及九年义务教育，那个验收是很过硬的。抓"普九"主要也是从两个方面着手：一是上级的支持，二是调动地方党委、政府的积极性。最后，我们全地区中小学的校舍面貌焕然一新。

　　整个来说，我认为巴中的教育没法跟发达地区比，没法跟成都、绵阳相比，但是我们有时的名次比那些条件好很多的地区还靠前一些，我认为我们的工作是做了很多的，当然这也得力于当时地委、行署的领导和部门的支持。

闫明喜,男,生于1943年11月,四川通江人,中共党员。1993年11月,任巴中地区科委党组成员、副主任。

我们六个人初步搭起了地区科委的班子

闫明喜

1993年11月12日,我参加在巴中市盐业公司楼上召开的首次巴中地区工业工作会。当时是刘宗寿副专员分管工业。会议结束后,碰到地委副书记李克明,我表示希望到地经贸委工作。李书记说经贸委现在已经有人了,他建议我到地科委。

大概11月17日我到达县,和达县地区科委协商分家事宜。分家也没有什么分的,主要是分财产。当时达县地区接待我的是地科委赵副主任,还有办公室李主任。我们谈了几天,结果只是给巴中地区科委分了一辆马自达车。

分家结果很让我失望,我回到通江,找到通江县科委商议,借调段勇到地科委。11月下旬,我和段勇一起到了巴中。地区科委批准成立文件是1993年10月25日出的,再次到巴中后就去地委办公室拿到批文和地科委的印章,找到行署办行政科的曹社军,他是科长,在行政科借了5000块钱作为开办费。

这 5000 块钱有什么用处呢？就买办公桌，买椅子，还有就是印一些文头纸（文件纸）。地区科委组建时只有两个人，第一件事就是借调人员。我确定了几条借调人员的原则。第一条是共产党员，要求具有良好的政治素质和人品。第二条是大专以上学历，年龄在 35 岁以下。第三条是熟悉科技工作，来了就可以开展工作。第四条是搞"五湖四海"，每县一人。第五条是不怕吃苦。根据这些原则，就在几个县借调了几个人。段勇是从通江科委借调来的，平昌推荐的是何华太，巴中推荐的是高绪明，南江推荐的是何俊吉。几个人来自四个县的科委，比较平衡。专业上，高绪明是学工（科）的，何俊吉是学农的，何华太从事社会事业，段勇主要负责办公室。

接着解决办公的地方和住宿。我们租巴中市图书馆二楼一间 20 多平方米的房子做办公室。在巴中市畜牧学校租一间房子，解决借调人员的住宿。吃饭都在巴中市委招待所。最后把桌椅板凳买来，刻了地区科委吊牌，12 月 3 日在图书馆二楼正式开始办公。

大概在 1993 年 12 月 10 日前，我和朱冬副主任一起到成都向四川省科委汇报。他和张慧，加上我们四个（何俊吉 1994 年 1 月才来），地科委这六个人就初步搭起了班子。机构设置是根据编委的文件设立有办公室，有计划科、管理科、科教科，还有个专利事务所。后来有些变动，办公室没有变，设计划科、工业科、农业科、技术市场科，还有专利所，专利所后来改为知识产权局了。具体分工，我去的时候主要负责基建，后来分管工业科、技术市场科、知识产权局和引进国外智力办公室。

基建第一步是征地。第一次给我们划的地盘是现在计委那块地，第二次规划是在现在审计局那块地。这两个地方开挖量很大，以我们当时的经济实力根本不可能完成。因为地区科委不是实力部门，上级支持不多，财政支持很有限，向上争取资金也很难。最后划在江北四组，征了 10 亩多地，就是现在武警支队下面那一块地，上面是堰塘，下面是深沟。

当时地区负责基建的是副专员苟必伦，具体操办是闫大国。征地的过程很复杂，几次辗转规划才弄到那个地方去，也很不理想。已经划定了，就必须要建。开始建的是综合楼，宿舍和办公合在一起。当时找地区设计院设计地区科委宿舍，大概是 2000 多平方米。设计完成后，为防泄密，就和扶贫办一起到化成水库由造价站隔离预算，大概算了一个礼拜。后来招标站招标，巴中市华兴公司中标承建。

建房子首先是没有钱。我记得征这个地是每亩 6.5 万元。按照要求，符合安置的有 13 个人，其中 10 个人是自谋职业，有 3 个人要我们安排工作。科委当时什么都没有，根本没有条件安排工作，最后都自谋职业了。那时农民已经没有土地，我们的征地款没到位，农民没有生活来源，我们就给每一个需要安置的人每个月发 60 块钱的生活费。大概是在 1995 年 7 月，地建委批准地科委基建规划总图，1995 年 8 月 8 日地科委综合楼正式开工。当时江北是一片种水稻的田，因为全面开挖，稀泥烂滑。我住在老城那边的小河巷，过来施工，那一段路很难走。综合楼预算是 77 万元，工期 275 天。实际上因为资金不到位，拖得太久了。二是基础严重超预算。原设计是条石基础，因地基松软改为桩基础。挖桩孔时孔壁流沙严重，无法安护壁，也就没法浇注混凝土，最后只好挖了个大堰塘。仅基础就花了40 多万元，大大增加了投资，延长了工期。直到 1997 年 1 月份地区质检站检查合格，5 月份才交付科委。综合楼一梯两户八层楼，共 16 套住房，一楼两套就做了办公室。基建基本上就告一段落。

第二方面就是分管工作。当时巴中的工业基本上是处于萎缩阶段，整个巴中地区工业不发达，都是初级产品，卖原料，附加值不高，科技含量也不高。当时巴中的工业，第一是矿山矿业，第二是纺织，第三是食品，第四是饮料。矿山，就是南江的红山铁矿，还有个霞石矿，通江有个水泥厂，还有几个煤矿。纺织方面，巴中有一家棉纺厂，有一家丝织厂，通江和平昌都有丝织厂，通江还有一家棉纺厂。食品方面，只是巴中市有家罐头厂，有川明参，通江有银耳。这些产品产量不大，都没有形成规模，效益也不是很好。

巴中工业缺人才，再加上资源不多，要开发都不成规模。工业要向高附加值、高技术、高新产品这个方向发展，我们工业科技科的主要工作是宏观指导高新技术发展的战略，主要做几个方面的工作。

一是根据巴中地区实际，为企业申报重点科技项目。地区科委为南江红山铁矿申报并实施了"铁钴铜硫综合利用"这个科技项目，提高了铁矿石的品位。南江的霞石矿成功申报列入国家科委高科技火炬计划，年生产能力5万吨。地区科委为企业申报"非金属干式强磁选工艺"，经实施该项目能使霞石矿粉铁的含量在千分之二以下，解决了含铁量高的难题，使玻璃、陶瓷产品质量大幅提高，现在已基本形成规模。

二是推动和鼓励工业企业技术创新，开发新产品。巴中双林食品有限公司开发了川明参系列食品。川明参当时还是很有名的，出门送巴中土特产，川明参是首选之一。巴中罐头厂技术人员技术创新，用电阻焊解决罐头封口难题。通江县将银耳深加工，生产方便食品。平昌酒类开发是地区科委申报省食品研究所攻关的一个项目。平昌小角楼酒厂利用微生物人工强化窖泥技术提高出酒率，提高酒的品质。南江开发专利产品金银花茶。南江民营科技企业开发多功能青饲料切碎机，充分利用本地资源发展畜牧业，很受用户欢迎。巴中齿轮厂技术人员成功研制CA55变速齿轮同步器。这些科技成果大多获得地区科技进步奖。

三是提出推动和鼓励企业技术创新的政策措施的建议。由地委、行署发文，发挥科技人员积极性，奖励有贡献的科技人员，允许和鼓励科技人员技术入股，鼓励和支持发展民营科技企业等政策，这些政策措施促进了科技事业的发展，调动了科技人员的积极性。

四是技术市场工作。技术作为一种商品用于交换，新产品、新技术要卖出去，要出去展销。第一，巴中组织过几次商品交易会，更多的是参加省里的新产品、新技术交易会，把巴中一些科技含量比较高的产品宣传出去、销售出去、推广出去。同时通过交易会，我们从外面引进技术，签订技术服务合同。第二是参加四川、陕西、甘肃、宁夏四省毗邻地区经联会，其中有个科技分会，我们每年都组织企事业单位参加。这些都是连片贫困地区，大家取长补短，互相交易，也互相学习，把自己的产品推向人家，把人家的好东西引进来。第三是科技部把巴中列入东西部技术对接试点，引进北京科技集团的技术发展巴中地区经济。2000年，科技部组织开展青年志愿者行动，来了23个教授、研究生，深入巴中的四县（市）进行调研，为巴中的经济发展建言献策，提供技术支撑。巴中地区到底需要哪些科技，如何发展？科委牵线搭桥，引进高科技人才进行宏观指导。中国人民大学的储教授汇集了20多位专家的意见，形成了一份资料，给巴中提出宏观指导建议。同行的中国绿色食品中心的郭春敏教授，是专门研究绿色食品的，在会议中心为800多人讲解绿色食品知识。他讲了什么叫绿色食品，为什么要发展绿色食品，怎样发展绿色食品。他认为利用巴中的自然环境优势——巴中工业少、污染少，发展绿色食品很有条件，很有前途。这些建议对巴中地区指导绿色食品的发展有很大的促进作用。地区科委还组织巴中地区的企事业单位参加北京、深圳、西安的交易会，通过交易会互相学习，引进外地新产品和新技术。

五是引进国外智力。当时引智办（引进国外智力领导小组办公室）在省科委，后来引智办划归人事局去了。省科委引智办把通江县列为引进国外智力支援贫困地区的试点县。具体负责人是省引智办的副主任石明，还有一个姓刘的老同志。引智就是把一些良种良法从国外引进来，投放到巴中地区。科技部在郑州召开引进国外智力的技术交易会，特别邀请巴中地区科委参加。引智办直接给我们支援的项目、实施的项目比较多，比较突出的一个是脱毒马铃薯。马铃薯被国家列为四大主食之一，发展马铃薯在我们这个地方很有优势，但是一个致命的缺点是马铃薯种子退化严重，产量越来越少，而且有病毒。引智办从马铃薯国际中心请专家王意到巴中讲学，专门培训如何培育脱毒马铃薯种子，增加产量，防止病毒，这对于我们种植马铃薯有很大的推动作用。第二个就是从眉山的阳平种畜场给通江引进了六头美国波尔山羊，利用波尔山羊改造本地山羊，在通江的火天岗实施，效益很明显。第三个就是储粮技术。储粮技术是在通江的民胜、杨柏、广纳、诺江镇实施，建了160多个储粮仓，给农民做示范，减少鼠耗、霉烂，实施后粮食损耗从过去的10%左右降低到3%。引智办还引进新品种新技术，如耐旱玉米、特种蔬菜、SW89-3243小麦、水稻旱育秧、节水灌溉。这些品种和技术使农民增产增收，对支援通江起了一定的作用。

六是分管知识产权。知识产权包括著作权、商标权和专利等。我们管的知识产权只有专利。从1994年到2000年，一共申请的发明专利31件，授权5件，实施了5件。申请实用新型专利18项，授权17项。申请外观专利31项，全部实施。发明专利难度很大，在巴中实施效果比较明显的，一个是川明参开发了系列产品，实施是成功的，另一个是金银花用大孔树脂提取氯原酸可以抗氧化，多用于中药制剂和食品加工业。

何宗义，男，生于1945年9月，四川南江人，中共党员。1993年9月，任巴中地区公安处党委书记、处长。

护航新区铸警魂

何宗义

1993年9月8日，巴中地委、行署决定成立地区公安处筹备组。9月初省公安厅组织以干部处唐处长为组长的考察组，经座谈调查，确定我这个达县地区公安处副处长来巴中。9月7日从达县出发，9月8日到巴中开会，会议决定，我和巴中县公安局局长兰桂武两人具体负责筹建巴中地区公安处，平昌县公安局副局长丁从见负责筹建地区公安处交警支队。

创业，一路艰辛

说起筹建，一言难尽，是非常的艰辛。当时是一无资金，二无办公场地和设施，三无干警住房，四无工作人员。地委要求，三年时间各地级单位都要把筹备工作做完。

筹备组先是租房子，租到供销街农资公司的二楼，那房子很旧。房子租好过后，达县地区公安处来了十几个人，看了当时的艰难处境，除杨秀华、熊义凯外，其余人都回去了。吃没有地方，住没有地方，所以达县很少有人愿意来。我们决定，还是得先把办公用房解决了，在此之前，我跟兰局长共用一个办公室。那时候我们积极地去找地方修房子，同时还要抓工作。说个小插曲，当时有个单位给我们筹备工作组赠送了一台打字机，可以打材料还可以复印，但是买纸张的经费都很困难，在巴中县公安局工作过的兰桂武就去找原巴中县财政局局长张甫平，让他们赞助了5000块钱。

11月1日，经地委提名并报经省公安厅同意，任命我为巴中地区公安处处长，兰桂武任副处长兼政治部主任，丁从见筹备地区公安处交警支队，参与我们班子。工作人员方面，抽调巴中县公安局的干部郭立峰、李德如，那时候也不需要很多的人。我们这个班子组建起后，主要是在江北整地盘修房子，不然大家来了没有地方住，业务工作也没有具体机构来抓。我们的主要工作先是做好公安处挂牌成立这件大事，同时去各县选拔抽调一些机关工作人员。当时巴中从达县分家的时候，只分到了67个编制，包括交警支队，除了人头经费，其余经费都没有。

筹备之初，我主要是跑省公安厅争取经费。那时候找资金，主要靠我们去争取一些业务上符合政策的资金。印象最深的就是我们建立巴中地区公安处居民身份证制证所，这不是每个地区都必须建的，我们除到省厅向有关领导反映情况做工作之外，地委韩书记也亲自出面，所以继广安之后省里也批准了巴中地区建立居民身份证制证所。副处长兰桂武和治安科长邓文国还到德阳、重庆考察，回来后就开始搞，为公安处的资金筹建增添了不少来源。那时候找一笔资金很不容易。

地委定的时间是1993年12月28日，地区公安处要成立挂牌，各方面工作要正式开张。我们把各个科室的负责人落实了，然后在供销街租了农资公司300平方米的办公楼作为临时办公用房，租期两年。租了对面粮食局宾馆底楼，作为机关的临时伙食团。当时抽调来的人员居住很分散，就在后坝街租房作为临时住房，都是合租的套间，保证一个人有一间居室。

我在达县地区公安处分家时分到了 10 万元经费，还分到了一辆半新不旧的桑塔纳车。

公安处挂牌成立大会在现在的巴州区川剧团召开，参加会议的有陕西汉中，四川广元、南充共 600 多人。我们提出了三年奋斗目标，就是"围绕中心、狠抓基础、艰苦创业、团结拼搏，学广元赶达川，力争三年建成功能齐全的公安机关"。

1995 年 12 月，公安处从供销街办公地点搬到江北新建的职工宿舍楼。这栋楼从 1994 年 6 月份动工，到 1995 年 9 月份基本竣工。由于没有资金，所以由干警集资修建，既解决了住宿，又把一楼二楼作为临时办公用房，基本上在里面办公有一年多的时间。1996 年开始修办公楼，1997 年完工，我记得地委韩书记亲自来剪彩。修这个办公楼，争取资金是很困难的。我先后跑了北京，跑了省里，都争取到了资金。公安部给了 30 万元，省丝绸公司，还有水电厅，都给了支援。我通过各种渠道，千方百计凑了 2000 多万元的创业资金搞建设，建成了功能齐全的公安机关，实现了当年确立的奋斗目标。

我们的筹建工作一开始，就把公安处处长、副处长的职责，处、科、室、队职责是什么，全部明确，张贴在墙上。韩书记来参观后表扬了我们，还把市直工委负责人叫来，说哪个部门搞得像公安处这么好呢？一开始就把处长职责是什么、副处长职责是什么，还有各科室的职能职责写得正正规规、清清楚楚的，便于对照检查。韩书记对我们工作很满意。

成立公安处之后，工作量就很大了。各项工作千头万绪，我们始终坚持一手抓基础，一手抓组建；一手抓打击，一手抓防范；一手抓业务工作，一手抓队伍建设。当时每周一、三、五晚上，我们都要上班学习业务，星期天参加义务劳动，领导班子也不例外。巴中公安处刚成立时，我们没有通信工具，这是大问题，省公安厅很重视，公安厅吕卓厅长就派通信处处长王光辉亲自来给我们组建线路，不仅保障了通信畅通，还送了一台能坐二十几人的中巴车给我们。当时，公安处的通信建设工作，杨秀华同志也想了许多办法，吃了很多苦，做出了特别的贡献。

办公楼修好后，当时的内设机构，政治处，办公室，一科、二科、三科、四科、五科、刑警队，林业公安，还有出入境、户政、行装、机要、交警等，基本上都是设全了。

那三年，做了很多事情，房子修了3万多平方米。那时候修住宅楼很艰苦，争取资金，节约成本。实际上，我修房子，只需要400多元一平方米。那时候我在成都开会也好，从达县回来也好，都是先到工地去看看房子建修的进度。修房子征地，是周登全专员出面划的，没有商量余地。当时规划了24亩，先给民警安窝，先修住宅楼，然后修办公楼，警苑楼是最后修的，那时就不怎么困难了。我们搞了一个地下车库。因为那里原来是个低堰塘，填起来要增加成本，所以就规划成地下停车场。上级也来考察过，认为公安处修的房子有地下车库很好，给我奖励了5000块钱。第一天得到奖金，第二天我就叫办公室人员拿到南阳，捐给我们联系的贫困村了。

护航，一路奋斗

我们公安处的工作主要是要紧紧围绕地委、行署的中心工作，为经济建设护航、确保社会稳定这个大局来进行的。

地委、行署在1993年10月28日挂牌的时候，要求我与成都市公安局联系安全保卫工作。我找到成都市公安局的负责同志，他们派了一批警察来巴中维护秩序，韩书记很高兴。地区挂牌成立庆典隆重热烈，巡游秩序有条不紊，没有差错事故。

巴中地区成立后，做好警卫和安全保卫工作也成了公安机关极其重要的一项工作，温家宝、李克强、洪学智等党和国家领导人、老红军以及上级有关领导来巴视察，其间的警卫和安全保卫工作，我们都做到了万无一失、绝对安全。包括全地区一系列大型群众性活动的安保工作都做到了万无一失。这些工作，多次受到上级领导肯定和表扬。

那时候，我们巴中公安围绕中心，为新区建设创造了一个良好的社会治安环境。始终增强政治敏锐性，持续深入开展了查禁取缔邪教的专项斗争行动，确保了社会大局持续稳定。针对治安特点，我们先后持续开展了"打现行、破大案、捣团伙、追逃犯""围歼车匪路霸""打击盗杀耕牛犯罪""打击盗抢机动车犯罪"等系列严打行动。

巴中虽然地方封闭，但是发生的大案和特大案件并不罕见，即便是在成立地区后两三年也有。讲一个影响大、危害大的案件。公安部发布 A 级通缉令，有一个外地女人姓郑，五十几岁，在草坝街卖刀卖铁器，她拐卖儿童 13 个，已经判死刑却逃跑了，就是我们巴中公安抓捕的，最后依法执行枪决。还有给地委韩书记寄子弹这个案件，我是亲自抓，三天就破了。我组织当时县级巴中市公安局的全体力量围绕这个案件全地区查，由一本《分忧》杂志的线索，从物到人全面查。《分忧》杂志发行了很多本，是哪些妇女订的。结果就在枣儿垭一户人家里找到了第三页缺失的《分忧》杂志，人赃俱获。晚上汇报后，我安排抓捕，马上就去。后来执行刑警说，我的决策非常正确，抓捕时犯罪嫌疑人正准备烧杂志毁灭证据，后来这个人被判了刑。

还有个大案是在 1994 年，具体时间记不清，贵州瓮安县来了两个人，在西华宾馆包下房间请人洽谈业务，在茶水里放麻醉药然后抢劫，危及受害人生命，影响极坏。最后这个麻醉抢劫案破了，两人都被判了死刑。

建区之初，巴中地区公安处针对 1994—1995 年拐卖妇女儿童、影响一方社会治安稳定和人民群众安居乐业的犯罪，由市公安局陈通华、张仕松组织破案专项行动，抓获了四十几个拐卖妇女儿童的犯罪成员，解救了 43 名妇女儿童，为此得到了公安部的表彰。对于大要难案件，如罐头厂的杀人练胆案、西华宾馆的麻醉抢劫案、平昌县的贩毒抢劫绑架案、盗窃耕牛案、通江县"2·22"杀人匿尸案、南江县"4·10"杀人沉尸案等系列案件，我们都侦破了，地委、行署也很满意，命案侦破工作搞得很出色，省公安厅还在巴中开了全省现场会。

那时，我们一手抓打击，一手也特别重视治安管理和防范工作，创造了"创安"工作、山区道路交通安全管理等一批经验做法，现场交流会都在巴中召开，在公安部知名、全省有位。

建立地区时，可以说是百业待举，基础建设任务很重很急，我们公安处为重点工程建设的服务也是做得很好的。当时全地区交通大会战，我们公安机关全力以赴，每10公里就要派五个民警来负责维护治安秩序和工程秩序。诸如爆炸化危物品的具体运输到仓储及安全管理，公安机关必须发挥治安管理职能和提供服务。特别是唐巴公路建设，有一个派出所民警因公牺牲在岗位上，我们举行了隆重的追悼大会。再如建三号大桥，我们的民警每晚都要去坚守和巡逻。那些年那些工程施工过程中，没有出现重大的治安事件，也没有大的事故发生。

做好扶贫帮扶工作，为地委、行署中心工作服务。我们公安机关全心全意、不遗余力，总想为老百姓多办实事好事。公安处扶贫工作是我亲自抓，最早我们公安处扶贫的是南江乐坝镇的董家梁村，我们确定一个处级领导专门抓，还派一个民警驻村，我也是三天两头就去调研解决问题，老百姓对公安处帮扶很满意，还赠了锦旗。后来帮扶巴中市青木镇高平桥村时，公安处党委副书记彭仁金亲自驻村具体抓。高平桥村没有电视，公安处垫资3万多元把所有人家的电视在春节前开通，老百姓很高兴，四川电视台还作了新闻报道。大队支书提出，想要我们帮助修建上学路上的过河桥，因为下雨涨水，娃儿不能过河念书。我们当作自家工程，出面向各方争取资金，向财政先后争取了10多万元修桥。帮扶南阳乡的方碑村时，请南江的种茶专家到南阳乡去考察项目搞培训，还给那些农村贫困户买小羊，给大队合作医疗几千元钱，让他们好好搞，要为老百姓治病。反正想的就是让老百姓尽快脱贫，过上好日子。

公安处的干部来自五湖四海，队伍素质也参差不齐，要干好本职工作，我们把队伍建设抓得很紧。我们地区公安处在规范法制建设上下了很大的功夫，规范民警执法行为成常态，大力开展岗位练兵活动，学业务，练硬功、强技能、比奉献，公安民警的法律素质和执法办案能力也不断增强，没有发生过冤假错案。队伍教育管理也特别严格，特别是枪支管理严格。那时候不把这股歪风邪气刹住，就会把单位和民警给毁了，管得严才是爱！

争先，一路辉煌

公安处成立一开始，我们党委一班人和干警艰苦创业的劲头就很足，艰苦奋斗的精气神就很好，始终都有一种要在全省公安系统中争先进、赶先进、不服输的冲劲和闯劲，要力争各项工作走在前头、有名有位。

在完成前期筹备系列工作目标后，我们又提出"抓班子、带队伍、促工作、保平安"的工作思路，"三年打基础、五年上台阶、十年迈大步"的奋斗目标，就是为了把队伍建设好，争取建成全省一流的公安机关。公安处成立后，我们坚持发扬红军精神，为做好公安工作注入强大的精神动力。我记得 1993 年 12 月 19 日，原国务委员、公安部部长王芳为巴中地区公安处成立题词，"发扬革命传统，开创公安工作新局面"。原公安部老红军、副部长于桑亦题词，"发扬老区革命精神，确保社会治安稳定"，是从北京邮寄到公安处的。于部长对我说："我是从渠县步行到巴中参加红军的，我对巴中有感情，如果我能走，我还要亲自来巴中看你们的。"我们还结合川陕苏区首府的革命历史，发扬红军精神，提出了"巴中公安精神"，就是"苦干实干、奋发有为、排难创新、不胜不休"，如今这也成为砥砺巴中公安不断前行的宝贵精神。

地委、行署非常重视公安工作。1995 年 1 月 6 日，我们在全省率先实行县公安局局长、政委异地交流任职，当时全区四个县（市）局的八名局长、政委，除了一名快要到点即将退休的政委以外，其余七名局长、政委全部异地交流，三天内全部到岗。省公安厅政治部专门派了一个处长来搞调研，巴中的先进经验得到省委组织部的肯定并在全省推广，同时得到了中央组织部的认可并在全国转发，也在内参上刊载发表。于是我们公安处党委又作出一个决定，在全地区的派出所当中，所长、教导员在县内异地交流，不在本地任职，这在全省公安机关创造了典型。

建区这些年，我们公安机关为"巴中经验"的巩固和发展还是做出了很大的贡献，时任省委书记谢世杰在视察巴中的时候盛赞："巴中的农村治安工作搞得好，有的村连续多年无刑事治安案件，出现了'日不闭户、夜不关门'的良好局面。"时任省公安厅厅长吕卓在1998年来巴中视察的时候，也给我们予以高度评价："巴中公安工作在地委、行署的关怀下，非常有起色，班子团结，人心齐，斗志旺盛，队伍朝气蓬勃，艰苦创业的劲头十足，在队伍建设、基础工作以及硬件建设上取得的成绩非常有价值，为四川的公安工作做出了贡献。"吕厅长还欣然题写了"政通人和，巴中平安"来勉励我们。

我们连续七年有7名民警被评为全国优秀民警，1名治保主任荣获"全国公安保卫系统先进个人"、全国劳动模范称号，41个集体获二、三等功，巴中市公安局3次夺得全国优秀县（市）公安局的桂冠，巴中市公安局西城派出所、平昌县公安局江阳派出所被公安部表彰为"人民满意派出所"。我们很多业务方面的工作在全省都有口碑。

我们公安处从县级文明单位一直创到全国文明单位，不容易！从公安处机关的卫生、警员的举止礼貌，我是逢会必讲，重抓苗头，所以机关的文明创建和民警的教育培训，一年一个台阶。当时巴中地区公安处被评为"全国文明单位"，在全省是第一个单位，在全省公安机关也是"唯一"。

回顾巴中公安工作的发展历程，她所取得的成绩，都是在党委、政府和上级公安机关领导下，紧紧依靠人民群众取得的成果，凝聚了全区公安民警弥足珍贵的智慧、经验和辛勤的汗水，彰显了巴中这片热土上公安的"忠"和"诚"的信念、"闯"和"干"的精神、"智"和"勇"的气魄。每一个辉煌成就的背后，都留下了同志们奋斗的足迹和为民爱民的身影。

罗洪亮，男，生于 1944 年 4 月，四川
恩阳人，中共党员。1993 年 9 月，任巴中
地区司法局党组书记、局长。

地委行署选址·大佛寺会议

罗洪亮

1993 年 9 月 2 日，我作为巴中地区司法局的筹备负责人，首批跟随地
区筹备工作领导小组到了巴中。我们首批有 30 多个人，都是排队一锅吃
饭，在同一张表上领工资。记得我的工资在工资表上排第七，首先是韩忠
信书记，其次是周登全专员。筹备人员的工资，先从达川地区借过来，从
1993 年 10 月份开始发工资。1993 年 8、9 月份，没有给我们发工资，达川
地区那边停发，这边暂时也没有发，所以大家都是垫钱到巴中来工作。

第一个值得记忆的故事，叫"历史的一刻——地委、行署选址江北"。
当时怎么选江北，民间传说版本很多。现在的市委、市政府，原来的地委、
行署都在江北新区，但开始选的地方并不在江北这里。

大概在 1993 年 9 月下旬，一个下午，天气很好，秋高气爽。我接到通
知，跟随地区筹备组领导到南龛坡飞霞阁处集中，主要是看一下巴中地委、
行署和地级机关将来建在什么地方。我记得很清楚，当韩忠信和周登全等

筹备组领导来到飞霞阁时，原巴中县委书记李开明、县长徐学明率领县里一些同志，已经等在那里迎接我们。飞霞阁地处南龛坡顶端，视野开阔，从山顶向四周望去，整个巴中县城尽收眼底。

简短寒暄之后，韩书记、周专员问，老李、老徐，你们准备把我们地委、行署安排在什么地方？李开明书记说，我们县委、县政府反复考虑后，建议韩书记、周专员——他用手指着山下雷破石沟的佛爷湾一带，这里可以作为巴中地区建设所在地。大家看了看山下，都觉得那是个狭长地带，地势不够理想。韩忠信书记说，那个地方有点狭窄，地区几十个部门，还有那么多的金融机构和省管部门，摆起来很拥挤。他转过身来又问，还有更合适的地方没有？来回踱步几次后，韩书记突然指着对面的江北发问，哎，对面那个地方是干什么的？李开明书记说那是江北农场。韩书记道，嘿，这块地方不错嘛，比较开阔。大家都回头来看，江北那个地方确实不错！一是比较开阔平整，二是面积比较大，三是拆迁量也比较小。

我的印象中，当时江北一共只有两栋砖房，全砖结构，一栋是巴中县江北计生站，一栋是巴中县计委小楼，大概是四层楼，普通民房稀少。

大家一看这个地方，确实不错，但是感觉这个地方最大的问题是交通不便。县里两位领导说，那边有座吊桥，下河有座红岩大桥，上河有座柳津桥，这就是连接江北的三座桥。

韩书记和周专员说，我们如果选在江北，可以再建一座桥，在吊桥附近建一座桥，连通江北和老城区，将来利于地级机关的发展，江北和老城区就连接成为一体了。大家都鼓掌赞同。选址这事儿就这样确定下来了。

对于选址江北，社会上传说和版本很多，甚至带有一些迷信色彩，其实并不是那么回事。江北选址实践证明，地委、行署的领导思路决策非常正确。如果地级机关选在佛爷湾，对于巴中经济、社会和城市发展，确实没有今天这么好。

后来江北建大街也有争论。韩忠信、周登全主张建60米宽的大街，50年不落后，建就要建好。当时一些人就这个事儿持不同意见，甚至有人告状，说是浪费土地，搞"高大洋"，巴中一共几辆车几个人，还要建条 60 米宽的大道?! 修 30 米宽就不得了了，可惜了土地……韩忠信书记针对这些非议，多次在会上进行严厉批评。

30 年过去了，今天看一下江北大道，还是不落后。如果没有选址江北，没有江北大道的建设，巴中城还像一个市级城市吗? 肯定不像! 所以我们应该感谢当时地区领导的正确决策。这是我印象最深、也是最难以忘怀的事。

第二个令我印象深刻的是大佛寺会议。这个会议叫作"地级机关领导干部学习会"，也叫"大佛寺交通宾馆领导干部学习会"，参加人员有地委、人大工委、行署和政协工委领导，各县（市）四大班子领导，地级各部门的"一把手"。

时间是 1994 年的夏天，地址在大佛寺交通宾馆，这座宾馆现在已经被拆除了。因为当时巴中条件受限，还没有一个能够供集中学习和开会的场所，地委决定到地区交通局在大佛寺修建的交通宾馆召开全地区领导干部学习会，时间七天。我记得很清楚，会议通知要求，会议期间不准请假、不准会客、不准回家。

这次会议的中心议题是，我们贫困的巴中地区要不要解放思想、如何解放思想。韩忠信同志首先作了大会的动员报告，提出了巴中地区将来建设的工作要点、工作思路，供大家学习、讨论和建言献策。

当时我们巴中的财政可以算得上是白赤财政，没有其他任何收入。从达县地区分家，仅仅分得了达县地区招待所和 700 万元起伙资金。当时确实太穷了，人员的工资只发 80%，20% 是要自己去找或者赊欠。建地区的时候，大家都是一片热情，但过来之后，碰到的问题是既要建设，又要发展，但没有钱。办任何一件事，都是困难重重。

那时，通信只有四部手摇电话机，打个长途电话都要排队，甚至排一天。交通方面，巴中到成都，要从早上 6 点走到下午 5 点，还要跑快点才行，有时候路上堵车，要两天才能到成都，我们巴中跟外界基本处于隔绝状态。这种情况下，巴中地区怎么办？地委会议抛出一个课题出来，就是叫大家都思考思考，群策群力，出主意、想办法。

会上，大家围绕地委、行署的工作思路和决策，确实提了很多好的建议：建议把握通信光纤经过广元的好时机，抓紧把通信问题解决好，通信工作由苟必伦同志具体负责抓；交通由周登全专员亲自抓，刘宗寿副专员具体配合，要尽快打通成都到巴中的唐巴公路建设，资金来源除了向上争取外，主要靠巴中县人民利用 30 个义务工去投入建设。所以从开始下这个决心、到定工作思路、到最后付诸实施，每一步都是非常艰辛。

实践证明，这次会议过后，大家由情绪低落悲观到逐步振奋，工作热情逐步被激发出来。后来每年一次的地委扩大会，都是统一思想鼓干劲。第一次地委扩大会在巴中县召开，第二次地委扩大会是在通江召开，第三次是在南江的桃园，第四次是在巴中市的南阳，第五次是在平昌的白衣，第六次是在通江的诺水河。每次会议，都对我们地区的发展产生了质的影响，巴中的交通通了，通信畅了，财政收入有了发展，建设形势也是一天比一天好。特别是后来"巴中经验"的提出，全国扶贫工作会议在巴中召开，全国交通工作会议提出"平原学山东、山区学巴中"的口号。巴中所取得的经验和地位，都是这几次会议成果的反映。

李鳌，男，生于 1943 年 10 月，四川营山人，中共党员。1993 年 9 月，任巴中地区财政局局长。1994 年 10 月，兼任巴中地区地方税务局局长。

不应忘却的往事
——巴中地区财政税务筹建记

李 鳌

巴中地区成立 30 年了，回忆建区之时的些微之事，多少有些感慨。

巴中地区地级财力的形成

1993 年 7 月份，国务院下发文件，原南充地区划出部分县设立广安地区；原达县地区划出邻水县去广安地区后，成立达川地区和巴中地区；巴中地区辖巴中市、南江县、通江县和平昌县，地区驻巴中市。8 月份，由达县地区地委副书记、组织部部长韩忠信和地区行署陈远达副专员带队，组织地级有关部门负责人到涪陵地区参观学习涪陵和黔江分家的经验，回来后就达川地区和巴中地区成立提出方案并报当时的地委讨论完善后批转各有关部门贯彻执行。当时达县地区财政局派我随同前往。

这个方案的核心内容大致就是一个"四六开"。根据涪陵和黔江分家的经验，达川地区七个县，巴中地区四个县（市），按其土地面积、人口数量、工农业总产值等项目指标，达川地区大致占六成，巴中地区大致占四成，最后形成就是"四六开"方案。地级行政编制分配巴中地区占四成，达川地区占六成。除省属事业编制以外，原达县地区地级的事业编制也是按照"四六开"进行分配的。这样，不仅涉及地级部门应该有多少人去巴中地区，也涉及从原达县地区划转多少财力到巴中地区。达县地区是个老地区，行政、事业机构设立齐整，编制充盈，职工队伍庞大；地级更有众多的规上企业，还有众多事业性的社团、学校等单位，这些企业和社团、学校无法分去巴中地区。巴中地区四个县（市）都是财政补贴县（市），巴中地区地级只能为四个县（市）的发展服务。若有可能，应予资金支持四县（市）的发展，决不能截留县里的财力用于地级发展，这是面临的实际问题，更是当时财政实行包干管理体制的一个重要原则。

巴中地区是一张白纸，要啥没啥，一切都要新起炉灶、建设发展。为了确保巴中地区地级的建设发展，鉴于巴中地区成立时面临的实际困难，达川、巴中双方五人小组当时共同议定，由达川地区给巴中地区一次性划转资金500万元，并列入巴中地区地级财政支出基数。这样一来，加上按行政、事业编制40%划入的人头经费，就形成了巴中地区地级的可用财力，大概人均5000元多一点。按当时财政支出环境和职工工资水平，可以保障地级干部职工工资发放和低水平运转。但是，面对地级部门大量的征地建修、建房造屋，购置车辆、计算机和政法部门的装备、法律文书等必要的办公用品的保障，电、水、气、通信等必要设施，以及地区武警、消防等营房营具的购置等，地级财力简直是杯水车薪，苦不堪言。

巴中地区财政局的建立

1993 年 8 月下旬，全省财政工作会议在大邑县召开。我随同达县地区财政局党组书记石俊前往参会。会议结束时，省委书记谢世杰讲话后，召集达县、南充地区财政局参会者见面，非常严肃地指出，达县地区和南充地区分别成立巴中地区、广安地区，广安地区条件比巴中好些，巴中地区是非常困难的。你们地级分家，地区财政资金一定要往这两个新的地区倾斜，财政局的局长要带头并带领干部职工去两个新的地区工作。

会议结束后，我们回到达县驻成都办事处。当天晚上，达县地区财政局陈光华局长也到了办事处。晚上无事，我们一行人正在议论怎样贯彻会议精神。大概 10 点多钟，周登全书记来了，那时他是达县地委副书记、宣传部部长，确定他要到巴中去。周书记通报了一些成立达川、巴中地区的进展情况，慎重地对陈光华局长说，你们财政局几个局长一定要派一个到巴中去，不然你就过去。当时，陈光华局长将局班子成员情况分别作了汇报，最后说，李鳌是从巴中来的，对巴中、通江、南江和平昌的财政运行情况相对了解一些，多年从事财政工作，工作也很称职，经验也成熟，可以到巴中地区去工作，任巴中地区财政局局长。

回到达县后，周登全书记对我做了很多工作，鼓励我到巴中地区去。

1993 年 9 月初，忠信书记召集我们去巴中的同志多次开会，要求我们迅速搭建巴中地区地级部门领导班子，加强工作力度，说服、动员地级单位干部职工去巴中地区，多方战胜困难，去巴中迅速开展工作。达县地区财政局连续开会，动员鼓励大家去巴中艰苦创业。按照"四六开"办法，达县地区财政局有 100 多员工，即约有 40 个人应到巴中地区去。但是大家都在观望整个地级部门的动向，愿意前往巴中的同志确实不多。面对如此情况，我思虑重重，寝食难安。我分析了方方面面的情况，决心迎难而上，遂动员宣汉县财政局局长乐杰去巴中地区财政局做副局长。时逢白沙工农区撤销，白沙工农区财政局谭开福局长带领区副局长蒋兴权等几位同志来拜会我，表示愿意到巴中去。我将这些情况向五人小组的有关领导汇报后，得到支持。

1993 年 9 月 14 日，我同乐杰、蒋兴权同志乘坐一辆破吉普车到了巴中，紧接着又分别到巴中、南江、通江和平昌了解县局财政运行的情况，并跟他们局长商量，鉴于巴中成立地区，要体谅巴中地区新成立的实际困难，要兼顾地、县财政干部的实际情况，1993 年度财政决算汇总要指定一些同志完成，县局要支持，同时每个县大概抽调三至四人到地区工作，请他们做好准备。

1993 年 10 月份，白沙几个同志来巴中急速上岗，立刻同省财政厅及相关处室，同四县（市）及相关股、室沟通了资金往来和工作联系，同时与银行金库沟通业务往来等工作。新成立的巴中地区财政局开启工作，财政资金上下往来基本通畅顺达。1994 年初，达县地区财政局分到巴中的同志和四个县（市）财政局抽调到地级的同志陆续到位，地区财政局共 30 多个人，其中行政编制大概是 20 多个，事业编制有 10 多个，对应省财政厅各处、室和县（市）各股、室的各科、室相继成立或指定专人负责工作。同时，局内相关科、室同地级所有新成立的行政、事业、企业单位通过开户银行建立起了财政预算资金划拨缴款制度，明确了财政管理规则和制度。巴中地区财政工作切实运转起来。

巴中地区地方税务局的成立

1993 年底，国务院实行财政分税制改革，同时提出建地方税务局。省里把这个事情抓得很紧，几乎是半月一次会。省财政厅明确，必须由各地市州的财政局承担起国税、地税分家的任务。省、地（州）、县各级税务局划出地方税收这块后就是国税，划出来的地方税部分及人员和财政农税部分人员合在一起便是地方税务局，地税局由行署直接管理。由于各地方税务局是白手起家，省财政厅明确要各地、县财政局局长兼任地方税务局局长，要求扶上马送一程，于是我兼任了巴中地区地方税务局局长。地委、行署非常重视全区地方税务局的建立工作，将巴中市税务局局长沈琳调来做副局长，将通江财政局局长宋国胜调来做副局长，将组织部王瑞群同志调来做副局长，地区地方税务局领导班子迅速形成。财政局把农税科的七八人划过去，国税那边划了20人过来，行署又调了几个人进去，大概就40来人，地方税务局成立起来了，同时建立了相关科室，并及时同省地方税务局取得了工作联系。我及时租赁了粮食部门的房子，财政局、地方税务局在同一栋楼办公。接着我同地税局的同志们分别到各县（市）督促县局建立完善，帮助解决具体困难，确保地税工作开展。1994年10月地区地税局挂牌成立，大概运行到1997年的时候，省里将地税系统垂直管理，我这个地税局局长自然完成使命。

几点体会不能忘记

一是地委、行署的坚强正确领导不能忘记。对地级财力的争取和使用，地区财政、地税的建立，地委、行署领导们高度重视，亲力亲为，给我们巨大的鼓舞和支持。尤其是地委书记韩忠信、行署专员周登全、常务副专员苟必伦和分管副专员身先士卒，带我到财政部，数次到省财政厅汇报巴中财政情况，争取支持，争取资金，很多时候是有求必应，亲临现场解决具体问题。周专员还组织人力亲赴黔江地区学习财政支出包干办法，供我们贯彻实施。同时地委、行署其他领导同志及地级部门都坚决支持财政、税收工作，营造了良好的财政、税收工作环境。

二是省财政厅的大力支持不能忘记。省财政厅厅长1994年3月份带员来巴中地区一个县（市）一个县（市）地了解财政运行情况，还专门安排一名同志直接联系巴中地区，称为"特别联络员"。凡是周专员、必伦副专员带我去省财政厅汇报工作，厅长必召集有关处室耐心听取意见，并解决具体问题。省财政厅厅长、副厅长、处长几乎每年都多次到巴中地区调研工作。当时面对分税制财政改革，会议很多，巴中交通闭塞，通信不畅，很多时候厅长或副厅长都同意我到厅电话总机室通过长途电话向一个个县（市）布置工作。财政厅各处室大力支持巴中地区建设发展，巴中地区财政工作取得了明显成效。

三是全区人民努力支持巴中地区的建设发展不能忘记。实行分税制改革，增加了农林特产税税种，巴中是贫困地区，农林特产极度贫乏，又分散不均，罕成规模，收入有限。但因历史原因造就的统计数据存在，征收农林特产税任务较重。农业税、农林特产税、屠宰税等农村税收，加上五花八门的农村各项提留统筹，使得全区农民负担异常重，本来的贫困地区更是雪上加霜。巴中地区及四县（市）地税收入很多是全区农民的贡献，这些资金为建设发展巴中地区及四县（市）发挥了重要作用，我们应永远铭记于心。

四是地县财政干部的努力工作不能忘记。建立巴中地区，恰逢分税制改革，省政府1994年发出"促平消赤"的文件，通过1994—1997年几年的努力，巴中四县（市）取得了显著成绩，获取财政奖励资金1.3亿元，在全省独树一帜。同时地区财政局通过努力工作，积极争取资金建好了职工宿舍，有了办公场地。加强同省厅处室沟通联系，赢得省财政厅各处室的信任、支持，巴中地区财政工作为促进全区建设发展发挥了应有的作用。

谢光德，男，生于 1949 年 1 月，四川通江人，中共党员。1993 年 10 月，任巴中地区建设环保国土委员会党组成员、副主任。1996 年 7 月，任巴中地区环保局党组书记、局长。

从建委到环保局

谢光德

一

1993 年，我退伍回来，正赶上巴中地区成立，分配的单位叫建设环保国土委员会，给的职务是副主任。

10 月 1 日，地委宣布地级机关部门领导就位，我在家休国庆假没去。10 月 2 日，我从通江赶到巴中，到地委组织部干部科报到，才知道韩书记点名未到，就把我名字划掉了。10 月 3 日，苟必伦副专员要召集各部门的一把手、二把手见面，我也接到通知参加了那个会，第一次认识苟副专员，他看见我笑了一下，打个招呼"好"。接着又见到了周专员，因我未按时到职，有点心虚。

不几天，建委副主任杜明垓带着我一起到江北地级机关基建工程指挥部开展业务工作，先是规划地勘，接着"三通一平"。我在江北建设工地上干了一个多月，找到韩书记说，我在工地上名不正、言不顺，你还是把那个任命给我下了嘛！您也是军人，我也是军人，我晓得自己应该受批评。韩书记说，你知道你该干什么就行了。第三天就把任命正式给我宣布了。

那时候，建委主任是郭学海，副主任是杜明垓和我。说实在的，我们上班只有一个塑料公文包，"一把手"装一个公章，装一个任命书，连个上班地点也没有。

当时地委、行署成立后，面临的是交通建设，再就是阵地建设。各部门办公、住房、食堂都没有，我们住在魁星楼，四个人挤在一间屋里。建委办公的地方也没有，就在小东门那里二楼租了间房子，在原巴中县建委张光前主任那儿借了2万块钱起家。我们建设部门主管城市建设和城市规划，真是从一张白纸开始绘这一张蓝图。

地级机关建设，第一步就是规划地级机关那一块，原来广场那一块规划的是地级机关办公区，还有我们的会议中心。最先的规划还是我们自己在搞，因为地委、行署要求的起点高，韩书记说的是要50年不落后。后来就找重庆建院来搞规划图，我们的工作就是组织招投标进行实施。

那时候，指挥部开始组织了十几个施工队，进入江北地级机关小区建设，显得非常拥挤。那些地级机关单位的经济条件都很差，要建办公楼，要建住宿楼，地盘分配都想往老地委、行署那边挤，有些机关的楼就要调整。

周专员、苟专员带着我们去达川、广安学习参观一圈回来，地级机关工程指挥工作提速，正式挂牌成立了指挥部，苟专员任指挥长，袁绍汤、许大尧任副指挥长，杜明垓任总工，各县抽调张龙吉、赵莉、赵玉华等人任技术骨干，我负责现场施工。

在广安考察时，大家都认为广安规划搞得好，广安那个大道100米宽，非常好。我们回来以后，苟专员主持，就把江北大道参照规划为60米。韩书记讲道，跨越式发展，要盯住50年不落后。当时有人对这个不太理解，从这30年的发展来看，比起其他地方，江北大道还是不落后。

在指挥部那段时间里，我们虽辛苦却都很乐观，没有周末，没有节假日，天晴一身汗，下雨一身泥。我跟杜明垓经常开玩笑，他先有一个BB机，别在裤腰带上。我没有，就在裤腰上别个钢卷尺，我说，这就是我的BB机。

我在建委分管招投标，还分管设计院、质监站，整天事情都很多。招投标，当时我们有一个原则，自己搞一个预算标底，保密。投标方要垫款，距离我们的标底上下不超过1%，结算的时候我们也是按照最低标底来结算。

我记得，当时有两个职工宿舍，到装修这一块时，里头水、电、气的安装各是一个队伍。队伍多了，你去要搞一次，他去又要搞一次，还有通信、消防这些方面，七八个包工头施工，土建部分就亏了。这个算那个算，大家都把价格越算越高。

我记得有个施工队是南江的，决算的时候认为自己算少了，不高兴。最后他就明言，这个活路这样弄，我只有去跳河了！当时我也急，说你去跳崖我都不管你！莫说去跳河。在这个工程决算时期，基本上我们还是通过现场以竣工图为开头招标确定的标底来进行工程量增减，那个弄不好就要出麻烦。通过我们现场增减、审核以后，交给造价站，他们专门来负责这个事。

当时苟专员说，严格按中标价审查，审掉以后，20%都归你们。我们就叫人审了将近120万元下来，最后找苟专员，你说话还算数不？20%是我们的，给我发奖金。苟专员说，多了，那要不得，我们搞个精神物质奖相结合。我们都同意。在指挥部，我们觉得基建这一块确实辛苦，当时袁绍汤、我和杜明垓等几个人还立了二等功，好像给我们每人奖励了300块钱——这就是苟专员说的精神奖励和物质奖励相结合。

在江北基建开始时，我们在魁星楼住，到江北工地去，要想抄近路，只有走吊桥。有时候吊桥坏了，我们上班就要从后河桥那边绕一个大圈。那时候也没车，我们就走路到工地，早晨基本上是六七点钟起床，在街上随便吃碗小吃，就这么走一大圈。

当时我们指挥部在吊桥街口租了三间民房，以便有个歇脚和办公的地方。我记得指挥部成立前，第一个就把我派遣到江北去了。我那会儿刚从部队回来，在地方都不认识人。我去找巴中市电业局，要搞"三通一平"，水通、电通、路通，施工队才能够进场。搞地质勘探的时候，我们是搞的方格网地质勘探，要扛牌子去做活路。我一个人做不了，就把办公室那两个女同志都用上了，一天到晚干活，把那两个女同志累得不行。

袁绍汤给我封了个"现场总指挥"，整天我都是腰上别一个卡尺、一个钢卷尺。干什么呢？安装要比画一下，看看混凝土基础实不实。另外就是资金困难，安装基础时没钱，就弄成条石基础。因为巴中石头多，每栋房子下面都是条石来砌，有些石头是软的、风化的，不敢用。十几个包工头进来后，我成天每块石头都要去看一下，弄锤子敲一下，还要看一下那个灰浆缝，如果勾得不好，就不行。那时候质监站还没成立，质量监管全靠自己。

我记得人大工委副主任王思进，大概就是他去世的前一天晚上，他到工地来了。他很关心建房的事，其实地级机关领导都关心指挥部的事，因为大家要住，要办公，都还没地方。晚上大概11点钟，天空灰麻麻的，我在工地上，他走拢我才认出来，他还说你们辛苦了。第二天有人说他去世了，我很惊讶，说昨晚才跟我到工地上来，咋说走就走了呢？

苟专员来工地就没次数了，早上要看，中午要看，晚上要看，成天"监督"我们，我们只有成天努力，去把那些事情做完。晚上回来，还有事情要处理，环保上的事、造价站的事，还有设计院的事。我们没有星期天，没有休过节假日，整天事情多得很。就是那种环境，但还是熬过来了。

那时候我们的口号是，抢晴天战雨天。因为工地一开，原来的地形地貌是上面高下面低，将上面的土推下去填埋，将下面垫平了十五六米高。我记得，从现在的兴洲宾馆那儿出来，到江北大道那条十字路横向那条路，那条路是24米宽，16米深，修路时要把那条沟挖出来，然后安装1.2米的排水管。那个晚上我们赶工，因为催得比较紧，便临时开个大电灯泡施工。大概是深夜12点到凌晨1点，当时视线也不好。没有吊车，那根1.2米的大管子，全靠人工把它抬到那儿，又用人工拴上绳子往下放。我和民工正在沟底安装管子，我不晓得那土是松散的，刚刚下过雨，那个泥塘就滑坡了，绳子一下就断了，管子砸下来，差点让我"牺牲"在那儿。那些施工人员在那里呆住了，我看到不对，就去推他们，耳朵还刮伤了，当时把我吓晕了。那时候，我的运气不错。

在指挥部工作，我有个感觉，地委韩书记、周专员这些领导，思想超前，做事速度快。部队里讲，军人就是拼速度，转业回来后觉得"十一"放假应该休息，但是他们假期照常开会，不休息，速度比在部队里好像还快，要求还高。

另外，就是他们极具艰苦创业精神。韩书记带我们看唐巴公路，走路太热了，裤子挽起，他前头走，我们后头走，一直走到下八庙。就那么走过来，没得一个人叫苦，大家乐在其中。

二

我在指挥部、建委那边刚好干了三年。1996年，建委和环保局"分家"了。分家前建委叫建设环保国土委员会，分家后就改成城乡建设局了。

组建巴中地区环境保护局，是我从部队回来的第二次创业。我记得分家的时候，给了我们吃财政饭的六个人，有田华贵、刘长林，还有魏兴珍、程华和隆成常，还给了一颗公章。

那时全省第六次环保大会就要召开了，开会之前，省里要求各地区环保和建设分设。因为又要搞建设，又要讲环保，没得监督这个界限，所以要分别设立。

巴中地委确实对环保很重视。苟专员和我参加了全省第六次环保大会，回来后第七天，巴中就成立了环保局。人大也很重视，李开明主任水平确实高。国土局、物价局和环保局的成立是一起研究的，当时的意见是，国土局由人大来任命，环保局却是由政府任命，不通过人大。李主任就说，"国土"是基本国策，"环保"也是基本国策，应该都由人大任命。我在省里汇报时讲到，巴中环保局局长是人大任命的。四川省其他地区没有像我们这样做的，所以我们一下子就在省里很有名气了。

当时省里发话，谁先成立环保局，就给谁项目。我们连夜连晚编制项目，整了两三晚上，报了一个污水处理厂项目上去，省里就批准了。

我记得当时我在桃园参加地委会议，省计委俞主任要到巴中来，就是来看项目开没开工，没开工就要改决定，不搞污水处理厂了。苟专员跟我说，老谢，你赶快回去看一下。我背个公文包就跑回巴中，到现在的污水厂河滩上一看，几台推土机连夜连晚正在施工。俞主任到现场一看，项目确实已经开工，所以最终才定的盘，一期二期是8000万元。那时候，在巴中，污水处理厂算是第一个大项目。

环保局是成立地区后三四年才分家设立的。当时江北那一块，好地方都已经占完了，就剩下现在的麻柳湾上头那条大沟填的那一块儿没人要，我只好在那里去找一块地方盖房子。

巴中市江北管委会对环保局还是很支持，我们掏钱也掏得少。别的机关都要从街中间买地，我就从红线买，6万元钱一亩，买了三亩。房子盖到后头，环保局院内的坝子还是不够大。我看到江北推的土没地方倒，就叫他们往我那块地里倒，后面环保局的地盘就扩展到五六亩。

当时感到最困难的还是筹措建房资金。办法呢，我们想了三个：一是向省局争取，二是向职工借，三是过紧日子。全局从领导做起，勒紧裤腰带过日子，出差、参会从来不敢住单人间。

我记得当时去省里争取资金，省环保局看我们地区成立环保局这么快，给了10万块钱，我们就起家了。要盖一个住宿楼，还有办公楼，还要购置设施设备，还是不够，怎么办？我又召集环保局当时的六个人，后面又调来一些人来，总共十四五个人，一人借2万元钱给我，先把土地买下来，就开始搞规划，搞建设。

环保局成立初期，人手特别少，包括领导在内只有六个人。要应对省局对口设置，巴中环保局的职能机构，一人担一个科室都不够。我们只好采取一对二的办法，设置了环评、污控、生态、财务科和办公室，接着又组建检查监察执法队和上划环境监测站。当时那个监测站，房子和设备一共 27 万元钱，这就是它的所有资产。人员后面充实好了，现在将近 100 人了，省里配的那些设备车辆，一辆车都是 100 多万元。现在环境督察和环境监测设施设备全是智能化，能力建设得到了翻天覆地的提升。

我当局长那时候，环保工作是靠宣传来起家。一是给人民群众宣传，给企业领导宣传，二是给个别领导宣传，争取领导的支持。当时韩书记、周专员那些领导对环保都很重视，后来有些领导分管哪一项，就只说他那一方面，对环保的认识不够。我们还要向领导宣传法律，就是宣传《环保法》。

我记得有次环保执法涉及南江。在一个叫什么包的地方，有人开了个矿，污水流到诺水河风景区去了，风景区那边就告状。我责成南江环保局把这件事处理一下，南江县环保局向地区报告，执行不下去。我们环保局就开上刚买的越野车，带着地、县检查大队往山上赶，新车轮胎整烂两个。我们赶到现场，先把厂封了。我们表示，污染一条河罚款最少 50 万元，你认罚，还是认治理？他最终确认限期治理。给他指明地方治理，在山的那一头，将石头垛起来，弄个沉淀池，把污水矿渣深埋处理。

巴中自然生态好，我们的工作重点是生态环境保护。那时候我们就建立了光雾山—诺水河国家级自然保护区，还规划了平昌镇龙那里的地级自然生态保护区，各县（市）都有自己的自然生态保护区。

那时候人们常说，"先建设后治理""先发展后环保"，这些理念上的差距虽然给环保工作带来了一些阻力，但随着城镇发展，我们坚持建设项目必须实行环境影响评价制度，实行建设项目环保一票否决制，在城镇饮用水源上游划定一级保护区，在城镇下游建立污水处理厂和污水处理站，城镇每个小区都建设污水处理池。如今 30 年过去了，巴中得到了大发展，山更绿了，水更清了，城乡更美了。

郭学海，男，生于 1945 年 4 月，重庆市人，中共党员。1993 年 9 月，历任巴中地区建委党组书记、副主任、主任。

守住一条红线不容易
——巴中地区建委杂忆

郭学海

我是从达县地区建材局到巴中地区的。1993 年 8 月上旬，周登全专员从达县到通江，我从平昌去通江等他，然后一起来到了巴中。当时巴中陪同的是副县长陈科益和县建委主任张光前、副主任杜明垓。成立巴中地区时，我奉命组建地区建委系统，并先后担任地区建委党组书记、副主任、主任。

规划先行

巴中是一个新区。地委、行署所在地原来是巴中县县城。从县和县级市到地区，就是上了一个大的台阶，它原来的规划就不适应新形势，必须要有新的规划。所以规划必须先行。

地委、行署一班人给我们提了一个大的原则，韩忠信书记指出，巴中的新区建设，一定要保证30年50年不落后。当时这个标准是非常高的，现在回忆起来，作为建委，我们基本上做到了。

根据巴中城区的地理环境，我们将主要的地级部门摆在江北新区。它原来属于巴中县国营农场，全是农田和河滩，就要在这里把新城的骨架摆出来。对于一个市区来讲，从河边到山脚，不是很宽敞。所以在新的规划当中，一个焦点就是道路要有几条，每条路有多宽。道路是城市的骨架，必须根据30年50年不落后的原则，结合江北新区比较狭窄这样一个地理环境的实际，来谈新区的道路规划。巴中县城原来有一个规划，对于主干道有几种意见，二十几米、三十几米、四十几米不等。至于新区的江北大道，最后经过我们调查和测算，觉得60米是最合适的。这在1993年的时候，就显得很宽了。

地委、行署包括主要领导和分管领导，都支持60米。但有人说宽了，也有人说窄了，有争论，然而我们坚持60米。比如广安地区，跟我们一起成立的，它的街道是80米。那是因为它一马平川，而我们从河边往上，一下子就抵拢山脚，所以这个规划就坚持60米。60米江北大道建成以后，到现在为止，都是新区和巴中的一条主干道。现在车子很多，但是还不是很堵，证明我们当时坚持60米是对的。再往上爬，爬到山脚下，又有一个台阶，就不能建成60米，那就是随弯就弯，但是也不能太窄。

这个规划的制订：第一，地委、行署有一个正确的指导思想，有一个标准，30年50年不落后。第二，巴中老县城有基础。第三，这一班人有前瞻的思想，所以最后定下这个60米。至于那些争论，也都是为了巴中能发展好。当时巴中城的目标是35万到50万人口的规模，不是建大城市，是建中等城市。

规划制订以后，坚持规划比制订规划要难。大家都想多占点儿地，都想占突出的地方。但是第一，60米还要求我们（江北大道）临街的建筑必须把人行道退出来，不能占红线。第二，还有楼房层高，我们要控制高度。不能大家都矮，或大家都高，你看现在都是一起一伏的，那叫错落有致。第三个就是颜色，不能随心所欲，我要刷红色，你要刷白色，他要刷蓝色，还有人要刷黑色，那出来像一个啥样子？我就举一个例子，恒丰饭店。恒丰饭店修的门面，那个颜色不对。我们建委审查的时候，曾经提了一个意见，就说你那个颜色要改一下。当时他们可能是设计人员坚持，最后还是把门面大理石贴出来了。你猜大家有一个什么反应呢？都说这个色调太暗，偏冷，不像接待客人的宾馆饭店。但好多人去都没办法，动不了它。我就直接去找他们的负责人，我说（这个颜色的效果），你自己看嘛。他们自己来看，回头就改了，已经贴了的大理石他们自己撬下来的，多少有些损失。

还有一个是丝绸大厦。丝绸大厦面临交叉路口，在一个拐弯突出来的地方，应该高起来，但它就是没有达到我们的要求，我们跟他提出来。当时的丝绸公司总经理我认识，我去找他。我说，你这个地方，必须高起来。他说，我也想高，但我没有那么多钱。怎么办呢？他搞了个两层的架空，建筑物就高起来了。但是架空两层，又有点危险。建筑物互相有一个拉扯力，拉扯到一起，地震来了摇它不会垮。像这样架空立起来，四下没有粘连拉扯的，稍稍一晃动就容易垮。最后又采取了连接措施，把这个问题解决了。

第三个例子就是那个公厕，到现在都是非常恼火的事情。当时我们规划了公厕，但是修不下去，大家都不想在自己的地盘上修公厕。在车站对面的临河边上本来修了一个公厕，但是有人去找领导，要求把那个公厕拆了，大家都不好说什么。我带着一班人跑过去，论证这个地方不能拆，必须要有公厕。我说人流集中的地方，你屎尿都没有地方屙，拉在街上河边到处摊着，那怎么要得呢？最后我们向地委、行署做了汇报，顶住压力保下来了。

我举了三个简单的例子，就是要说明守这一条红线不容易。要达到现在这个样子，确实不容易，有时候要得罪人。最后省委书记谢世杰他们来看，他说，没有想到这山旮旯里面还有这么一座城市。他说是大腿上打锣——响当当的！最后温家宝副总理来，都觉得还是可以。所以这是制订规划不容易、坚持规划更不容易。最后我离开建委的时候，他们给我办总结会。我说我在建委没做什么，我守住了一条红线，把规划守住了。这也是因为建委一班人坚守得好，地委、行署领导得好。

质量第一

新区建设，必须保证质量第一，保障人民群众的生命财产安全。新区建了大量的工作用房和住房，质量稍稍出点问题，那就不得了。大概是从1993年下半年起，全国各地垮房子、垮桥，先是从重庆的虹桥开始，到处垮。地委、行署非常紧张，因为如果垮房子，要唯领导是问。分管领导走不掉，作为建委更走不掉，所以质量必须第一。

从我到巴中参加新区建设开始，到我离开，一栋房子都没有垮过。地委怎么重视呢？在一次交通会议上，有个县有一段刚铺的柏油路，没有铺上几天就大面积翻脬，意思就是不行了。全区召开现场会，本来不是我们建委的问题，但是在这个会上，韩忠信书记直接点了我的名，说如果江北新区修的房子，哪一栋垮了，首先抓你郭学海。大家都听到了，下来有人就说，你是被韩书记点了名的。在通江吃饭的时候，我就去给韩书记敬酒。我说，韩书记，老郭同志谢谢你今天那几句话！他说，你理解到了？我说，理解到了。他说，我是给你一把"尚方宝剑"。我说，所以我要感谢你。

这里有几个小故事。巴中江北新区这一块，建筑造价比河对面老区的建筑造价每一个平方米要高几十到100元。当时这个反应很大。地委领导韩书记专门来找我，让我来回答这个问题。我通过调查研究说，请领导抽个时间，你去视察，我陪同你。我陪韩书记先在江北新区看，每一栋房子都把窗子摇一下，门搡一下，还在刮的灰浆缝上用手指抠一下，韩书记是很细致的。新区这边，窗子摇着基本上不晃，灰浆手指抠不下来。我们跑到河对面去，有的地方灰浆一抠就下来了，门窗一摇一晃的。最后总结，河对面是木门窗，新区这边是铝合金窗。然后灰浆的比号、水泥的标号、沙石的质量，那都是认可的。我们有质监站，质监站有建筑建材试压，你的砖我要试压，你的水泥我要给你检测，看标号达到没有，如果沙石里面的泥沙多了，沙石就要不得，必须要过硬的河沙。最后把这个问题解决了——必须坚持质量第一。

比如招标，有的领导同志提出来搞最低价，但是我们做标准的时候，一律不搞最低价。搞最低价有几点不好，一是按最低价核算，保证不了质量。因为商人必须赚钱，不赚钱吃啥呢？建材赚一坨钱，包工赚一坨钱，建筑商也赚一坨钱，我们的税收部门还要收税，最后钱从哪里出呢？还是从造价上出，那就保证不了质量。我们的造价全部是按国家和省制定的标准，由专家核算过的，这样子的话，就容易坚持把质量搞上去。当时有的领导不了解内情，把我们批评得比较凶。而之所以我的造价方面跟得上去，是因为我们的骨干人员都是建造师、造价师，多数有本科毕业以上的学历，一般的大专生我还不要。我们这种单位，人员素质必须要过硬。

还有一个例子，就是巴中农行那栋房子的地下主梁有裂纹，我亲自去看过。分管领导没有发现，质监站站长也没有发现，但是里面有一个普通工作人员发现了，来跟我说，把我带去看，确实有裂纹，而且还不止一处。别小看那些裂纹，天长日久就要垮房子。很快有领导同志晓得了，就要通知电视台，要拍出去曝光。我就提出来，是先拍出去曝光呢，还是我们先把问题解决了呢？那当然要先解决问题。我说，首先这个问题是我们自己发现的，其次如果打一个马虎眼，又是华兴的建筑手艺，我保证等得到我退休，不会垮房子。但质量是百年大计，那就顶着外界的压力和内部的压力，坚持整改。最后我说，设计施工内部怎么解决我不管，你们自己去商量，我只要来验收看整改成果。很快就把这个问题解决了。

所以抓质量也不是好抓的，因为质量是要靠人的真功夫真本事，除了真功夫真本事还要有真金白银，必须有钱。想赚非法的利润，一般都是要在质量上面去打马虎眼，想办法抠钱。巴中新区基本上没有出质量问题，而且后来形成一个传统，作为一种传承，建委一直都非常重视质量问题。

在质量保障方面，地委、行署成立新区基建指挥部就是一个有力的措施。我们建委开局的领导班子成员都在指挥部任有职务，杜明垓、谢光德全天候坚守在指挥部一线；城建科悉数参加，承担具体业务；质监和造价则直接进入现场，全力以赴。这些同志，他们晴天一身灰，雨天一身泥，任劳任怨，艰苦卓绝。

关注民生

巴中建区以前，老城区一般都是烧煤炭、烧蜂窝煤，每到早上和晚上，每家每户，包括商店，都是把煤灰连着炭丸火倒在街上，城市的卫生很差。也有罐罐气，就是液化气，没有天然气。看看建设系统的职能，水电气都有。那时候电有专门的电力公司，水有自来水公司，只有燃气方面还是一个问题。我就提出，作为建设系统，还要关注民生，这是一条贯穿性的红线，必须创建一个现代化的天然气公司。当时我们一是没气源，二是没技术，三是没人员，四是没资金，更没经营经验，等于啥都没有。我怎么成立的呢？首先建委出了一个文件，找一个人来负责。那个文件的内容就是要成巴中地区天然气公司，然后我带着人到老达县地区求助。因为我在达县地区当建材局局长的时候知道，他们那个燃气公司相当庞大，人员、技术、资金和经验各方面实力都比较雄厚。

现在回想起来，我非常感谢一个人，他就是达县地区天然气公司的总经理赵永禄。由李仕华牵线搭桥，我们参观考察了这个燃气公司。我对赵永禄说，我想跟你合作。他问怎么合作？我说你到巴中地区来办一个燃气公司，牌子是我们的，所有权是我们的，人和技术是你的，我保证你们公司赚钱。他说可以，我们是兄弟地区，人员、技术、资金和设备我都支持。他就派李仕华带队过来，我们建委出文，任命李仕华为总经理，并配备好了一班人。开始大家都不相信，怕有风险，发展用户很艰难。而且原来县里有老燃气公司，恩阳还有一家，都觉得这好像是在跟他们竞争。实际上当时谈不上竞争，当时是有和无的问题。你东西都没有，哪里来的竞争？

在什么都没有的情况下，我们把燃气公司办起来了，在地委、行署的支持下，逐步打开了局面。开始就是液化气、罐罐气，然后我们提出来，必须引进天然气。那就必须铺设管道，找到气源，我们是通过四川石油公司这个渠道弄起来的。没有钱怎么办呢？农行有一个行长叫田凤先，我就给他说燃气现在要办管道，你来不来？他问你这个有没有风险？我说办成功了，就没得风险，办不成功就有风险，但是我一定要把它办成功，因为地委、行署支持。田凤先就决定支持了，他先给贷了50万元，并且随着工程的进展，又有所追加。

我们从仪陇那边开管道过来，一直开下来。这时候我派了主任助理王良钊，我说你的助理职位我不撤你的，你到燃气公司去当总经理，你什么时候把管道铺好，什么时候把天然气引进来，你什么时候就回建委来。我说我给你放权，你在那儿内部怎么管，资金怎么安排，人员怎么调动，你都先斩后奏，我不加干涉。他接受了这个任务，还有副总经理廖玉军、宋时江等骨干，一起圆满地完成了这个任务。

地委跟建委挂钩联系的是地委组织部部长陈芳，省妇联下来的。陈芳部长很负责，我们跟仪陇洽谈，几次她都是跟我们一道去。有时候我去不了，就由王良钊陪她，她也没有什么怨言。这是一个很大的推动、一个强有力的保障。

然后我们进行管道工程招标，这就需要对施工队伍的业绩进行考察，要搞过这种事情的队伍来铺。自来水管道铺过，没有铺过燃气管道，那么其他管道你铺过没有？那个管道你不要小看，它里面稍稍焊接不好就漏气，而且要过河要过山，还要有吹气检验，非常严格。那时候我们要求严格，有很多公司都在争取这个工程，包括我们内部的。但最后是华兴中标了。项目负责人后来跟我说，他为了这个管道，杀了十几二十头猪。我问为什么呢？他说他们要过社员的庄稼地，大家有的支持有的反对，有的扛起锄头耙子来跟你干，过不了。他会做工作，过一个地方杀一二头猪，把大家请一下。一条猪才几百块钱，再整一篓子酒，感情加沟通，把大家安顿好了，管道安安全全地过。

地区燃气公司引进天然气后，王良钊回到了建委，不久担任副主任。接着原来巴中市的一家公司，没有什么业务了，就很为难。我说，你们愿意的话就过来吧，又搞合并。合并后，我们坚持德能勤绩标准，任命廖玉军为总经理。燃气公司得到大发展，管道进户，便民惠民，成为现在巴中最具实力的国有企业之一。

建设新村

巴中地区有几个特点，第一是新区，第二是老区，第三是山区，第四是农区，第五是穷区。这"五区"决定了我们必须重视农村这一块工作，特别要重视村庄建设。

地委领导提出来，我们要有所为有所不为。我们建设系统就是有来钱的，有花钱的。城镇建设，房地产开发，建筑市场，这是来钱的；村镇建设花钱，做点事情包括搞个宣传都要自己花钱。根据我们巴中整个交通骨架的情况，我们提出了一个"三线一环"的思路，就是要搞三线一环城镇带。沿途是一百几十个村镇，都必须把它们包揽进来，城镇必须有村庄支持。我们委托省城乡规划设计院编制了《巴中地区城镇体系建设规划》。

当时我们创办了一个内部刊物，叫《巴山建设》。我邀约各县（市）、各有关部门一起沿着三线一环跑，建委的李昕、卢华、严丰都跟我跑过，说哪些地方可以注重村庄和村镇的开发建设，现在没有钱，但我们把它们提出来，到有钱的时候再付诸实施。《巴山建设》主要发给建设系统，又特别给地委、行署"四大家"领导送，给各县（市）的党委、政府送。当时通江县委书记王菲，还有南江的，都看过，还说颇受启发，吸取了一些有益意见。《巴山建设》的创办和坚持，王良钊、李昕、卢华等花费了不少心血。

搞村镇建设要重视村庄，村庄是基础。那时候跑农村，就发现村庄有几个方面的问题非常突出：一个是厨房，柴火和油烟一熏，就把房子熏得黑黢黢的，影响呼吸；烧的柴火也有问题，稿秆不够就砍树木。农村上厕所也是个大问题，厕所跟猪圈、牛圈整在一起，没有分开。还有吃的水，有的有井，有的是塘，还有的只有田水，浑水、雨水、不干净的水都有吃的，所以农村什么怪病都有，病因是水的问题。再一个就是路，黄泥巴路、田坎路多，石板路干道上有，一般到院子里就很少了。下雨天就是深一脚浅一脚，穿个鞋子出去，带一坨泥巴回来。再一个就是用电，电线有的搅成一坨，有的悬吊着，经常冒火花，有的还没有通上电。通过跑农村，我们总结提出了一个"五改三建"。"五改"最初就是改水、改路、改电、改灶、改厕，总体来说就是改善人的生活环境和生产环境。"三建"稍后，即建池、建园、建家，建家包括建房、改造危房。这里有个发展过程，在实践中不断完善，逐渐形成了"井池园田路配套，水电灶厕境齐全"的综合工程。

"五改三建"的提出，结合国家的扶贫攻坚战略把它落脚到村庄，使它成为扶贫攻坚的一个抓手。这样子"五改三建"就立起来了。地委、行署很重视，特别是登全书记亲自抓。地委、行署规定，每个县一年必须搞多少个村庄，全区搞几十个到搞一百个，下达任务。在这方面各地都有一些比较好的成果，巴中比较多，平昌涵水接界这些地方，通江、南江，村庄变化很大。最后全面铺开，有的就有"六改五建"，有的达到"七改八建"，说法就多了。我向地委、行署领导汇报，说这个提法还是必须统一，你"七改八建"，他"五改六建"，虽然实实在在，但是不响亮，统一就是

"五改三建"，它更具有代表性。最后这个"五改三建"省里也接受了，国家也接受了。省里表示，通过"五改三建"抓农村的生产和生活条件的改善，国家层面特别是温副总理来过以后，就把它作为一个整体扶贫的抓手，这就上升到了国家的层面。

"五改三建"实际上是民生红线向农户的延伸，是规划建设红线向农村的递进。为此，我们在村镇建设上给予了相当大的投入，通过"五改三建"来扶贫，通过脱贫致富建立文明新村。各级都看好这个"五改三建"。省里和省建委非常重视，先后在我们地区召开了四川省村镇建设工作和现场经验交流会、全省建委主任学习会，全省都来巴中学习，主要就是学习村镇建设。按照省里的安排，我在会上作了《抓村庄建设，向贫困挑战，走文明新路》的交流发言。

2000年8月21日，《中国建设报》于头版头条发表该报记者大块文章：《巴山蜀水新田园——四川省巴中地区新村建设纪实》。文章指出，"以'五改三建'为核心的新村建设给巴中农村带来了巨大的变化"，"成为巴中山区农民脱贫致富的突破口"，正式称其为"文明新村"。

文明新村建设是地委、行署统一领导的综合工程，地区各部门、各单位都有不同程度的参与，各地各级层层加强领导，大力组织实施，抓点带面，成效显现，最后结出了池园经济的硕果，铸成了"巴中经验"的历史丰碑。我们建委从村镇建设入手，创"五改三建"模式，做出了自己应有的贡献。

建好队伍

最先组建的是设计院。因为第一个任务就是抓规划，抓设计，没有规划没法建，没有设计不能建。我就到处招人，到处挖人，挖来就算数。人家都是有工作单位的，你去挖叫"挖墙脚"。当时主要是找业务上能干事的行家里手，其他方面没有大问题就行。这件事情，巴中的丁玉坤、南江的白宝恩都是很支持的。

设计院的摊子是由平昌过来的杜开礼、牟豁然、王志平等搭起来的，后来通江来了叶建生，巴中也来了一些，还有南江的。设计院进人不搞平均分配，那个平均不得。你要能够画，手头设计出了纸漏的，我不要；你垮了桥、垮了房子的，我不要。这些条件是底线，不然后患无穷。

与设计院要求差不多的，是质监站和造价站。质监站的组建是在新区建设全面铺开的阶段，开始应急的是来自平昌的何平益、巴中的胡忠良、南江的兰健，他们都具有高级或中级职称，适应了开局的需要，稳定了基本面，功不可没。后来地市合一，质监站即以原巴中市为主，胡忠良任站长，老同志有杨天福、王礼华、戴红兵、刘荣、罗国平等。造价站里，则是来自平昌、通江、南江的专家和高级工程师李玉飞、李玉华、易图玉等。他们的辛勤劳作，满足了新区建设面宽量大的紧迫需要。

然后就是建委机关进人。这个坚持了"五湖四海"，在发展当中求平衡，基本上平衡。大概平昌有六七个，巴中有六七个，通江有五六个，南江也有五六个。最开始应急的时候，平昌多一点，正式进编的时候，平昌有些人就回去了。根据发展的情况，后来平昌的人就由多数变成了少数，巴中人数第一，通江人数第二，然后才是平昌和南江。

接着是组建建筑、建材、房地产和装饰装修企业，先后建了十几个公司，走上正轨后就陆陆续续脱钩、放权，最后只保留了一个天然气公司。

在进人这方面，有两个领导我是衷心地感谢他们：一个是韩忠信，一个是周登全。这两个领导没有给我介绍过一个人，在所有的几十支甚至上百支队伍当中，没有跟我推荐过一支队伍，可能外面都不相信，但这确系事实。他们对建委的工作非常支持，他们也看到建委这一拨人吃得苦、耐得劳，能打、能硬、能坚持。那么多房子，不是一栋一栋地建，是齐齐火火地一起建，都没有出问题。当然，除了我前面说的用了那么一群事业心强、敬业劲头足的能人，抓了那么一些工作，说句实在话，也是老天爷眷顾，我老郭的运气还是不错。

我们的分管领导苟必伦也有感人的故事。建区初期，设计院还在武装部借房办公时，为满足新区建设的急需而加班加点，在大雪纷飞的春节熬更守夜，画图制图。苟副专员特地煮了醪糟汤圆到现场慰问，打气加力。此情此景，令人感动，难以忘怀。

与这样的领导这样的职工合作共事，缘分匪浅，情深义重，大慰平生。这就是为什么从我组建建委到我离开建委，没有一个人出事。不是说没有一点问题，而是打铁就要腰杆硬，发现苗头不对，就要出于爱心、责任心，不要滑头，勇于担当，敢于逗硬，及时处理。我当时就对他们说，你在那个岗位，是党和政府把你派到那儿去的，是你职责范围的事情，人家来找你，你不要打哼哈，如果你故意为难人家，那就要不得。你可以有这样那样的缺点，甚至有点小过小错，但绝对不能出大格。话是这么说，做也是坚持这么做，所以在建委办事一般都很快很顺。从我去建委到我离开，共有七八个年头，只处分了一个人，还是建委自己内部处分的。

我们当时在建委有一个总结，叫作《弘扬建业精神，构筑巴山辉煌——巴中地区城乡建设五年回顾》（《巴中日报》1998年11月18日）。一支队伍，它必须有一个精神支柱。在这一方面，建业精神的提出就很重要了。这也是一条红线，基本的红线。

建业精神来自第一线的干部和工程技术人员。

举一个例子。按照我用人的标准，最早罗标确实不够专业，但是建委刚刚开张的时候，他就当办公室副主任。我说，你负责后勤，你们办公室要保证大家有办公的地方、睡觉的地方，还要有饭吃。这实际上是无米之炊，当时我们进入得早，财政还跟不上，得自己找资金。这一阶段过去之后，要组建一个综合执法总队。我开会，问他们哪个愿意去当这个综合执法队的负责人？没有人，哪个都不想去这样现搞一个只有名字的三无（无人、无钱、无物）新单位。我只好说，没有我就点名了。我说，罗标你去。他"嗯"了半天，说你说要去就去嘛。他去了，一个月就搞起来。搞了半年我又对罗标说，罗标，有可能工作要变动，你把这个工作交了。他说，我才搞起来，你就叫我走。他问，搞什么呢？我说去搞公积金。他说公积金既跟财政扯筋，又跟计委撩皮（扯皮），我不去。我说，你不去怎么办呢？回去考虑一下吧。他回去考虑，第二天说，你让我去，我就去嘛。他去后，从无到有，在困难重重之中把公积金中心搞起来了，还搞得在全省小有名气。

像罗标这样能做无米之炊和甘当螺丝钉的人，建委比比皆是。除前面提到的有关人员外，还有先后担任政工、招标、建管且平安稳妥的唐科淑，先后从事房管、纪检、自觉宣介巴中且卓有成效的吴述兰，坚持在困难中生财、在拮据中理财、保障建委建房和工作需要以及职工福利待遇的魏金益、王超平、魏疆梅，还有业务娴熟、亲企和企、贴心服务的刘荣喜，踏实敬业、不事声张的王兆刚，以及不辞辛劳、恪尽职守的汪国荣、蒋道龙等干部职工。实话实说，没有他们的埋头苦干和无私奉献，我也是守不住这条红线的。

建业精神还是一种包容的指导思想。

用人的标准我在前面已经说过，很实在，特别是在开创新区急需人才的情况下，从实际出发，不带框框。哪个人没有缺点呢？我们这些人都有缺点，绝对没有问题的人没有，关键就是问题的性质如何。具体怎么看，就需要一种包容的指导思想——建业精神的特定内容。

新区建设拓开以后，特别需要审查施工图的把关人——总工程师。不但需要专业水平，尤其需要资历和经验。我打听到巴中的马国忠是一位实战经验丰富的高级工程师。当然也有反映，说他私心比较重，审图时爱刁难人。进一步了解，才知是因为他审图偏严，甚至达到严苛的程度。新区建设30年50年不落后，目标远大，审图要的就是严格，必须保证施工图的标准。这样一来，建委不是就不会出问题吗？地委、行署不是就不会出问题了吗？新区建设不是就安全了吗？何乐而不为呢！我坚持调他进来，并在调进后多次提请任命他当总工。

还有一个生动的例子。地区成立初期，建材（资源、生产、市场等）的职能在建委，当时需要这方面的人。我了解到程朝勇是个人才，准备调他。但群众反映也很吓人，说这个人毛病多死人，比如在你的办公室里溜达，他说不定顺手就把你的一个东西捞走了。他确实有这个"毛病"，但他不是拿你的钢笔、手机，他是看到你那儿有一张纸，有一份资料，东丢西甩的，你不在意他就给你弄走了。重视资料的干部我喜欢，说明他爱学习嘛。我就把他弄过来，交给他一个任务：编辑一部汇集全区建材资源、生产状况与开发意向的基本资料，要求达到上报省级部门和招商引资的水平。他按照要求，两个月硬是搞出来了。你说，不用他怎么办？事实证明，这个人是用对了，到现在还在起作用。他现在是省里派驻（地市州）的国土空间规划督察员，干得有声有色。所以用人就要用长处，你不要只看他那些细小的问题，说起来，哪个人都有毛病。

建业精神更是整合我们建委班子的强力黏合剂。

感谢地委、行署，给建委配了一个绝妙的班子。我们这个班子来自不同的岗位，具有不同的经历，但互补性强、整体性高。杜明垓等补齐了我业务上的短板，刘子安等弥补了我在公共关系方面的缺陷，谢光德、杜天河、赵华轩则带来了部队的传统和作风。总体而言，我们班子具有很强的战斗力，个个都能苦干实干，都够敬业、敢争创、识大体、顾大局，无论有多大的分歧，即便是争得火花乱溅，都能够在守住一条红线上统一起来，在30年50年不落后的目标上团结奋斗。

建委的开局班子是：主任郭学海，副主任杜明垓、谢光德、刘子安，主任助理王良钊。稍后有副主任余开朝、王良钊，主任助理赵莉；再后有副书记杜天河、赵华轩，副主任李仕科；还有建委房地产管理局副局长卢华，建委机关（系统）党委书记李昕，党组成员杜开礼，助理调研员胡忠良等。其中，杜开礼、杜明垓、郭学海先后受到国家人事部和建设部的表彰，荣获全国建设系统先进工作者的称号和奖章。

饶平安，男，生于 1947 年 10 月，四川通江人，中共党员。1993 年 10 月，任巴中地区交通局副局长。

难忘交通大会战

饶平安

　　1993 年 8 月下旬，通江县委组织部通知我立即到达县地区地委招待所二楼报到，而且告诉我是巴中地区筹备五人小组路过通江，在杨柏的时候看到通江的路很好，领导问通江交通局局长是谁，马上抽调到地区来。8 月 27 日，我就在达县地区地委招待所报到了，28 日在地委招待所二楼参加了会议。当时正好省公路局计划处处长一行到了达县，周登全专员和苟必伦副专员就告诉我，我们要在达县会见省公路局计划处处长一行。当时我开的是通江交通局一辆破烂的小车。接待没有合适的车怎么办呢？我又不愿意去达县地区交通局借车，就想到了达县县委徐友胜书记，当年在通江县工作时，我们关系很好，就去把他的车借来用。第二天下午，周专员、苟副专员和我一路就到了铁山招待所，当天下午会见了省公路局计划处处长一行。然后就是 8 月底，巴中地区地委、行署筹备组以及抽调的人员一行就到了巴中，我们到巴中后第一个接待的也是省公路局计划处处长一行。

　　当时地委、行署认为，巴中地处川陕交界、四川东北部，受区位劣势影响，要想巴中发展，必须解决巴中交通这个瓶颈问题。为了掌握巴中地区县（市）的交通情况，我陪苟必伦副专员跑了通、南、巴、平四县。回来之后，我们又陪苟专员一行到了省交通厅，给省交通厅汇报了巴中地区的交通现状。当时巴中地区一共有公路里程8851公里，其中省道434公里，县道1159公里，其余就是乡村公路和专用公路。我们地区没有高等级的公路，仅有的四级公路，也仅占总里程的25%，其余75%的路是随弯就弯，弯道半径和纵坡超标，而且基本上没有高级和次高级路面，全部是泥结碎石路面。我从大学毕业后就修路修桥，当过养路段段长，晓得养路工人养泥结碎石路面十分艰苦，他们总结的是"晴天一身灰，雨天一身泥"。为什么晴天一身灰？因为泥结碎石路面，晴天汽车一过是灰尘飞扬，养路工人身上脸上全都落满了灰尘。雨天汽车一过，泥浆溅得养路工人一身，如果遇到夏季和秋季暴雨，公路沿坡的一边滑坡，挡墙坍塌，公路中断的情况时时发生，一直要等到10月份才能把所有的公路塌方清除、堡坎恢复，路面保养好。基本上，很多乡村公路一年只通行得了三四个月。看到这个交通状况，地委、行署领导认为要促进巴中地区社会经济的发展，就必须解决交通瓶颈问题。当时改革开放已经10多年了，各级党政领导干部和群众都知道"要得富、先修路"这个道理，所以地委、行署在10月份的时候，就提出了必须要解决这个问题，要求地区交通局代地委、行署立即起草动员全区加强交通建设决定的文稿，地委、行署12月份就印发了《关于全民动手加快交通建设的决定》。

　　文件发出了，随之地委、行署又在东华宾馆召开了各县（市）主要领导和地级各部门主要领导会议，对交通建设进行了安排部署，要求各级党政领导干部、各部门要以交通建设为中心，以干线公路改造为重点，发动群众自力更生、艰苦奋斗，用三五年的时间使巴中的交通跃上一个新台阶。会议结束后，各县（市）都成立了交通建设领导小组，各干线公路都成立了改造工程指挥部。我记得1994年4月14日，时任省委书记谢世杰到巴中视察。他是从唐巴路来的，他视察过后就指示，"要用最快的速度把唐巴路建设好"。巴中市马上就召开了各乡镇和市级各部门领导干部1000多人的会议，地委书记韩忠信和行署专员周登全在会上讲了话，唐巴公路就成立了指挥部。在整个第一二轮交通大会战的过程中，交通部门主要负责测设和施工技术指导，具体建设任务就分到公路沿线各乡镇。各乡镇由主要领导带队，按照各自乡镇、村的劳动力和公路改造任务的大小分段落实，定任务、定质量、定安全、定完工时间，以党政第一负责人为责任人，限期完成任务。

公路沿线的老百姓就扛起锄头，背起背篼，提起撮箕，全部上路。沿线有民居的地方，就在老百姓家里打地铺住宿，自己带粮、带菜、带柴火。有的为了保证任务的完成，特别是任务艰巨的路段，不但白天干，晚上还要打起火把干，这种场面十分感人。各县（市）主要是负责各县（市）的干线公路，地区交通局还要负责巴乐公路的改造。当时我们改造了巴乐公路，新修了大佛寺大桥和朱家店大桥。到1994年10月底的时候，西华山隧道也开工了。第一轮交通大会战一直到1997年，1997年过后就开展了第二轮交通大会战，主要以建标美路和乡村路改造为重点。两轮交通大会战过后，到2000年撤地建市，我们的公路总里程已经达到了11153公里，其中省道585公里、县道943公里。因为有一部分县道已经划为了省道，所以县道减少了，其他的都是乡村公路和专用公路，实现了乡乡通公路、85%的村通公路，基本上干线公路都达到了高级、次高级路面要求，甚至有的乡村公路都搞成了混凝土路面和沥青表面处治路面，这样就基本上解决了我们地区交通难的问题。

建区之初，在交通大会战中，我有三件事情感受特别深：一是我印象最深的是农民和基层干部，不计报酬，艰苦奋斗，听党的话，听地委、行署的号召，在工地上艰苦奋斗、热火朝天的场面确实是令人十分感动。二是1993年底我到各县（市）交通局去检查工作，从平昌经邱家到通江小江口。1993年地区会议后通江县委就立即组织、分头落实解决通江县城三条出口公路 19 公里的问题。当时是 12 月，制约完成任务的瓶颈就在小江口，木船社至小江口那一段是石子路段，难啃！我路过那里，就看到当时的县委书记张忠孝挥起二锤在那里打钢钎，我很感动，立即拿出照相机给他照了一张相片，而且发到了《巴中时报》上。我记得张忠孝书记还作了一首诗："钢钎三尺三，银锤飞上天。嘿哟一声吼，地球穿半边。"第三件让我难忘的事情，就是 1994 年 4 月 10 日左右，因省委书记谢世杰 4 月中旬要到巴中地区来视察，为了保证公路畅通，地区派我到唐巴路督察。4 月 11 日我回巴中城的时候，因头一天晚上下了大雨，从恩阳桥那边过来的桥头淤积了一层稀泥，当时开车的是我们单位的驾驶员邓师傅，坐的车是一辆旧丰田，由于下坡速度稍快，到了桥头车子就拐几个 S 形，到桥中间眼看就要撞到人了，司机一盘子打拐，我们的车打横，直接向桥上侧、河的上游方向冲去。当时我感觉车子若下了河，我们就肯定没命了。因为刚刚起了一河春汛，河底又是硬石板。车子里坐的还有公路局陶局长、局运输安全科鲜科长等。然而我们命大，车子已经打横向桥上侧冲去，且前轮已经冲上了人行道，突然后轮的半轴断了，车子才停了下来。我记得当时冉德玉副专员的车在我们车子后面，冉专员的车就把我们车子撞伤的那个人送到医院去了。我当时还不觉得怎么样，又叫交通局重新派车来接我们回去。如果那时候车子下了河，后果就不堪设想了，人们都说我们命大！这是我难以忘记的三件事情。

第一二轮交通大会战，公路建设投入来源共有五个方面：一是国家采取以工代赈，二是地区采取以奖代补，三是县（市）采取自筹资金，四是各级机关采取职工集资，五是村社采取农民投劳。把这五项加起来，特别是民工投劳进行估算后，两轮交通大会战，我们一共投入 22.63 亿元。公路等级及路面等级都普遍得到了提高，第一轮交通大会战过后，高级、次高级路面就已经达到了 1000 多公里。

从建立巴中地区到现在已经满 30 年了，第一二轮交通大会战艰苦奋斗的情景是我终生难以忘怀的！现在高速公路已经四通八达，县乡公路基本上纵横联网了，修了机场，开辟了多条航班，火车也通了，可以说我们巴中交通建设 30 年来是日新月异，发生了天翻地覆的变化，有力地促进了我们巴中社会经济的发展。

陈良明，男，生于1944年4月，四川巴州人，中共党员。1993年10月，任巴中地区水利电力局党组书记、局长。

治水兴巴蹚新路

陈良明

我是1993年10月从原巴中县副县长的岗位上调入巴中地区水利电力局任局长和党组书记的。在筹建地区水利电力局时，省里和原达县地区有一个协定，是由原达县地区水利电力局来组建原巴中地区水利电力局的班子。

记得原达县地区水利电力局确定了一名局长，并抽调了12名科室的同志来巴中地区组建巴中地区水利电力局。他们一行来巴中后，做了一个情况了解，当时的巴中地委、行署还在原巴中县委招待所里租房办公。他们一来就问，新建的巴中地区水利电力局办公地点在哪里，职工住房在哪里，有办公经费没有？当时的现实是，办公地点现在没有，自己去找；住房现在没有，自己去借；经费现在也没有，自己先想办法。从达县地区水电局来的这10多名同志一看到这个情况，他们心就凉了，就回去了，再没来巴中。

巴中地委、行署筹备组根据这个情况，就确定巴中地区水电局由我们当地来进行组建。筹备组把我和时任通江县水利电力局局长的贾伦德同志调来，由我和他来筹备组建巴中地区水电局。我是10月下旬到地区水电局的，贾伦德同志比我先到几天，我俩便紧锣密鼓地进行地区水电局的一应筹备工作。我们面对"三无"问题，怎么开展筹备工作呢？我们商议后，从四县（市）的水电局借调一部分工作人员来进行筹备工作。记得当时从通江县借调了两名同志、巴中市借调了三名同志、平昌县借调了两名同志、南江县借调了一名同志，由借调的同志来开展地区水利电力局的工作。借来的同志，当时的工资由原单位发，旅差费由原单位报，住的是旅馆，办公室是租借巴中食品公司的，大家就在这样的环境下来开展工作。

接触水利电力局这个工作，才知其特殊性，工作业务性比较强，涉及的面比较多，包括水利水电（地方电力）、水土保持、防洪抗旱、水政监察、人畜饮水、水利经济、水产渔政等方面的工作。这些工作业务性都比较强，比如项目申报工作都要在头一年的11月底以前，并且必须把来年的规划制定出来。这就给我们提出了一个很严峻的问题，因抽调的人员是在11月初才陆续到位的，要在11月底把我们四县（市）来年的水利、水土保持、防汛抗旱、水产、人畜饮水等这些方面的项目申报工作做出来，既要切实可行，又要同省里甚至部里衔接，这样来年的工作才能有效开展。

我们当时面对的情况是：一无原始资料，二无基础数据。如何克服困难，做好"无米之炊"呢？大家协商后，一是到达县地区水电局录取巴中四县（市）的原始数据资料，二是同四县（市）商议，一起来做巴中来年的规划。大家加班加点，夜以继日地工作，按时将各项规划上报到了省水利电力厅，有的项目由厅里报到了部里。

回忆当时的情景，我们抽调来的同志大多累垮了身子，有的累病了，生了病还要继续坚持工作，真是废寝忘食、忘我忘家，一心扑在工作上。抽调来工作的同志都很优秀，后来绝大部分同志留在了地区水电局工作。只有一个同志由于当时连续加班加点三天，夜晚又无取暖设备，便患了重感冒，回了原单位后未再到地区水电局。

接下来，我们要对自身的机关建设进行筹建筹备。按照行署提出的要求，一个就是先借调人员，然后再调进来。再就是从达县分家的角度考虑，给我们搭配一些人员，而搭配过来的人员，多数不是专业人才，所以当时我们局专业人才相当缺。我们只好从四县（市）来抽调，有的同志愿意到地区来，也有的同志不愿意来。愿意来的专业人才我们就积极办理手续，不愿意来的同志当然不勉强。我们先后从各县（市）调了15名同志到地区水利电力局工作。

1994年，全地区争取到省里下拨到巴中的水利、防汛抗旱、水土保持、水产渔政、人畜饮水等方面的项目资金达2000多万元，占比居全省前列。同时，省水利电力厅鉴于我们新建地区面临的困难多，也给了我们很大的支持，给予了30万元的办公经费。有了办公经费，我们就正式启动购买局里必要的办公设施，如电话、复印机、办公用具和桌椅等，水利电力局的工作就逐步走上了正轨。这就是我们筹备组建的过程。

第二个方面就是工作的开展。巴中地区是一个老旱区，十年九旱，旱灾严重制约着巴中经济社会的发展。特别是建区后，1993年的冬旱连着1994年的春旱，整整三个月，全区仅降雨10多毫米，致使播种的小麦土豆炕芽干死，瘠地的油菜扬不出花，大多塘库干裂，人畜饮水严重缺乏，有的山坡树木干死。巴中的旱灾牵动了国家防总，国家防总曾派员专程到巴中了解旱情。

当时，巴中地区的水利现实就是大型工程没有，中型工程全地区也仅三处，即巴中化成、南江玉堂和平昌友谊三座水库。其他都是小型的水利工程，且年久失修，大多蓄水能力下降，效益差。全区有效灌面仅30%多一点。

1993年10月5日至7日，刚刚成立的巴中地委、行署召开了第一次扩大会议，会议确立了"狠抓基础、快上工业、活跃商贸、开发旅游"的总体发展战略，要求大规模开展以治水、改制、兴林、重牧为主要内容的农业"四大工程"建设，并作出了"治巴先治水、治水奔小康"的战略决策。

作为治水兴巴的牵头部门，水利怎么来为巴中经济社会发展做出有力的支撑？我们根据当时国家对水利方面投入资金也有限的情况，结合巴中实情，提出了巴中水利建设的一个新思路，就是大、中、小、微相结合。巴中没有大的水利工程，我们就要想办法争取，主动做前期工作。如今南江正在建设的红鱼洞水库，前期的准备工作我们就是在那时候开展的。中型工程，我们原来的三座中型水库运行多年，都有病害，蓄水减少，灌面减少。我们主要就是对三座中型水库进行病害整治，提效增效，蓄灌配套，用这种方式来解决农业用水问题。小型工程，全地区的小型水利工程主要是上世纪50年代至70年代建的山坪塘，全区有4万多口。长期以来，山坪塘的所有权、经营权、使用权都属于集体，随着农业责任制的变化，山坪塘管理无人问，用水大家争，大多效益低下，有的年久失修，白天"装"太阳，晚上"装"月亮，失去了水利功能。

1994年8月，行署专员周登全、地委副书记李开明带领地、县有关单位负责人，到原巴中市梁永乡大梁村开展山坪塘拍卖经营权试点工作，提出以拍卖、租赁、承包、股份等形式，大力改革水利管理体制，规定卖、租、股、包的期限一般为10—30年，由政府签发使用证，让经营者放心经营。改革试点一结束，全地区由点到面全面展开。1994—2000年，全区共拍卖山坪塘17604口，占总数的80%，集体收回拍卖资金2000多万元。巴中改革集体水利工程的管理体制，在全国率先走出了一条兴水治水新路。

微型工程，就是以户为单位建微水池。1993年冬，我们地区水电局与巴中市水电局一道，在甘泉乡园艺村、宝珠村进行微型水利工程建设试点，当年建成蓄水200方左右的标准微水池24口。所谓标准池，就是做到蓄水有池（砖池或石池）、引水有渠、放水有口、取水有梯、防护有栏。次年，微水池在抗旱保苗保栽中发挥出巨大的作用。

1995年开始，全区加大马力，像扶贫攻坚一样狠抓微型水利建设。地委书记韩忠信同志向全区人民发出了"双百"大会战的号召，即苦战100天，人均有效蓄水达到100方。年年开展的"双百"大会战，要求县（市）

和乡（镇）的领导每人负责一条指挥线，每人落实一处示范片，做到县（市）有重点、村村有项目、户户有行动，把治水兴巴摆在了农村工作的突出位置。

微型水利一户一池，自建自有，政府适当补助，政府以一倍的资金投入引出了农民 10 倍的兴水投入，极大调动了农民的兴水积极性。微水池建在田边地角、房前屋后，灌溉集中方便，一般容水 200 来方，有的大池容水 1000—3000 方，这在当时为解决用水问题、灌溉问题、抗旱问题和保苗保栽问题起到了很好的作用。

政府举全力兴水，全民勒紧腰带兴水，巴中的兴水热浪冲天，人们苦干的劲头冲天，一下子打破了长期制约巴中农业发展的瓶颈。有了灌溉水，人们又发展丰富生财水，有的依托水源建果园，有的搞养殖，庭院经济一下火红了起来，人们的收入大大增加。有了好的物质基础，我们又在这个基础上提出改厨、改厕、改房、改圈、改路，建池、建园、建家的"五改三建"要求。短短几年，全地区共建微水池 20 多万口，改造新建人畜饮水工程 4000 多处，解决了 60 多万人、100 多万头牲畜的饮水问题，卓有成效的工作得到了省委、省政府的充分肯定。

1997 年 11 月下旬，全省农田水利基本建设现场会确定在巴中召开，当时是水电厅决定开的一个单一水利的部门会，主要是学习巴中建微型水利工程的做法经验。当省委、省政府的领导视察巴中的扶贫和水利建设工作后，省委、省政府决定把水电部门的会议变成全省的新农村建设和农田水利基本建设的一个综合性现场会。省委、省政府的主要领导和各地市州的党政"一把手"都参加了这个会议。通过现场参观，大家看到了巴中人民的苦干实干精神，看到了巴中的巨大变化。在这个会议上，省委、省政府总结了"扶贫攻坚、治水为先""宁愿苦干、不愿苦熬"的"巴中经验"，并在全省推广，号召各地学习。此后，《人民日报》、新华社、《中国水利报》、《四川日报》先后派出多名记者采访报道"巴中经验"，同时我们水电部门也被水电厅连续三年授予"李冰杯"奖励。"李冰杯"就是从水利角度综合性评价的一个奖励，说明巴中的水利建设取得了令人瞩目的成效。我们的水土保持、人畜饮水、以工代赈、防汛抗旱、水产等方面的工作也取得了比较大的进展，巴中大水利在巴中经济社会发展中发挥了巨大的作用。

从几年的工作中，我感觉到我们的水利建设还是要搞大型水利工程。当然，那时候大型水利工程受到了限制，但我们争取这方面的工作没有停步，包括中型工程。在此期间，我们先后争取省里列项，兴建了牛角坑中型水利工程，对化成水库、玉堂水库进行了病害整治，这些投资都比较大。通过对这些病害工程的整治，效益得到了很大的提高。这得益于省水电厅和水利部对我们巴中这块革命老区的支持，后来几年的项目支持比建区初的 1994 年资金投入增加了 4—5 倍。

当时机关办公用房靠借、交通工具靠借，而行署又暂时解决不了经费问题，工作条件的确艰苦。当时的情况是，行署只免费给我们发了一个章子、一块牌子，其余都要求自己"找米下锅"。行署领导说，我们给你们一些政策，你们就想办法找上级争取，我们再给一些优惠政策。为解决资金紧缺问题，我们多次到省厅、到北京去争取。那时候，去汇报工作都好说，去争取资金，真让人家为难，说多了别人也反感。但"要奶吃"的孩子不哭，又有什么办法呢？我们只得从多方面向省厅、向部里汇报工作，争取给予特殊支持。我们得到的第一个支持就是水利部给我们配备了一台防汛抗旱车，因为防汛抗旱没有指挥车不行。第二个支持是在水土保持方面，水利部长江水利委员会给我们很大的支持，把巴中列为水土保持示范区，给我们配备了一些办公用具，电脑、车子等问题都解决了。

最后，就是职工的住房问题了。我们当时找开发区商量，把土地征下来，用省厅给的 30 万元钱付了部分征地费，大部分是欠着的。然后我们在 1994 年 3 月就开始动工修建，开始修建的工程款是由工程队垫支的。后来我们只能号召职工集资，又找下级借，再去银行贷，终于用一年半的时间建了 32 套住房。地区水电局是第一家建起住房的地级机关，当时人们把地区水电局称为"江北第一家"。那时候我们只有 22 名职工，剩下的住房我们用来办公，结束了租房居住、租房办公的历史，职工的工作积极性也起来了，大家都比较高兴。当时地委编办给单位的 28 个编制陆续到位，我们整个工作就这样逐步走上正轨。

从 1993 年 10 月到 2002 年退休，我在地区（地级市）水电局九个年头，一直任书记、局长，现已退休 20 多年了。我在那段时间与一班人共同工作，创造了一些新经验，开创了一些新局面，取得了一些新成效，特别在"扶贫攻坚、治水为先"的工作中，我为取得的新成就感到骄傲和自豪，更为巴中人民创造的"巴中经验"感到骄傲和自豪。

李茂群，女，生于 1955 年 3 月，四川南江人，中共党员。1993 年 9 月，任巴中地区文化体育新闻出版局党委书记、副局长。1994 年 9 月，任巴中地区文化体育新闻出版局党委书记、局长。

起场平坝的那些点滴

李茂群

1993 年 8 月底，我因急性阑尾炎化脓粘连做了手术，正在南江县医院住院。前来探望我的同事们聊到巴中新建地区，说是地区的部门机构设置和省里不太一样，其中要成立一个包含文化、体育、旅游、新闻出版、文物和广电等方面的局。他们开玩笑说，那简直就是打捆的"第三世界"，哪个人去背这个"杂货背篼"，那真是倒大霉了！

一穷二白的垦荒

哪知道第二天我就接到了调巴中地区筹建文化、体育、新闻出版、文物、旅游和广电局的通知，当时我在南江县政府任副县长，分管文、教、医、卫、体和广电这一条线，对其中的艰辛那是心知肚明。社会事业那一块，在经济不发达的地方都困难重重。在巴中这个穷且新的地区，筹建这样一个一揽子大文化事业局，将是一个什么光景?! 真让我忧心忡忡……

1993 年 9 月 12 日我出院了，县政府办公室派了一个秘书、一辆车把我送往巴中。当时南江到巴中正在修公路，只有绕道大河区那边可以走。一路上我捂着刚拆线的伤口，在块石般的公路上颠簸了八九个小时，终于到了巴中。

我之前没有到过巴中城，一进城就找不到东南西北。几经打听，找到了川陕革命根据地博物馆馆长赖万林，暂借了一间落脚的住房。副局长徐淼在达县参与两个地区分家的工作，这边就我一个人。此时的巴中地级各单位都在忙于八仙过海搞筹建。我清醒地意识到，所谓筹建，就是在一无所有的前提下起场平坝（创业兴家）。经过一夜思考，决定要刻不容缓抓好三件事：一是借"窝"立足挂牌子，二是精选能人建队伍，三是争取资金建新"家"。

第二天一早，我就找到地委、行署驻地，先到地委组织部报了到。组织部领导说，任命文件给你出了，任局党委书记、副局长，试任期一年。筹建任务十分艰巨，你现在暂时考虑先借几个人来协助你工作，其他事情你就自己想办法了。

先说借"窝"立足挂牌子。那时地级各单位都到处找房子办公、住宿，房子非常紧张。我立马跑到巴中县图书馆找馆长帮忙想办法，他们想了很多办法，给我腾出一间大阅览室。紧接着我又找到地委梁廷寿秘书长借了一万元钱，带着在川陕革命根据地博物馆借来的两个帮手立即去买了扫帚、拖布、纸张、桌凳，制作吊牌、刻公章……总算是有了局办公室。1993 年 9 月 17 日，地委、行署为地级各单位举行了授牌仪式，授予了我局两块牌子"巴中地区文化体育新闻出版局"（简称地区文体局，含文物局）、"巴中地区旅游局"及两枚公章。由于省广电厅的坚持，地区广电局不久之后就单设另建。

然后讲一讲精选能人建队伍。1993 年 10 月，地委编办出文，我局及直属文化机构共八个编制。我在电话里同徐淼副局长商定，惜编如金，精选能人！说实话，地区文体局业务工作既要上对省厅六个局及近30个直属单位，还要下对四个县（市）局及相关事业机构，而当时文体局头上又特别显著地贴着"穷""难""累"三大标签，不选德才兼备的人工作干不下来，同时也留不住。个中经历艰辛且不提，还不乏尴尬。当时熟知我四处打听、八方托人找人来地区文体局工作的朋友笑话我，别的单位那些人都是挤破脑袋想去，只有你李局长是想破脑袋到处找人。当时我第一个联系到的是黄联学，他原在南江县教育局工作，我知道他是县里有名的才子。可是第二天下午，他打电话跟我说，李大姐，我不能到你那儿上班了，组织上派我给刘宗寿副专员当秘书。接下来，我找到的好几个人都婉言谢绝了我……有一次，我托一个部门领导帮我去做另一个人的工作，他却不假思索地直接对我说，你文体局那么穷，哪个人想去哟。这期间其实也有人主动申请想来，但是文体局工作担子太重，对人选的要求很高，他真的不符合局里的用人标准，我当然也谢绝了。

功夫不负有心人。当时地区正在筹办庆祝建区大型文艺晚会《拥抱明天》，地委、行署十分重视，请来了达县地区文艺界资深的文化馆黄馆长来做总策划，我在协助他工作的同时趁机向他请教。黄馆长说，干文化工作太不容易了，我理解你选用人的标准，我给你推荐通江县文化馆副馆长杨秀永、严玉琼两口子，他们业务能力强，人品好，社会口碑非常好。于是我慕名找到了杨秀永同志，希望他能够到地区来。老杨这人很实诚，他说我先考虑一下，也还得跟我爱人商量，因为我有两个娃娃在通江读书，家里还有老人。我很理解他的想法。第二天老杨就在电话上告诉我，他同意来地区局工作。这样文化上算有担纲的人了。体育这块，我反复考察了通、南、巴、平四个县体育方面的人才，选定了南江县体委副主任汪定远同志。他是成都体院毕业的，且在县体委工作多年，几经犹豫，他也同意来地区局。旅游这块，当时全地区只有通江县有旅游局，余定河同志在通江县旅游局工作多年，还曾在建设局干过。我找到他，他也同意来。新闻出版这块，我慕名找到了陈通武同志，他当时是巴中市教育局副局长，是有名的能人、笔杆子。对于这几个担纲专业人员的找寻、考察将近一年，才陆续到位。大家都是从县里先借调过来的，没有住房，娃娃上学没有学校，有的家里老人身体不好，大家都是背着干粮盘缠，拖家带口、扶老携幼地来到了巴中。

他们自己到处找房子租住，我则不分昼夜地四处奔波，千方百计地帮助解决他们孩子入学和爱人工作调动问题。

再讲讲争取资金建"新"家吧。大约是 1994 年 5 月，地委下了一道"军令"：1995 年国庆节前，地级各单位务必搬进新楼办公和住宿。我明白，这就是我们这批开疆拓土、起场平坝人的特殊使命！当时包括我和徐淼全局总共八个编制，就是说地区财政按编每人每年预算是 13000 元，我局共有财政拨款 104000 元，别无进项。但我们却要在一年多的时间里，除了保证各项业务工作开展，解决职工们上级有政策却不给钱的一些补贴，还要修起新的办公室和住房！看着议论纷纷、忧心忡忡的同伴们，在那间借来的大办公室里，我召开了第一次全局职工大会。会上我是这样讲的，首先感谢大家抛舍现成的工作、现成的居所，自带干粮盘缠来地文体局和我一起起场平坝、开荒创业。我们现在的确是一穷二白，很多人看不上我们单位，可我们得自己看得上自己，我不相信"穷"会把我们文化部门的人憋死。我今天承诺，在地委、行署的要求期限内，一定让大家搬进江北新区的新楼里办公、住宿，如果没办到，我自动请辞，绝不耽误大家！

当时，地委韩忠信书记给了地级各部门"一把手"一条最著名的"米袋子政策"——地委任命了你们，也就是给了你们"米袋子"，你们是把"米袋子"弄丢还是把"米袋子"装满，大家就各显身手了！

因为穷，地委、行署也别无他法。肩负使命，责无旁贷，争取资金，寻求支持，就成了我们那时筹建工作的重中之重。

1993 年 12 月，有一次我在省文化厅开会，打听并联系上了文化部一个项目，限定一周内必须把材料送到文化部。当天开完会已经是晚上 6 点多了，我和一起开会的一个同事赶忙跑到梁家巷汽车站，当时只有一辆破旧不堪的面包车去巴中，后排仅剩两个座位。我们别无选择，立马挤到最后一排，上车就走，一路上大包小坑，颠簸不堪。半夜的时候，突然后面的货架上一个硕大的包裹"嘭"地一下砸在我头上，我不仅被吓了一大跳，人也被砸得有点迷糊。同事连忙问，哎呀，李局长，把你伤到了没有？车上的人一下子全都笑起了，还有个人说，这么烂的车还有局长坐呢！汽车行至仪陇一道山梁上，大概早上4点多，山梁上的雪积了几寸厚，车突然坏了。那时候还没有手机，没办法联系外面的人来接我们。我们在那个山梁上又冷又饿，熬了三四个小时，车终于修好了。回到巴中，我家门都没进就冲进办公室，迅速召集大家四处找资料赶写项目报告，熬到第二天晚上，一切准备停当。局里借来一辆车，我、徐局长和另一个同事就从巴中出发，途经汉中、山西、河南，翻山越岭两天三夜赶到北京。下了高速公路我们两眼一抹黑，不认识路啊，于是一路问着走，终于在国家文物局旁边找到了一个60元一天的小旅馆落脚，条件自然就不提了，下车的时候每个人的脚都肿得根本穿不进鞋。

第二天一早，我们将项目报告送到文化部，文化部又批到国家文物局。文物局要求立即将材料送给一个老专家审核。我们几经辗转联系上了老专家，他叫我们晚上送到他家，他抓紧给我们审核，因为第二天文物局就要集中研究了。晚上，我们在老专家楼下等他时突然下起了倾盆大雨，想找地方避避雨吧，又怕错过老专家，就咬牙坚持等在楼下，三个人相互安慰打气："再坚持一下，专家可能马上就回来了。""等今天晚上把事情办妥，我们就去吃碗热面。"大雨把我们浇透了，一个同事的皮鞋被雨水泡得张开了口，鞋面和鞋底分了家。所幸我们在快到11点时终于等到了老专家，想到自己像落汤鸡一样，不好意思进他家门，就在门外把报告递给老专家，拜托了又拜托，感谢了又感谢。然后我们在街边凑合给同事买了一双布鞋，他才避免了在北京赤脚走路的尴尬。

类似这样跑项目、争取资金、争取支持的事，在那几年真是家常便饭。

齐心协力的开创

江北那一片是规划的地委、行署及地级各部门的驻地，地委、行署很多部门的办公楼和职工宿舍，都纳入了地区基建办的统筹建房范围，可文体局却不在其中，这简直是屋漏偏逢连夜雨！咋办？没时间多想，没心情抱怨，唯一的出路就是赶快找一块地皮，自己动手修房子建安身立命之所，且要在地委、行署要求的时限内完成。我们起早贪黑地找地方，削尖脑袋地想办法，总算找到了一块 20 多亩的土地。紧接着大家就开始齐心协力找钱，借、欠、贷……啥办法都用上了。很快工地开工了，地基也打好了，开始码砖砌墙了，全局职工和家属都无比兴奋，终于看到了希望，终于有了盼头！但谁都没想到的事情发生了，我们接到通知，我局的在建工程必须马上停工，因为这块地被重新规划成地委、行署办公楼，地区文体局局址被重新调整到恒丰宾馆背后那块地。天啦！当时那个地方是一座山！我飞也似的跑到地基建办找苟必伦副专员（他分管新区基建），脑子里交替地闪现我们那群披星戴月、满脸兴奋、满眼期盼的同伴和新址上的那座山……我走拢就拦住刚要出门的苟专员，才张开嘴，没忍住眼泪先流下来了。我跟苟专员汇报了大家借钱搞基建的艰辛，汇报了大家熬更守夜的疲惫，汇报了大家看到地基起来以后的欣慰，现在突然说搬就搬，修了那么多，一下子什么都没有了，我该怎么跟同事们解释？我越说越伤心，忍不住号啕大哭。苟专员劝慰我，说要以大局为重，有困难我们就想办法解决嘛！你们先算一算工程前期投入，看因为搬迁产生了多大的损失，我们研究补偿你们。

事已至此，该服从还是得服从，再大的困难也只能咬紧牙关想办法解决。我抹了一把泪，调整好情绪，急匆匆地赶回局里，推开办公室门，一眼就看到坐得整整齐齐的职工们还有家属，个个眼巴巴地望向我。我按下心里还没赶跑的委屈，挤出不比哭好看的笑告诉大家，文体局工地要搬迁到恒丰背后，那里虽然是座山，但面积更大。苟专员已经答应要补偿我们前期投入的损失，并托我转告大家，他和地委、行署领导对我们文体局的同志高度信任，我们不会被困难打倒，更不会被压垮，我们一定会如期搬进新建楼房办公、住宿！

报告批复了，补偿我局48万元工程先期投入款。接下来又该如何做？大家收拾好情绪，七嘴八舌地建议，最终我们商定，买一台推土机、一台装载机，再高的山我们都能给推平，每一分钱都要花在刀刃上！就这样，建设工程很快又重新启动了。大家继续团结奋战，一边保质保量抢速度推进工程进度，一边抓紧和省里及各县衔接工作，铺开全区业务工作，一边还要昼夜兼程跑项目找资金……可以说工作千头万绪，任务铺天盖地，大家恨不得自己真有三头六臂来应对天天加班、没有节假日、带病坚持工作的日子。

记得有一次职工民主生活会上，陈通武同志发言说，我给李局长提个意见，你这个人有胆识，不怕苦，但工作要求又高又严，而且"针脚细密"（细致扎实），能否放宽松一点，要求莫要那么高，大家都太苦太累了。其实老陈说的是真心话，也是大家的共同感受，这些我全都知道。我想了一下说，老陈，你这个意见我接受，但我现在不能改。眼下形势是不进则退，大家必须咬牙坚持，必须跟我一起奋力拼搏才能走出困境，实现大家安居乐业的愿景。

这里还得说一说当时被行署分管我们局的王治寿副专员高度肯定、受到省文化厅表扬、获得社会各界好评的一件事：当时我们买了推土机、装载机，不仅及时快速地解决了局基建工地的那座山，还将"两机"拉出去，承包江北新区建设的其他推土工程，很快就把买机器的钱挣了回来。由此也拓展了我们的工作思路，搞文化工作的人也要学搞经济，学挣钱，穷则思变嘛。于是，局党委研究后提出了符合当时巴中特殊环境的"抓产业开发、促事业发展"的工作思路，同时新成立了产业科，调来了高少东同志专抓此项工作。经多次、多方位市场调查，终于利用局新建的青少年活动中心创办了巴中地区艺体幼儿园。后来还引进巴师附小的资源开办了附小分校（完小），不仅解决了整个江北新区娃娃入园难、入学难的问题，每年还为财政增加了几十万元的收入呢！

在大家的齐心协力下，1995年4月底我们的宿舍楼就建成完工了，一共32套房子，近5000平方米，被评为当年的优质工程。一楼、二楼用于办公，三楼以上全部用作职工住房。从5月6日起，全体职工欢天喜地地陆续搬进了江北新居。那时地级机关各单位在江北新区的房子都还在建设中，道路极不配套，更无路灯照明。记得我刚搬进新家那天，恰逢下了一场大雨，新房子就矗立在一片沼泽之中。我女儿下了晚自习后很晚都没回家，我正在着急的时候，就听到她在外面远处大声哭喊："妈妈，我从哪里回来？"是啊，外面一片漆黑，没灯没路，她又是第一次回新家。我和她爸爸连忙拿起电筒，穿起雨靴，拿起雨伞，在百米开外找到了她，拉着她深一脚浅一脚地回了家。进门才发现她竟然是一双赤脚，一双凉鞋全都陷在淤泥里了。

助推发展的担当

"文化搭台，经济唱戏"，是建区时地委、行署对我局工作的特殊要求，这就是我们地区文体局开创事业的主旋律，也是我们文化部门应有的担当。

文化事业这一块首当其冲。我刚到地区报到，接到的第一个任务就是参与由地委、行署策划筹办庆祝巴中地区成立的大型文艺晚会《拥抱明天》。这次晚会的成功演出，极大地鼓舞了新建地区人们战胜困难、奋发有为的信心，也丰富了广大群众的精神文化生活。由此，地委、行署十分重视文艺演出这块宣传阵地。紧接着，地委、行署下达的各类大型演出任务纷至沓来，欢庆建党节、庆国庆、春节慰问演出、庆祝建区一周年文艺会演……所幸及时借调来杨秀永、严玉琼夫妇和巴州区文化馆余义奎馆长。

由于地区没有专业演出团体，所有大型演出都是由我局设计方案，送地委宣传部初审后再上报地委同意，所有节目都是依靠各县组织队伍排练然后我们按日程对节目，一个县一个县一遍又一遍地初审、复审和审定。我们采取了评比激励的办法，各个县的县委、县政府都很重视，八仙过海，各显神通，都不想落后。每次演出时，全局总动员齐上阵，杨秀永同志担任舞台总监，其他同志有的蹲天台打追光，有的拉大幕兼递道具，有的守服装还要维持后台秩序。我每次都是节目上下场的催场人。演出前我们是节目策划者，演出时我们全都是场务和龙套，甚至安排领导及来宾座次、贴座签、联系领导到场，设计、印刷、分发晚会门票……都是我们亲力亲为。

大家虽然辛苦，但让我们骄傲的是，每次演出都很成功，我们出色地完成了地委、行署下达的各项演出任务并获得了社会各界如潮的好评。建区的前五年，我们完成了全区各类大型文艺演出诸如庆祝建区（一周年、三周年、五周年）文艺会演、全国扶贫大会汇报演出、"巴中经验"宣传汇报演出、红色老区考察汇报演出等百余场。此外我们还按地委、行署的要求，深入全区重大工程工地和偏远乡村如空山坝进行了春节慰问，还组织文艺小分队"送文化下乡"，为助推全区经济社会发展贡献了超负荷的力量。

"保护文物，守土有责"，这是每个文化文物工作者的座右铭。巴中是贫困新区，但也是闻名的革命老区，历史文物众多，是全省位列前茅的文物大区。巴中文物保护工作十分艰巨，尤其是田野文物，它们分散在全区方圆1.5万多平方公里的区域里，保护的难度可想而知。比如巴中城周围的南龛、西龛、北龛都是唐代的摩崖石窟，都是全国重点文物保护单位。巴中市文管所在这几个文物点都派出了专门的守护人员，我们局经常要派人去查访，有时晚上都要去巡查。好像是在1997年，南龛68号"赵巧送灯台"那龛石窟的佛像头被盗，我们及时上报了案情，国家有关部门马上发布了全国通缉令，最后通过海关缉私才找到了失窃文物，偷盗者被判了重刑，相关责任人受到了处分。文物不可再生，这件事更激发了全区文化文物工作者守护文物、守护我们历史瑰宝的责任感和使命感。

新闻出版工作重心就是"扫黄打非"，文化及出版物市场执法是块难啃的硬骨头。那时候巴中很穷，有很多网吧都是业主一家人安身立命的唯一经济来源。当时青少年进网吧的情况十分突出，特别是学生在网吧通宵上网打游戏，家长找不到人，这个问题在社会上反响很大。学校提意见，家长呼吁，投诉不断。各县文化局每天都派执法队伍到市场监督检查，地区局也不定期到各县抽查，意在强化规范。有一次，我们抽查到了一家网吧，经营者不按条例规定如实登记上网者身份证号码，容留了好几个未成年人上网，我们按执法程序给该网吧发了整改通知书。该业主就纠集了七八个网吧业主，坐在我办公室里围困了我一天一夜，24小时不准离开，要求必须取消处罚。在这一天一夜里，同事们和我晓之以理，动之以情，讲啊说啊，又找来上网学生的家长现身说法，将心比心，以心换心，终于把这个事情依法解决了。

除了抓文化市场执法，我们还重点抓了出版物市场的"扫黄打非"，这也是新闻出版工作的重头戏。以教材教辅为例，为了经济利益，非法印刷、销售教材教辅的状况可谓是上面"三国演义"、下面"八国联军"。有的学校因为经费不足，和不法商贩相互勾连，手段各色各样，花样不断翻新。为保障学生"课前到书，人手一册"的国家政策落地，各县局主办、地局督办、大案全局出动突袭，包抄围剿，杜绝讲人情、托关系、走后门，斗智斗勇，全地区每年都要收缴销毁数万册非法出版的教材教辅印刷品，维护了全区学生正常有序的学习环境。

体育工作这块，当时新成立的地区没有任何体育设施，没有专业队伍，所以工作重点就是抓好学校体育。汪定远同志长期带队到各学校具体指导各类学生体育工作，精心为省体校选送体育苗子，同时以学校体育带动群众体育、竞技体育活动的开展，并克服了重重困难，选送队员参加全省田径、举重等项目的竞赛，还获得了较好名次。

旅游工作这块，全区的旅游资源十分丰富，但当时只有通江县有旅游局。我们采取了借力打基础的办法，在1994年3月想办法专程从省里请来旅游专家，又借用了荀晓东等三人同专家一起，历时三个多月走遍了全区重点景区的山山水水，探险式地勘察完了有景观价值的溶洞。我们当时连相机都是借来的，这部借来的相机拍下了许多宝贵的资料，从多方面收集了巴中的民风民俗。我们一边诚恳地向专家请教，一边不断地自我学习，补充旅游工作方面的相关知识，半年内就形成了 10 多万字、图文并茂的《巴中地区旅游发展规划》。至此，巴中地区总算有了一部关于旅游业发展的蓝本。

回首往事，感慨万千。调任巴中地区文体局局长，对我个人来说是个意外，可我在那里一干就是 14 年。在这 14 年里，局党委、局机关年年被地委、行署表彰为"先进"，1997 年地区文体局机关成为地级机关中第一个"省级文明单位"；我个人在 1995 年被地委荣记"二等功"，1999 年被国家人事部、文化部联合发文授予"全国文化工作先进工作者"称号，在人民大会堂受到了朱镕基、李岚清、丁关根等党和国家领导人的亲切接见并合影留念；局里陆续建起了办公大楼、青少年活动中心，开办了当时规格最高的地区艺体幼儿园。2006 年我调离文体局时，局里没有任何外债；在局机关及直属单位里，被组织考察任用了 14 名县级领导、2 名地厅级领导……

历史长河，弹指一挥间，岁月随时光不断流逝，建区之初那些起场平坝的点滴，最让我感恩和难忘的是那一批心中有希望、口中无怨言，同我一起共克时艰、拓荒创业的战友们，他们都无愧是众人赞誉的精兵强将！非艰辛无以成就事业，非坚韧无以铸就风景，我们没有辜负地委、行署的重托，团结齐心，牢记使命，在国家和省级相关部门的支持下，在各县党委、政府及同人的帮助下，把对党的忠诚、对事业的奉献融进了地区文体局起场平坝的工作中，铺就了巴中地区文化、文物、体育、旅游和新闻出版事业发展的基石。

程大体，男，生于1948年11月，四川通江人，中共党员。1993年11月，任巴中地区农委、农业局、农机局、畜牧局主要负责人。

一名普通农业人的感受

程大体

一

1993年11月，我从通江县政府调到巴中地区工作，受命组建农委和农业局、农机局、畜牧局。我带领原通江县政府余跃同志和两名年轻同志李斌、李俭昌来到巴中，为尽快投入工作，就在巴中商业街招待所租了两间房子，作为临时办公场所和栖息之地。

当时我想，这不是长远的办法，必须尽快落实办公场地和职工食宿地方。我与原巴中县农业局胡文俊局长协商，在农广校办公楼上，给我们挤出四间房子用于办公。我们又到青少年宫，将他们暂时不用的两间教室租下，用木条及纸浆板隔成八个小间，可容纳20多人，吃饭就在青少年宫临时伙食团搭伙。

办公和住宿基本解决后，开始选借和商调工作人员。先后在四个县

294

（市）的农业局及关联的县级单位考察政治可靠、专业对口、年轻有为的大专以上学历人员，采用先借用试用的办法，合格一个调配一个。坚持任人唯贤，从我做起，达不到基本标准的不推荐，试用不合格的坚决退回原单位。为什么呢？一句话，就是因为编制有限，任务繁重，养不起闲人。

1994年春节后，陆续到位22人。其中，有大专院校经营管理专业毕业的，有四川农业大学作物栽培专业毕业的，还有茶果、畜牧、农机、土肥、植保等毕业的专业技术人才，40岁以上的仅有三人，其余全部在35岁以下，可以说，算得上是精英团队。所有人员均住在青少年宫的临时宿舍里，每八个人挤在一间，睡上下床。有的职工风趣地说："隔的纸板墙，睡的上下床，顿顿路边小食店，一年很难看爹娘。"

1994年5月以后，"一委三局"格局初步形成，工作逐步走上正轨。回想那时候的组建工作，主要有"三难"：

一是机构组建难。没有办公场地，没有工作人员，没有职工宿舍和职工食堂，基本的办公和生活条件都不具备。1993年12月，我与副局长吴文斌同志及办公室主任余跃同志，去原达县地区农业局商谈分家事宜。经过多次商谈，分给我们的有即将退役的一辆北京212吉普车、10多套办公桌椅和一台铅字字钉打印机。当时真可谓家徒四壁。

二是工作开展难。建地区之初，本来办公条件就很简陋，工作人员不足，经费严重缺乏，没有交通工具。工作难的是，不仅要与省农委、农业厅、畜牧局、农机局四个单位内设的72个处（室）、场站（所）搞好工作对接、领受任务，而且还要处理好上下级关系。当时我们的职工一人要负担对接省里三个以上单位的工作任务，加班加点成为常态。大家可谓是夜以继日，以一抵三，从无怨言。

我们开会出差都是坐大巴车，去一趟省里不容易，出发前都要准备好些汇报材料，分别到相关部门求见领导，争取他们对巴中工作的支持。我同时要求局相关科室场站的负责人，要定期或不定期地多向上级对口汇报。我给大家讲，不要怕脸难看、门难进，要见缝插针，创造机会，汇报好我们的工作，做错了就要主动检讨，迎头跟上，要知道感情是解决一切问题的桥梁。记得那时职工出差，或到省里开会，都坚持乘坐公交车，住在小旅馆，吃在路边店。大家毫无怨言，确实体现了我们拓荒者的高尚情操。

通过一年多时间的努力，省农委、农业厅、畜牧局、农机局等部门改变了对巴中的认知，加深了印象和理解。记得省农业厅一位领导说，巴中的干部可爱、可亲、可敬，有朝气、有活力、有潜力。他们纷纷表示，尽力支持巴中。如省农业厅计财处、办公室等单位给予我局办公设备的支持，农业厅以各种名义给了我们大量的项目及资金。我同吴文斌副局长，与当时农机科的科长何怀福、吴登廷、石永统三位同志到省农机局汇报，局长刘祖荣、副局长黄彦容当即拍板说，从1994年到1996年，每年给巴中救灾柴油515吨。我同分管畜牧的李玉福，与畜牧科的贾旌旗、黄友才两位同志到省畜牧局汇报，为南江黄羊科研所争取了85万元的良种繁育资金。

上级领导对我们工作的认可和支持，实质上是对巴中农业快速发展的肯定。我认为，只要领导铁了心，工作敢较真，事事也会成，世上无难事，就怕有心人。

三是基本建设难。工作难不算难，找钱建阵地那才是真正的难。那几年我真正体会到了"巧妇难为无米之炊"的真谛。为给职工创造安居乐业的环境，1994年9月，我们着手研究农业局基建问题，决定成立基建班子，由我负总责，吴文斌副局长和办公室、计财科、场管科等一些同志参与，苟兴聪同志具体负责施工管理。地委、行署同意在统筹的机关小区建设用地中给我局1.5亩，我们多方筹措建设资金，加紧组织建设，1996年底完工，职工高兴地搬进了新居。

1995年底，我们又与原巴中市政府和市农业局商量，拟将江北临近状元桥头的农场土地2.2亩，建设为巴中地区农业技术推广中心多功能大楼。几方达成一致意见后，呈报给省农业厅。他们很支持，及时作了批复，同意以划拨的形式用地，减轻了征地费用，节省了一大笔资金。建设方案由地区设计院设计，设计费象征性地给了一点。大楼设计的建筑高度为九层，总面积为4990多平方米，建设资金约750万元。与建筑工程队协商，他们垫资50%，我局在施工期间组织资金50%，竣工验收合格后三年内全部付清。为筹措资金，我和吴文斌同志及计财科的刘传扬、李善永和王志红同志多次到省农业厅的相关处（室）汇报，以山区农业技术推广缺乏阵地、缺乏设备和缺乏经费的名义，请求给予农业技术推广阵地建设资金的支持。

1997年6月，省农业厅厅长文正经同志带领我专程去农业部向部长汇报，请求农业部对身为老边穷山区、红四方面军根据地的巴中给予农业专项资金支持，同意四川在川东北地区巴中建设一个农技推广示范中心。农业部领导听取我们的汇报后，感到点子很新颖，项目很好，就带我们编写了项目建议书，并找财政部汇报商议此事。当时，财政部部长王丙乾表示同意支持，随后在国家支持农业发展资金中专项列出项目资金120万元，加上省级有关领导和省级部门的帮助和援助，解了燃眉之急。1998年底，我们建成了农业大厦，文正经厅长亲笔题字。至此，地区农业局结束了工作无阵地、职工无住宅的历史。

二

1994年7月，我陪同地委书记韩忠信同志到边远山区——通江县空山乡调研农村工作。盛夏7月，韩书记带领我们到贫困村社同干部座谈，看望贫困老百姓，问寒问暖。

一天晚上，韩书记把我叫到寝室说，老程，你之前在通江县政府是分管农业的副县长，现在又是地区农业局局长，巴中农民贫困的根源到底在哪里，农业发展的出路又在哪里？你最有发言权，我想听听你的意见。

我觉得这是个好机会，平时工作汇报要预约，还有时间限制，今天领导主动要我汇报，机会难得。我就认真地详细地将领导提的两个大问题做了回答。我说，我们巴中农民贫困的根源主要有三个：第一，农业生产条件和生产能力脆弱。全区 300 多万农民仅有低产耕地 388 万亩，全地区有旱山乡 790 个，旱山村 385 个，缺水村 1147 个。我们以农业为主的地区，其基础条件之差、农民生活之困难，除少数民族地区外，全国也不多见。第二，农民收入低，税负重，扩大再生产能力低下。第三，农民缺乏技术，农技推广工作滞后。农民怕肚子挨饿，喜欢广种薄收，结果还是无收或少收，已是多年如此。

关于农业发展的路子问题，我斗胆进言说：一定要坚持 3—5 年大马力开展以农田基本建设为主的山水田林路综合治理，让全区 80% 的耕地变为稳产高产的基本农田，并按国家《基本农田保护条例》标准划定红线，严禁占用；一定要大动作调整粮食种植结构，开展以望天田改旱种植旱粮的行动，破除"没米吃就等于没饭吃"的落后观念；一定要大马力推广先进的实用技术，全力实现良种良法良制普及化、长期化；一定要花大力气培育特色产业和支柱产业，让农民有稳定持续的增收途径。

韩书记听完后对我说，你的建议很好，要把你们的想法通过层层引导、层层示范变为现实，党政这一块，由我们地委、行署发力助推。

地委、行署领导的信任，特别是书记指示的"要把你们的想法通过层层引导、层层示范变为现实"，虽然是动力，但更多是压力。我召集了县（市）农委、农业局、畜牧局、农机局主要负责人和部门技术人员，开展大讨论，把地委韩书记和有关领导的指示精神和要求一一作了传达，要求每一位农业工作者都不要辜负领导对我们的信任，要无愧于巴中 300 多万人民的期望，要多谋事、多干事、干成事。这次"诸葛亮会议"明确了未来三年农业部门的主要任务，就是以改造中低产田为重点的农业基础条件改善的示范推动。

自 1995 年冬季开始，连续三年全区冬季掀起大搞农田水利基本建设的高潮。我们农业上主要实施了坡地改梯地、小地改大地、薄土变厚土、瘦土变肥土，以及下湿田改造。记得 1995 年冬，我带领本单位钟久益、杨建国等同志到通江县，与县农业局及土肥站的人员一道，去大兴乡东郡坝村组织发动村社干部和农民群众，对该村集中连片 110 亩下湿田研究改造方案。这片土地特殊，虽水源丰沛，但长年冷浸形成烂泥田，不仅耕作困难，而且作物生长受冷凉害影响，根本不利于生长。我们采取每间隔 100 米左右纵向开挖深沟的办法，沟宽 1.5 米，沟深 2 米，石板铺底条石砌墙，从而降低了地下水位，大量积水滤至沟中排除，解决了多年难以耕种的问题，形成了全省下湿田改造的新模式。像这样的下湿田，全地区约有 17 万亩。经过三个冬春努力，改造中低产田 9.8 万亩，占应改面积的 71.5%。

巴中声势浩大地大搞农田水利建设，引起了省委、省政府和省农业厅关注，连续两年在我们地区召开全省农田水利基本建设现场会，对"宁愿苦干、不愿苦熬"的"巴中经验"高度赞扬。我局连续三年获得全省"李冰杯"第一名。

1995 年 6 月，我同李俭昌、陈志芳两位同志，分别陪同地委副书记李开明、王吉安等领导到低山区的巴中明扬乡、茶坝乡和通江三合乡及南江长赤镇检查指导旱作农业。看到到处都是长势喜人的玉米，李副书记深有感触地说，农业部门及县（市）工作很扎实，卓有成效，这样干下去，实现温饱的目标没有悬念。

1995 年 7 月，我又和余跃、陈志芳、杨希均、王兴国、竺诗平分别陪同副专员郭孝友同志去平昌县的西兴乡、元山乡等地调研，看到到处玉米生长苗壮，不少单株双穗玉米已灌浆，即将成熟，郭专员脸上露出开心的微笑，走到哪里就表扬到哪里。

巴中连续五年粮食产量创历史新高，1998 年仅旱粮总产量就达到 103 万吨，占粮食总产量的 64.8%。发展旱作农业，巴中成为全省典范，省农业厅 1997 年和 1998 年连续两年在巴中召开旱作农业发展现场会，省长张中伟、省农业厅厅长文正经，巴中行署专员周登全、副专员郭孝友等领导亲自到会，并作重要讲话，既高度肯定成绩，又给以后的工作提出了更新更高的要求。

我们农业部门在解决了农民温饱之后，又重点加大了培育特色产业、支柱产业的推进力度，有的县成立了果蔬办、茶叶办、银耳研究所、食用菌种培育厂。通江县每年为农户提供 100 万瓶菌种。巴中以川明参、芦笋、中药为重点加强产业培育，南江县成立林研所，研究米仓山薄壳核桃种植技术，成立了畜牧科研所，重点培育"世界第二""亚洲第一"的南江黄羊。

在全地区大力培育支柱产业的活动中，南江、通江借势研发和提升了"天岗云雾""云顶茗兰""云顶绿芽"等优质茶叶品牌，1997 年均获得农业部授予的"绿色食品"AA 级称号。巴中特色农牧产品多次参展中国和四川省农产品博览会。通江银耳、南江大叶茶等多次获得国家和四川金奖、银奖。

2000 年，中国西部农业产品博览会在四川召开，行署副专员陈延荣带领我们几位同志亲自布展，我区参展企业 23 家，展出品牌 30 个，展出产品 80 多个。这次展示，主要以绿色产品为主，到展示摊位参观、购买展品、咨询了解的客商络绎不绝。不到两天时间，所展示的产品全部卖出，与客商签订意向合作项目 23 个，协议资金 1.22 亿元。与此同时，通江青浴猪、空山黄牛、南江黄羊、大叶茶、水青冈等地方特色稀有品种不断涌现，有些还被国家和省级列入重点保护目录。

高隆才，男，生于 1946 年 7 月，四川仪陇人，中共党员。1993 年 10 月，任中共巴中地委宣传部副部长。1993 年 11 月，任巴中地区广播电视局党组书记、局长。

回首往事情亦烈

高隆才

　　1993 年 10 月，巴中地区建立的时候，地级各单位、各部门陆续筹建，各项工作先后展开，广大干部群众群情振奋，斗志昂扬，全区一派"激情燃烧的岁月"景象。

搭建地区广播电视新体制

　　1993 年 10 月之前，我在达县地委宣传部工作，任宣传科科长。巴中地区成立，按规定单位人员要四六分流，但大家都明白巴中条件差、达县条件好，没有哪个想主动到巴中去。我的老婆孩子都在达县，也不想去巴中工作。但巴中地区五人领导小组成员之一的周登全就是我们曾经的宣传部部长，当达县地委副书记时又分管宣传，是老领导，人又很熟，熟到说话很随意的程度了。他就找我说，成立巴中地区，你要跟我过去，还是从事你的宣传工作老本行。我有啥好说的呢？我是从通江县委宣传部调到达县的，通江现属于巴中地区，我们巴中人自己都不肯去，哪个又该去呢？所以也就答应了。

1993年9月份到巴中后，先住在巴中那个老县委招待所。最初我被任命为巴中地委宣传部副部长，隔不久又被任命为巴中地区广电局局长，随后便在老城东门桥找了两间房子暂住与办公、考察人员，11月即着手铺开地区广电局的筹建工作。在落实办公地点、落实工作人员的过程中，我感觉这个单位的工作特点与其他地级行政单位有着巨大的差别，其他单位有间房有张桌子椅子便可开展工作，我们仅有办公桌、办公室和工作人员却不能全面开展工作，因为地区的新闻咋播呀，在哪里播呀，是不是？当时别的单位进入十一二月都很快运行且开始工作起来了，我们却在原地打转转，无法全面开展工作，真是急人！

地委五人领导小组很快就洞察和知道了地区广电局筹建进行中的特殊困难，于是地委领导，特别是地委书记韩忠信和行署专员周登全迅速调研、思考，并通过地委会议决定，巴中地区广播电视局与巴中市实施"地市合一，地区统一管理，担负两级宣传任务"的崭新体制，将刚刚改为县级市的老巴中县广电局与新建的地区广电局合并办公。随后地委又决定，由当时担任地委副书记的李开明（系分管宣传的副书记）牵头，组成以李开明负责的广电新体制筹建领导小组，人员有李开明、冉德玉、蒋东生、高隆才等，并有地区财政（国资）、审计、组织人事等相关部门的配合。经过这个领导小组一段时间的紧张筹建工作，更有当时巴中地区内的快节奏、高效率的工作大气候和氛围衬托，建立广电局新体制的工作在地委的直接领导下快速推进。1994年8月2日，在原巴中县新华书店会议室召开的地、市广电职工大会上，我正式宣布，新的巴中地区广电局完成建局各项工作，即日开始运行。

建设广播电视微波传输工程

广播电视部门是党委、政府的喉舌，首要工作任务便是广播电视的宣传。我们迫切要将地委、行署"三年打基础、五年上台阶、十年迈大步"的战略部署和一系列重要决策、决定，以及广大干部群众以"红军精神"艰苦奋战，建设革命老区的热情、进展、行动和成果传达到巴中地区的千家万户，但现有的广播电视摄、编、播等基础设施功能只限于原巴中县内且主要局限在老县城之内，全区人民怎么才能听得到地委、行署的声音呢？因此摆在我们面前的迫切任务，就是广播电视宣传范围要面向三县一市的320万干群传播。

面对此急切难题，我在局党组领导班子内组织讨论，研究对策，迅速组成以分管技术事业的局领导成员和中、高级技术骨干组成的技术工程班子实施资金、技术攻关，向省广电厅科技处高工汇报、求援，经省厅、地局上下反复论证，实地考察，决定立即着手建设巴中地区广播电视微波传输工程。鉴于新区广电宣传的时间紧迫和工程实施的高科技特点，微波传输工程方案又分两步走：第一步，先建设实施从局机关发射机房为起点到城边南龛机站，再到古楼山转播台的这段微波传输路径，这可以称作小微波；第二步，是古楼山转播台到三县的城边高山接收站及各县高山接收站到各县局机房的微波传输路径。这项高科技、高投入的广播电视传输工程，是从根本上解决新建巴中地区的广电宣传的必经之路。先后任职过宣传部部长职务的韩忠信、周登全听取局党组的建网方案汇报后，迅速拍板并以地委、行署的红头文件批准实施。在地委、行署"绝不等靠要"和"宁愿苦干、不愿苦熬"的口号激励下，微波工程建设作为地区广电局的头等大事，人、钱、物全力投入，并且还要抢时间抓速度，全局技术人员可以说是夜以继日，风餐露宿，爬荒山野岭，肩扛背驮，甚至顾不了严寒酷暑，将机关人员全部动员去第一线布线竖杆，绝不延误工程建设。

经过全局上下努力，经省广电厅大力支持，于1994年10月1日开通了南龛差转、古楼山小微波运行；1996年1月18日，全地区微波工程提前开通运行。从此，巴中地区广播电视信号传输路径问题彻底解决，为广电宣传奠定了坚实的设施基础。

重大新闻专人专送

我局充分利用巴中电视台、巴中人民广播电台和1994年10月13日已先行创办的《巴中广播电视报》等这些宣传阵地，最大限度地派出素质较高的记者深入新区抓的第一件大事——出川通道唐巴公路热火朝天的施工现场，以及地、县各级干群为新建的巴中地区献身出力的、如火如荼的第一线，将地委的重大决策和广大干群以"红军精神"建设新区的新成就及时报道宣传，激励全区干群在地委的带领下为改变老区面貌快干苦干，脚步不停。同时我局对稿件的采编质量、宣传栏目的设置、播（刊）出时段的安排等方面，从各个渠道、各个途径向上级台、报学习取经，为我们这个新建局的宣传水平迅速提升开启了新的局面。当时全区广大干群关注巴中电视、广播，争相阅读《巴中广播电视报》，成为一个社会热点，电视用户也急剧增加，自办发行的广播电视报由开始的1000份增至1万多份，广播电视宣传的鼓动作用得到充分发挥。

当时，省内各地、市广播电视部门是将当地广播电视新闻稿件录成带子后，送发省电视台、中央电视台的新闻联播节目选播，是广电外宣的突破点。我局当时着力突破外宣稿件的数量、质量、选播等环节的难点，特别是我们当时最最致命的软肋是采、编设备档次低，所送稿件技术指标不符合上级台的要求，加之巴中交通状况落后，送稿路难行，时间又长，极大地影响了送稿的时效性。这些都是巴中广播电视外宣的弱项。

我们以红军精神为动力，集中精干的记者，使用较少的高档设备，采取日夜加班的接力赛方式上送稿件，使我们的外宣不断取得新成绩。以送重点稿件为例，我们组成专门班子，从稿件的现场采写、速送机房编辑，确定送稿专车守候编辑机房，像古代驿站传送要件一样，人、车星夜不停，直到将稿件当日送到省电视台新闻编辑室值班人员手中，人、车才能停歇。记得有一次，唐巴公路处于巴中全市全面施工阶段，韩书记、周专员要到现场检查督战。我们的电视记者便早早出发，分段跟进多路采访，有的跟领导，有的跟工程技术人员，多人去群众现场。当时周专员一路去了南部方向，还搭船走了一段水路。午后，记者们在路边村民家煮了碗面吃，又继续跟进。这时唐巴路路面已全面开挖，记者们扛着沉重的机器继续徒步紧跟，到了晚上才回台里赶紧写稿子，编辑后又由新闻部派一记者带上片带搭乘夜班客车，天亮时抵达成都梁家巷，在快速把片带送往省电视台新闻编辑室等编审结束决定播放后，我们的专送人员才算是完成任务，又搭下午的班车回来。这种重点新闻当时就能够在四川台当日的新闻联播栏目播出，我们也就能及时看到。

自 1994 年底，从地委书记韩忠信在川陕边境偏僻的空山乡与农民欢度春节的新闻节目上中央电视台和四川电视台新闻联播中播出后，我局上送稿件连续播出，那几年巴中台上送稿就一直居全川除成都、重庆市台后的第三位，可以说影响广泛。巴中电视台新闻部主任陈涛连续在 1995 年、1996 年、1997 年三个年度的全省电视新闻工作总结会上作经验交流发言，为此地委、行署主要领导多次表扬和奖励我们局台领导班子。

《巴中广播电视报》更是巴中地区当时的奇迹与亮点：一是自己办，最开始没有投入一分钱，阳云同志创办时也只找了一个临时工。二是自己发行，由开始挑起担子上街卖时的 1000 多份，一两年后增加到三四万份，广告收入大幅增长，报纸版面也不断增加，继而成立起报社，也因宣传质量的不断提高，先后成为全省和全国地方广播电视报评选中的先进单位，全国各地前来学习取经的络绎不绝。更为难得的是，还为本地培养了不少新闻战线、文化战线的人才，至今影响深远。

负债运行，推进广电事业发展

地区广播电视局自实行新的体制运行开始，巴中市财政便全面断供了财政拨款，刚刚建立的巴中地区财政又处于极度困难的状况，根本没有财力对广电行业给予资金投入。此时局内职工队伍已达300余人，地财政也只拨给职工中不到20人的行政人员人头经费，其他都要靠自己创收解决，大家面临无饭吃的境地了。在这样的情况下，要想全面开展好广电宣传、行政管理和广电事业的各项工作，压力是多大啊！因为广电与别的单位不一样，必须不断购置新设备，不断培训技术人才，不断铺设信息路，开始是微波传输，后来是光纤线路，没有大额资金投入，所有的工作必然是寸步难行。当时局台合一体制，接近20个科室，而宣传科室占半数以上，半数宣传科室的半数以上人员要达到人手一台摄、录机器，其总数就极为可观，每台机器按规格、档次，其价格二三十万元、三五十万元、上百万元不等，仅此一项所耗资金就数额巨大。且广电传输建设如微波、有线网络、设备购置耗资更是惊人，当时光纤大多从欧洲进口，每千米价格达三四万元。面对这样的高投入，省内财力较好的地市州广电局的财政已先行投入多年。我们怎么办？只有解放思想，向外寻求路径。好在当时地委、行署思想意识已很超前，提出了弯道超车的一系列新理念。我们新地区新广电局在分管宣传的副书记、副专员的具体领导下，大力做好了跟银行部门的协调工作，使广电投入走上贷款途径，采取负债运行的方式，各项工作没因财政困难而受到影响，机器设备、微波工程建设以至随后的集技术用房、办公用房和职工宿舍于一体的广电大厦的建设，均以陆续的项目贷款正常推进。

随着广电事业的不断发展，广电自身的造血功能也在逐步增强，以古楼山广播电视转播台为基地的集旅游、娱乐、会议于一体的古楼山度假山庄，以城郊南坝征地12亩为基地的集游泳、餐饮、影视拍摄基地为一体的荧屏花园等，由广电产业带动的第三产业所创收入，以及电视广告的收入、广播电视报的收入，使整个地区的广电事业进入了良性发展的轨道。全地区的广播电视村村通工程建设受到省政府表彰。1999年9月全省广电网络建设现场会在巴中地区召开，省长张中伟、省委副书记刘鹏等对巴中地区广播电视网络电视电话会议系统成功建设作出"学习巴中经验，推进信息化"等重要批示。

全面启动各项工作，铺开广电新篇章

1998年，随着广播电视宣传基本条件的逐渐完善，广播电视的编辑、播出技术大楼和机关办公用房的修建又迅速被提出来，亦被迫摆上我局议事日程。这时，地区各单位都已建起大楼或正在火热的建设中，于是我局上下很快就达成共识，按地委、行署对新建地区的规划，着手对征地、资金、设计和施建按步骤开展工作，成为局党组的首要任务。我们组建了局内以党组成员分管技术事业的副局长牵头的科技委负责全程的设备设施和技术网络建设，组成了以党组成员、纪检书记牵头的建修领导小组全面负责广电大楼的建设。先是征地，鉴于我们是集广电技术用房、办公用房和职工宿舍为一体的大楼建筑，具有面积大、功能多的特点，按照地委、行署的统一安排，先后在江北白云台、后河桥、回风亭以及中坝考察、论证和测量，最后落实在现今地址回风大道上，占地70余亩，以田字形格局设计和施建。在占地、投资并考虑要建成为巴中地区回风大道形象工程这个思路上，我们先后两次就设计方案报地委、行署专题研究，最后确定依地势梯次而建，并且否定了以前建高楼的方案。

随后便是资金筹措和施工建设中的各种问题来到面前，建修领导小组耗费了大量时间，游走奔波于各大银行之间，以求贷款。为了赶进度，一边筹资一边施工，简直如打仗一样，招标投标、筹资贷款、购买设施设备等，各项工作紧张铺开在烟尘袅袅的工地上。最恼火的是资金跟不上，全局所有收入都投入了建房之中，一段时期里，甚至到了连职工工资都发不出、不能按时报销差旅费、机器设备的维修都拿不出钱来，影响日常工作的地步。此外还有拆迁还房、人员安置、青苗补偿等诸多琐事，使建房工作常常一波三折，节外生枝，真是困难重重。就这样，建修领导小组及相关人员可以说是不顾风雨、不顾温饱、不舍昼夜，奔波操劳，最终克服了各种困难，历尽各种艰辛，在上级的关心下，在银行的支持帮助下，在全局职工的拼搏下，最终于2004年10月使广电大楼圆满竣工。

巴中地区广电局筹建之初，基础薄弱，困难重重，面对革命老区建设的紧迫性，是红军精神的激励，是"巴中经验"的积累和引导，促使广电全局工作方方面面逐步启动，逐日进步，不断完善，全面发展，并在地委、行署的工作大局上，在全省广电系统的链条中有了应有的位置，展示了可喜的局面。我作为建局的第一任局长，深感欣慰。

我认为，第一，地委、行署对广电工作的高度重视是全局上下奋发图强的动力。地委、行署多次为广电工作具体运行发文件、作指示，会上强调，会下督办；《巴中广播电视报》经地委批准，成为全省第一张副县级地方广电报；地委办公会先后两次审定广播电视大厦设计方案；地委主要领导对重大宣传题目亲自审稿审片；地委、行署主要领导用个人办公经费支持我局购置摄、编设备；分管广电工作部门的副专员张玲、王治寿先后亲自带领我局专门班子去国家计委、国家广电部、中央电视台及省政府、省广电厅争取项目经费、设备和技术支持。

第二，职工给力。面对广电局初建之时的困境，广大广电职工肩负着沉重的工作压力，也承担着全局上下的设施、设备简陋及资金压力，分布于宣传、技术、行政等各个科室的职工，勇挑重担，众志成城，无论工作加班加点，还是筹资集资，不管是高山机房值班，还是风雨中立杆布线，总是吃苦在前，奋勇当先。节假日中地委、行署领导深入机房、深入高山转播台对职工的慰问，更使广电职工艰苦工作的信心倍增。正是广大职工群众的齐心协力，才助推着广电事业一步一个脚印向前发展。

第三，群众支持。全地区干部群众把广电事业当作自己的事业，他们是广播电视最直接的观众和听众，他们及时支持了广电事业发展过程中的设备、技术的改进和更新，特别是广播电视村村通的工程建设中，有线电视网络系统建设的各个环节，布线、建站、设塔等操作上，城乡群众主动支持宅地、林地等，这才使广电信号发射、传输至千村万社、千家万户，真正使广电事业与广大干部群众联系在一起。

千里之行，始于足下。建区之初、建局之初，"万事开头难"的口头语，道出了创业艰难的历史真谛。我感谢局党组各位同人的同心同德，协力互携，特别感谢大家对我的支持、帮助和理解，是我们这一班人的共同努力，为地委、行署交上了广电宣传工作的满意答卷！

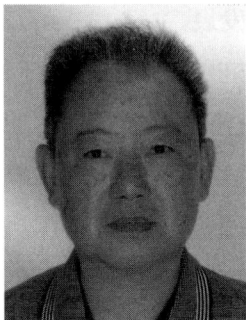

王显顺，男，生于 1948 年 6 月，四川通江人，中共党员。1993 年 11 月，任巴中地区卫生局党组书记。1994 年 5 月，任巴中地区卫生局党组书记、局长。

卫生事业逐步向好

王显顺

巴中地区于 1993 年 10 月 28 日正式挂牌时，我是通江县人大常委会主任。那天我参加了地区的成立大会及挂牌仪式，很高兴也很振奋。这是党和国家对我们革命老区的重视，目的是加强我们老区的建设。

艰辛起步奉献

地区成立后的 11 月中旬，我接到了地委办公室的通知，韩忠信书记要找我谈话。第二天我就到地委见了韩书记。他说，现在是巴中建区之初，人员比较缺乏，鉴于你还年轻，还是来参加地区的建设吧，当计生委主任。

我当时是这样想的，因长期在通江干，1983 年机构改革时任县委常委、宣传部部长，之后又担任县政府副县长、常务副县长，1993 年换届我就到了县人大常委会当主任，况且身体也不太好。我就说，还是在通江工作算了。韩书记坚持说，你还是到地区来工作。我过去长时间做组织人事工作，当了三年的人事局局长，也比较了解，领导找你谈话征求意见，实际上是组织上已做了决定。个人服从组织，这是党性的要求。我就说，服从组织决定。

没几天，韩书记带着地委委员、组织部部长王吉安来到通江，宣布我任地区卫生局的党组书记。当时还没有任局长，因为我是地区人大工委委员、县人大常委会主任，按照法律规定，我还不能任职行政职务。我没想到要到卫生局工作，也深深知道地区卫生局的工作对我来讲难度很大，因为我没有学过医，没有卫生方面的专业技术知识。虽然我在 1975 年到县卫生局工作了三年时间，但主要是负责人事工作，对卫生口的干部比较了解，对卫生业务方面的工作还是比较陌生的，困难是很大的。

任命宣布的第二天，我就在县人大常委会按照法律程序提出了辞职。第二天，县人大常委会副主任王强国同志送我到巴中报到。当时地区正在召开防疫工作会议，是达县地区防疫站过来的罗良娟同志在主持，当时她负责地区卫生局业务科的工作。

当天下午，我就参加了地区防疫工作会议，和大家见了面。我也讲了，是来和大家一起学习、一起战斗，一起来建设新区的卫生事业。没想到了晚上，我还没找到地方可以睡觉，因为当时的望江楼招待所已经住满了。最后在一个通江来的同志帮助下，就在地委宣传部干部出差后的空床上睡了一晚上。

第二天早上，就接到地委办公室通知，要我迅速到达县地区去接人接物。我当时带了三个人，坐车到了达县地区。达县地区卫生局局长本来是我们过去还比较熟悉的人，我当时在通江是分管文教卫生事业的副县长，同他的关系是比较好的，但这次我到达县地区后，钱是没得一分，人给我了几个，都是随调人员的家属。车，给了一台快要报废的北京吉普。

那次对我触动很大，心里很难受！第二天吃了早饭，我就回巴中。路过平昌，找了县卫生局和一些下属单位的负责同志开座谈会，了解卫生工作情况，然后紧锣密鼓地到南江、通江、巴中这几个县（市）了解卫生工作的基本情况。我知道了全区卫生工作的困难和问题，农村基层卫生工作十分薄弱，县级医疗卫生单位困难重重。

回到地区后，我迅速向地委、行署作了汇报。地委、行署迅速组建了地区卫生局的领导班子，先后配备了三名副局长——蒲世强、罗良娟等。另外内设机构成立了业务科，很多工作都放在业务科，还成立了办公室、人事科、计财科、药政科，还有一个爱卫办。当时工作人员很少，就去各县抽调了一些人员。确实是各县比较优秀的同志来到了地区卫生局工作，同志们比较精干，可以说是以一当十。现在回想起来，这些同志的确是非常辛苦的，而且是非常有敬业精神和奉献精神的。

克难保障运转

当时来地区没有地方吃，没有地方住。我就迅速想办法在商业街租了棉麻公司的一层楼，设立了办公室，成立了伙食团，腾了两间房子，几个人搭铺，在那个楼里住下来。

我当时没有办法，就叫王崇敬同志帮我租了个房子，在南坝，离我办公的地方比较远，来回大概两公里。我自己的身体不太好。1992年胃大出血，恢复不是很好。成立伙食团后，我和同志们在一起吃，有时候不太想吃，有时候吃得很少。特别是一天工作累了，下班后晚上就不想吃，到了半晚肚子饿，就没办法了。当时我家老太婆（妻子）晓得我喜欢吃泡咸菜，就弄了一缸运到巴中，晚上实在是饿狠了，就拈一个泡萝卜吃，再喝一碗开水，就那样子。尽管生活艰苦，我仍然觉得组织上给了我这个任务，必须完成。

我记得应该是1993年的腊月间，下了一场鹅毛大雪，全城白茫茫一片，积了很厚的雪。那天晚上吃饭过后，同志们的情绪有些低落。我看到同志们的这种情况，就把在楼里住一起的几个同志弄到我住的地方去喝酒，暖和暖和。家里有我侄娃儿给我带来的斑鸠，晒干了的，有十几二十个，用锅灶把那些斑鸠煮起、炕起，用来下酒。他们觉得好吃，边吃边喝边流泪。他们都想家想孩子了。说实在的，同志们流泪，我也流泪。但我还是硬起心肠说，再苦再累，这是组织上交给我们的任务，我们要完成。冬天总会过去，春天一定能来，明天一定会更美好。

大家那一晚上都在倾诉内心想法，我分别给同志们做工作，最后大家就开朗地笑了。我烧了一盆钢炭火，大家围坐着。大概是凌晨1点多钟了，我们几个人就挤在我那个床上，横七竖八睡到天亮。

我当时认为，卫生事业是有一定福利性质的社会事业，它的性质决定了就是需要政府投入，它不可能自己去搞很多创收。我就去争取地委、行署给我资金，主要领导就说，新建地区，哪来的钱？如果有钱，我还调你王显顺来当卫生局的领导？

面对现实，怎么办？机关要运转，工作要开展，住房要修建，只有去跑，去想办法。我就带着计财科科长到通江县医院去借钱，到平昌中医院去借钱，两个县加起来借了10万元钱，才开始机关的运转，付房租，付出差补助费，付接待费。当时地区一年只给我们9万多元钱，最高给过13.8万元，而我们一年经费要开支90多万元到100万元，才能保证卫生局机关的正常运转，不足的经费就全凭我们自己去找去争取。

感动省厅解囊

我非常感激的是省卫生厅。第一次到卫生厅汇报工作，见了卓凯星厅长，向他汇报了巴中地区卫生工作的基本情况，对地级卫生事业单位的设置也作了汇报。

地区卫生事业单位怎么样建？是摆在我们面前的一个重要问题。地区一级的卫生事业机构设置中，防疫站、保健院必须建立，药监所要建立，也需要建一个地区人民医院，但新建一个医院是很不容易的，花费的资金非同一般。我提出把当时的巴中市人民医院升格为地区人民医院，以争取投入。我拜托巴中市卫生局局长李光银给市里领导汇报，但市领导不同意。

我向韩忠信书记汇报后，他说，我们地区就建地区医院，先成立一个地区卫生所。我们马上抽调人员建立地区卫生所，向金碧同志任所长，组建了地区人民医院筹备领导小组，当时地委就定了蒲世强为组长，罗良娟、李良文为副组长。

我向卓凯星厅长汇报后，他同意建巴中地区防疫站、保健院，不大同意新建地区人民医院。去国家卫生部汇报也同意只建防疫站、保健院，不同意新建地区人民医院。

我最感动的是第一次去省卫生厅汇报，卓厅长就请了八个处（室）的处长一起来听汇报。他对处长们说，巴中是老区，经济上非常贫困，老王从县人大常委会主任的位置上到地区任卫生局局长，工作用车都没有，坐救护车到省厅来汇报，你们每个处（室）挤出一两万元钱来给他们巴中解决一台工作用车的经费问题。我非常感动，回来大概一星期，款就到位了，20多万元，就买了一辆普通型桑塔纳作为工作用车。还有防疫站和保健院的启动资金，省里给了40万元。在省里也很困难的情况下，能够给这些钱，是非常不容易的。

后来厅里的同志给我讲，你来，卓厅长是第一次亲自出面接待，还给各处（室）提出了具体要求，所以资金落实得那么快。我听后非常感动，深深地体会到省厅对我们老区的关怀。

为了尽快开展工作，地区及时调平昌县卫生局的副局长罗元秀到地区保健院来任院长，调巴中市防疫站站长李绍军到地区防疫站来任站长。他们来了过后，就逐步把工作开展起来了，后来就选址，开始修建地区防疫站、保健院。

事业逐步向好

就地区卫生局的工作来讲，任务相当重。20 世纪末人人都要享受初级卫生保健，而在我们这个地区要实行初级卫生保健难度很大，标准是硬性的，条件可以说不太具备，但是通过努力，仍然能够基本达到标准。

那段时间，我把工作的重点主要放在了各县（市）的农村卫生工作上，还要抓"五改三建"。作为卫生部门，这项工作也要牵头，很不简单。所以我到每个地方，都要去做初级卫生保健工作，在各县召开有关部门会议，比如说农业部门、卫生部门、水利部门，通过政府分管领导召开干部座谈会，跟他们讲大卫生工作观念，毕竟中国共产党为人民谋福利，卫生工作是关系着民生的工程。

我曾经在南江的大会上讲，新中国成立近 50 年了，如果群众还喝不上干净的水，我们在座的很多人都是共产党员，而且是负责同志，看到老百姓这个情况，我们的脸不红吗，我们的心不跳吗？我就这样讲，来激发大家对初级卫生保健工作的重视。通过艰辛努力，经省卫生厅检查验收，全区的初级卫生保健工作名列全省前茅，获得一等奖。

当时全地区进行农村危房改造，我们的乡镇卫生院 50%—60% 都属于危房，只有区所在地的片区卫生院好一点，各县县医院也有很大的困难。我们向省厅如实报告了这种情况，省厅把我们全地区四个县（市）的县（市）医院都纳入了 1/3 重点县建设的项目。所谓 1/3 重点县建设，就是省里出点资金、县（市）里出点资金、医院出点资金。实事求是地讲，省里的资金下达后，对医院的建设是有很大推动作用的，四个县（市）的县（市）医院都建设得比较好。

乡镇卫生院危房改造，我们也争取了一大笔资金。省计委、省卫生厅一年大概就安排了巴中 10 来个乡镇卫生院改造危房。此外，我们加强了对外资金的引进。特别需要说明的是，罗元秀同志通过省计委引进了两个项目，功不可没。一个项目是日本大使馆捐赠给保健院的建设资金，当时的日元资金，折合成人民币是 150 万元。我代表地区卫生局到北京去和日本大使馆签字，省政府的秘书长柳斌杰出席了签字仪式，签字仪式是在四川省驻京办事处举行的。另外一个项目是中澳农村卫生合作项目，资金量比较大，大概是 3000 万澳元，主要用于加强基层农村卫生建设。我们用这笔钱在每个县设立了中心区卫生院，集中资金搞设备的添置、人员的培训。一个中心区卫生院可以辐射其他几个乡，能够解决老百姓的常见病和多发病看病问题。中澳农村卫生合作项目搞了三年时间。

　　通过巴中地区各级政府和医务人员的努力，加上省卫生厅的支持和国家的支持，毫不夸张地讲，地区建立七年来，巴中的卫生工作取得了很大成绩，卫生事业整体水平得到了显著提升，受到了上级卫生部门的充分肯定。

熊朝山，男，生于 1955 年 6 月，四川宣汉人，中共党员。1993 年 11 月，任巴中地区审计局党组副书记、副局长。1994 年 11 月，任巴中地区审计局党组书记、局长。

打好审计第一战役

熊朝山

1993 年，我带着从达县地区分配过来的 13 个同志来到巴中，在地委、行署的领导下组建了巴中地区审计局，10 月 20 日在盐业宾馆举行了成立大会。当时的领导班子只有我一个人，11 月份，地委任命我为党组副书记、副局长，主持工作。

我认为人总是要有点精神的，人无精神不立，国无精神不强。作为一个单位的负责人，在百业待兴这样一个历史条件下，怎样把队伍带好，把工作开展好，怎样让这支队伍很快地融入红色的土地，而且是贫瘠的、经济极不发达的土地，这是需要精神力量支撑的。

说实在的，当时来巴中的人，不仅仅是审计部门，其他很多部门都是极不稳定的，来的有的回去了，有的调走了。我想，巴中这边 320 万人都能够生存，我为什么不能在这个地方生存下来？那么多同志都能够带领地级部门，把所在岗位、所在部门的工作搞好，我为什么不能？

我觉得人生都有积极向上的精神力量。当兵两年就当上了干部，五年多就到了营职，应该说都是奋斗过来的。我深感奋斗非常重要，到了这个部门作为"一把手"就更重要了。所以当时我就立下一个目标，审计部门在我的带领之下，一定要在这些横向的地级部门、纵向的全省 21 个地市州的审计系统，工作的方方面面包括队伍和业务建设、基础设施建设，都走到前列。

自己心里憋着一股劲，内在力量爆发，工作中也有一种拼命的精神。最先来巴中的时候，达县给了 3 万块钱，连一年的房租都不够。当时的地区财政，除了人头工资之外，基本上没有其他什么预算支出。在既没住房，也无办公条件，而且这支队伍也是很年轻的情况下，压力还是很大的，所以就要想方设法做好第一件事情，打开审计工作的局面。

因为都在初建时期，当时各个部门的财务收支制度都不够健全，我们就选择了行管处为突破口。行管处管理的是 16 个地级部门的财务收支。选择一个部门打开工作局面还是非常难的，当时队伍又新，我们就在晚上学习业务，白天出征到现场去查看账务、学习法规。通过近半年的努力，把这 16 个地级单位的财务收支弄得清清楚楚，发现了不少的问题。在当时分管审计工作的苟必伦副专员的主持下，召集 16 个单位的负责人作了集体通报，目的就是要规范地级部门的财务收支，从那以后，地级部门包括县（市）对我们的工作就有初步印象了。这事在我们审计机关，叫作"第一战役"。

随着审计工作逐步有序开展，基础建设怎么办？我就跑北京、跑成都争取资金。我两次去北京，找到时任审计署商贸司司长刘家义，他很乐意支持我们的审计工作，给了我们 20 万元，这在当初是一个不小的数字。韩忠信书记和周登全专员都赞赏说不简单，争取了那么大一笔资金。

第二笔就是到省审计局争取的资金。那是 1993 年 12 月份，我记得还发生了一个小插曲。我跟司机，还有办公室主任，开着达县分的那辆天津大发车，由于没有钱保养，又是下雨天，在下八庙那个地方，右后轮就跑飞了。我们只好停住，把车轮子捡回来安上，继续跑成都，满身是泥。当时的甘局长在办公室里简直认不出我们了，但我认得到他。我把巴中的工作汇报以后，他就答应支持 5 万元钱。凭借着这 25 万元钱起步，我们修建了现在的市级机关院 29 号楼，聘请了通江县的退休审计局局长杜策华同志来监督质量，他很负责任。

当时我的心情很急迫，一心想争取在两三年之内能够让职工安居乐业。我们一方面抓审计工作的开局，一方面就是抓基础设施建窝。省厅那些处长，那时候见到了，凡是能够争取资金的都去争取。通过三年的努力，我们就把 29 号楼那所房子修起来了。

在修房子的过程当中又发生了一个小故事。由于心急，当时也是单身汉，我每天下了班都要到工地上去看一下，看进度、看质量。那时的建筑不像现在先进，都是竹竿搭的脚手架。有一天我到了三楼，因为下雨，我就抱着竹竿往前向上走，不小心摔下去了。我在那里僵了十几分钟，才慢慢爬起来回到我的住所，第二天还不好意思跟职工说这件事。

我当局长期间，巴中的新闻界，四川的新闻界，还有新华社，差不多有数十次来采访我，我都拒绝了。我说工作不用宣传，大家看得到，因为我曾经是做宣传工作的。打基础的三年，就把房子修起来了，还有余钱，准备买辆车子。我又一想，不对头，年纪轻轻的就把几十万元钱坐在屁股下头，怎么都觉得不对。我就懵懂有个想法，我们不可能一个部门成立了10 年还住在那个楼里，还把办公和住宿弄在一起。我就跟王克怀副局长等班子成员商量，是不是找个地方修栋办公楼，如果条件允许，我们把宿舍和办公楼一起搬迁。班子成员都很支持，报告送李专员，李专员当场就签署、同意了我们的方案，将原先的房子造价 315 万元做基础，到了 350 万元左右的时候，我们才开始拨款。就在这样的情况下，才形成现在这个审计局的院子。

审计工具也是基础设施建设的一个方面。可以说，地级部门率先学习计算机的是审计局，全员通过计算机资格认证的第一个部门也是审计局，在地级部门中也是审计局率先建立第一个局内网站。兵马未动，粮草先行。审计人员在一线作战，必须有坚实的后勤保障，其中包括审计工具的现代化，后来发展到人手一部电脑，还要到现场去采写数据。我离开审计局时，还留了100来万元现金，用于后续的基础设施建设。

我刻骨铭心地记得，1993年12月到次年1月，那个冬天在下雪，我不幸得了感冒。刚换下的衣服要洗，我站在那个洗衣台旁，把衣服打湿，手伸进水桶里头的时候，真是感觉刺骨，甚至是刺心的痛和冷。当时我想，啥事嘛，跑到这里来受罪，我在达县又不是不能生活。我把那件衣服摔在洗衣台上，捂着被子哭了一场。人说，男儿有泪不轻弹，除了父母鞭打我的时候哭过一次，这是我的人生步入成年后的第一次流眼泪。回想过来，我在这个地方所处的位置，决定了我还得起好带头作用，于是就把药加倍地吃，大概20天过后就好了。那年之后的10多年间，每年这个时候我必得感冒一次，而且都是一个月以上，以前从来没有过。所以我想，巴中这20多年的审计工作经历，无论是在我灵魂深处，还是在人生记忆中，都是不可磨灭的。

最早接触"审计"这两个字，是我在部队自修大学课程的时候，有国民经济管理审计专章。1985年转业分配到林业局，我没去，选择了审计工作，所以审计工作是我后半生最钟爱的事业，我有责任把这项工作做好。

审计部门在整个国民经济的运行和经济的发展过程中，是一个非常重要的部门。用一句简单的话讲，经济运行状况好不好，除了财政、监察、发改，审计部门的作用是其他部门不可代替的，它就是起到一个监督、规范和导向的作用。

最先地委提出，打酱油的钱可以打醋。几个月后，我认认真真去向韩书记做了一次汇报。我说，韩书记，在生活费栏目中的酱油钱可以打醋，而不是把基建的钱（酱油）拿来用于生活中打醋。韩书记把这个话听明白了，后面就不再讲了。说实在的，建区之初，巴中整个经济确实比较困难，如果听任经济违纪行为发展下去，一定会有领导干部在这个方面出问题。

在这当中，我跟某个保险公司还有一段小故事。在查这个保险公司的时候，发现他们私设小金库 11 万多元，在当时这笔资金就算很大了。当年的财政，一个部门一年的预算才几十万元钱，有些部门小，不到 10 万元。保险公司私设小金库 11 万多元，按照法规，就是要全额没收，最高可处三倍的罚款。保险公司自恃是中央直属部门，找韩书记说情，说打酱油的钱可以打醋。有一次地级部门领导干部开会，会刚开完我就把保险公司的领导请到韩书记办公室，我把这个单位的情况一五一十跟韩书记作了汇报。韩书记同意了我们的处理意见，他说，很好嘛，你就这么执行！韩书记讲的是普通话。那个人下来以后恢恢的，很快就把小金库的钱交到了财政，并且交了一倍的罚款。

在审计工作中，我从来都说"两句话"：第一句话是北京话，财经法规，要按照财经法规来衡量；第二句话是地方话，就是巴中的客观实际。当初全地区财政收入不到两个亿，特别是地级部门，几十个部门要在这片贫穷的土地上建自己的阵地，难免有些（违规的）行为是因为不懂而造成的。有的部门"一把手"认为只要是单位的钱，就可以拿来修房子、发补贴。他就不晓得这些钱虽然在自己单位，却是上面的专项资金，只是从他的单位账面"过路"，是要到基层、到项目里去的。有的刻意在专项资金里克扣一点，挤一点，或在往下发的专项资金中收一点。我认为，首先部门不能中饱私囊，其他一些无伤大雅的问题，审计局可以略过。但是经济发展到一定的程度，不可能过了八九年、十几年，部门的财务状况还是那样，那是绝对不行的。我有幸做了 14 年审计局局长，无论是地级部门，还是市级部门，财政财务收支情况都是比较规范的。这是审计工作的职责。

1995 年我在南充开会，全省布置教育经费审计工作。副局长王克怀同志打来电话说，审计组在工作中遇到阻力。这个项目是省厅市州交叉审计，我们巴中去审计别的地区，发现该市商贸科账务混乱，和银行的账搅成一团。我们一个同志就说，你们那个账太乱了，是不是先把账务理顺一点？当地财政局一个同志说，你认为乱吗，那是因为你看不懂啊！我把教育经费审计的事情安排好以后，马上就回局里带上"粮草"到那个地方去。

当天晚上，我就召集十几个职工开会，我说，我做后勤工作，把学费都给你们带来了，你们在这里要好好学习。隔了一周，那边的账务理清了，初步定性，一个建行副行长和一个财政局副局长被依法逮捕。就这个案子，我们把巴中审计局的威信提高了。

我们审计局通过前几年的锻炼，各项业务在全省都能够独立完成。我当初带过来的所有"兵"，大多都是正县级干部了，那段艰苦的生活和业务历练，确实增长了他们的才干。

我认为，经济越发展，审计监督越重要。怀揣着这么一个目标，我当局长期间，就是要把地区审计局建设成为一个有权威的、值得人们尊敬的部门。

我在巴中审计工作这 10 多年，深深地感到自己无愧于这块红色的土地，无愧于党组织对我的培养和信任，带出了这样一支能打胜仗的干部和职工队伍，无愧于所在单位的职工对我的信任。

最后，我祝愿巴中的审计工作一天比一天好、一个时代比一个时代好，祝愿巴中的经济，在绿色低碳的这一基础条件之下，蒸蒸日上。

陈绪兴，男，生于1951年4月，四川南江人，中共党员。1993年12月，任巴中地区工商局副局长。1994年10月，任巴中地区工商局党组书记、局长。

他们对工商工作是很满意的

陈绪兴

1994年1月6日，巴中地区工商局正式挂牌成立，局长是张玲同志，后来提任为巴中地区行署副专员，副局长有周荣仁、黄建国同志和我。当时班子成员就是我们四人。

整整一年都没有报过差旅费

成立之初，我们边筹建边工作。班子成员团结一心创新业，机关队伍也是风清气正干劲足。当时的条件确实是非常艰苦，我们从达县分家的时候，只分了通、南、巴、平四个县欠省局的30多万元钱的账，至今也没有收回来，还有，从达县工商局分到了一辆破旧的北京213吉普车，也没法跑，卖了2万元钱。办公地点，我们租用了巴中县工商局市场监察大队的办公用房，即巴中老城钟鼓楼街叶公馆那个房子，破烂不堪。机关只给安装了一部电话机，可以说当时我们是上无片瓦，下无立足之地。交通靠步行，通信靠人喊，就餐就去地级机关食堂。有时候我们工作忙，反正只有10来个人，一起凑点儿钱，大家随便吃一点。虽然条件艰苦，但是大家都没得怨言，心情非常舒畅，工作干劲十足。机关总共才十四五个人，但是我们完成了其他市州局七八十个人甚至上百人的工作。

工商局成立不久，组织就安排局长张玲去浙江挂职学习半年。只有三个副职在家，那时候大家都刚来局里上班，所以张局长没有指定谁负责全面工作。我们几个在家的副职就是按照各自的分工积极开展工作，不存在推诿扯皮的现象，有事互相商量，重要的事情就给张玲局长电话请示，所有工作都有条不紊。

为了工作的正常开展和集资修建办公楼，我们机关干部包括班子成员和普通干部10多个人，基本上一年没有报销过差旅费，没有报销过办公经费，全都是由自己垫支。下基层到巴中城区，都是步行；到县里去，都是坐班车；到成都去，都是租车或坐班车，即便是局长，大部分时间也是坐班车去，有时搭便车。所有的班子成员都是带头勤俭持家，上北京跑成都，四处奔波，争取资金。我们跑遍了全省所有的市州工商局和达川原来的部分县区工商局，争取他们对我们的援助。1994年我们总共争取到资金60多万元，开始征地修建办公楼。

我打算详细讲一下当年争取资金的难度。我想让年青一代了解过去的历史，知道过去这些情况还是有好处的，因为现在他们处在非常好的条件下，确实不知道当年创业的艰辛了。我感受最深的，是到成都出差，我们是坐班车去的，巴中坐班车到成都要两天时间，其中在路上住一晚上。那时没有唐巴路，更没有高速路，到处都在修路。有一次去成都，在南江沙河这边就堵上了，本来准备到了梓潼住宿，最后就只走到了广元。整个夜晚都在车上，虽然已经是春天，但是天气还是比较寒冷的，我们在车上冻得简直没招了，但也只有坚持。最后花两天才到成都，到了成都，又是堵车。当时我们就下车，搭辆"耙耳朵"①，就坐那种车进城。返回的时候坐大巴车到了广元，那时候社会秩序非常乱，车到元坝时就上来七八个人，手里拿着刀，拿着匕首，全是明抢的。上来过后，全车的人都眯着眼睛假装睡觉，驾驶员也装糊涂。我和我们单位的杨科长，还有挨着我坐的一个军人，正好他穿着军装，我们三个就商量，如果到我们面前来了，我们就要理直气壮问他"干什么"?! 我们坐在那里，眼睛睁着看他搞什么。他们走到我们那里，看我们眼睛没有眯着，就没有动手。但是后面那些人，全部都把眼睛眯着，任由他们把东西掏完。当时我看到这种情况，就准备下车，想去报警。还没有到站，那伙人就下车了。这时全车都沸腾起来，我问，刚才这几个歹徒上来抢劫，你们怎么都装作睡觉呢?! 他们说不敢，害怕伤人，伤了不合算! 我们身上都没有多少钱，他们只抢钱，身份证和其他东西他们会还给你。我们说，应该报警，说驾驶员你们要反映一下。当时社会秩序那么乱，我们坐那种班车，还是非常危险的。

回来后我就对干部职工讲，路上一定要注意安全，要提防这些坏人。因为那时候我们科长以下的到成都开会出差，不准借车租车，只能坐班车。

争取到资金时既高兴又心酸，人家答应了就很高兴，为什么又心酸呢? 我记得，为了争取资金，周荣仁副局长几次去达州、南充等地，饮酒过多导致胃病发作，吃了好久的药，现在他已经过世了，非常可惜! 我们每走一地，主要的工作，一是联系感情，二是争取援助。看到我们刚刚成立的这种艰难程度，大部分地方的工商局就给我们2000元、3000元、5000元钱，不像现在，一个人给几千元钱都没有问题。成都、新都这些地方比较发达，还给我们表态，给个10来万元、20万元。我们将全省都跑遍了。

---

① "耙耳朵"：20世纪90年代，成都街头流行的一种改装自行车——在普通自行车后座旁加一个车轮和车椅，可以搭乘一人。因为这种改装车最早用于夫妻出行，丈夫在前面蹬车，妻子在后椅上闲坐，故被人们开玩笑称为"耙耳朵"。

　　记得有一次，我到国家工商总局去争取援助，当时是随着地委韩忠信书记、行署刘宗寿副专员专程上北京。国家工商总局一位副局长接待我们。听了我们的汇报，他讲了一段话，使我感受最深。他说，你们巴中是老边穷新地区，国家工商总局应该给予支持援助，但是由于经济有限，我们只能略表心意，给15万元钱。他还说，巴中那么穷，我们深表同情，但是同情又值什么钱呢？同情一分钱不值，所以希望你们回去过后，还是要发扬艰苦创业的精神，自力更生，要加快地区的发展。从那以后我清醒地认识到，只有地方经济发展了，工商事业才有发展，光靠别人，是不起多大作用的。

　　当地委、行署确定大力发展经济，特别是发展个体私营经济的方针时，我认为是完全正确的，确实要抓发展，自己碗里有，才是硬的。总局那位副局长那句话把我们刺痛了，同时也把我们刺醒了，坚定了我们抓个体私营经济发展的信心。

用背篼背文件到会场去发

　　在培育市场经济主体、大力发展个体私营经济过程中，我们工商局把大力发展个体私营经济作为头等大事，在地委、行署的正确领导下，我们扎实地开展工作。

　　一是深入调查研究，摸清当时发展的现状和存在的问题。我们班子成员分成四个组，带领科室的人员到各县（市），到企业业主店铺逐户进行座谈走访，深入了解情况。我们当时走访了几百户，针对个体私营企业管理的部门多，办证难、办事难、贷款难，乱收费、乱罚款等严重问题，我们撰写了《发展个体私营经济的现状与对策的调查报告》，呈报到地委、行署。地委、行署给予充分肯定，并且在此基础上，出台了《关于大力发展个体私营经济的决定》。这个决定下发后，全区上下各级各部门就统一了思想，明确发展个体私营经济的目标、任务和规划，坚定了发展个体私营经济的信心。

二是我们筹备召开了大力发展个体私营经济的动员及表彰大会。这是成立地区以来首次全局性的大规模的高规格的盛会，会议开得非常隆重也非常成功。全区推荐了200多名代表，由各县（市）的领导带队到会议中心整队入场。地委、行署的所有领导及各部门的领导，还有学校的鼓乐队，在会议中心的两旁夹道欢迎，气氛隆重而热烈。这种场面体现了地委、行署抓经济发展的决心，大会表彰了先进代表，让他们披红戴花，也推荐了地级和县（市）私营企业的代表发言，并宣读了倡议书。地委领导韩书记做了重要讲话。

这次会议规模大、规格高、要求严。我体会最深的是，班子成员及各个科室人员都是全力以赴、精心筹备，人人都按照分配的工作尽职尽责。韩书记讲话都是周荣仁副局长加班加点亲自撰写，既征求个体工商户的意见，又在我们内部的干部职工中征求意见，反复修改。定稿过后，地委领导非常满意。我当时负责起草个体私营业主的倡议书，黄局长负责会场的布置安排，按照领导的要求都是一丝不苟。机关人员加班加点，打印、校对会议的文件。韩书记要求特别严，标点符号都不能错一个。所以我们要求认真校对、打印、装订，确实做到了没有一个字一个标点的差错。那时候我们单位没有车，整个文件都是用背篓装，办公室主任和科长们用背篓背到会议中心，然后发到这些个体私营业主和领导手上。大家再苦再累都没有怨言，工作十分卖力，所有人都感到很舒心，我也感到很顺心。同志们的干劲这么大，我很感动。

三是营造宽松的发展环境。我们试行了"六统一—监督"措施。针对个体私营经济发展中的问题，1995年底我们率先提出试行"六统一—监督"措施，得到了地委书记的肯定。为了全面推广，地委、行署就下发了关于在全区实施"六统一—监督"的决定，"六统一"就是"统一办公场地、统一收费项目、统一收费标准、统一执法检查、统一办证程序、统一执法行为"，"一监督"就是"纪委监察部门实施监督"。这个措施极大地方便了个体私营业主，原来办事都是要到各个部门去，不像现在有政务中心。这些措施不仅方便了这些业主，还有效遏制了门难进、脸难看、事难办的衙门作风，杜绝了乱检查、乱收费、乱罚款这些违法行为的发生，得到了省委、省政府的充分肯定，省里还转发了我们的经验。省内外很多地（市）组织人员前来学习交流，上百人次。当时我们搞的"六统一一监督"，实际上就为现在的政务中心建设奠定了基础，那时候四川省没有，是我们最先搞起来的。

他们对工商工作是很满意的

搞了"六统一"之后，同时为了规范行政执法行为，我们在全系统又推行了"五心"服务，就是热心、细心、耐心、尽心和专心。当时省劳动模范和三八红旗手黄洪斌带领登记科的人员总结和实施了"五心"服务，受到了业主和领导的好评。我们在全系统推广后，工商系统的工作作风、工作态度都有了极大的改变，社会各界包括这些业主对工商局的满意率不断提高。那时候每年地委、行署组织对营商环境的状况进行测评，我们工商系统的满意率都名列前茅。个体私营经济的发展，也从成立之初的两万余户，10来年发展成为10万多户的大军，工商局也获得了地委、行署目标考核一等奖。那10年来，我们一直都获得一等奖，而且我记得到第10年时，还有个"十年创辉煌奖"。我们主要的业绩，就是为服务地方经济做了大量的工作。

说起"五心"服务，我想起来一件事，可以证明其效果。在老城街心花园，有个女同志经营现在那种小的首饰或者小的玩具，三四十岁。我们去征求意见时她反映，有一个人乱收她的费用。我们立即安排调查，从市局到区局和工商所，组织联合调查组，还查了好长时间。调查清楚后，把钱退给了她，她非常感动，就给市委写了一封感谢信，最后我们推荐她作为业主代表在大会上发言。所以开展"五心"服务，工商业主们都很欢迎。

有个企业，名字我忘了，还专门来感谢过我们。那时候办营业执照，按照法定的程序是一个月才能办完，后来我们规定的是七天。这个企业的老板来了，是达川一个企业在巴中搞经营，我们当天就给他办理。那时我既在当局长又在分管企业，所以督促科里及时办。他当时缺一个许可证，我们要求他尽快去补办，然后当天就给他颁发营业执照。他非常感激，写了封感谢信，说我们办事效率高。只要我们工作做到位了，业主对我们部门还是很满意的。

回顾过去，我至今难忘。给我感受最深的，就是班子成员风清气正、身体力行的工作作风，全体干部职工艰苦创业、无私奉献的工作精神，系统上下敢为人先、奋力拼搏的工作干劲。那时候确实不一般，所以也激励着我前行，激励着我工作。

眼观现在，形势喜人。巴中经济社会已经大发展，人民群众全面脱贫奔小康，各行各业都有了飞速发展，市场监管工作也有新的起色，也有更多的亮点，也创造了新的业绩。展望未来，前程似锦。我们作为老同志，只希望年轻的一代不忘初心，发扬传统，再创新业，为巴中的快速发展，为实现中国梦，为全面建设社会主义现代化强国做出新的贡献。

庞元光，男，生于1943年1月，四川巴州人，中共党员。1993年10月，任巴中地区统计局党组书记、局长。

一心想着统计事业

庞元光

1993年巴中地区正式成立，我参加了成立大会，会后自报组建统计局。之前我在达县地区统计局工作，当时愿意到巴中地区新组建的统计部门来工作的只有我一个人。统计局工作前后九年中，在地委、行署领导下和上级业务部门的关心指导下，加之各部门密切配合，我们白手起家，克服了经费不足、没有设备、人员少等很多困难，让地区统计事业开了花结了果。

我记得最初决定成立统计局时，组织部王吉安部长只允许我要4个人。我说那怎么行？掰起拇指算一下，统计系统，国家、省有16套专业任务，地方有8套专业任务，如果平均一人负责3套就需8人，加我至少要9人。后来王部长向韩书记作了汇报，同意我要了包括明国光、钟良在内的8个人。10月1日点卯，2日就在地委组织部一齐报到，当场安排工作，要求我带7位同志到省里去领年报任务。

当时省里的年报会议已经开过了，我们 3 日乘坐长途汽车出发，4 日上午到省统计局报到。省里的工作人员第一时间给我们传达了年报会议精神，大家分专业领取年报工作任务，我主动找到省局主要领导，汇报了我们的组建情况、工作打算和眼下存在的一些重大问题。后来回头想想，当初人手还是严重不足，直到 2002 年我退休，队伍建设才粗具规模，才形成一个团结活泼、有朝气有战斗力的集体，职工业务素质和统计信息化现代化水平有了很大提高，规章制度建起来了，"三定方案"也基本落实了，内设 7 个科室，总共 22 个编制，在职 19 人，这也给接班的同志在选人用人上留下了很大的空间。同时还留有可支配资金 32.8 万元和 100 多万元固定资产。因为要完成 16 项国家统计任务，国家针对这块工作专门划拨了中央统计事业费。地方 8 项统计任务、人头经费和办公经费由地方财政负责。九年里，中央级年度工作经费由 3.08 万元增加到 23.8 万元，另外每年争取了 3 万—5 万元的补助，经费也都用在了刀刃上，基本上实现了县、地、省数据远程传输光盘送报，可以说，工作上有了天翻地覆的变化。

几年里，单位不仅工作成绩有了明显提高，办公硬件设施得到了改善，而且我们的工作人文环境也非常好，大家心情舒畅，关系和睦，不怕苦也不怕累，团结干事，很少有讲条件要这要那的。回想这几年统计工作的艰苦创业，确实有讲不完的话、说不完的事、谈不完的感受，有几点很深刻。

一是成立初期一起吃苦。我和另外四位同事合租了一套房子，平均每人每年租金 600 元，我们都是自行垫支，一连租了三年。大家吃住都在一起，一同劳动，一同上下班。工作中鼎力配合，生活上相互帮衬，很是值得怀念。二是办公环境特别简陋。最初我们租了巴中县人大一间办公室，所有同志合在一起办公，那时候常停电，数据传输老是受到影响，夏天汗流浃背，冬天手脚发凉，直到 1996 年才将办公室搬到江北。三是办公设备缺乏，甚至靠赊。1993 年统计年报改革，要求全部用微机处理。我专程到省里赊了一台价值 36800 元的计算机设备，一个人把它扛到成都北门车站，乘坐公共汽车带回巴中。办公室里的桌椅板凳也是先赊账，大半年后才付清。四是交通条件尤其艰苦。当时全地区通车里程较短，而且大多是泥巴路。当时我家住达川，上班回家奔走在达川和巴中两地，有一次单程就坐了28个小时。还有一次需要到省里开会，整整坐了一天半时间才赶到成都。五是地区财政非常困难。1994年起工资虽然有保障，但一开始人均公用经费只有400元，直到2002年退休，人均公用经费也才增加到2000元。当初局开办时与达县分家，分得2.8万元左右，1994年省局解决了开办费5万元，因为工作需要，我们要租办公用房，安装固定座机电话。租金、安装费、使用设备费、差旅费，各种成本很高，基本都是欠账，直到1996年底才把这些债务全部还清。六是凭着冲劲快速干出实绩。整个队伍很团结，各项工作很快就步入正轨。1994年3月起，每月10日前出《经济工作快讯》，有进度统计台账，有动态分析资料；每年3月发布全区国民经济统计公报，每年5月出版《领导手册》，各专业均建立了统计年度档案；1998年为庆祝国庆和建区五周年，出版了《统计五年鉴》。

那时候政治风气也是非常好，干部大多清正廉洁。比如，重大开支都是党组研究、年度公布；个人费用报销，都是严格走签字程序；集体采购，都是由纪检组长带队、多人监督，选择物美价廉的商品；省里出差，生活费都是自理。2000年省局给我安排一笔5万元经费，让我出国考察学习，考虑到中、美两国统计调查模式不同，没有太大必要浪费钱，我主动要求将这笔钱省下来，全部用到统计事业建设上。这种行为无形中也影响着全局干部职工，几年间没有听说过统计局的工作人员收受任何单位、任何个人财物。到各县检查工作，尽量不增加基层负担。1994年给我们落实了一辆公务用车，连司机可以坐8人，去县里检查工作一般是带上6名专业人员把车坐满，争取半天或一天时间一次性把各专业对口任务涵盖完，尽量避免多次分批去，从而增加下面单位的负担。刚成立地区那段时间，各县每年的中央统计经费都不多，南江8000元，通江9000元，平昌1万元，巴中市1.1万元，我们地区局的同志都觉得不应该乱花钱，也不愿意给各县添负担。直到我退休，地局所有的会议招待费只用了3万多元，这里面既有当时经济紧张的原因，更多的是当时统计系统所有人员清正廉洁，一心想着单位、想着事业、想着基层、想着群众。所以说那么多年，地区和四个县（市）统计局历经多次审计，没有出现大的经济和作风问题。

时隔多年，有些具体的工作仍然印象深刻。当年"一台机器八人轮用"的场景历历在目。我记得1994年初，我们只有一台计算机设备，16套国家统计报表任务，必须严格执行月报、季报、年报。当时杨晓玉同志负责人口、社会、劳资方面的数据统计填报，她和另外一位叫罗成益的女同志，按照使用设备排班，她们安排靠后。眼看离年报截止日期只有三天了，她急得团团转，跑来给我哭诉。我呢，只有一边稳定她的情绪，一边耐心给她解释具体情况。毕竟当时只有一台机器设备，其他人都在连夜加班，计算机专职工作人员也是连续作战，加之经常停电，工作推动确实不容易。提起用电，后来我让罗成益、钟良两位同志到处找熟人找朋友，到电力局打招呼求人情，让他们务必保障数据传输用电。1995年1月30日年报任务全部完成，省里领导和各个处室都觉得我们只有一台设备八个工作人员，完成了不可能完成的任务，对巴中地区的统计工作刮目相看。除了完成国家和省里指定的任务外，平时我们还开展各种普查工作，包括第三产业普查、经济普查、基本单位普查、农业普查、第三次全国工业普查、第五次人口普查。正是这种点点滴滴的工作成绩带来的逐步认可，让省里对我们的关心关照逐年增多，物资支持也越来越多。比如，我退休时局里有22台计算机，有10台都是省里赠送的。

随着统计的作用越来越突出，地委、行署领导对统计工作也是越来越重视，后来地委主要领导安排开展农民人均纯收入调查、劳务输出和收入调查、农副产品调查、工业指数调查等，数据都非常详细，也很客观真实，得到了韩忠信、周登全、李克明、苟必伦、熊光林在内的多位领导同志的充分肯定，也得到了省里的表扬，很多的数据资料都被地委、行署和省里采用。1998年，地区以行署的名义表彰了全地区统计系统30个先进集体和100名先进个人。

仅从统计工作来看，有几点感受。一是监督职能发挥出来了。我们用数据说话，让数据反映领导的工作成效、目标完成情况、任务落实情况，比如制定了目标考核办法，参照扶贫小康村建设验收标准，积极组织并参加扶贫验收。二是坚持把实事求是当作统计工作的生命线。我们始终坚持数据的权威性，严格规范统计口径、核算方法。大家不光在口头上坚持马列主义，更重要的是在统计指标、计算方法、计算口径上严格按照标准制度执行，坚决讲政治，从上到下落实到统计业务工作全过程。三是对数据的评估认证上既严实也灵活。有些部门报送的数据明显大于我们的调查数据，其中既可能存在为了政绩的私心，也可能存在为了完成省定目标任务不拖地区后腿的考虑。我们在立足全局考虑的同时，对部门数据的评估、认证、沟通和调整都比较贴近事实。撤地设市筹备期间，我们就是在省局的指导点拨下，既拿出真实数据，又合理合法合规调整一些数据，确保撤地设市的一些硬指标完全满足。同时我们坚持对统计数据、普查数据、调查数据的评估分析掌握几个基本原则，尽量保证衔接度高，严防数据乱象滋生。四是对统计数据的研究有针对性。我们把数据与实现财政收入的质量评估分析相结合，把准方向，努力提高经济工作质量。比如我们地区主要以农业为主，长期以来，一、二、三产业中工业占比低，我们把数据整理出来，对部门进行分析，呈送地区领导并提出一些建设性的意见。这一点很重要。五是坚持依法办事。加强了统计法制建设，坚决做到有法可依、违法必惩。9 年间，共查处统计违法案件 397 起，行政处分了 8 人次，经济处罚相关单位 8 起。有些经济处罚看似雷声大雨点小，可能只是罚款一两百元钱，但是意义很大，突出了"必惩"的决心。依法办事，有效推动了日常统计工作的开展，尽可能地保证了统计数据的真实性、可靠性，树立了统计数据的权威。六是成绩非常突出。功夫不负有心人，荣誉来自勤耕耘。总的来说，就是艰苦创业办实事，奋勇争先上台阶，这里面既有单位的荣誉，也有个人的成就。我任局长期间，巴中地区统计局在全省 21 个市州年度业务目标考核中年年名列前茅，26 次获国家、省、地先进集体表彰，98 人获国家、省、地个人表彰，获省局专业考核单项奖 82 项，6 次普查获得国家级 "先进集体" 荣誉称号，在地委、行署目标考核中连续 9 年获一等奖。我个人先后 14 次获得国家、省、地先进表彰，2001 年国家人社部、国家统计局联合下发 68 号文件，其中表彰我为 "全国先进个人"，《中国统计信息报》登载我的先进事迹。七是离不开上级领导的重视，离不开专家的指导。那些年，省统计局主要领导和分管领导、多个处室负责人或专业人员多次来巴检查指导工作。省统计局夏代川局长 1994 年、1996 年、1998 年、2000 年四次来巴检查指导工作；范国忠、吴祥云、滕采模多位副局长先后来巴检查指导；省局财务处向毅处长多次来巴听取汇报，并到平昌统计局、农调队、城调队检查财务工作；省公交处、综合平衡核算处、人口社会处领导也多次来巴深入指导工作。

我担任局长期间，上级部门对巴中地区的统计工作充分肯定，总的评价是数据准确、上报及时、信息可靠，但是统计分析资料水平有待提高。这点不足是符合实际情况的，当时大家的文字功底还明显存在短板，专业人员的水平也确实还需提高。

干工作要站得高行得正，不怕别人挑毛病。我认为当部门领导，就是开导、引导、指导、先导、向导，工作走在前头，带着职工一起上。举个例子，2001 年人口普查数据录入，当时统计局 20 个人分四个组，每组五人。我们班子四人一人带一组负责光电录入，我以身作则，走在最前。每天两组正常值班，一组 24 小时录数据，一组休息，轮流来，不停录。省里要求我们三个月完成任务，结果我们只花 45 天全面完成任务，震惊了全省统计界。这次普查工作结束后，省里在全省范围内对巴中地区的统计工作作了通报表彰。

熊启伦，男，生于 1943 年 12 月，四川南江人，中共党员。1993 年 10 月，任南江县县长。1995 年 6 月，任巴中地区林业局局长。

我对林业很有感情

熊启伦

我是南江人，一直生活在"八山一水一丘田"的大巴山区。我是学林学出身，对山山水水很有感情。1995 年 6 月，建立巴中地区后，上级组织将我从南江县调到巴中地区任首任林业局局长，具体负责地区林业局的组建完善工作，更让我的热爱变成了事业。五年多的时间里，我见证了巴中地区林业局的组建、成长、完善，直到在"两大工程"中大放异彩，也让我真正实现了"为人民服务"的初心。

地区林业局成立以后，条件很差，没有房子，没有资金，没有人员，既要指导发展面上的林业事业，又要搭好班子建好队伍，还要建自己的窝子，任务比较繁重。我对林业工作重点抓了三点：

第一抓国土绿化。要把荒地消灭，把山头绿化起来，让田边地角、道路、河流、城市场镇绿起来，最根本的办法就是大力植树造林，大搞绿化美化。我们仔细调研，组织勘查、规划、设计、报批，自筹自建，实施了六个工程，对巴中的国土绿化工作起到了很积极的作用。一是长江防护林建设工程，植树造林 60 万亩。二是速生丰产林建设工程，植树造林 30 万亩。三是天然林资源保护工程，规划对 822.75 万亩森林常年管护，营造生态公益林 190.8 万亩。四是退耕还林工程，完成 25 度以上坡耕地退耕还林 52.6 万亩，配套荒山造林 59.9 万亩。五是森林公园建设工程，我们先后建立了米仓山国家级森林公园、天马山国家级森林公园、镇龙山国家级森林公园、空山国家级森林公园，多渠道筹集资金开展房屋修缮、林区道路改造修建和植树造林。后来光雾山、诺水河等地的旅游开发，就得益于当年建设森林公园打好的基础。六是自然保护区建设工程，建立了省级大小兰沟自然保护区，面积 10.4 万亩，投资 2855 万元。

同时，我们还广泛发动、认真抓全民义务植树活动。每年"3·12"植树节期间都组织开展地、县（市）、乡（镇）机关事业单位义务植树活动，并号召农户大搞田园绿化、庭院绿化。巴城从三号桥、大佛寺上至浅滩村沿河及滨河路上这些今天的绿荫，就是当年义务植树的成果。

通过抓六大工程和全民义务植树，为巴中的青山绿水做出了积极的贡献，从 1993 年到 2000 年，我们一共造林 240 多万亩，森林覆盖率由 37% 达到 2000 年的 47%。经过后几届市委、市政府的坚强领导和林业人的接续努力，现在森林覆盖率更是达到了 63%，森林覆盖率居全省第二，巴中真正实现了到处都是青山绿水的生态目标。

第二抓长期保护。通过植树造林，道路河岸绿树成荫了，城市的绿化率越来越高了，荒山荒坡披上绿了，重要任务就是如何保护！林业上的保护很重要，首先就是护林防火，这是重中之重，所以我们在护林防火上采取了很多办法，成立了护林防火指挥机构、办事机构，落实了专司人员，制定了各种制度，配备了多种设备。护林防火最重要的是管住火源。你想，如果一个烟头甩在山上，一下燃起来了，漫山遍野烧得无边无际，就像当年大兴安岭的林火，烧了两个多月才被扑灭。所以一定要设防设卡，进山收缴火源，严禁野外用火。其次就是抓森林病虫害的防治。这也是个大问题，我们对这项工作一直没有放松。我记得1997年巴中市发生过一次比较重的柏毛虫（蜀柏毒蛾）灾害，柏树成片成片地死亡，柏毛虫羽化后的蛾子到处乱飞，对人们的生活造成了较大影响。我们动员全市的老百姓和林业干部搞灯光诱杀，把发电机抬到公路上，抬到屋前屋后发电照明，用灯光诱杀蛾子，到了晚上，到处都是星星之光，仅明扬乡灯光诱杀的蛾子就拉了四辆汽车。最后就是预防与惩治相结合，防止乱砍滥伐。广泛宣传《森林法》，坚持依法凭证采伐林木，预防为主。对发现的乱砍滥伐行为及时依法调查处理，绝不姑息、绝不手软。

第三抓合理利用。树一天一天长大，山变绿了，这时候就要合情合理地利用它来发展一些林产品工业，促进林业经济增效。我们利用抚育间伐材、风倒木材、病死木材在南江县魏家坝林场盘龙湾建起了刨花板和纤维板厂，利用慈竹在平昌县建起了竹胶合板厂，利用柏树根兜在巴中市大溪沟建起了柏木油厂。通过发展林下经济，生产出了中药材、食用菌、食用竹笋等林产品。我们依托森林资源建起了一批森林公园，搞起了旅游，这些都是合理利用、发展林业经济的办法。

我在地区林业局抓面上的工作，主要围绕着这三个重点，循序渐进，还是很有成效的。省政府表彰巴中地区为1997年、1998年、1999年度农田水利基本建设"李冰杯"竞赛林业项目三等奖、2000年度林业项目二等奖，2000年巴中地区如期实现了四川省定阶段绿化目标。特别使我难忘的是，我们认真组织工作人员做勘查、做规划、做设计，把全区天然林资源保护工程和退耕还林工程申报成功了，一下子争取了几十亿的资金，为后来巴中林业事业的发展奠定了良好的基础。我们所做的贡献被巴中地委《先锋礼赞》以《青山作证》予以肯定。

虽然在天保工程和退耕还林工程方面国家有政策，国务院领导号召全国搞这两大工程，但是地方要呈报，要规划，要设计好，跟不上也不行。为了做好两大工程的申报工作，我带领队伍深入四个县（市）的各个乡镇、山头地块，走村串户，跋山涉水搞调查，走到哪里黑就在哪里歇，最终规划落实 52.6 万亩，争取了上级项目资金 19.6 亿元，新一轮退耕还林巩固工程还将到位 7.35 亿元项目资金，我觉得这一仗我们打得很漂亮。

在林业局的五年多工作中，我走遍了巴中的山山水水，流下了辛勤的汗水，但更多的还是成功的喜悦，也见证了许多感人的故事，我就挑几个印象比较深刻的说一下。

第一，就是搞了公路绿化样板。1997 年平昌县周尚学当林业局局长，那年我们两人一起规划搞公路绿化样板，选择驷马到平昌段，全程走路完成规划，确定公路两边规范栽植水杉。当时巴中境内没有苗子，就远赴汉中、广安买苗子来栽，栽得很规范，效果很好，在全地区做了一个示范。南江、通江参观后，多条公路绿化都参照了平昌县的栽法。

第二，就是开展了许多林下产业的探索。我们在大抓造林绿化工程，不断增加森林面积和森林蓄积量的同时，还就如何提高林业经济效益、增加农民群众和林场职工收入进行了探索，我们经过调查研究，号召大力发展林业庭院经济和经济林。为推动这项工作，我亲自去巴中市南阳乡规划建设了一个面积 50 多亩的银杏园，并竖立了银杏示范园碑；到通江县铁溪区指导建立了 1000 亩杜仲示范园；到南江县桥亭乡指导建立了 500 余亩核桃示范园。1995 年 6 月，我到通江调研，走了几个国有林场，发现国有林场经济萎缩，职工工资都难以发放。通过实地调查研究，我发现一些林场经济振兴还是很有前景的。我一方面鼓励他们解放思想，自己动手兴办家庭林场，发展林下经济增加收入，种天麻、栽药材、种香菇、种木耳、养蜜蜂、养牛养羊等。通过这个办法，涌现出了不少的家庭林场，其中通江县空山综合林场职工黄长青在林下种天麻、种大黄致了富，还被评为了全国劳动模范。另一方面鼓励林场合理利用好山上的风倒树木、病死树木，抚育间伐的树木木材，集中起来加工桌椅板凳等家具卖，增加林场收入。

我把大力发展林下经济、加强国有林场改革等情况向地委汇报后，韩忠信书记决定召开一个大型的林业工作会议，于是在 1995 年 11 月 16 日至 18 日，地委、行署在通江县召开了首次全区林业工作现场会，地委、行署主要领导，行署有关部门主要负责人，各县（市）委书记、县（市）长、分管林业的副县（市）长，地、县（市）林业局领导和中层干部，国有林场场长、苗圃主任，共135人参加会议。省林业厅党组成员、纪检组组长彭武明到会指导。会议通过了地委、行署《关于大力发展经济林，加快林业综合开发的决定》。与会人员参观了通江县"林业一条街"、南教城林场、空山林场、空山综合林场兴办的家庭林场和铁溪区千亩杜仲园，有力推动了全区林下经济发展。

第三，就是抓好林业局机关基础设施建设。当年我到地区林业局时，林业局只有十五六个行政编制，还有一些事业人员，整个林业局不到30人。我们把班子组建好，把队伍理顺，在抓好全区林业工作的前提下开始建自己的"窝子"。在江北白云台征了17亩地作为林业局建房的地方，由一个山包、一口堰塘、一个坟园和几块荒地构成。花了几年工夫，到1998年底，大概投资了1000多万元，经过挖山填塘搬坟整形，平整好了场地，修了堡坎，修了球场道路，建了小区园林。后来又投资了200多万元给职工建了宿舍约4000平方米，向上级主管部门争取了200多万元资金修建了3000多平方米的办公楼，林业局机关面貌焕然一新，地委、行署领导周登全、李克明到林业局视察时给予了高度评价。

一提起林业，我就感慨良多。许多人都认为农业、水利、财政重要，好像有点瞧不起林业。但是我从来不这样看，其实林业非常重要，林业人一直就在践行习近平总书记的生态文明思想，"绿水青山就是金山银山"的理念正是我们林业人孜孜以求的目标。祝愿巴中林业事业蒸蒸日上，再创辉煌！

吴文斌，男，生于1950年12月，四川平昌人，中共党员。1993年12月，任巴中地区农业局副局长。1996年5月，任巴中地区农机局局长。

"这样的单位我还是第一次遇见"

吴文斌

  1993年10月，巴中刚成立地区的时候，我就从平昌调到地区农业局来了，刚开始任农业局局长助理，同年12月任副局长，在地区农业局工作了两年半。当时农业局包含一委三局——农委和农业局、农机局、畜牧局，30余人对应省里的60多个处室，只有一个局长和一个副局长，后来增加了一个局长助理。

  当时的情况有三个特点：一是特别忙，辛苦得很。一个人要干几个人的工作，既要当领导，又要当中层干部，还要当普通员工，什么事情都要亲力亲为，到省里开会，争取项目资金，到地区行署开会，抓中心工作，陪领导下乡调研，还要修办公楼和职工宿舍。没有节假日，没有星期天，白天黑夜连着干。白天开会和下乡，晚上写总结写汇报，编写项目材料，加班到凌晨是家常便饭，熬夜到两三点要占一半，每个月有一两天甚至熬到通宵达旦。

二是工作和生活条件非常艰苦。局里只有一辆小车，到省里开会只能坐夜行大班车。1993年冬和1994年春晚上大雾弥漫，有两次坐车发生了车祸，一次额头碰了鸡蛋大的一个包，一次右臂骨折痛了10多天，但仍然坚持天天上班。1994年秋天到曾口镇检查灾情，由于雨大路滑，小车侧翻，伤了我的腰，走动起来疼痛剧烈。医生要我住院治疗，由于当时正值省里对提灌项目进行大检查，我只在医院治疗了两天便出院，带着伤痛硬撑着工作，省局的领导深受感动。地局成立之初，我们租巴中市幼儿园的房子，十几个人住一间大教室，睡上下铺，在幼儿园的伙食团就餐。尽管条件差，但大家同心同德，艰苦奋斗，工作积极性很高，工作效率也不错。

三是经费紧张。当时既要修办公楼，又要修职工宿舍，农业局又没有什么收费项目，只好向部里和省里争取资金，当时我们真正做到了千辛万苦、千方百计，八仙过海、各显神通。1995年农业局的宿舍楼按时交付使用，才解决了临时办公的问题。

1996年5月，地区农机局从农业局分设出来，地委组织部发文由我任农机局局长。事前组织上也没有找我谈话，收到文件后我去找地委书记韩忠信同志汇报，说我不愿当农机局局长，最好留在农业局继续当副局长，或者另外给我安排个单位当副职，如果组织上的确不好安排，我就"下海"。韩书记问我为什么，我说我当过区委书记领导过8万人，当过县农业局局长领导过两三百人，当过县长助理分管过农口工作，现在我成了"58400部队"的光杆司令。他要我解释明白。我说，给了我五个编制，现有八个人，包括工资、办公和差旅费一共4万元包干，无车无房。别说发工资和办公，仅仅说到省里开会和应对上面的检查、应对下面来回开会，养活一台小车的油费和修理费都不够嘛！既然成立了一个单位，不可能长期没有地方办公，更不可能没有小车，这些钱从哪里来？现在在农机口做事的八个人只有五个编制，差三个编制怎么办？

我汇报完后，韩书记没有急于回答，他站起来递给我一支烟，我也站起来接了烟，两个人都点火抽上。他在办公室踱着步，走了半分钟后说，你说的困难是实在的，但地委研究了，文件也发了，怎么办呢？你不能让组织为难吧？有困难我们共同想法克服，你是从基层一步一步干上来的人，又在党政部门长期工作过，组织上相信你能干好。领导的话入情入理，我是一个党员，还能说什么呢？于是，只好硬着头皮回去努力干。

在农机局局长岗位上我总共干了四年又八个月，经历了我人生中永远难忘的几件大事：

一是"七八"火灾。分家不到两个月，1996年7月8日天降暴雨，地区农机推广站办了个加油站，因山体崩塌砸烂油罐引发火灾，在后河桥燃起冲天大火。地委、行署领导亲临指挥，消防队员苦战了四个小时才将大火扑灭。此次事故损失巨大，影响巨大。为什么说损失巨大？一是烧坏了加油站，把这个千辛万苦才办起来的经济实体摧毁了。二是烧伤了一个人，到重庆治疗不仅花了不少钱，还把单位的干部折腾得相当恼火。三是治理塌方花了不少资金。为什么说影响巨大？这么大的一把火怎么能够不追究责任呢？地委立即成立了一个事故调查组，抽调了检察院、公安局、安办（安全生产委员会办公室）等领导和干部组成了专班，他们经过一个星期艰苦扎实的工作，得出的结论是，此事故是不可抗拒的自然灾害，农机局的领导和全体同志舍生忘死，奋勇抗灾，精神可嘉，值得表扬！他们向地委、行署领导打了报告，公安局很快将抓进去的推广站站长放了出来。

我们拿着这个报告向省局做了汇报，省局领导对此很满意，立即拨了15万元资金，补贴事故善后处理费。现在回想当年的情景，我的内心非常激动，对调查组实事求是、敢于担当的精神永远感激和充满敬意！地区检察院副检察长张学明同志带五个人，在三十八九度的高温酷暑天，每天辛勤工作10多个小时，查看事故现场，调阅档案卷宗，找当事人和知情人谈话。他们没有抽过我们一支烟，也没有吃过一顿饭，却能公正而客观，一再说明天灾难防，农机局尽到了最大努力，把损失降低到了最低限度。

二是建修办公楼。分局的时候我们租了一套职工宿舍办公，年租金5000元。随着农机工作的展开，建修办公楼提上了议程。我们向行署领导汇报，答复是不再无偿划拨用地了。找江北管委会，他们说临大街没有土地了，况且你们只需要两三亩的土地也不好安排。我们找到龙泉居委会，支书熊文端非常开明，当即找他们班子研究，同意拿一块面临大街的土地共同建设，很快我们就达成了协议。没有资金怎么办？干部自筹资金买土地，建修办公楼的钱和归还居委会的门市建修费由单位出。单位的建修款从何而来？全靠到部里和省里争取和创收。我们用干出的实绩去感动领导，用两年多时间争取了300多万元，建修好了办公楼。

三是每年争取以工代赈项目资金1000万元。1997年全省农业现场会在通江召开，参观了通江以抗旱抽水为主的"四为"机械和推广化肥基地现场。时任省委副书记、副省长张中伟同志对巴中的农机工作给予了充分肯定，号召全省推广巴中农机工作经验。大会结束时，趁着张副省长还在主席台上，我立即跑上去，呈送给他一份争取农机以工代赈项目的报告。张副省长认真看了报告，并详尽询问了情况后说，我带回去找相关部门商量。他回去后的第二天，把省以工代赈办主任和一名副主任通知到他的办公室研究，第三天上午，省以工代赈办公室同志通知我到省以工代赈办去专题汇报。汇报结束后，省以工代赈办决定，每年给巴中地区农机部门补助1000万元，通江和南江两个国定贫困县各500万元。会议结束后，省以工代赈办副主任王光四同志就对我说，张副省长昨天说了，要对那些想干事、能干事、干出实绩的地方给予大力支持，你们要到巴中去好好总结经验，他们的条件那么差，但工作还干得那么好，不容易！过了两天，王光四同志带着两个处长在通江和南江各调研了两天，给省政府写了专题汇报。巴中市农机局为"巴中经验"做出了应有贡献。当年全国农机化先行示范县会议在成都召开，通江县被列为示范县，县委书记刘道平和我在大会上介绍了经验。

四是夺取"李冰杯"三连冠。为改善农业基本条件，省政府决定在全省水利、农业、农机等部门开展"李冰杯"竞赛，每个部门每年分别评选一等奖一名、二等奖两名、三等奖三名。全省21个地市（州）竞争非常激烈。巴中因为太贫穷，投入严重不足，我们心知肚明，别说一等奖，争取个三等奖都非常困难。怎么办呢？由于我们班子非常团结，全体干部非常齐心，大家一致认为我们有"巴中经验"，有红军精神，天大的困难也能克服，一定要努力拼搏，选准突破口，争取年年有奖。突破口是我们的"四为"机械，着力点是旱山村，项目带动，点面结合，以点带面，全面推进，一抓到底，抓出成效，做到部门、干部和群众满意。地、县、乡三级农机人常年奋战在田间地头第一线，成了领导的拐杖、农民的心腹和农业丰收的助推器。省农机局每年来检查"李冰杯"的竞赛情况，看到的都是实实在在的新典型，当地党政领导介绍的都是新经验，听到农民说的都是发自肺腑的大实话，所以我们夺取了三连冠。

五是争取到了农用车的管理权。巴中地区农机监理在全国有名，是全省的先进典型。在农用车和拖拉机的管理上，地区监理所所长石云统积累了许多宝贵经验，他退休10多年了，至今在省农业厅（现农机工作已合并到农业里了）还在产生影响力。随着经济的发展，拖拉机不断减少，农用车不断增多，国务院把农用车的管理权赋给了农机监理部门。由于我们地区监理所的工作出色，行署决定把农用车管理权划归给农机监理部门。这件事充分说明部门职能强弱不重要，在于有为有位、实绩突出，弱职部门干得好，领导同样支持，强职部门也能体谅。人的一生，工作只有那么几十年，犹如划过一根火柴，划亮了闪光了就没有虚度一生。

六是班子调整和审计情况。2000年10月，我知道巴中即将撤地设市后，经过反复思考，认为虽然现在农机局顺风顺水，局面非常好，但我不应当再当农机局局长了。第一，当局长，加上分管农机已七年多，容易形成思维定式，凭经验办事多、创新思维少，开拓精神明显不足，对单位发展不利。第二，我长期占据"一把手"岗位，新人上不来。当时农机局有10个人，基本上都是成立地区时就进入农机部门，岗位长期不挪动，积极性就会递减。第三，我已年过五十，应当轻松一下了。于是，我向地委书记周登全同志汇报了这些想法。他问我，你有何打算呢？我回答，农机部门小，做的贡献也小，安排我到人大、政协专委会就行了。在后来的几次会议上，周书记还表扬我主动让贤，不给组织添麻烦。

调离农机部门后，审计局副局长王克怀同志带队进驻农机局对我进行离任审计。两个月后审计结束时，在全局职工会议上他讲了三条：一是农机局的民主管理非常好，凡是金额大一点的、超过 50 元开支的都是三个人以上签字，上百元的开支是班子集体研究。二是计财科科长吴琼英工作高度负责，账目清顺，经得起检验。三是局长吴文斌离任时大家流着眼泪，舍不得他走。我搞了 20 多年审计，这样的单位我还是第一次遇见！

确实，在农机局工作是我一生当中最珍贵的历史时期，虽然说这个单位很小，没有钱，但我离任的时候我们单位还留有 38 万元的现金，没有欠账。农机局最主要的特点就是高度团结，没有人发杂音，工作上认真负责，每个人都很认真，都很能干。几十年过去了，当农机局局长那几年，我敢说对得起党，对得起组织，对得起同志。

王国旗，男，生于1955年10月，四川恩阳人，中共党员。1993年9月，任巴中地委政策研究室副主任，主持工作。1997年1月，任巴中地委党校正县级组织员、副校长。

我在党校当老师

王国旗

我到巴中工作后，最先没有去党校，而是组建地委政策研究室。李晓春同志（我们原来在达县地区很熟悉）来了，刚建地区的时候她就请我到党校当兼职老师。党校第一期培训县处级干部班，地委主要领导来讲课，韩忠信同志和周登全同志的讲稿，都是我带政研室的同志一起给他们起草的。

当时在达县地区工作的时候，我在达县地委政研室工作。建巴中地区的时候，原达县地委领导做分区动员报告，我记得梁廷寿同志说，愿意到巴中去的就报名，如果报名报不够的话就组织调配，如果调了不去的话那就只有不再待在这个机关工作，自己"下海"。动员的时候给大家说得很硬，因为那时候通、南、巴、平几个县都比较穷，分地区的时候大家都不大愿意来。只有家在这边的，不是达县地区的，还有有些同志确实有点儿理想抱负的愿意来，因为达县地区人太多了，不好实现理想抱负的人愿意

347

挪窝。

当初克明同志在五人小组中分管组织工作，他找了几个同志在原达县地委招待所负责报到工作，达县地区愿意到巴中去工作的同志需要报名。我就是他找的其中一个，我、温川萍和杨建三个人负责报到，我在报到那个小组里面负责。我们就在达县地委的老招待所里面搭了一张桌子，搭了几把椅子，拿了一个本子坐在那里，愿去的，叫什么名字，出生年月，文化程度，在哪个单位工作，登记基本情况。

1993 年 9 月 14 日，巴中地区筹备工作领导小组的组长韩忠信同志就在达县地委招待所召开了一个开赴巴中动员大会。报了名的，愿意到巴中去的，就参加动员大会，第二天开赴巴中。9 月 14 日开动员大会，15 日起程，大队伍从达县开往巴中。当时从达县去巴中，正常的情况下是要走平昌，但是那时候平昌正在修路，走不通，所以就绕道走通江。我们第一天走拢通江，在那里住了一晚上，第二天才过来的。

当时巴中的条件非常艰苦，过来后所有的同志都住在巴中县委招待所望江楼。然后开始地级各部门的筹建，我负责筹建地委政策研究室，包括体改委，两块牌子一套人马。到 1993 年 10 月 28 日，巴中地区正式挂牌成立。

1993 年 10 月 28 日经地委研究，成立巴中地委党校，定为正县级事业单位，当时编委出文，定编 32 人，其中行政编制 2 个，事业编制 30 个。地委决定地委副书记李克明同志兼地委党校校长，地委宣传部副部长李晓春同志兼地委党校副校长，主持工作。当时还调了一个同志到地委党校任副校长，这位同志接调令过后，他到党校来看了一下，觉得条件太艰苦，就要求还是回原单位工作。后来组织上又重新调了荀中举同志来当副校长。因为我在达县地区工作的时候就跟晓春同志比较熟悉，晓春同志过来负责筹建地委党校，原来我在党校工作过，在达县地区工作时也在党校当老师，当过中层干部，晓春同志就邀请我担任党校的兼职老师，我很愉快地接受了邀请。能够到党校讲课，我觉得很不错，因为当时巴中建地区，百业待兴。

当初党校建设一无资金二无场地，资金是晓春同志去报社借了1万块钱作为开办费，还打了借条。场地就是借用原巴中县委党校的旧址，在那里办公，也在那里开展培训。

据我们了解，当时巴中的干部队伍情况是很不理想的，主要是文化程度低。1994年底，全地区党政干部的统计数字是14895人，其中大专以上文化程度的不到20%，整体上文化程度低。再加上巴中作为偏远贫困地区、革命老区，干部走出去的很少，当时交通不便，信息不灵，干部眼界比较狭窄，视野不够开阔，目光相对短浅，封闭保守思想比较严重，所以巴中建地区过后，要想健康快速发展，干部队伍是基础，也是关键。俗话说，火车跑得快，全靠车头带，这个车头不仅仅是地委、行署领导几个人，还有整个地区的这支干部队伍，是我们全地区发展的中坚力量。所以当时对干部培训，我们主要是抓三个方面的事情：

一是抓基础学历教育。1994年1月就建立了函授干部学院巴中分院，省委党校函授干部学院巴中分院，还包括中央党校函授干部学院巴中分院和省委二党校函授干部学院巴中分院，对干部进行学历教育，所以巴中建区那一部分干部的学历教育，都是在党校函授完成的。我查了一下我们的统计数据，1993年到2000年这八年当中，我们函授毕业了6910人。我们整个巴中地区的党政干部是14895人，当时党校就毕业了6910人。中央党校和省委党校的函授，在干部学历教育中占的比重是最大的。当时我们开设有经济管理、行政管理、法律、领导科学、财务会计、财政金融、汉语言与写作、工商税收、计算机应用等专业，提升我们干部的学历。

二是抓主题班培训。根据中央的要求和巴中的实际，主要开设有中国特色社会主义理论、市场经济知识、领导科学、法律等课程。当年地委党校的第一期主题班培训在巴中开班，一共选调了161人，头几天在巴中党校学习，然后就到浙江省温州市委党校学习。温州那个地方，上世纪90年代是全国经济发展比较好的，特别是市场经济搞得好。他们思想解放，实事求是，我们把学生带到那里去，现场体验学习温州解放思想、加快发展的经验、作风和做法。应该说，这一批人后来绝大部分都是我们全地区的中坚骨干力量。这个做法在今天来看还是非常大胆、非常前沿，也是正确的。

三是搞专题培训。主要是有针对性地从巴中的实际出发，对干部缺啥补啥，特别是选择一些急需的、短平快的、立竿见影的东西来补。当时我们建地区，干部队伍素质非常低。除了前面说的学历偏低、文化程度偏低以外，干部素质也很低。比如刚建地区，已经是小平同志南方谈话以后，市场经济的改革目标就已经确定了。但是在地委包括领导层，大家都还不晓得市场经济究竟像个什么样子，市场经济应该怎么办，应该怎么运转？市场经济的核心、市场配置资源，干部都没有人晓得是怎么一回事。在这个短板上，我们就给大家讲市场经济的基本框架和运行规则、市场配置资源究竟是怎么进行的，等等，都是干部应该知晓的基础性知识。全国都在搞市场经济，发展经济的主要路径就是市场经济，大家对市场经济究竟该怎么做都不晓得，这是个很大的问题，所以我们就补市场经济的知识。

那时候，我们一些干部连开会的基本常识都有些欠缺。地委开会讨论问题，包括到县里、乡里搞调研，我都发现我们一些干部根本不管时间，你应该考虑到让后面的同志也有机会发言，但是那时候就是这样，开会先发言的同志，可以一个人说大半时间，甚至一个人说完。为了这个事情，会议的主持人，包括地委巡视组这些领导都非常伤脑筋，一再给大家说，今天我们开会，争取让每个同志都发个言，但是人家根本不听。有些干部不晓得尊重别人。

我当初印象比较深的，还有一个小常识问题。我们地级机关干部，有一部分同志原来没有在机关工作，是从其他岗位调来的，接电话都不晓得该怎么接，拿起话筒来就问"爪子（干啥）"。包括普通话，在我们地级机关推广了多少年，一直推不动。领导一再说，我们巴中要对外开放，要改革，我们要有一个新形象，要讲普通话，说四川话外地人听不懂，说了多少次，没得谁做，推不动推不开，非常恼火。所以我们对机关干部进行了全员轮训，就是机关管理的内容，包括公文写作、政务礼仪等一些基本常识。比如，接了电话应该说，"喂，你好，我是地委党校，请问你找谁"，这是最基本的礼貌用语。

当时一个重要任务是扶贫攻坚。我们培训乡镇干部，讲授扶贫攻坚的一些政策和做法，培训村干部特别是村支部书记，则是讲授扶贫攻坚中的一些新兴农业科技。我们跟农业局和科技局联合教授这些短平快、适用性强的、立竿见影的课程。另外每期的党校主题班培训结束，我们都要求大家写一篇调研文章，根据党的理论路线方针政策，结合巴中实际，就如何推动巴中经济社会全面发展写一篇调研报告，提出自己的意见看法。这样做，一方面是集思广益，理论联系实际，动员大家心往一处想、劲往一处使，思考如何去加快巴中的发展；另一方面是提高干部素质，同时也为我们地委、行署决策提供参谋意见，调查一些干部的真实想法和他们对发展的看法，我们觉得这是非常有用的。这就是干部培训，党校的主业就是干部培训和发挥智库作用。

我们党校最初是由李晓春同志来负责组建，晓春同志正派能干，是一位非常值得尊敬的女性领导干部。当时办党校的条件非常艰苦，地委发文过后，有几个同志来参加筹建。1994年初，地委组织部任命田渊为党校办公室副主任、焦兆荣为政工科科长、李嘉文为联络科科长、邬敬明为函办副主任，都是副职，因为当时有一年的试用期。后来又调姜维民任教务科副科长，最后又成立了图书资料室。

1995年1月，地委决定将巴中地委党校与巴中市委党校两校合并，两块牌子一套人马，由地委党校统一管理，承担地、市两级的干部培训任务。合并过后，原巴中市委党校的常务副校长周仕俊同志担任了地委党校副校长，同时兼任巴中市委党校办公室主任。当时的机构和主要人员大概就是这么一个状况。我是1997年1月份正式调入地委党校的，正县级组织员、副校长，分管教学、科研、函授和联络这些工作。

实际上，两校合并是由巴中市委书记徐学明同志提出来的。他说地、市在一起，党校就不用搞两所，把市委党校跟地委党校两个合在一起就行。

这个建议非常好，提出来就受到地委领导韩忠信、周登全同志的支持，说这个建议好，大家合在一起，两块牌子一套人马，承担地、市两级的培训任务，用不着分开建，就用原来市委党校那个场地。当时没有钱，但是因为我们办了函授，学员要缴学费，函授学院每年有一定的收入。学费缴起来，其中地委党校函授分院留存比例比较大，我们就用函授学院学员学费的留存收入来搞一些基础设施建设。比如修了学员宾馆 2500 平方米，修了办公楼，修了 2300 多平方米的职工宿舍，另外修了 300 多平方米的大教室。老党校的职工宿舍修在江北，就在政协外面买了一块地。

1997 年，王吉安同志任地委副书记的时候兼任了地委党校校长。吉安同志上任后抓干部的培训轮训，抓党校教师队伍素质，那时就在谋划酝酿党校的搬迁。党校的搬迁是 2000 年程青兰同志任党校常务副校长的时候启动的，前几年包括选址、准备工作，我们还是做了一些。

1993 年到 1996 年这段时间，我是党校的兼职老师，同时也是地委政研室的负责人，主持工作。1997 年到党校工作。党校的培训、轮训，这些教学工作我都参加，包括 1994 年第一期办县处班，160 多人到温州培训，书记、专员、组织部部长、宣传部部长等几个地委领导都讲了课，其中韩书记那篇讲稿《解放思想，实事求是，为推动巴中经济社会全面发展而努力奋斗》就是我带领政研室的同志一起起草的。这篇讲稿中，我们搞了加快巴中干部队伍建设过程中的"五个不适应"和"几个要打破"的提法，得到忠信同志的采纳和肯定。他讲过后，在全区干部队伍当中产生了较大的影响。当时刚建地区，我们就提出来，我们的干部队伍跟我们市场经济的发展，跟全国一心一意抓经济、聚精会神搞建设有五个方面的不适应，还有几种观念和作风需要打破，这个是地委整个领导层都认可的。周登全同志的讲稿也是我带领地委政研室的同志起草的，他讲的题目是《市场经济的基本框架和运行规则》。当时全区干部队伍对市场经济非常陌生，基础知识非常欠缺。搞课程设计的时候，我就跟晓春同志建议，把市场经济基础知识在领导干部当中普及一下，晓春同志非常赞同。所以登全同志那一篇讲稿就是讲市场经济的基本框架和运行规则，反响比较好。后来党校搞函授论文答辩，虽然我还没有调入党校，晓春同志也请我参加函授学员的论文指导和答辩。

实事求是地说，那时的工作不算尽善尽美，甚至不算很理想。比如我们主要搞干部培训，作为智库搞决策参考，但是在干部的选任方面，我们的参与度就比较低。我记得登全同志任专员的时候，他带队到江浙一带考察，其中考察了张家港，回来后在全区干部大会上给大家传达这次考察的经验和体会。他讲到张家港一个很简单的做法，就是对干部进行任期目标责任制考核，好比在赛场上选马，你有什么能耐，干什么事情，你自己报名去参与竞争性选择，选上过后，你所承诺的，比如交通局局长今年要修哪几条路，1月份应该修多长，2月份应该修多长，一季度、二季度应该修多长，一年应该修多长，是有考核的，大家都监督。你任交通局局长，你给了大家承诺，半年完不成任务就要给黄牌警告，一年完不成任务就必须"让位"，不会让你干到第二年，因为你把党的事业耽误了。当时传达过后，我们非常振奋，非常受鼓舞，觉得如果像这样子选任干部，干部的积极性、主动性、创造性、潜力都能够充分调动起来。我觉得今后我们在加快发展方面，要继续提高我们的干部队伍素质，提高干部驾驭市场经济的能力。

夏文冰，男，生于 1956 年 3 月，四川南江人，中共党员。1993 年 10 月，任巴中地委机关报责任编辑。1994 年 3 月，任总编室主任。1995 年 12 月，任副总编辑。

拥抱明天
——地委机关报诞生记

夏文冰

我很幸运，这辈子爱好文学却走火入魔做新闻为报人，第一批抽调到新建的巴中地区创办地委机关报《巴中时报》，参与和见证并忠实记录了新建地区筚路蓝缕的发展变化。

奉 调

记得 1993 年国庆前夕，已经赴任地委宣传部常务副部长兼地委机关报社总编辑的蒋东生同志回到南江，通知我和王树文说，经请示地委领导同意，借调你们两人到新建地区来筹建报社创办《巴中时报》。

这个信息对我来说，既突然也不突然。突然的是说走就走，不容多想；

不突然的是我们在当年 3 月复刊了停办多年的县委机关报《南江报》，积累了些办报经验。后来才晓得，原定达县地区通川日报社派得力编辑来担纲创办巴中新区的党报，不料他们都嫌老区贫穷、条件恶劣，没人愿意来自讨苦吃。

10 月 3 日，蒋部长带着我和抽调到地委宣传部的李映、梁津华同乘南江县委宣传部的北京吉普车向巴中出发，王树文则安排到成都与省新闻出版局联系新办报纸的内刊号，据说很是费了些周折。我们吃完早饭后 8 点出发，因公路整修绕道通江县城，崎岖的山路诠释着"蜀道难"。在城边馆子吃午饭时大概 1 点钟了，然后马不停蹄，继续赶路到巴中县城时，已是傍晚 6 点多，谢天谢地，没有白颠簸一天。

多亏总编辑运筹帷幄，巴中县包装装潢印制公司接纳了即将诞生的报社，热情地腾出了 250 平方米的一幢三层小楼为报社办公地点，据说是企业的招待所。同时还无偿提供了职工宿舍楼第三层的一套三居室，有过厅、阳台、厨房、厕所，粉饰如新。我和新同事们都很感动，这为我们办好党报奠定了无忧的生活基础。

新环境需要逐步熟悉。总编辑对我们说，当前紧要的是把《巴中时报》创刊号编排出来，要展示新建地区的党报质量、水平和效率。面对空空荡荡的新家，领受实实在在的任务，我和新同事们感到压力山大。

其实，总编辑承受的压力更大！既要从所辖的巴中市、南江县、通江县、平昌县选调具有新闻素质和业务能力的宣传干部等工作人员，又要筹划新建报社白手起家的有效运转，更要树起新报社不同凡响的新气象，千头万绪必须千方百计，我们没有条件创造条件也要保证党报的诞生。

采 编

到巴中的第二天，我们在印制公司联系领导的指点和巴城同事的带引下，在陌生的巴城走街串巷，联系安装报社的电话，采买办公桌椅及文柜用具和生活用品。还没安顿好，采访任务就来了。

1993年10月5日至7日，地委召开第一次扩大会议，新任职的地区领导和部门领导都到会了，我和平昌来报到的李剑烈同志首次以记者身份对会议进行采访。会议在老街县委的二楼会议室召开，由此，我认识了精神焕发的地委韩书记和行署周专员等新地区领导人，我用从南江带来的美能达相机配以辅助闪光灯为主席台的领导们留下了光辉的形象。会议新闻消息发在了《巴中时报》创刊号头版的二条位置，还配发了一张会议场景新闻照片；报眼标明了创刊号，刊载了地委、行署领导成员名单；头条是本报社论《迈向新世纪的里程碑——热烈庆祝巴中地区成立》，是总编辑联系的民政局干部赵剑波撰写的。我激情撰写了本报编辑部发刊词《拥抱明天》："金秋十月，秋醉巴山。巴中地区的成立，给320万勤奋进取的老区人民带来耕金播银的契机，《巴中时报》载着时代的期望，向着希望的明天，迈开了坚实的步伐。让世界认识巴中，促巴中走向世界，《巴中时报》责无旁贷，真诚地投入，拥抱明天。"

初创报型确定为四开，省新闻出版局批的刊号为"四川省内部报刊准印证第24—001号"，经请示和比选，报头选用了电脑上的宋体字形。

地委第一次扩大会议为我们的党报创刊号提供了权威的稿源。在第二、三版刊载了地委书记韩忠信的照片和讲话摘要，第四版刊的是地委副书记、行署专员周登全的照片和讲话摘要，第五版和六版刊载了"历史文化名城——巴中""巴山明珠——南江""银耳之乡——通江""川北水城——平昌"，介绍了巴中各县（市）的基本情况，稿件分别由杨斌、李映、梁津华、李剑烈等编采，我和王树文、冯仕廉为责任编辑。

我们还有效地利用了中缝版面，在第二、三版中缝醒目地刊登了地委、行署确立的新建地区社会经济发展战略——"狠抓基础、快上工业、活跃商贸、开发旅游"，在第一、四版的中缝刊载了本报宗旨——"党委政府的喉舌，联系干群的纽带，现代信息的传媒，各行各业的伴侣"。

创 刊

说实在的，到巴中办报，印制公司那些现代化的电脑编排和印刷设备也让我们大开眼界和重新学习，之前我仅在达县地区的通川日报社见识过，但我们在南江办报时，印刷工人还是拿着纸稿拈铅字钉排版。现在告别了"铅与火"的落后印刷，进入"光与电"的激光照排，胶版印刷设施刷新着我们的眼球，报纸的品质就不一样了。

有了创刊号的第一批稿件，有了借给我们改稿划版的公司会议室，有了现代化电脑的便捷编排及印刷，更为重要的是有了地委宣传部及总编辑的得力领导和筹建报社的第一批报人不分昼夜的辛劳，《巴中时报》创刊号在 10 月 12 日按要求提前完成。

我们的创刊时间定为 1993 年 10 月 18 日。这一天，地委、行署在成都市四川日报社举行了巴中地区成立新闻发布会，韩书记、周专员等地区领导向莅会的省委、省政府领导及相关部门、新闻单位发送了还散发着油墨馨香的《巴中时报》创刊号，与会者赞叹"真及时"。蒋东生同志带领我代表报社参加了新闻发布会，和省级新闻媒体面对面沟通交流，打通向上向外的新闻联通渠道。后来宣传部传达了地委韩书记对创刊号的赞语，这就是我们新建地区应有的速度和效率。

11 月 12 日，《巴中时报》出刊第二期，重点报道了 10 月 28 日巴中地区成立暨巴中县撤县设市的庆祝盛况，报道了地区在省里召开新闻发布会的消息。在第四版上开始有了商业广告，这是我联系的南江冶矿企业祝贺地区成立的广告。当初周专员说，新区百业待兴，财政就是没钱，给你们报社的牌子就是钱。牛皮三寸厚，各人找眼钻。总编辑为了改变报社初创无钱的窘境，在要求编采人员提高素质的同时，念念不忘要求大家学会为报纸拉广告，钱多钱少不论，一个版面哪怕收入个千儿八百元都可以。

总编辑绞尽脑汁，多次去成都，从省财政为报社争取到 7 万元；找川报和德阳泰安公司各赞助 1 万元；找地区财政借到周转金 30 万元，说好是要还的；找老乡的企业四川丰汇科工贸实业公司，它无偿赞助一辆天津"大发"微型面包车。赠车开到巴中的那天下午，总编辑蒋东生陪着韩忠信书记、苟必伦副专员和梁廷寿秘书长、卢耸岗部长等一起接见了董事长邱仕明先生，我奉命为此合影存照并见报。报社破天荒有了采访车，着实让我们风光了一阵子。

建　制

随着编采工作人员的陆续借调到位，总编辑在 1993 年 10 月 20 日召开了报社第一次职工会议，确定各版任务和人员分工，夏文冰、王树文、冯仕廉同志共同负责报社日常工作；版面分配，一版要闻版，由夏文冰负责并兼总编室；二版经济版，冯仕廉负责；三版政文版，王树文负责；四版文艺副刊版，总编室负责。

转眼到了 12 月底，总编辑为适应 1994 年报纸周二刊的正式发行，又做了安排部署，我负责总编室和要闻部，协助总编辑分管报社采编业务；王树文负责经济部，协助总编辑分管后勤行政事务；刘大喜负责政文部；黄鸣负责广告部。冯仕廉同志则在前不久回到通江县，提任县委常委、宣传部部长了。

在创刊一周年之际，我们做过统计，报社共收到区内外通讯员的各类投稿上万件，编发见报近 3000 件，计 200 万字，其中本报记者采编用稿量占 30%。

《巴中时报》从创刊到当年 12 月最后一天，拢共不定期出刊了 8 期，每期印量两万份左右，都是免费赠送，编采印刷等费用捉襟见肘，时常上顿不接下顿。

为树立报社良好的社会形象，总编辑蒋东生亲自拟定了社风标准："聚精会神办党报，集中全力抓质量，千方百计上效益，团结一心正形象。"同时，为培训编采队伍，按照《中国新闻工作者职业道德准则》要求，制定行为准则："解放思想，开拓创新，努力学习，苦练本领，求真务实，客观公正，廉洁奉公，纪律严明，争创一流，团结奋进。"在报社临时的各编辑室，挂有"政治上无懈可击，文字上万无一失，版面上精雕细刻"的奋斗目标，这是我学习《人民日报》摘抄借鉴的，地区领导和《四川日报》副总来报社视察时，见到这些都点头称好。按照总编辑安排，我还设计了"巴中时报，您的朋友；巴中时报，为您服务；巴中时报，与您同行"的煽情广告语和征订广告版向社会发送。

发 行

党报既是政治宣传品，也是特殊的商品，必须通过征订发行来传播。总编辑安排我到地区邮电局与达县地区过来的曹局长签订1994年及以后的发行合同。当时《通川日报》是自办发行，因为达县地区邮局的发行费率从起初的23%连年上涨到36%，报社不堪忍受，下决心搞了自己的发行网络。我在南江县委报道组时也是通川日报社记者站和发行站的，知道个中原委。商洽《巴中时报》的征订发行，曹局长也把发行费率提得很高，我和他软磨硬缠，再加上都是新建部门，好说话，他的实力比我们要雄厚得多，他的宣传还要靠我们鼓与呼，在我们的坚持下，签订了发行费率26%的合作协议，比较合理。这个发行费率多年还维持着。

最近翻看一些史料，明确地区编委确认报社为正县级事业单位的时间是1994年1月，给报社下达的事业编制是15个；3月中旬，地委组织部发文任命我为总编室主任，王树文为经济部主任，刘大喜和黄鸣分别为政文部和广告部副主任。同时，地直工委批复报社设立机关党支部，我任书记，王树文、刘大喜为委员。

1995 年 4 月到 6 月，报社安排我参加地委党校首届青年干部班培训，学员们自嘲是巴中地区首届"黄埔生"，英年早逝、享誉全国的南江县纪委书记王瑛也是本期同学。

7 月，我按照总编辑安排，到北京参加了国家新闻出版署举办的"新批报纸期刊开业前总编辑、主编培训班"为期七天的学习和考试结业，我聆听了副署长梁衡、《人民日报》总编辑范敬宜和《光明日报》《中国青年报》副总编辑的授课，加深了"政治家办报""新闻工作者也要讲政治"的责任心，知晓了办报人应知的报纸属性：一是政治属性，二是新闻属性，三是文化属性，四是商品属性。办报人既要懂得政治经济管理，又要知晓社会百科知识，更要遵守新闻规律，"谬误出于口，则乱及万里之外"，因此如履薄冰。

在报社创业的年代，凡有重大的新闻采访活动，我都是身体力行、率先垂范。如地委第一、二次扩大会议，地区挂牌成立庆典，赴省新闻发布会，省委书记等省领导视察，普乐铁路贯通，唐巴公路及干线改造，全区程控电话开通，引进国家电网 11 万伏变电工程，江北新区开发，地委书记在空山坝过大年等。

记得 1995 年 9 月的一个加班夜，地委宣传部干部李映给我提供了一个新闻线索，有个货车司机为感谢地委、行署狠抓交通基础建设，给书记和专员寄赠 200 元"奖金"和写了感谢信。我敏感地认为这是个"小中见大"的新闻素材，于是我俩合作撰写了新闻稿《200 元特殊的奖金》，不仅在本报配发评论员文章发表，还在《四川日报》《四川农村日报》等新闻媒体刊载，当年年底此稿被推荐评选为"四川好新闻奖"。

奋　进

报社创业时期，大家和衷共济传帮带，工作不舍昼夜同甘苦，生活互助济困度寒暑，建立了深厚的情感。我也荣获过地委组织部、宣传部，团地委联合授予的"巴中地区青年建功精英"称号，荣获过地委、地直工委的"优秀共产党员""优秀党务工作者"称号。

1995年10月，蒋东生同志调任平昌县委书记，地委委员、宣传部部长卢耸岗兼报社总编辑，地委宣传部宣布我代理副总编辑；12月底，地委任命向荣华同志为常务副总编，正县级；同纸文件正式任命我为副总编，试任期一年。辛苦了这些年，得到组织的激励和鞭策，我很知足也很感恩，唯有兢兢业业办好党报，不辜负党组织的期望和信任。自己在繁忙的工作之余，还汇编出版了10余本新闻和文学作品集子，其中的篇章还得到了领导及读者朋友的点赞褒扬。

从1994年开始，四开四版、周二刊的《巴中时报》邮政发行，每期发行量2.3万份，较原来的《通川日报》发行量有所上升。1995年，四开四版的《巴中时报》增为周三刊，每份0.25元，年价36元，省报刊发行局批准的邮发代号为61—116，发行量达到2.8万份/期；1996年增为周五刊，设周末版，仍是四开四版，发行量3.4万份。

省新闻出版局批复，从1997年1月1日开始，《巴中时报》更名为《巴中日报》。地委书记韩忠信题写了报头，一直沿用至今，他还题词"努力办好巴中日报"，行署专员周登全题词"办好巴中日报，服务经济建设"，地委委员、宣传部部长兼总编辑卢耸岗题词，"艰苦创业，求实进取"。

2001年1月起，经省新闻出版局批准，《巴中日报》由四开四版扩版为对开四版、周六刊，豪情满怀迈入新时代！

阳云，男，生于 1963 年 6 月，四川恩阳人，中共党员。1993 年 12 月调入巴中地区广播电视局，历任副科长、科长，局党组成员，巴中广播电视报社社长。

飞入寻常百姓家
——《巴中广播电视报》创办记

阳 云

1993 年巴中地区成立，各个单位组建都需要人手。我最初去的单位是地区工商局。当时的工商局局长张玲从达县地区来，她曾在通江县委任过副书记，1981 年我从学校毕业，就分配到了通江县，也曾在通江县委工作，后来才调回巴中县，彼此很熟悉。

借调到地区工商局一段时间后，另一个组建单位的领导——巴中地委宣传部副部长兼地区广播电视局局长高隆才找到我，邀请我到广电局工作，主要想叫我去办《巴中广播电视报》。高局长也是先在通江县委工作，后来到达县再转到巴中的，我们彼此更是熟知。我说我已经在工商局上班了，不好再提换单位的事。但高局长有点坚持要我到广电局工作的意思，于是带我去找张局长商量。我对两位局长说，在哪里干都可以，你们两个局长商量好，通知我就行了。商量的结果，是我由张局长一方到了高局长一方。

1993 年 12 月，我正式到了新组建的地区广播电视局。高局长要我来筹办《巴中广播电视报》，理由大约有两点：一是我与他都是文学爱好者，在通江以文朋诗友相待，大家互相了解。我写过一些东西，协助办过《通江文艺》，属于有写作基础的人。二是上世纪 80 年代到 90 年代，广播电视报这份行业报很火。在通江，经常看到人们排着长队购买这份报纸，县广电局专门成立发行部（站）。省广播电视报的发行是以百万计，四川广播电视报社有专门的车队给各地送报纸，各地卖报纸都是以万计。高局长一组建广电局，就想把这份报纸办起来，大约也是文人对办报办刊根深蒂固的雅好吧。

新组建的广播电视局只有七八个人，还没有自己的宣传播出手段，具体工作都是巴中市承担，地区一级基本上是个空架子，办报也暂时被搁置着。随后，地委、行署就确定了"地市合一，局台合一，承担两级宣传任务"的体制。1994 年上半年，启动了按新体制设置巴中地区广播电视局的"三定"方案制定工作，整合机构人员。大约 8 月份，合并工作完成了，新的地区广播电视局正式运行。

新局一成立，高局长就要求我尽快把报纸办起来。我当时在地区广电局宣传科负责，一项任务是统揽全局的日常宣传工作，相当于秘书处，另一项任务就是筹办巴中广播电视报。

办报纸？看报纸倒是时间久远，但要由自己来办，可从没搞过这东西。既然要办，咋办？脑袋一片空白。管他的，先咨询。

办报纸不能随便办，要有刊号。这个刊号相当于准生证，不然叫"非法生育"。刊号属新闻出版行业管，审批权在国家这一级。公刊刊号要层层申报，地区到省，省到国家。

于是第一步，先去弄刊号，由地区广电局先给行业主管部门地区新闻出版局申请，再由地区新闻出版局向省新闻出版局请示。这时领导叫我去成都蹲守，把刊号跑下来。我拿着一份文件就到了成都，报告交上去，我每天坐在宾馆等，隔两天去新闻出版局问一次。

　　刊号哪里这么容易批下来？管得严！不是十天半月，更不是几个月或者半年就行。我在成都住了半个月，看来一时半会儿没戏，干等也不是个办法，汇报了情况后，领导就叫我回巴中，先办起来再说。

　　先不管刊号，先想一想眼下怎么办。于是我决定先往达县去，见识下《达县广播电视报》，取个经。从成都坐了一夜的火车到达县，那时还要14个小时呢。《达县广播电视报》是老报纸，有国家刊号。听说我们也要办报纸，他们很热情地给了我一番指点。取了经，我就兴冲冲地带着几份样报回巴中筹备办自己的报纸，在此之前，巴中还卖着《达县广播电视报》呢！

　　办报也不是这么简单。当时宣传科就两个人，除了我，还有一个过去从事音像发行的老同志。如果要办报，那就意味着所有的编采工作都要由我一个人干。

　　办报先要有人，领导很开明，说没有人，让我到社会上去找。第一个面向社会招的人，是经人介绍的通江乡下的一位代课老师，叫彭从凯，是一位文学爱好者，后来经过自身努力，成了巴中的知名文史专家。

　　办个什么报纸呢？那时人们习惯上把广播电视报叫节目报，因为主要是刊登广播电视的节目预告表。巴中与达县分家后，巴中有《中国电视报》《四川广播电视报》在这里发行。广播电视报的内容除刊登节目预告，还有影视剧情和一些影视新闻、动态花絮、明星故事等。我们参考了其他报纸的内容，但觉得这样办报没有地方优势，无法竞争——其他报纸版面多，价格又便宜。我们得有点自己的特色，不能办成单纯的节目报，否则就没有价值，有违我们文人办报的初衷，于是我们在强化地方性和文学性上做文章。

　　初创的报纸为周报，四开四版，以此版面来设计内容构成：本地大事要事、影视剧情、节目预告、文艺副刊、生活服务等。在有限的版面上，尽量刊登尽可能多的内容。

　　把构想变成实实在在的报纸，其过程和流程对我们而言都是空白。幸好我的夫人陈俊在办《巴中科普报》，他们知道如何选文章、用什么字号字体、一个版的内容字数，还有画版等。不懂就请教，一步步学，一心想的就是让报纸早点面世。

如何做好本地新闻，我们的办法是对时政新闻、动态新闻只标题式刊载，即采用一句话新闻，大事要事都不漏。同时，我们要有自己报纸的独家深度报道，或者说是策划性报道。先期准备工作大约花了一个月时间，到 1994 年 10 月 13 日，我们首期印刷的 3000 份创刊号报纸就面世了。

广电报甫一上市，一下子刷亮了巴城人的眼睛，因为巴中又有一份新报纸了，大家感觉很新鲜。创刊号报纸一出来，正好赶上巴中地区在川剧团召开三级干部大会，我们报社的几位同志就在会议现场外向大家赠送报纸。事后人们玩笑说，开大会的会场里尽是翻报纸的声音，此举严重影响了会场的"秩序"。

一张新报诞生的消息，迅速传遍巴中地区。

创刊号头版的整版文字——《记住这 365 天》通讯，是我特地为巴中地区成立一周年写的，全方位地展示了新区成立一年时间里战天斗地的奋斗事迹和取得的丰硕成果，让许多新区建设者感同身受。

报纸一出刊，这个新生儿便受到地委、行署主要领导的高度重视，书记韩忠信、专员周登全分别题词祝贺，刊于广电报第三期。

从 1994 年创刊到 2000 年，报纸每年都在扩版，从四开四版到四开八版、十二版、十六版。报纸一天天成长，我们逐渐确立了"真诚、和谐、激情、超越"的治社方针，"视野、新知、深入、实在"的办报理念，以及"小报形式、大报风骨"的杂志化品质，"打造独具特色的中国一流城市广播电视报"的办报目标。

在实践中，我们立足巴中，立足于广播影视特点，积极探索办报之路，不断改版扩版，丰富、完善和提高报纸内容质量，报纸定位、版面内容结构日趋科学合理，形成了视听、文娱、生活、社会和消费五大版块内容，明确了使报纸成为"巴中的、市民的、生活的"这一主体定位特色。我们还着力打造特色版面和精品栏目，形成独具一格的版式和文风特色，其低价格、多版面、"一报在手、多种享受"的特点，得到了读者的广泛认同和喜爱。短短几年时间，办报水平和报纸质量综合评比，跃居全国全省同类报纸前列。

报纸在经营发行上，立足巴中城市人口少、经济欠发达的实际情况，从自办发行起步，创刊时由全区各级广播电视部门负责征订发行，充分利用和发挥行业宣传和有线电视发展用户优势，使报纸在全区范围内迅速铺开。但是由于报纸在全地区发行点位多，有的乡镇广播站的同志工作能力强，发行量就超任务，但也有一些乡镇，报纸没按任务征订，长年积压，同时服务也不到位，投递不及时，反映出的问题也多。我们去调研时，发现寄去的报纸，有的乡镇广播站连封都没拆，说明一份报纸都没订。后来报款也不能及时回收，欠款逐年累积，越积越多，严重影响了报社的运行。

1999年，我们及时采取措施，将报纸交由邮局发行，采用邮发包销、广电部门配合，任务到乡到人，全地区报纸发行实现了三县一市100%的乡镇覆盖。同时还通过零售、本报自己参与发行、赠阅等方式，报纸从最初发行2000份，发展到期发数2万多份。特别是巴城走街串巷的卖报者的吆喝声，成为一道风景，让很多人记忆犹新。

成长中的《巴中广播电视报》，逐渐成为巴中读者自费订阅量最大的报纸。

在经营上，我们着力探索创收之路，采用广告、联办、协办、组织各类活动、搭建多种价位平台、优质服务等多种方式，增加经济效益。1998年，报社成为全省首批、巴中第一家"四川省广告经营先进单位"。

由于报纸是按"先办起来再说"的办法在运行，没有刊号，相当于裸奔，按规定是不合法。于是我们的报纸一边运行，一边向上争取刊号。1995年7月改名为《巴中广播电视指南》，继续编辑发行。经过不懈努力，终于在1995年12月获批四川省内部报纸准印证，获准全省发行。

拥有内刊号的出版物，实际上也只能内部赠阅，不能刊登广告等。要让报纸完全合规合法，还是要继续争取国家公开发行刊号。时值国家对报刊界进行清理整顿压缩，刊号争取难度变得更大。当时全省已经在办而没

拿到国家刊号的广电报一共有 11 家。在省新闻出版局支持争取下，1998
年国家新闻出版署同意批复巴中广电报获准国内公开发行，终于达成了我
们多年的梦想，完成了一件具有里程碑意义的大事。报纸获批公开发行的
消息一经传来，报社全体同志高兴得不知所以，庆祝会上人人"自醉"。

办报的困难除了刊号争取难，办的过程也不容易。比如节目单，我们
的节目预告要从《中国电视报》《四川广播电视报》摘取，顺利的话，预告
下周节目的这两种报纸在当周星期二三就能到巴中。我们每一次都要派人
在邮局守着，等报纸一到就火速拿回，赶忙剪裁自己需要的东西。但是往
往由于修路、堵路和堵车的原因，报纸有时可能要晚一两天，把人急死了，
我们还干过在成都找人买报纸、用传真机传节目单内容的事。不能按时出
报，读者就会把报社电话打爆。

办报辛苦，报纸不能按时出版的受制原因很多。每期报纸清样出来的
时间都不一样，找领导签字，管它天晴下雨，再晚都要去，因为赶着要印。
签完字，赶忙跑往红岩河印刷厂。有天晚上，我找领导把字签了以后，遇
到下雨，那时往红岩河走的路烂得很，骑车不注意就会栽到烂泥坑里。彭
从凯很能吃苦，他就睡在印刷厂守着，报纸一印好，就用一挑子飞快挑回
来。那时候我们都不觉得苦，反而兴致勃勃的，为了把报纸办好，让读者
满意，不管什么条件，反正就硬整，一心往前奔。

报社经过短短几年时间，逐步走向健康成长阶段，办报力量也得到了
加强，培养和造就了一批有较强能力的采编经营队伍，最多时有 20 多位。
报社有六位同志成为省作协、摄协会员，报社员工所采编的稿件和撰写的
理论文章也多次在省级以上评比中获奖。

由于报纸在巴中的影响大，1999 年地区编委批复，同意成立巴中广播
电视报社，主编按副县级配备。同年地区编委同意报社设六个内部机构，
报社设社长一名，副社长二名，中层副科级领导职数六名。于此，巴中广
电报享受副县级待遇，全国广电报行业中独此一家。

1999 年，我们用自己创收的资金装修了老江北龙泉街 600 多平方米的

新办公场所，组建起自己的微机照排室，报社实力增强了，条件得到了大大改善。报社的运转，在各个方面都变得有序、良好、规范，向着更高的目标，不断迈进。

祝钧，男，生于 1957 年 6 月，四川巴州人，中共党员。1993 年 9 月，任巴中地区贸易局副局长兼外贸局局长。1994 年 11 月，任巴中地区供销社筹备组副组长。1995 年 3 月，任巴中地区供销社党委书记、主任。

我们都是立了军令状的

祝 钧

1994 年 11 月，巴中地区供销社成立了筹备组，在此之前是贸易局下边的一个二级单位。11 月份成立筹备组的时候，行署副专员张玲任组长，我是副组长。

筹备大概经过了三四个月的时间，到了 1995 年 3 月初，大概是 3 月 6 日召开成立大会。成立之初，主要是搭班子、跑路子，还要找票子、建房子、办公司。

地区供销社正式成立的时候，地委、行署只给了一纸任命书、一枚公章，其他钱物皆无。它原来已是一个副县级的地区供销社，抽调了 10 多个人，有一个副主任周仕润，主持工作。后来组织又任命了一个副主任，叫冯定清，他是从地委办过来的，最后组织任命我当供销社党委书记、主任。内设机构呢，它在副县级时就是齐全的，有办公室、政工科、财务科、业务科，还有个保卫科。当时我去时就有五个科室，22 个人。

当时的供销社还是自收自支的事业单位，财政不拨付一分钱，在这种情况下，生存还是比较艰难的。好在那时地委、行署的政策非常切合巴中的实际情况，一切以促进巴中发展、促进巴中生产力的解放为目标来制定的政策，比较灵活。当时我们感觉最好的，就是地委、行署的政策好，没有地委、行署的政策就干不下去，甚至地级好多部门的房子都修不起。即使有什么问题，只要不是重大的政治原则问题和经济问题，地委、行署不但不责怪，还主动承担责任。当时韩书记和周专员在这一点上做得很好，我们多年来都很敬佩、感激，没有他们当时作出的正确决策，巴中地区就干不出成绩，积累不出那些享誉全国的经验来。

在当时的环境下，我们供销社一是可以经商，我们就组织一部分人进行各种经营活动获取一部分资金，既解决职工本身的工资问题，也解决建设资金的问题。

二是向上争取资金。供销社这个渠道，本身上下级之间只是一个指导、协调的关系，所以向上争取资金比较艰难。我记得当时反复给省供销社做工作，最终获得了5万元的支持。

三是兴办企业。为了解决资金困难，我们兴办企业，先后办有农资公司、棉麻公司、日杂公司、复合肥厂和再生资源回收公司。

我们兴办了这样一些企业来收取管理服务费用，用以维持机关的基本运行。当时这些公司的营运情况还算不错，农资、棉麻、再生资源利用，这几个一开始都是盈利的，效益都还不错。复合肥厂是微利，日杂、烟花爆竹公司的经营困难一些，因为流动资金严重不足。这些公司当时的运转，一是靠流动资金，二是靠市场。

地区跟县不一样，很多事情容易跟县里在市场占领或分配上产生矛盾，流动资金也很困难，甚至我们的职工把自己住房都拿出来抵押向银行贷款，来维持经营活动。当时工商注册方面，对注册资本金有数额要求，但不是那么严格。我们第一步是采取职工集资去注册，先把架子搭起。进行商品交易，没有钱怎么办，一开始就是凭熟人关系去赊货来卖。

选人，特别是选企业的主要领导人和主要经营人员，就是选择身在巴中、又比较能干的，有渠道，有市场，有人脉关系，有经营头脑，有管理经验，有市场资源。选择这样一些人来经营企业，所以当时企业还是做得比较红火。

当然还有一条，就是企业领导都是立了军令状的。如果亏损，主要负责人要赔，不能亏损，因为没有钱去亏损。这是个不讲理的做法，本来市场经济就是有亏有赚嘛，但当时他们来任职的时候就给他们定下了这一条，在合同书上签了这一条。

四是组织全地区农业生产资料的计划衔接、组织调运等工作。当时的农业生产资料相当一部分还是计划管理，需要通过地和省的衔接来争取计划的落实。有时候计划定得高，实物却严重不足；计划中的实物量，事实上调运不到那么多，这就需要去跟各方面沟通、争取和协调。那些年在尿素供应十分紧张的情况下，我们还是基本保证了巴中的供应。讲个笑话吧，当时在协调各种计划物资分配供应的时候，有时候跑成都、跑北京，就在相关人员家门口守着，坐等几个小时，有时候下午五六点钟就去守着，一直守到晚上十一二点，一直守到负责人回来，然后请求解决一些问题，请求提供一些支持。当时有些人确实被我们感动了，提供了支持。这是一段难忘的历史。

五是指导全区供销合作社的改革。第一，基层社的改革，第二，县和地区所属公司的改革。在县和地区公司实行了不完全的股份制改革，把基层社和农民、农产品更紧密地联系在一起，大体是这些情况。

我觉得最艰难的，就是资金筹集。建设需要资金，机关运行、人员工资需要资金，但是没有固定的资金来源，全靠自己筹集。其中就有很多艰辛。

当时无论是主要领导还是分管领导，都敢大胆地承担责任。我们供销社车副专员分管了一段时间，张玲副专员分管了一段时间，都是敢于承担责任的。当然我们干工作做事情都是有请示有汇报，领导认可了就大胆地去做，有什么问题，领导也都主动承担责任，当时这种氛围非常好。

巴中地区供销社能够顺利建立、正常运行，主要得益于地委和行署的正确领导与支持、地区供销社班子的团结协作和全体职工的奋力拼搏。

鄢永都，男，生于1953年8月，四川恩阳人，中共党员。1993年10月，任巴中地区行署驻北京联络处副主任，主持工作。1994年10月，任巴中地区行署驻北京联络处主任。

驻京联络处的初创岁月

鄢永都

1993年6月4日，接达县地区行署通知，任命我为驻北京联络处主任。刚刚去了不久，达县地区就分为达川、巴中两个地区了。1993年10月30日，达川地区行署副秘书长王金尧和巴中地区行署办公室主任袁绍汤奉命前来北京主持联络处分家事宜。当时分给巴中驻京联络处在编职工三人，即我和出纳陈静丽、司机谯述平，指定我主持工作。后来又相继调入刘光东、孙玉兵同志。到2000年底我奉调市政协工作的八年时间里，我们在自身求生存求发展的同时，还创新完成了地委、行署赋予的"争取项目资金、开展横向协作、提供经济信息、做好接待工作"的职能。这中间，既有创业的艰辛，也有成功的喜悦。现就一些难以忘却的往事，特别是那些故事里的故事分享出来，以此纪念建区30周年。

赴京汇报会的台前幕后

新地区成立不久，地委、行署决定在北京举行一次高规格汇报会。这是新建地区的领导班子首次亮相北京，按照当时周登全专员和分管驻外机构的苟必伦常务副专员给我们的要求，对汇报会的时间、地点、邀请领导和媒体名单、巴中来京人员的食宿安排、车辆保证等一系列问题，都要提前考察并提供2—3套方案报地委、行署审定。从我们分家到拟定的12月中旬开会，只有一个多月时间。于是我和陈静丽、谯述平三人带上地图、干粮，冒着严寒，早出晚归，一个月时间几乎跑遍了整个北京城区，按时拿出了全套预选方案上报地委、行署。除请客名单做了部分调整以外，其他基本上以我们提出的首选建议方案敲定。

拟请领导名单多次变动，是因为当时新一届领导刚上任不久，会议多，事务忙，不便出来。通过多方联系，最后答应出席的有国家副主席荣毅仁，全国人大常委会副委员长卢嘉锡、李沛瑶，全国政协副主席杨汝岱。

当时，车辆保障是个大问题。因为巴中来京领导较多，邀请的老同志也比较多，对车辆保障要求比较高。12月6日，李开明、王吉安、梁廷寿、王思进同志率领先遣组十几个人先期到达，每天要用四五辆车跑前期准备，会议前后三天每天要有十几辆车保障接送。那时社会车辆很少，更无车可租。为此我们以在京乡友为主，联系了20多辆小车停在宾馆里，昼夜值班，随叫随到，领导们都很满意。

自先遣组到达以后，我们联络处三个人和先遣组工作人员真正是废寝忘食。大会的头天夜里，我们基本是通宵未眠。当时地委、行署主要领导带领大部队都来了，吃住行等后勤保障、会场准备、会务安排、接送出席会议嘉宾、领导拜访客人、乡友看望领导等事情交织在一起，一会儿这个领导在呼，一会儿那个领导在叫，既要请示报告，又要安排协调，还要不停地答复解释。那时没有手机联系，全靠跑来跑去，如同"瓦片吃稀饭——搞不赢哪一头"。

会议当天天快亮的时候，各项准备工作基本就绪，客人陆陆续续到了。我们几个人都顾不上吃早餐，立马投入会务工作。我的任务是去客人下车的地方迎接，带他们到候会室与领导见面，来来回回基本上都是一路小跑。全国人大常委会副委员长李沛瑶是最后一个到达的国家领导人，当时北京天很冷，他一下车，伸出手来跟我握手时，静电把我们电得一抖，他"哎哟"了一声紧紧握着我的手说："小伙子，你的手这么凉，别等了，进去吧！"我把他送到会场，介绍给地委、行署的领导后，又返回去迎接后面的新华社记者。

1993年12月11日上午9时，巴中地区改革开放和经济建设赴京汇报会在中国国际贸易中心二楼会议厅举行。国家副主席荣毅仁因有国务活动没能来，给大会发了贺词。全国人大常委会副委员长卢嘉锡、李沛瑶，全国政协副主席杨汝岱和原中顾委委员、中组部部长陈野苹，原中顾委委员、北京军区政委、老红军代表傅崇碧，应邀的部长、主任，有关方面领导同志及中央主要新闻单位负责人等120多人出席了会议。地委书记韩忠信同志主持会议，地委副书记、行署专员周登全同志作汇报，李沛瑶、杨汝岱同志分别讲话。巴中地区领导李开明、苟必伦、王吉安、梁廷寿、王思进、刘宗寿等出席会议。

会场气氛非常热烈，我既感兴奋，又很紧张，在会场听了一会儿就离开了。因为会议结束后，中午还要集体吃午餐，吃完饭还要送客，晚上地区领导还有重要活动，生怕哪里出纰漏。

然而意想不到的是，当天晚上地区领导在去国防大学集体拜会老红军的路上出了个小插曲。我们安排了八辆车从朝阳宾馆出发一路西行，车队刚行驶到天安门前红绿灯岗亭那儿，中间一辆军车的司机突然发现一辆地方车插到了他的前面。当时不像现在有手机可以联系，他害怕掉队找不到目的地，就想超过地方车跟上前面的车队，情急之下发生了追尾事故，被交警当场拦了下来。交警不由分说，立即让他靠边停下接受处理。这辆车上还坐了几个地级部门和巴中市的负责人，这下麻烦大了。我带领最后一辆车赶到现场一看，顿时头都大了。好在为以防万一，我们后面两辆车留有几个机动位置，便立即把那辆车上的人转移到后面两辆车上去，又急忙赶往活动地点。这时，宾主已经在相互介绍了。谢天谢地，没误大事，虚惊了一场。

赴京汇报会成功举办前后，地区领导集体拜会了曾在川陕苏区战斗过的老红军，分别拜会了有关方面的领导、老同志，召开了巴中籍在京乡友座谈会。这一系列活动既扩大了巴中的影响，又争取了建区首批资金项目，背回了不少干货。领导对我们的工作给予了高度评价，虽苦虽累，但首战告捷，每个人都充满了成就感。

记忆中的酸甜苦辣小故事

一度，人们认为办事处主任很风光，但当时对我来讲，吃饭办事都得靠自收自支，与其说风光，不如说像乞丐，背后有着太多不为人知的酸甜苦辣。

记得分家的第二天，我们便通过总后汽车二队教导员岳鸿鹄（巴中乡友）联系，在丰台区总后75号院工程处的小招待所租下了一间简易客房，集吃住、办公、接待于一室，开始了新的使命。分家以后，巴中地区行署给了联络处自收自支编制四个，开办费3万元，其他办公用房、人员工资、接待经费和车辆保障等，均与财政"断奶"，完全自理。吃惯了财政饭的我们，个中艰辛是不言而喻的。

北京人有句口头禅，"活人不能让尿憋死"。分家后为站稳脚跟，我们通过多方做工作，首先迅速获得了北京市政府同意设立巴中地区行署驻京联络处的批复和北京市外经委颁发的许可证，如果当时没有这个资质，按照中央和北京市即将出台的新政策，后来地县级就再也注册不了驻京机构。

有了牌子，我们多方考察洽谈，租下了卢沟桥供销社小井 298 号院的 10 年使用期，虽是平房且有些破旧，但是一个独立院子，有大小 18 间屋子。为筹租金，每个职工主动将自己的储蓄和工资借垫给单位统一使用，又向朋友借了几万元。接过房子简单改造装修后，除留一大间集体办公外，单位职工仍是两人合住一间，其余 14 间全部用于开设客房和对外出租。为了开源节流，我们几个职工坚持自己打理客房，自己烧锅炉取暖，自己维修院内设施。有一次下水道不通，我和谯述平冒着风雪去疏通，不慎将东方牌手表掉到了粪坑里，当我捞起来放在路边埋头继续干活时，不料手表又被人捡走了。

经过两年的惨淡经营，我们不仅解决了每年的房租和人员工资，还筹集了一笔资金，在院内新盖了四间带卫生间的客房和一个小饭馆。改造配套后的小院接待过不少省部级领导，地委、行署领导来京也都住在那里。

在小井 298 号院"建窝"创业的同时，我们又自找贷款 78 万元，完成了与四川省政府驻京办合资联建的 550 平方米小产权住宅楼在建工程，建成后又整体出租给新加坡商人。三年时间归还了借款，还为联络处的运转和发展提供了一定的资金支持。有了第一二次创业的经验和原始积累，1998 年我们又租下莲花池西里 24 号 1500 平方米的新建五层小楼，装修后将联络处迁来办公，同时开办了集客房、餐厅、歌厅为一体的经营实体，为接待服务、业务洽谈和乡友联谊活动营造了一个更加适宜的环境。

治"窝"不易，治"坡"更难。划分地区前，向上对省和中央部委一级，都由达县地区出面。巴中地区组建后，急需跟众多中央部委建立联系，以争取其对新建地区的支持，这个任务首当其冲地落在了我们肩上。在那个年代，巴中那么闭塞、那么贫穷，面对这项工作，我们压力山大，也遭遇过很多尴尬。

记得联络处分家不久，一次我揣了一包当时流行的红塔山牌香烟到一个部门去联系事情。当我给一个工作人员取烟的时候，好一阵子没有起开烟盒。他抬头瞟了一眼说，一看你就不是个抽烟的，业务不熟啊！听他那口气，我觉得是句双关语，一是指抽烟的业务不熟，二是指办事的礼道不熟，哪有拿个烟盒去取支支烟的？况且还是拿的"红塔山"。不用打开了，放在桌子上嘛，他又漫不经心地说。我刚把那盒"红塔山"放在他桌子上，他看都不看，顺手打开抽屉，拿出一盒中华烟，点燃一支吞云吐雾了。当时把我羞得满脸通红，如果地下有个缝我都想钻进去。不过，后来这个人终因腐败被判刑了。

尽管如此，为不辱使命，我们仍然发扬"四千精神"①，与中央一些经济主管部门建立了工作联系，独立或协助地区有关部门争取到了一批项目和资金，如西华山隧道 600 万元无偿补助资金，唐巴公路改造工程 4500 万元贴息和低息贷款，巴中罐头厂、棉纺厂和全市丝绸行业减员增效及关停并转定额补助资金。财政、粮食、农业、农机、水利、民政、计生等系统的有关项目和专项补助，都有我们牵线搭桥、配合洽谈和后续跟进的身影。我们还帮助巴中肉联厂，将滞销的 100 吨分割肉销售到了首都市场。

领导与我们共甘苦的日子

1994 年到 1998 年，是地区领导来得最多的时候，除了开会和争取项目、资金以外，每年都有一位地委书记或副书记到北京来学习半年，接待任务很重。当时联络处驻在小井 298 号院，既没楼房，也没暖气，上下水还不畅通，接待条件很差。那时巴中条件也很艰苦，领导们都是从困难环境中走出来的，并不嫌弃我们那里，而是体谅、包容、鼓励我们，与我们同甘共苦。

刚建地区的时候，地委书记韩忠信同志来北京开会、跑项目的时间比

---

① 四千精神：指最初由浙江商人提倡的创业精神，即走遍千山万水、想尽千方百计、说尽千言万语、吃尽千辛万苦。

较多。尤其是 1996 年下半年，在国家检察官学院学习期间，还利用双休日忙里偷闲，带上我和地区一些部门负责人去拜会有关领导，为地区跑项目、跑资金。韩书记每次来，都住在联络处新改建的一间平房里，不仅狭小，设施设备也不尽完善，他从不计较，还打趣地说，我是当兵出身，就是哪里艰苦哪里安家嘛！

一次一个乡友来，看到他住的地方实在是太简陋了，开玩笑说，您一个堂堂地委书记，怎么住在这样一个地方？那个乡友当即订了个宾馆，请韩书记搬过去。但韩书记坚决不去，他说，我是来北京办事的，不是来享受的。我们联络处虽然条件差，但是我们自己的，这里也是我的家嘛！

在主要领导带动下，当时地区来的领导和部门负责人基本都住联络处。记得有一次，几天内不约而同地来了五个地委委员和一个副专员，一时间小院里车水马龙，热闹非凡。

还有一件感人的事。当时我们联络处只有一台苏联老式伏尔加轿车，是用原达县地区分给我们的红叶牌中巴车置换来的。因为中巴车上不了长安街，伏尔加可以上长安街，里面比较宽敞，但车况老旧，没有空调。韩书记在北京的时候，我们说去给他找个好车，他坚决不要，说有什么车就坐什么车。一次我跟司机小谯送他去一个领导机关汇报，到了大门口，前来迎接的秘书看到地委书记乘辆老旧的伏尔加车来，调侃道，书记您坐这么个破车来，是微服私访啊！韩书记笑着向他解释说，这车挺好哇，是我们办事处自己的，宽敞，坐着舒服。特别是司机小谯，路熟得很，上了他的车，你只要说好到哪儿去，你就尽管睡你的觉，他准把你安全按时送到。

周登全专员每次来北京，也住在联络处。他经常教育我们说，我是没得钱给你们的，如果我自己来，就跟你们同吃同住，这样我们都少花钱。如果我来办事带客人来，不管有什么困难，借钱也要替我接待好，条件差没关系，但是你们的接待工作必须做好做细，一定要用暖心服务打动他们、感动他们，使人家觉得巴中贫而不寒、穷而不酸。

记得 1994 年冬天，周专员带领几个地级部门的负责人来北京争取项目，说要住一周左右。我考虑到北京冬天很冷，我们院儿自己烧的暖气不热，于是建议他们到附近的京丰宾馆去住。周专员说，这么多人到宾馆既要吃住，又要天天用会议室，时间长了，费用很高，你们联络处出不起，我也出不起。在周专员坚持下，我们只好把一间大办公室腾出来做会议室。哪晓得第二天突然刮大风降温，在会议室开会的时候大家冻得直跺脚。有人开玩笑说，这暖气还莫得放屁热。有些同志就想搬到宾馆去。周专员说，既然我都在扛冻，你们也就莫娇气了，这儿条件再差，也是我们自己的联络处，总比当年大庆那个"干打垒"好，有困难一是想法解决，二是尽量克服。在周专员说服大家的时候，我们赶紧去买了两台北京煤炭炉子架在会议室里，才基本解决了冷的问题。

地区领导非常体谅我们在外工作人员的艰难困苦。韩书记、周专员、李克明、李开明、苟必伦、王吉安等领导同志每次来北京，都要找我们谈心，开个职工会，听取汇报，勉励大家，并提出工作要求，凡能解决的困难都想方设法解决，逢年过节还给我们打电话祝贺慰问。韩书记在京学习期间听说司机谯述平的老婆生了娃娃，还专门给他送个红包，把小谯感动得热泪盈眶，至今仍称道不已。这些都使我们这些远在外地的游子，再苦再累也倍感温暖。

难忘那些伴我同行的朋友

北京联络处的创业之路充满艰辛，一路走来，得益于地区领导的关怀信任，得益于有一个齐心协力的团队，得益于巴中乡友和北京朋友们的热心支持。领导的关怀前面已经说过。从团队上讲，无论是开头三个人也好，还是后来增加到四五个人也好，大家都讲团结顾大局，心往一处想，劲往一处使，吃苦耐劳，不怕困难，不计个人得失，不搞内耗，一门心思谋发展。如陈静丽同志是土生土长的老北京人，分到巴中联络处后，由原来按月领工资变成自己劳动挣工资，既要跑对外事务，又要负责管理客房，打扫卫生，洗涤铺被，还要兼任出纳，年复一年，毫无怨言。有这么好的团队，我深感欣慰。

创业路上，巴中在京乡友和北京的朋友们给予的大力支持和无私援助使我今生今世难以忘怀。生活往往就像打麻将一样，你不想来啥可偏偏来啥。有一段时间，我们有一笔银行贷款逾期了，银行和担保方都催我们赶紧还贷。恰恰在这个时候又接到消息说，我们费尽周折快跑到手的地区丝绸行业一笔扶持资金，不明不白地给了另一个地区。听到这个坏消息，我真想抱着脑壳去撞墙。正当我们为这两件事凑在一起一筹莫展时，又接到地区领导要来北京的通知。银行的贷款在催了，跑成的项目告吹了，地区领导来京没有接待经费了，听到这些我们都快要崩溃了！在这焦头烂额的节骨眼上，两位巴中籍在京乡友向我们伸出了援手。一个是新时代公司党委书记杨廷全同志，另外一个是北京田华建筑公司四分公司经理赵新平同志，听到我诉说当时的困境后，他们非常理解，当即表态，各借给我们10万元钱，帮我们解了银行催贷之急，又不动声色地完成了领导带队来京争取项目的接待工作。患难见真情，至今我仍对他们感激不尽。

朋友多了路好走。建区之初，地委、行署领导来京的机会较多，除了到中央有关部门汇报工作、争取项目和资金以外，我们也趁此机会将在京乡友请到联络处跟领导见见面，吃顿饭，聊聊家乡的发展变化，以增进了解和友谊。地委、行署领导也很重视与乡友们的联谊，只要有机会，都要会见一些乡友，有时还把大家请来开座谈会，对一些乡友老家的具体困难也尽量予以关照解决。所以新建地区的领导班子特别是主要领导在乡友中有很强的感召力和凝聚力，很多乡友跟他们和联络处都结下了深厚的友谊。乡友们怀着对新建地区的深厚感情，主动作为，助力发展，八仙过海，各显神通。有的主动提供最新改革和经济信息，有的想方设法疏通各种关系，帮助地区争取项目和资金，有的争先恐后安排来京领导接待和用车，有的热情帮助联络处解决工作和生产经营上的困难……

记得在跑唐巴路改造 4500 万元贴息贷款的时候，时任国资委处长的巴中乡友龙济川同志给我们出了很多点子。在交通部立项后，他找到国家发改委、建设银行有关部门一起会商解决贷款规模、贴息指标等具体问题，经过了漫长过程，最后尘埃落定。我们觉得怎么也得感谢他一下，但是他说，家乡的事是你们的事，也是我的事，说感谢就言重了。正是由于有这些在京乡友们的帮助与支持，才有我们联络处的发展和作为。

创业路上结成的友谊，牢不可破，地久天长。对这些乡友，我常怀感恩之心，在京期间常相聚，回来仍然常联系。虽然我和他们中的很多人已经退休或者退出了领导岗位，但只要得知他们回巴中来了，我都要请他们喝茶吃饭，谁家有红白事，我都尽量前往祝贺或探望。患难之交，真情所在！

说到这里，我也借此机会，向当年与我们风雨同舟的同事们和热心帮助支持巴中建设与发展的在京乡友们说声谢谢！令人痛心的是，驻京联络处初创时期的行署主要领导人周登全同志和给予巴中地区以极大帮助和支持的洪学智、傅崇碧、王定国、陈彬、何正文、杨国宇、程斌等老红军，巴中籍在京的杨宗奎、张心儒、王成贵、周正义、张占春等老领导和老朋友，与我同事多年的联络处继任主任刘华东同志，都已先后作古了。斯人已去，我要永远铭记他们，愿他们的在天之灵，护佑巴中这方红色故土再创辉煌！

韩鸣，女，生于1959年10月，重庆北碚人，中共党员。1993年10月，任四川省总工会巴中地区办事处副主任。1998年12月，任四川省总工会巴中地区办事处党组书记、副主任。

我们的精神和气势无可替代

韩 鸣

新建巴中地区的机关人员编制和起家资产，都是在原达县地区的基础上分家而来的。1993年8月，拟任新建巴中地委班子的成员，按照当时的达县地级机关各单位、各部门中与北边的通江、南江、巴中、平昌四个贫困县有关的人员，以及有意向赴新建巴中地区工作的人员列出了名单，逐一进行谈话和征求意见，带编调配到新建的巴中地级机关工作。我当时在达县地区妇联任中层干部，因为我的父母虽然都是外省人（我的父亲是陕西韩城人，母亲是浙江萧山人，他们都是随解放大西南的部队南下入川），但转业后都被调派到通江工作，我因此也就被列入谈话名单，后被通知抽调到当时的达县地委第二招待所参加会议和从事相关的筹备工作。

1993年9月3日，我跟随当时拟任中共巴中地委秘书长的梁廷寿同志一行九人，作为为巴中地区筹建工作打前站的排头兵，经过两天路途的颠簸折腾，并在通江留宿一夜后，到达当时的巴中县委招待所。之后，县委招待所就热闹起来，一片忙碌而沸腾的创业景象，大家都是热血澎湃、信心百倍、奋力苦干的那种精气神。

当时我被分配在宣传筹备工作组，主要负责组织培训赴省里参加巴中地区成立新闻发布会的礼仪人员。当时从巴中到成都感觉非常非常遥远，因为车况路况极差，交通很不方便，道路泥泞，行车艰难，所以去一趟很不容易。开车去成都，正常一般都需要十几二十个小时，如果遇到堵车或什么特殊情况的话，就根本说不清楚需要多长时间，一天两天都到达不了。在这个前提下，我们的培训任务也就显得尤其神圣和庄重了，从各县各部门抽调参训的礼仪人员也非常刻苦认真，努力投入训练，丝毫不叫苦不叫累，从不马虎懈怠。

1993 年 10 月 18 日，巴中地区成立新闻发布会在四川日报社的一个大会议室举行。之前专门给我们每个人量身订制了一件在当时看来非常时髦的旗袍，年轻貌美的姑娘们身着新旗袍穿梭往来，尽心尽力地为大会服务。新闻发布会开得非常成功，我们也圆满完成了任务，受到了地委嘉奖。

回到巴中后，随着工作机构不断完善，参加筹备工作的人员也分别调配到各个具体的部门。时任地委委员、组织部部长王吉安同志找我谈话，他问我愿意到哪个部门工作。我虽不想再回群团，但因为我的情况比较特殊，吉安同志就说考虑到我的客观情况，组织上准备安排我到工会工作。吉安同志是一位非常好的领导，组织上也考虑到我的实际困难，说工会条件不错，陈兴仁同志也需要一个助手。既然如此，我没有理由不服从分配，于是确定被安排到了地区工会。

10 月中旬的一天，地区工会主任陈兴仁带着刚从巴中县工会机关借调到地区工会工作的谢灼光同志，前往我正在工作的地方，接我到地区工会机关。虽说是机关，其实真有点破烂不堪，但此时，就标志着我被正式派遣到地区工会——四川省总工会巴中地区办事处工作了。同月底，地委任命我为该单位的党组成员、副主任（试用期一年，不合格就取消任命），同时担任地区工会经费审查委员会主任、女职工委员会主任。说实在的，当

时所有的工作都是重新学习，从头开始，同时，我自己也没有想到，我这
一跨进工会，就阴差阳错地一直干到退休，真是始料未及。

1993年10月，四川省总工会巴中地区办事处随着巴中地区的建立而
正式成立。10月初，省总工会副主席李家钊、省总工会组织部部长罗茂乡
主持召开达县、巴中两地区工会人员分流调配会议，正式分家。10月14
日启用"四川省总工会巴中地区办事处"印章。当时地区工会主任是从原
达县地区工会副主任岗位上调配过来的陈兴仁同志，同时任巴中地区工会
党组书记。陈主任是南江县杨坝区平和乡人，曾经是部队的正团级干部，
转业后安排在达县地区工会任副主任。新建巴中地区工会的家底，是在省
总工会副主席杨滋、财务部副部长武晓鹏的主持下，将达县地区和巴中地
区两地办事处财产进行分割后，分得的一辆北京213吉普和15万元现金。
这15万元现金属于开办经费，刚建立的巴中地方财政是根本无力拨付工会
工作经费的，地区工会全靠分家所得的这一部分资产而起家。要知道，当
时从达县地区分过来的很多部门，名义上说是"分家"，实际上基本就是两
手空空过来创业，所以说地区工会还算是分家财产比较丰厚的单位，也算
是地级机关中比较富裕的单位。办公用房是由当时的巴中县总工会在县委
大院内的一栋办公楼中挤出来的三间房，免费借作地区工会临时办公室，
因为工会的资产从上到下都是独立的，巴中县总工会的办公楼在巴中县委
院内，还算比较方便和安全。当然条件是非常简陋的，毕竟原来我们在达
县工作时是地区一级机关，条件还是要好很多。

看到三间办公室条件这么差，办公用品都破烂不堪，陈主任就望"房"
兴叹，说非常后悔，"要是把在达县地区工会分给我的一个很长的办公桌拉
过来就好了，当时是嫌旧了，就没有带来"。其实，办公用品奇缺，当然不
止我们工会一家，而是当时所有人员陡增的地级机关，因为那时几乎全部
都是白手起家，一切都是从零开始，大家都同样面临这么一个主要的难题。
办公室人员总不可能站着上班嘛，但当时巴中城区没有一家像样的卖办公
桌椅或家具的门店，所以地委行管处就派人外出采购了一批办公桌椅，分

配给每个单位一套。当时地区工会已经设有办公室、经济管理科、女工科、组织宣传科三科一室，总共有五个人，一套桌椅当然是不够的，就算是加上以前办公室已有的那些桌椅，还是奇缺，然而拿钱又买不到这些东西。于是，我就带着人到行管处去领桌椅，人家就说已经给你们工会分了。不给怎么办呢？当时我就装痴卖傻，说哪里分了啊，没有看到哦！就签了处长曹社军的名字冒领了一套。曹处长也是从达县地委机关调过来的，我们很熟悉，又都是在艰苦环境中白手起家的人，所以就算知道这件事情，但木已成舟，自然也不好强行收回。在当时办公用品极度匮乏的情况下，我们以不是很"正当"的手段，增加了非常珍贵的一套办公桌，自然是喜不自胜。一张桌子就可以让人欢喜半天，当时的艰难情况可见一斑。

新建的巴中地区，是在省定贫困县巴中县的基础上起步的，工作人员本来就少，物资很匮乏，工作基础不好，生存条件也很差。那时候不管是从达县过来的还是从各个县借调的人，大部分被安排在当时的巴中县委招待所两楼一底的砖木结构的望江楼，人多地方窄，拥挤不堪，条件非常差。又因工作任务重，大都不能及时与家人团聚，所以大家调侃望江楼是"望夫（妻）楼"。在那里工作住宿的人，大部分都是单身汉，三四个人挤一个房间，很多房间里面都没有洗手间，凡上厕所、用水，都要到大楼走廊尽头的公共卫生间，是相当恼火的。还有一点就是，无论个人情况怎样，客观条件都不允许自己开伙，上至地委书记，下至一般办事员、打字员、司机，都得排队打饭围桌吃，上下一致，其乐融融。

还有小孩上学、生病就医等方方面面的困难，现在回忆起来都是难以用语言恰当形容和表述的。当时我的娃娃才九岁多，过来后就需要联系在巴中上学，而我人地生疏，两眼一抹黑，根本不知道应该找哪个部门，也不知道应该进哪所学校。在一筹莫展的时候，得到了张敏同志、许大尧同志的鼎力相助，他们东奔西走协调关系，将我的娃娃和所有新来巴中的学生妥善地安排到相应的学校去学习，解决了我所面临的第一个实际困难。我真是永远都铭记和感激他们。

当时工作难度大，经常加班加点，大家又苦又累。为了给职工减压，丰富大家的业余文化生活，地区工会几经考察，确定将原巴中县委招待所锅炉房旁边一个堆杂物的地下室打扫出来，开办临时舞厅。我们工会职工动手打扫了好几天，费了很大的劲，整理物品，搬走废物，擦掉灰尘，除去垃圾，又买来金丝绒布料把环境装饰一新，购置了音响、桌凳和茶具等，一座硬生生从废墟里"刨"出来的舞厅——巴中地区地级机关职工舞厅就开张了。1993年11月11日正式"营业"当晚，地委书记韩忠信、副书记李开明等领导亲临祝贺，并与机关干部职工一起翩翩起舞，一扫压力，放松心情。此后，工会职工轮流值班，播放音响，地级领导带头，工作人员纷纷前来参加活动，这里成为当时地级机关唯一的娱乐场所。舞厅条件毕竟太差，加之炉渣挡道进出不便，这个简易的"废墟舞厅"不到一年就完成了它的历史使命。现在回想起来，我都觉得不可思议，这样的舞厅可能也是绝无仅有的了。

在艰苦的环境条件下超负荷工作，有人望而生畏，打道回府，但绝大部分人却坚定地留了下来，负重前行，虽苦犹乐，终生难忘，收获了人生难得的精神财富。1997年2月张俊同志任纪检组组长，1997年6月谢灼光同志任副主任，地区工会增添了新的领导力量。1998年12月我接替党组书记职务。次年1月，按照全总的要求，各级地方工会的"一把手"必须由同级党委成员担任，于是地委委员、纪委书记殷长同志担任了地区工会主任，陈兴仁同志又改任副主任、党组副书记，戏称为"胃（位）下垂"，地区工会领导班子主要成员就这样发生了变化。1999年5月后，李先国同志任副处级干事，后来又任党组成员。地区工会改科为部，机构设置逐步健全完善。

征地建房方面也是折腾多多，困难多多，故事多多。当时办公用房、职工住宅用房全都为零，本着"先治窝后治坡"的原则，为了解决工会职工的生活用房问题，陈主任和地委苟必伦等领导多次汇报加协调，最终和地委统战部、地区政法委和地区妇联四家联合集资在地委、行署家属院的行政划拨土地上，联合修建 23 号职工住宅楼。职工自己出一部分，单位集资一部分，历经两年，最终解决了职工的住房问题。1996 年 9 月，参加集资建房的职工欢天喜地乔迁新居，住进了属于自己的宽敞明亮的新房。

成立地区后，新修了连接当时巴中县城江南江北的三号桥，当时的江北纯属一片荒地，有一些零零散散的破房屋和菜地。地委、行署在滨河路三号桥头划拨了一块地盘（即现在的滨河玉盘小区）新建了临时办公区，分别开了南大门和北大门。南大门设在滨河路上，进门的正对面有国旗礼台和"为人民服务"的红色照壁，右侧是当时相当气派的会议中心，左边就是招待所，照壁的后面有两栋职工住宅楼，靠右前方的整个区域全部都是办公区域，修建了五幢办公楼。1 号办公楼六层，瓷砖外墙，是地委、行署领导的办公用房；2 号办公楼是三层砖混房；3、4 号办公楼是两层砖混房，都是各大部室局的办公室；5 号楼是一幢砖混平房，是群团办公室。当时的群团有工会、共青团、妇联、科协四个部门，都挤在 5 号办公楼的平房里。工会分有三间办公室，其他各部门都只分有两间或一间办公室。为了改善工会办公用房条件，我们多方协调，看了多块地，终因资金缺口太大未能如愿。为了解决地区工会办公用房困难，省总工会副主席杨滋率财务部正、副部长到巴中与地委、行署就兴建职工教育中心（含工会办公室）达成"省总出大头、地方出小头"的协议，由于当时的地方财政基本上只能保吃饭，挤不出资金，未能兑现。

4 号楼和 5 号楼之间是北大门，北大门的左前侧是建行的办公楼。经地委研究同意，把北大门拆掉，在 4 号楼和 5 号楼之间腾出一块大空地。5 号楼和建行之间还有一块小空地，这样延伸出去就以地委、行署的名义修建连接 4 号楼、5 号楼的房子，地区工会投资 23 万元修建了三间比较大的办公室和一个会议室。这样一来，不仅解决了地区工会的办公用房问题，好些部门开会都可以无偿使用。殷书记既是工会主席又是纪委书记，纪委会议或两个单位联合开展的一些活动，都解决了场地问题。另外，楼下有六个门面可以出租，每年的租金收益足以维持相当一部分经费开支。因为当时基本上没有机关工会，巴中的企业少而且不景气，所以本级工会经费也少得可怜，主要靠省总工会给我们下拨的经费维持正常运转，而有了租金收入，就能解决相当大一部分难题。与此同时，我们还物色了好几处办公用地，都因资金短缺而告失败。

争取资金也好，争取项目也好，争取支持也好，都不是那么容易的事，往往是低三下四地去汇报或跟人家协商谈判，却总是收效甚微。我们还向一些实力部门争取支持，比如成都铁路局工会行政资金实力雄厚，工会本级经费收缴齐全，职工捐赠钱物也多，我们就找到成铁工会王主席，向他们宣传巴中，争取定向帮扶慰问。成铁工会很给力，为我们无偿援赠 25 万元，在南江县沙河镇金星村修建了一所铁路金星小学。1994 年 8 月，江油长城特殊钢股份有限公司工会给巴中捐赠了 8.76 万元的慰问金，地委、行署的主要领导出席，接收捐款。

省工会总的帮扶资金虽然有多有少，但每一年给我们巴中地区工会的帮扶资金还是比较丰厚的。当然这些资金都是定向帮扶困难职工包括农民工，解决地方经济发展过程中的困难，必须按要求分配使用。我们本级工会是用不成的，当然也不敢乱用。然后就是争取送温暖资金和金秋助学资金，逢年过节和秋季升学考试的时候，对全区企业困难职工，比如巴中罐头厂、齿轮厂、纺织厂等下岗职工进行慰问，对困难职工、农民工子女无钱上学的进行帮扶资助。因为我们是新建立的办事处，省总工会对我们地区工会还是给予了很大的倾斜支持和关怀，拨付的工作经费才能用于常规性的工作，用于工运事业的开拓和发展。争取各种资金用于新建地区的发展，其经历说起来就非常的艰难和心酸，当然最终效果还是比较好的。

我们地区工会，也是整个地级机关的组成部分之一，在各党政部门和群团部门的积极配合和大力支持下，工会的干部职工积极投身于地方经济建设和党的中心工作。比如到贫困村扶贫慰问，以满腔热情和无私奉献精神帮助困难村民脱贫致富。比如参加唐巴公路义务劳动并积极组织捐款捐物，慰问筑路民工。修建唐巴公路的时候，地区工会的全体职工和地级机关职工一起，背起背包，带上干粮，穿起运动鞋，去唐巴公路恩阳段搬石头铺路面，在山洞里躲炮，挥汗如雨，充满了艰辛和危险。虽然实际上我们这点力量是微不足道的，也谈不上技术含量，但是大家都有一颗热忱的心，乐于奉献，吃苦在前，毫无怨言。不仅如此，建区初始阶段，不管是义务劳动还是慰问企业职工，爬大山入矿井，我们都是心无旁骛，乐于面对。在那种又脏又简陋的环境下，跟着职工同吃同住，以一种积极向上的心态和实际行动来干好每一件事情和每一种工作。

我们经常加班加点赶材料，到了晚上十一二点，饿了，就去弄点小吃。那时候连牛奶基本上都没有卖的，就搞一些水，搞一些干饼，慌慌张张吃几口又继续写到一两点，回去睡一觉，起来后继续干。现在想起那时候拼命工作的场景，简直觉得不可思议。

作为拓荒者，我们有幸参与并见证了巴中地区从无到有、从小到大的发展历程，也算是三生有幸，无怨无悔。

地区工会机关工作人员从 1993 年建立地区时的三五个人到 2000 年撤地设市时的 13 个人，队伍不断壮大。在当时艰难困苦的环境中，我们齐心协力、团结一心，拧成一股绳的精神和气势无可替代。那种虽苦犹荣、快乐幸福、终生难忘的人生经历，现在成了有钱难买的宝贵精神财富。光阴似箭，日月如梭，30 年转瞬即逝。如今的灿烂辉煌是在当年艰难困苦基础上不断铸就的，永远不应该忘记那些曾经为今天的幸福而艰苦奋斗的人！

王桂英，女，生于 1955 年 3 月，四川平昌人，中共党员。1993 年 9 月，任巴中地区妇联主席。

我们妇联没有一个人当逃兵

王桂英

我是 1993 年 9 月 16 日从达县地区妇联到巴中地区妇联工作的，2003 年卸任妇联主席到人大工作，历时 10 年时间。那 10 年可以说是我 40 年工作经历中最艰苦最困难的时期，也是最有心得最难忘的日子。

我记得妇联刚组建时，可以说是一穷二白，一无所有，无职工住房，无固定的办公室，无办公经费和职工工资保障，更无职工福利可言。我记得我们的办公经费只有几千元钱，职工工资财拨 80%，其余部分是部门自筹。面对这种艰难的工作和生活状况，我们妇联的全体职工也畏惧过，但没有一个人退缩。我记得当时好多部门都有职工回原单位，我们妇联没有一个人当逃兵，而是以崭新的工作面貌，满腔热情地投入了新的工作和生活。

当时地区只有几个筹备人员，我是跟他们一路过来的。我记得筹备人员中有曹社军，他是搞后勤的，职工临时住房选的是巴中县委老招待所。

我算是第一家安排在老招待所住的，也是第一个完整的家庭过来的。我的爱人，我的娃儿，三个人举家迁到巴中来了。当时到招待所住的干部还比较少，老曹就给我选了一个带厕所的房间，因为考虑到娃娃小。那时候没有办公室，到处去给我们租办公室。我爱人在人事劳动局，我在妇联。在达县我是第六位被筹备组找去谈话的，就是达县到巴中的第六个人员。当时韩鸣好像是第七个还是第八个被谈话的，组织上要求她过来，我们算是真正的建区"元老"。

当时我们面临的首要任务，就是要解决经费困难的问题。为了解决这个问题，我们采取了三种办法。首先是向上争取资金，利用过去工作建立的联系，跑成都，上北京，以及到一些企业争取帮助和支持。我记得第一次争取资金是跑北京，我跟秦溱同志两个坐火车到北京去。当时没有钱买卧铺票和飞机票，我们两个坐火车硬座，坐了好像是一天两夜到了北京。下了火车以后，因为火车站离全国妇联不远，我们坐了一辆人力三轮车到全国妇联招待所。为了节约资金，我们两个就住地下室，15元钱买了一个床位，我们就睡在一铺。跟全国妇联办公厅取得联系后，办公厅一个副主任来接待我们，看到我们两个住在地下室。当时我们正在吃晚饭，一人泡了一盒方便面。他看到这种情况很感动，他也询问我们坐的什么车，来全国妇联有什么要求。我们说明来意后，他回去跟全国妇联主持工作的副主席黄启璪同志作了汇报。第二天中午，他就给我们送了两份盒饭来。

第二天下午，全国妇联黄启璪副主席就召集书记处在家的四位书记听取我们的工作汇报。我把我们当时组建面临的困难汇报过后，黄启璪副主席就说，巴中是革命老区，当年12万人参加红军，还有很大一部分是女同志。现在巴中地区妇联面临一些工作上的困难，我们应该支持、应该帮助。书记处的几个书记都表示赞同，当即就从他们的办公经费当中抽了5万元钱给我们。那时候我们妇联得了5万元钱，我简直是高兴得不得了。临走的时候，黄启璪副主席个人给了我们300块钱，叫我们去买卧铺票，回去的时候不要那么辛苦了。当时我们既感动，又增加了搞好妇联工作的信心和力量。我们想，得到上级妇联的支持，从那以后就不是一无所有，我们腰缠万贯了！那时候有几万元钱，真是一笔不小的数字，真是从内心里非常高兴。全国妇联黄主席还给我们省妇联打电话，要求给巴中新建地区支持，同时也给河北的一些企业联系，也给我们筹了一笔资金。我记得前前后后几年下来，我们从全国、省妇联乃至企业争取的经费大概有 50 万元左右，这是一笔很大的收入了。

第二个办法就是办实体为单位创收。当时我们妇联有六个工作人员，我们分成两班人马，四个人在家负责业务工作，负责对口省里十几个部门；两个人就负责去为单位创收，当时由唐太玥同志牵头。我们开初没有周转资金，就跟恩威集团代销药品。拉了几车货，我们就成为西南片区的一个代理商。有时候到了晚上，我们一些干部还深入药店去送药。这是我们的第一个创收项目。

第二个创收项目就是买车运营。我们单位有了一些资金积累，就买了几台车，一台是东风车，一台是农用车，再有四台拖拉机。当时新建地区，新江北有推土工程，我们就参与了基建的一些项目。这是我们单位赚的第二桶金。

第三个办法就是办幼儿园。当时地区职工多，新建地区外来人口也多，江北新区这边，幼儿园基本上没有，所以我们是首家创办幼儿园。当时创建幼儿园，没有桌椅板凳，我们自己买材料，自己找木匠师傅来做。晚上我们这些职工包括家属都参与了，自己去做，自己去染。开始我们是租房子办，后来我们自己修了房子，就在修的房子里继续办幼儿园。

至于说到妇联当年为何可以去创收的问题，因为当时领导有这么一句话，白天挣稀饭钱，晚上挣干饭钱。当时提倡办实体。领导在一个会上表扬我们妇联说，他讲的这句话，只有我们妇联"听懂"了。我们妇联办实体搞创收，是那个特殊的年代里所发生的特殊的事情。巴中地区初建，地区一穷二白，地级财政为零，财政只能保证一些重要单位、重要部门的基本运转，像我们工、青、妇等群团组织基本处于"散养"，连工资都保不了，更别说办公经费发展经费，修房子购设施那简直就是天方夜谭！所以地委、行署号召各个单位自筹资金，自己解决修建办公楼和职工宿舍的资金。我们向上争取了一些资金，但那也是杯水车薪，我们没有其他办法，就发动职工办实体，做一些小本生意。我们虽然创办了一些实体，但都是在单位统一领导和监督下创办的，属于妇联单位，所得收入全部用于补贴机关开支，用于后来修建办公楼，妇联没有乱用过一分办实体所得的收入，没有用这笔钱发过福利。办实体这个雪球越滚越大后，我们就有一些积累的资金，后来我们就征了地。本来地委统一安排我们四个部门，统战，工会，妇联，还有科协，联合起来修一所房子。后来我们觉得这所房子没有活动室，没有我们所需要的办公场所，我们自己又买了两亩多土地，在江北新区修了房子。我们修了 14 套住房，修了几百平方米的办公房，还修了几间幼儿园教室，修了一些商业用房，大概就是这么一个状况。统计起来，最后我离开妇联的时候，交手的是 2000 多平方米的各类用房，这都是我们争取资金和自创资金修建的。

那些年我们确确实实非常节俭。我刚才说了，办公室两间，我们只住了一间，六个人挤一间办公室。每次出差，我们职工都是报十几二十元钱的住宿费，从来没有报过 30 元钱以上的住宿费。其他的费用开支，我们都非常节约，比如唐太玥，为了节约住宿费，舍不得在成都停留一个晚上。那几年也不流行旅游，我们没有带职工出去旅游过，就是一心一意想把工作搞好。

我们内部确定是四个人负责，这四个人都算是能独当一面。首先是尽心尽力，其次是有工作能力，很能写。当时的黄莉，还有调到龙泉驿的一个姑娘，都算是笔杆子，所以她们两个人在妇联办公室工作，对应省妇联的 17 个部门。我们妇联搞创业、办实体，还写了一篇文章。我们开始只是向省妇联做工作汇报，后来黄莉到全国妇联培训基地北戴河参加培训，她就把我们这一篇文章交给培训机构的负责人，培训机构负责人觉得很有价值，就拿到全国妇联杂志上刊登。当时我们开展的"双学双赛"，学文化，学知识，赛贡献，还有赛什么，我都不记得了，在全省也是开展得比较好的，连续六年都被评为全国先进单位，我还成为全国妇联表彰的先进个人。

妇联维权方面，我印象最深的一件事情，就是通江有一位姑娘挺着一个大肚子，到我们妇联来"喊冤"。我跟秦溙两人接待她，问是什么情况，她就说她被人强奸后怀孕。我记得当时她的脸上好像被火烧了，是在工地上被烧了的，强奸她的也是那个工地的负责人。我们那时候资金很紧张，但仍然给了她1000块钱。我们还与通江县妇联联系，叫她们协助打官司。后来她争取到了赔偿，对方也受到了应有的惩罚。她当时想去自杀——她的家里人嫌弃她，她在社会上也受到嫌弃，她没有生活下去的勇气。她到我们妇联来，我们给了她生活下去的信心。

总之，妇联10年的工作经历让我确确实实感觉到，不管是我自己，还是职工，都收获了不少，也成长了很多，也有很多体会。我体会最深的，就是团结齐心协力，团结就是力量，团结就是胜利。我们妇联只有六个同志，每年"三八"节搞活动，有时候举行上万人的活动，筹备一个大型活动，都是很缺人手的，但是我们六个人心齐，把每个人的力量发挥到极致。我们不仅自己充分发挥了应有的作用，而且动员了家属，有两次开妇女代表大会，我们每个家属都出动了。每个干部身后都有一个家属在默默地支持帮助。我们不仅职工非常齐心，而且家属都很支持工作。妇联作出决定之后，大家都是说一不二，没有一个人讲条件，都是毫不犹豫地去干。大家虽然辛苦，但是苦中有乐，苦中也有甜。我们虽然人少，现在想来还是干了不少的事。如果大家没有一心一意为集体、一心一意干事情，没有这样一个信心和决心，就完不成当时看来似乎不可能完成的任务。

余显文，男，生于 1949 年 11 月，四川通江人，中共党员。1993 年 10 月，任巴中地区科协副主席。1993 年 12 月，任巴中地区科协党组副书记、副主席。

最难忘的一次会议

余显文

奉命组建科协

1993 年 9 月 18 日，我到省外出差半年，刚刚返回达县原单位。22 日，原达县地委委员、政法委书记李克明打电话，要我立即到达县地委第二招待所，说是找我谈话，征求我到巴中工作的意见。我说，我的子女、家属都在达县读书和工作，1983 年才从通江调过去，刚满 10 年，去巴中工作有困难。克明书记说，前几天省科协的虞文高副主席，还有一个部长专程找了韩忠信书记，要在巴中地区组建科协，省科协和我们都推荐你。我表态说，我是党员，既然组织上做了安排，就要坚决服从。

9 月 24 日，我到了巴中。先去找李开明副书记，开明书记说，我们这边组建科协，你先去安排一下，怎么组建，人员不能多，就四五个人。当时开明书记还讲，你能不能把科协、科委整合在一起来筹建。我说，那要不得，1979 年我到科协工作后，对科协工作还是比较熟悉，政府机关和群团是两种性质，还是要分别组建，几个县各抽一个人，加上我五个人即可。开明书记说，你先去看一看，把人员考察好以后，给我们报告一下。

我就到县（市）去调研，先到了通江。通江科协主席是岳映全，巴中市科协主席是程仕俊，平昌科协主席是胡学渊。我到几个县（市）科协召开座谈会，征求组建地区科协工作的意见。通江县推荐了肖裕琼，巴中市推荐了陈俊，平昌推荐的是郭启华。我就给开明书记作了汇报。开明书记说，你先借调几个来。我就先借调了陈俊、肖裕琼，我们三个人就开始筹备科协。房子也是开明书记联系的，巴中市委的 6 号楼，给我们在四楼租了间房子作为办公室。

科协筹建后，我参加了 10 月 5 日到 7 日在巴中县政府二楼召开的地委第一次扩大会议，会上地委、行署的主要领导进行了分工，由李开明副书记分管政法、宣传和群团工作。1993 年 9 月，地委办 85 号文件任命我为巴中地区科协副主席。11 月 27 日，地委任命胡学渊同志任巴中地区科协副主席。12 月 30 日，组建了巴中地区科协党组，我为党组副书记，胡学渊同志为党组成员。当时给了我们四个行政编制、一个事业编制。到 12 月底，科协组建基本完成。

参加北京汇报会

1993 年 12 月 11 日，根据地委统一安排，要在北京召开工作汇报会议。行署周茂琦副秘书长是原达县河市区副区长，我俩比较熟悉。我们一同从达县到成都后，统一坐飞机到北京，好几十个人都住在北京朝阳宾馆。当天晚上开会就进行了分工，第一个任务是负责印发巴中地区宣传资料，第二个任务是我和地区人大王思进副主任一组，负责邀请国家科委、科协的同志参加会议。

12月7日上午，我们到了国家科委，拜会了国家科委副主任谢绍明。我把意图说出来后，谢副主任就把办公厅、星火司、农村司和调财司等部门负责人找来。我们把资料送给他们，并作了简要汇报，恳请谢主任一定参加。他说，我不一定来，但是这几个司的同志要来参加。

谢主任讲，国家科委在安徽的金寨搞扶贫，那里的科学技术普及搞得好，特别是有的核桃不长个儿，不结果，他们搞了技术指导以后，效果很好。他还说，巴中地区也是一个革命老区，12万人参加红军，就有4万多人做出牺牲，我们一定要从政策、项目、资金和物资上给予巴中地区大力支持。

12月7日下午，我们到了中国科协。中国科协王治国书记把有关方面负责人集中在会议室。我跟王书记比较熟悉，曾与他一起在湖南张家界开了七天座谈会，在四川省科协开会的时候，我也拜访过他。原达县地区修建科技馆需要钱，最开始领导去找高镇宁书记，带了两瓶五粮液。高书记说，有钱我也不给你们，你们把风气整坏了，你送什么礼？你有困难，你就说困难。后来达县地区科协派我去找王书记，最后解决了5万元钱经费。

中国科协办公厅主任、中国科普研究所所长袁正光，普及部部长苑郑民，中国科协青少年活动中心和学会部负责人都来了。王思进副主任汇报，我补充介绍。王治国说，这几位同志都要参加（巴中的汇报会）。

12月11日，四川省巴中地区改革开放和经济建设赴京汇报会在中国国际贸易中心成功召开，国家副主席荣毅仁写了贺信，杨汝岱、卢嘉锡、李沛瑶等领导出席了会议，巴中地区在北京的成功人士参加了会议。我们邀请的国家科委、中国科协的部门负责人参加了大会，大会取得了圆满成功。当天晚上做了总结，韩忠信书记、周登全专员都对这次会议作了充分肯定。

最难忘的一次会议

1994 年 5 月 14 日到 16 日，我在通江参加地委工作会议。各县（市）负责人和地级部门负责人共 150 人参加会议。会议通报了地区成立后的各项工作和地区组建工作情况。韩书记当时主持会议，并对基层反映的情况进行现场督查。当时，有几位同志在会场上当场受到了督查，被点名站起来，会场气氛一下子就紧张了。

我还是第一次参加这种紧张气氛的会议，真正的鸦雀无声，落针可闻，门口还有几个武警站着岗。我觉得韩书记整治会风，从抓好党风廉政建设做起，为群众办实事，为人民谋利益，开创了很好的先河。

1995 年 8 月，地区科协住宅楼地平后进行公开招标。当时一家建筑公司老板找到我说，我给你 20 万元，不招标。我当即拒绝，并当着他的面，给地区招标站负责人打电话，取消该公司招标资格。我觉得干任何事情，都要堂堂正正做人、干干净净干实事。

不忘初心干实事

1994 年 10 月份，南江县武装部原政委彭仁金调来任地区科协党组书记。我们最初是和地区计委一起，在行署院里面共同修建一幢房子，作为职工宿舍。开工典礼之后，李玉清主任说他们那里地方不够，要另外搬一个地方。科协剩下的几个人就没有地方住，我们就找了当时负责基建指挥部的苟必伦副专员。他说，你们这几个人修房子，行不行呢？彭仁金说，我们想办法。

1994 年 11 月 6 日，我、彭仁金和胡学渊三个人再次找了苟必伦副专员，最后苟专员同意我们单独修建，在巴中时报社靠北的地方，给我们划了 1800 平方米的土地。

修这所房子的时候，科协账上 3000 元都不到。我们商量了一下，必须多方面去筹集资金，出差的钱自己先垫着。然后我们就开始跑部门、电话联系、信函联系。写了几百封求援信，向全国各地方科协"化缘"。

1995 年 3 月份，我和彭仁金同志一起到北京去争取资金，先后到了中国科协、国家计委等。中国科协说要给我们一点资金。我又找到王治国书记，找了财务司的司长谭劲媛，我们还拜会了老乡——老红军王定国，送了 10 袋通江蕨菜，八毛钱一袋。王定国亲切接见了我们，并称赞家乡的蕨菜好，好几十年没吃过了。

最后，中国科协给了 3 万元，并给了部分物资，省科协给了 5 万元，省财政厅先后给了 26 万元。加上地区的拨款，经过 1995 年、1996 年两年努力，我们在占地面积 450 平方米的地盘上，建成了 12 套住房、9 个临街门面，建筑面积 2181.8 平方米。经过审计，总支出 143.9263 万元。

我们那时相当艰苦，几年间头发都完全白了。在建房子搞基础的时候，因为没有钱给人家，几十个人围攻我近 10 个小时。后来彭仁金同志调走了，胡学渊同志生病在成都治疗，科协领导层就我一个人，既要抓基建，又要抓日常工作。经过我们大家齐心协力，在农村科普、科普示范基地、学（协）会工作、青少年科技教育活动、农村党员干部培训等方面，虽然千辛万苦，但都取得了比较优异的成绩。

省科协副主席周之常、聂秀香等领导，基本上隔两个月就要来检查指导看一遍。还有省农牧厅、省科委、省科协联合考察组，来巴中考察我们推广"三膜覆盖"。考察组说，你们这样做是一个创造，值得推广。

省科协领导对我们的工作给予了充分的肯定和奖励，地区科协被省科协推荐为中国科协表彰的先进集体，在 1995 年 11 月份中国科协召开的全国农村科普会议上给予了表彰，并颁发了奖牌、证书，是四川省获得中国科协表彰的三个地区之一（成都、攀枝花、巴中）。

我觉得巴中地区成立以后，科协工作基本上上了一个台阶，得到了中国科协的肯定，也得到了省科协的肯定。1996年10月份房子交付使用后，11月份我向李克明副书记汇报工作，李克明副书记说，地委充分肯定了地区科协工作，干出了成绩，取得了实效。12月8日，地委调地区纪委副书记杨玉富任科协党组书记、主席。

1979年5月我到达县地区科协工作，1993年9月到巴中地区科协工作，2009年12月退休。回顾在科协工作的日子，我坚守初心干好事，千方百计克服困难办实事，取得了较好成绩，交出了比较满意的答卷。

何家军，男，生于 1959 年 9 月，四川南江人，中共党员。1996 年 2 月，任巴中地区地税局局长助理。1997 年 12 月，任巴中地区国税局党组成员、副局长。

记忆中的巴中税务

何家军

1993 年 10 月，巴中地区成立后，要组建地区税务局，我从南江税务局被选调到巴中地区税务局。当年原达县地区税务局没有哪一个干部愿意过来，所以领导和工作人员都是从四个县局中抽。巴中、南江、通江县局的"一把手"到地区局任班子成员，其他工作人员都是从县局中层干部和一般干部当中的骨干里抽调，当时组建起来的地区税务局只有 27 个人（含班子成员），承担了新建局的所有工作，确实人少事多，困难重重，十分艰辛。

从达县地区分家的时候，给了我们 5 万元钱的工作经费和一台旧桑塔纳，那时巴中税务面临的债务却是几百万元。当时的机关办公用具也没有，一贫如洗，一把扫帚一颗大头针都没有。我们便到省局各处室去争取资金，这个处室给几万元，那个处室给几万元，争取来就购置办公用具，当时就是这么过来的。

1994 年按照中央统一部署，全国实行分税制改革，中央税、共享税由国税局负责征收，地方税种由地税局征收。当时我们新组建不到一年的巴中税务部门又一次进行国、地税机构的分设，分家前，巴中全地区税务系统的工作人员大约是 710 人。按照"四六"划转分配原则，我们在人员分流、财物划转方面的确做了大量艰苦的工作，特别是在人员分流方面，我们还搞了二次分流，因为第一次没有分够，大部分干部都不愿意去地税。当时我在人事科负责，这些机构分设、人员分流的具体工作我都参与了，分家前的 700 多名税务人员，分了 284 人到地税，余下的 400 多名税务人员留在了国税工作。地税局的人员缺口由当地政府调配解决，当时地税局人数增长速度很快，在很短时间就超过了国税局的人数。由于国税局一分开就是中央直接垂管，国税局的人员增长就十分缓慢，而且分设的时候，离退休人员全部留在国税局，所以国税局的负担也就十分重。

当时按照中央的要求，1994 年底就这样如期完成了两套税务局的组建，我留在了国税局。

巴中地区 1993 年税收总收入仅 1.18 亿元。按照中央分税制改革方案实施后的 1994 年，当时全地区的税收收入也只有 1.49 亿元，增长了 26.11%，其中国税收入为 0.87 亿元，地税收入为 0.62 亿元。

回顾 20 多年以来在巴中税务的工作经历，我想重点介绍几个具体工作情况：

一是立足巴中贫瘠的经济税源实际，紧紧围绕组织税收收入这个中心抓实抓细税收的征管。因为巴中区位偏僻，经济税源极不发达，零星分散，征管难度很大，都是靠收个儿钱。不像成都、重庆、上海那些大都市，人家一张票可能就是我们全地区一年的收入，我们只有很小很分散的税源，所以这方面我们只有从抓细管理着手，从细流中抓聚集。比如在税源管理上，我们税务干部要驻村、驻点、驻厂、包片，时常深入纳税人中调研情况，比如在征收生猪屠宰税时期，那时候几元钱的税收，我们基层的干部都得深入广阔的农村去征税，甚至有些干部还遭遇过不法屠商手执屠刀抗拒缴税的威胁。现在说起来，那个时期在基层工作的税务干部为了组织税收收入，的确吃尽了千辛万苦，不惧自身安危，忠诚履职尽责，实属不易。

在边界上有些税收有交叉流失现象。比如通江、南江和陕西汉中那边交界处，税源就有流失问题。有时候那边价格高一点，老百姓或烟贩就把烟叶偷运到那边去卖。我们这边硬是派干部下去蹲守，为了查找偷运倒卖烟叶的不法商贩的行踪和案源，有些干部就扮成烟贩子深入烟叶产区调查追踪。比如南江正直税务所的老所长何家修同志，他是全省税务系统的优秀税务工作者，他就扮过烟贩子，深入一线调查摸排线索，查找证据，追收税款。所以说，组织税收十分艰难。

二是在财源建设和经济税源的培植上，我们下了很多功夫，做中长期规划，采取了很多举措。巴中过去没有大的税源，年纳税上百万元的企业更是寥寥无几。在一段时间内，平昌县的两个酒厂就是巴中最大的纳税企业了，却也是我们过去最大的欠税户。我们在工作上面临着巨大的压力，特别是在处理欠税方面，我们做了大量的工作，也承担了很多责任风险，支持这两个企业发展，也给他们想了很多办法。最后找总局，找省局，去汇报反映，争取一些政策措施，积极为企业纾困解难。当时一些企业改制，我们在这些方面也做了很多工作。比如南江广旺矿务局，当年由于经营困境累积了600多万元欠税，困扰着改制的步伐。该企业也是在我们税务部门的帮扶指导下，坚持走依法破产的路子，核销了欠税，使企业顺利实现了资产重组，推进了改革，焕发了生机，为后来的轻装前行奠定了基础。再如电力、建筑和丝绸行业，在建区初期，产能低，基础差，纳税人面临的问题多，资金缺，针对企业存在的问题，我们做了大量的工作，调研和汇报反映，争取上级政策支持。在上级主管部门和党政领导的支持下，他们走出了困境，扩充了产能，推进了发展。新税制实施后，建筑、丝绸行业普遍存在着生产原材料进项采购环节难以获得增值税抵扣专票的问题，使企业的生产成本增加，税负明显增大。针对该类问题，我们派驻税务人员进厂，组织业务骨干人员到省内外同行业和当地主管税务机关学习借鉴外地管理经验，寻找和研究制订有针对性的办法措施，着力让纳税企业应该享受的政策优惠落地落实，切实把税收工作的政策服务送到纳税人心里。

在促产征收基金上，当时税收有一个促产征收发展基金政策。我们巴中在这一方面，对一些有潜力的企业，按照政策规定，在用活、用好、用完、用尽政策上下足了功夫，毫无保留地支持企业的发展，否则后面一些企业可能没有发展的基础和后劲。就这样，在培植财源上，我们为后续的巴中经济和财源建设奠定了一些基础。我们在财源建设上做了一些艰苦扎实的工作，使得我们巴中在这种经济不发达的税源环境下，税收增长这么快，真是来之不易，为巴中经济社会的发展做出了艰苦的努力，做出了我们税务部门应有的贡献。

三是抢抓队伍建设，努力争创全国文明单位。

第一，在人才建设方面，我们长期坚持以岗位业务技能竞赛为抓手，采取送出去培训、请进来辅导、岗位开展技能比武竞赛等活动，加大对各类人才的培养。通过多年努力，全地区税务系统我们共培养出了注册会计师、税务师、律师等"三师"人才81人。对于"三师"人才，只要考过一科，就给一份荣誉和适度的经济奖励。在我的记忆中，当时好像是奖励6000—8000元钱，促使很多年轻人去钻研业务、学习技能。我们在清华大学、复旦大学、浙江大学、四川大学、省税务学校等重点名校办班送培骨干人才，每年都花不少钱，把干部送出去进行培训深造。还有学历教育，有些学历提升也有奖励，对于评上了标兵能手的业务技能人才，都分别纳入逐级建立的人才库管理，在干部提拔使用时给予加分和优先。这些方面的举措，促进了人才的成长。处科级的优秀年轻后备干部，我们培养了50多人，入选国家税务总局、省市税务局各类岗位能手、青年标兵200余人次，入选国家税务总局、省市税务局各类人才库人才200多人，选拔任用科级及以上领导干部400余人次。经过20多年的努力，初步建立了一支作风过硬、素质较高又忠诚干净、敢于担当的税务铁军，为树立税务的良好形象和实现税收现代化提供了有力的人才保障。

第二，以抓文明建设为突破口，优化税务干部队伍的作风建设，努力改变和大力提升各级税务机关的行业作风。抓行风建设方面，我们经常下去暗访，不给县（市）税务局打招呼，直接在边界上或直接到乡镇场镇上找纳税人了解情况，访询他们有没有发现税务干部在税收征收管理当中有违规行为，他们对税收工作有哪些看法、要求和建议。通过这些活动的开展，我们在局内直面问题，对个别突出的问题采取直接点穴到位、限期整改的方法，深受纳税人的欢迎和好评。比如巴中自来水公司多年反映企业在城市绿化、消防等城市公共用水的税收负担问题，我们通过开展领导挂联企业进户问需走访活动，对自来水公司在城市用水上的税收负担问题给予了很好的解决，企业十分满意。类似的春风行动，赢得了纳税人的赞赏和社会好评。在历年的行风测评中，我们巴中的国、地税部门都名列前茅。

曹惠禄，男，生于 1946 年 12 月，四川大竹人，中共党员。1993 年 9 月，任巴中地区邮电局局长。1998 年，任巴中地区电信局局长。

我和西成光缆很有缘分

曹惠禄

1993 年 8 月 24 日，四川省邮电管理局政治处处长通知我到省局谈话，说国务院发了文件，成立新的巴中地区，省局党组研究，调我到巴中去筹建地区邮电局。

服从安排　竭尽全力

当时我就答道，我能力有限，家庭也很困难，妻子有病，两个娃娃一个已经初中毕业，在读邮电中专，一个刚上初中，无人照管，推荐其他副局长去，行不行？他说，不行，领导是有考虑的。管政治处的副局长对我说，你在达县地区邮电局的时候，每次开职代会职工测评，基本上都名列前茅，职工对你信任，领导对你放心。既然省局决定了，我只有服从，家庭再困难，也要服从组织安排。

回来后我马上思考，筹备组由哪些人组成？我便和财务科的一人、办公室的一人、多经科的一人及司机共五个人，一起到了巴中，在巴中县局又找了两人，共七个人组成了筹备组，开始抓紧筹备工作。一是研究怎么去争取开办资金。我把管财务的派到省局坐等，资金不到，不要回来，因为他参加过邮电部的财务大检查，对这一块很熟悉。二是针对当时巴中的实际困难开展调查研究，谋划发展。三是考虑地区邮电局领导班子的候选人及全局机构的搭建。

我们在巴中县局找了个房间，隔成几间，既当寝室又办公。我要求县局在地区局成立前仍按原来的秩序照常办公，人员都不动。当时巴中县局的班子存在工作不协调而影响职工队伍的团结问题，我要求巴中县局做好稳定职工队伍的工作。新区成立要征地皮修房子，本来原定挨着三号桥有一块大地皮，修个通信大楼，最后改在现在这个位置，江北大道的中心地段。

通信先行　全区鼎力

地区筹备组成员苟必伦分管邮电这一块，马上找我们一起研究，改变当时的通信落后现状：电话普及率较低，只有 0.22%，也就是说，1000 人只有 2.2 人可以通电话；长途电话线路只有 60 条，那时候等长途电话要半天甚至一天，因为要保证单位优先通，个人在营业室就要等，怨声载道，确实是非常紧张。巴中地区筹备组把通信、交通都列为第一件大事，筹备立项，跑资金，当时最主要的工作是先把巴中的程控电话开通。我们一起到省公司跑项目及资金，省局十分重视，把我们巴中的通信列为全省重点工程，省局局长及分管财务、建设、电信和邮电的副局长均到巴中进行调研，给予了我们非常优惠的政策。

地委、人大、行署、政协四大班子经常到我们现场解决邮电通信上的困难，特别是分管领导苟必伦副专员随时都要参与。最感动的是"大哥大"开通的时候，原本定的是第二天上午9点钟举行开通仪式。这是通信的大转变，有里程碑意义。我头一天晚上大概9点多给韩书记打电话汇报，想请地委、人大、行署、政协几大班子的领导参加我们的剪彩仪式。他说，必须参加，但是地委定的是9点钟要开扩大会议，时间上撞车了。他随即提出了解决办法，说提前一个小时剪彩，8点钟开始，8点半结束，9点钟也不影响地委开会。我马上就把剪彩日程改了，按韩书记的安排提前举行了开通剪彩仪式。如果没有地委、人大、行署、政协四大班子的坚强领导和大力支持，我们的邮电通信事业也不能发展得这么快。

邮电通信是为社会服务的，得到了社会广泛的支持、地级各部门的大力支持，地区公安处、工商银行、财政局在这方面对我们支持也很大。当时财务大检查，财政局发现有问题，就给我们提出了解决的办法，帮助我们改进工作，支持邮电通信建设。工商局、税务部门、电视台和报社的同志对我们支持也很大，各县（市）四大班子以及各部门也是非常支持我们。我们通信搞程控建设，资金比较困难，各县都出台了政策集资，把原来的"摇把子"电话直接改成程控电话了。我们各个县局开通程控有什么困难，四大班子领导都要出面解决，我们非常感动。随着邮电事业的长足发展，我们按照地委、行署的要求，回馈社会，做好扶贫工作，先后扶持了巴中市、南江县、平昌县的乡村和学校，既捐资捐物，又结合业务发展实行电话优惠、BB机优惠、免收月租费等。

西成光缆　倍添魅力

接下来说一说西成光缆建设。因为把我调到巴中，好像和西成光缆很有缘。1992年的西成光缆建设，起初国家规划的是从陕西汉中到四川的广元、绵阳然后到成都。达县地区不甘心，由巴中县政府牵头，联合了南江、南部、金堂这条线上的八个地方政府上书中央，要求西成光缆从汉中、南江、巴中、南部这边走，到金堂再到成都，造福为新中国成立做出了重要贡献和牺牲，但却经济落后、通信落后的革命老区。于是1993年3月份，我参加了达县地区行署副秘书长及巴中县陈副县长带队的西成光缆工作队到北京去分头做工作，晓之以理，动之以情，跑了半个多月，硬是把西成光缆线路按"八府上书"的请求改过来。回来后我又随邮电部设计院领导、总工程师和省局的建设处长、总工程师深入险峻的南江陈家山，爬坡上坎，勘测线路。

我记得南江和巴中这条光缆修建的时候，动员了3万民兵，挖光缆沟、铺设光缆、维护光缆、维护站岗这些工作，南江县的彭仁金同志功不可没。那时地区刚成立，西成光缆建设施工，我们去工地上检查质量都是坐三轮车。有次我们在柳林，晚上天空下着雨，光缆的基站出了问题，苟必伦副专员和秘书，还有公安处何处长和我，连忙赶到现场解决问题，保证了通信的畅通。

西成光缆的计划改变和建成，对巴中通信的发展确实是个质的飞跃，原来这条铜线通路十分有限，光缆一来，就是成千上万条通路，巴中原来只有60条长途线路，一下子就有1000多条了，增加30多倍。1994年1月8日，我们有5000门程控电话开通，就是借助了西成光缆的开通。还有"大哥大"开通，当时就能和世界30多个地区和国家漫游通话了，新建地区、革命老区倍添魅力，多么令人振奋！

强基变貌　省局给力

在通信资金筹措方面，班子成员和省局各个部门的对接关系是不间断的。那三年来，我们争取省局支持的资金优惠政策加起来是接近1个亿，这是一笔不小的款！当时地委、行署有这样一个奖励政策文件，凡是争取到巴中来的资金，可以提成奖励。有人说，你们争取那么多资金，为什么不搞提成奖励呢？我说我们提出来也不会分，还是用于通信建设，干脆不提，就直接用于通信建设了。那三年，我们自筹资金和争取资金共达2个亿，对全地区的通信改变确实大。

地区邮电局成立之初，当务之急是解决通信发展的资金缺口，这一方面省邮电管理局给予了非常优惠的政策：我们开办的经费报告交上去，还不到一个星期，款项就给拨下来了，大概拨了50万元。程控电话资金的解决方案，省局给我们解决了贷款额度，实际上这笔钱也是省局帮我们全部还清。我们得到的一个最大好处，是邮电局结算系数，对于巴中的邮电发展，这是最大的优惠政策。比如我们收入100万元，不但这100万元不上交，还要给我们另外拨发60多万元，结果结算系数是1.67（或1.82）。也就是说，我们有100万元的邮电收入，不但不上交，还要倒得60万—80万元。我们收取的邮电附加费，都用于巴中的邮电通信建设。由于省局的大力支持，我们改造了几十个支局。还有邮政运输力量的增长，原来我们没有车子，后面一下就给我们增加了二三十辆邮运汽车跑区乡，因为那时候在外面打工的民工多，回来的款比较多，有了车子，储蓄资金运送就安全了。当时我们各个县局的领导下去检查工作，基本上都是搭客车或者长安面包车，要跑一个支局，来回很费时间，我们向省局打报告，省局给每个县局的领导班子配了一辆2000型桑塔纳车，很好地解决了县局领导下乡检查工作的交通工具问题。

关爱职工　凝心聚力

地局筹备的时候，从外地和各局调了二十几个人，有的家属是邮电系统的就调过来，外系统的不好调进来，我就专门向省局写报告。那时候我们招人，需要省局同意给编制，我们解决了几个从外单位调进来的包括我们两个副局长家属的编制问题。建区之初，巴中邮局的职工住宿条件确实差，有的是三代人住两间一厨，很恼火。省局及时给我们立项修职工宿舍，我们当时的南池宿舍原来只有一栋，后面又修了一栋。

印象最深的是，当时邮电部的朱高峰副部长和省局张局长，一起到巴中来检查西成光缆的建设问题。我以个人名义给朱副部长写了一封信，将职工三代人住一起，儿子媳妇和公公婆婆还要用一块塑料布隔开、在一间屋里睡的实际困难谈了一下，希望邮电部能够给予补助。很快，邮电部下达文件，补助巴中地区职工宿舍建设费 200 万元。

在职工队伍建设方面，我们既加强学习教育，还要解决其实际问题，在政策范围内通过第三产业为职工谋取福利、改善生活，还解决了一个上级长期头疼的老上访户问题。我离开巴中时，他为表达感激之情，还给我送了一个匾。

以身作则　前行动力

我们整个地区局领导班子以身作则，带领全区 1000 余名职工勠力奋斗。我们班子是一正局两副局和一个副书记，四人从达县地区、通江、平昌走到了一起，因为没有房子，大家在一个办公室办公，住集体宿舍，同吃大锅饭，真的是有福同享、有难同当，严于律己、廉洁奉公。

在建区初期创业，我们班子是全身心投入，对家庭关照不够，深感内疚。1995 年 8 月 4 日，我在第一次光缆扩容那个晚上接到女儿打来的电话，说她们的妈妈病逝了。我脑袋顿时一片轰响，但又不能影响扩容割接，那是新建地区通信的大事，地委、行署领导都来庆贺了。我把悲伤压在心底，没有告诉任何人，直到喜庆过后才告假，安排好工作赶回达县家里。我们班子的副局长虎文元的爱人也是在 1996 年或 1997 年的建设期间去世。

就是说，因为创业的艰辛，我们班子成员是做出了奉献和牺牲的。

1993年邮政和电信分家以前，巴中地区市话总容量只有4500门，到了1995年就有2.3万门，程控电话开通以后的1996年，扩容就是2.8万门了。我调离的时候又扩容，有3万多还是4万多门，具体记不清楚了。反正这三年来，农村电话总容量在成立地区前有3506门，到了1996年就达到10500门；市话用户在成立地区前有5200户，到了1996年就有19267户，增加了2.7倍。

我今年77岁了，回顾曾经在新建的巴中地区工作的五年多时间，自感对巴中的经济发展贡献出了自己的力量。地区局也得到了很多荣誉，有地委、行署表彰的，有部省局表彰的，还有省经委表彰的，反正都很多。当时获得巴中地区第一届拔尖人物荣誉的有五人，我也是其中之一。

巴中地区的飞速发展，给我留下了深刻的印象！

巴中地区的人民，给我留下了深刻的印象！

巴中地区的邮电职工，给我留下了深刻的印象！

吴光昕，男，生于 1939 年 5 月，四川通江人，中共党员。1993 年 12 月，任中国人民银行巴中地区分行副行长、党组副书记，主持工作。1995 年 1 月，任中国人民银行巴中地区分行行长、党组书记。

巴中央行再创业

吴光昕

1993 年 11 月，四川省人民银行党组决定，由我负责组建中国人民银行巴中地区分行工作。

1993 年 11 月下旬，我与同事周尚平、李恭敬会集巴中，在原中国人民银行巴中县支行的几间旧屋里搭起办公桌，从而拉开了筹备中国人民银行巴中地区分行工作的序幕。筹备小组几个同志分工合作，白天调查摸底，晚上分析研究，有时工作至深夜两三点，肚子饿了就泡一碗方便面充饥。经过 20 多天繁忙紧张的工作，我们对四县（市）人民银行系统 50 多名正副股长以上的中层干部和大专以上的专业技术人员进行全面调查了解，逐个分析，重点考察，最后筛选出了 18 个合格的正副科长，为新设立的二级分行机关 15 个科室安排了领头人。如果没有这一大批中层干部，仅靠我们几个行级领导，中央银行的职能是难以发挥的。

刚组建的巴中地区人民银行，人员来自两区（达县、巴中）七县（达县、万源、白沙、通江、南江、巴中、平昌）。没有办公用房，我们先租后修，即在原巴中县粮食局租用了 250 平方米的宾馆为临时办公场地，同时租房解决了 28 个同志的临时住房问题，并利用原巴中县人民银行的两间工会活动室办起了职工食堂，既解决了单身职工吃饭问题，同时也为大多数清早来不及做早餐的同志提供了方便。在做好上述准备工作的同时，我们还大力宣传中央银行的方针政策，召开辖区内金融机构负责人联席会，及时向省人民银行和地委、行署汇报筹备工作进展情况，从而得到了各级领导的重视和支持。省人民银行领导还亲自前往巴中了解筹备情况，认为时机已经成熟，同意筹备方案。

1993 年 12 月 28 日，中国人民银行巴中地区分行宣告成立。1994 年 1 月 1 日，正式履行中央银行的职能。

新组建的二级分行，工作千头万绪，百事待理，百事待兴。从何入手，怎样才能打开工作局面？无疑是摆在几个新上任领导面前的一个崭新的课题，同时也是对这届领导的一个严峻考验。行领导一班人，个个开动脑筋，思考问题，并紧紧依靠广大中层干部，采取个别走访、会议讨论、集思广益等多种形式和方法，最终提出了"一年打基础，两年上台阶，三年见成效，五年实现自动化"的长远计划和抓住"一个重点"（金融监督和管理）、突出"一个加强"（加强调查研究，提供决策依据）的重点工作思路。

在"四个建设"中，我们坚持把党风廉政建设放在首位。新设立的二级分行，不仅要增加和抽调大批人员，还要征地修房子、买车子、添制大量的办公用具，一年的经费开支少说也是四五百万元。同时，建立巴中地区之后，交通、能源、通信等基础设施建设面宽量大，需要大量贷款注入。人民银行是加强宏观管理和宏观调控的枢纽，手中掌握大量的再贷款和老少边穷低息贷款指标，金融监督、机构审批、现金供应是当时的热点，既有权又有钱。从党政到企业、从各商业银行到农村信用合作社，都要求助于人民银行的支持。在这种情况下，如何掌好权用好权就显得十分重要了。

建行之初，进人、征地、建房包工、审批金融机构等，也有不少人请客求情，送钱送物，但我们几个领导首先做到了"请客不到，送礼不要"。当时，有些同志因工作需要调入人民银行，有些单位与人行有往来关系，个人或单位便带上现金、高级香烟、名酒，甚至金银首饰前来表示感谢，我们都一一拒绝，不仅不收，还对送礼者进行了严肃的批评教育。

1995年12月，我在四川医科大学附属一院住院时，巴中市一建筑公司派原为人民银行搞建修的负责人专程前往医院看望我，说你生病几月，肯定要花一大笔钱，公司支援一点医药费，表示敬意……说完把一个纸包放在床上就匆忙走了。我躺在床上输液又无法动，待我大儿吴明朗取药回来后，打开纸包一看，是4万元现金，真是心里一惊！怎么办？只好暂时存在银行。1996年春节前夕，行里派当时的纪检组组长李良泽、监察室副主任刘新国，前往医院看望我时，我吃力地在床上简要地给这个建筑公司写了一封感谢信，一同将4万元现款交给他们，让他们转交建筑公司经理，并向他们说明道理。最后我听说，公司每个人都深受启发和教育。有些单位送来的物资，实属无法退还的，就叫单位处理后入账归公。当时不仅我是这样，其他几个领导同志也都是这样。

建行时领导班子成员共三人，后来陆续增加了纪检组组长李良泽、总稽核石友蛟等比较年轻的同志进入领导班子，党组成员由三人变成了五人。职数增加了，力量也大了，仍与原来一样，精诚团结，齐心合力，并肩战斗。尤其是新进入班子的年轻同志，他们尊重老同志，谦虚谨慎，刻苦工作，廉洁奉公，使全行工作更有起色。

在抓职工队伍建设上，重点突出思想政治工作和业务技能两个方面。除每周安排半天学政治、学业务外，还采取以下三条措施，提高干部职工素质：一是地区分行和县支行分别举办短期业务培训班，采取集体上课、分组讨论等多种形式，达到快速提高、学了就用的目的。二是敢于花学费，采取走出去、请进来的办法，分期分批派到省人民银行短期培训班强化培训，既学理论，又学业务技能。几年来我们一共举办短期培训班15次，培训、轮训各类业务人员370多人次，其中派往省里培训的达55人次。三是进行文化补习，提高理论水平，改变文化结构。经过上述措施的实行，效果很好。据统计，1997 年末，全行大专以上文化比例比 1993 年末提高 18.5 个百分点，初、中级职称比例比 1993 年末提高 23.8 个百分点，业务技能和业务水平均有了较大提高，有些单项比赛还跃入了全省先进行列。

在处理四个方面关系上，首先是处理好中央银行和各商业银行以及城乡信用社的关系。我们既理直气壮地履行中央银行领导和管理金融事业的各项职能，严格监督管理，又切切实实为商业银行做好各项服务工作。我们坚持一季度召开一次金融联席会，通报情况，协调各方关系，研究讨论有关金融、经济方面的重大问题，并征求商业银行对人民银行的意见和建议。同时，我们还定期或不定期地到县区乡基层检查指导农村信用社工作，实行面对面的领导和指挥，研究农村金融体制改革方面的有关问题，把农村出现的一些矛盾和问题尽力解决在基层，以便促进农业生产快速健康发展。

其次是处理好银行和企业方面的关系。根据巴中的实际情况，我们在地委、行署的领导下，对全地区工业企业调查研究、分类排队，并区别对待。对有发展潜力和前途的南江水泥厂，通江、南江的煤矿，巴中纺织厂，平昌的江口醇、小角楼酒厂等在信贷上给予大力支持，并派信贷员驻厂帮助其加强内部管理，扩大生产能力，提高产品质量，提高经济效益。1994 年至 1997 年几年间，全区工业企业的数量虽然减少了，产量和产值却大大增加了。据统计，到 1997 年末，工业产量、产值年平均分别以 17.5% 及 15.2% 的速度递增，为巴中经济的持续快速发展打下了坚实基础。

再次是处理好宏观调控与微观搞活的关系。几年中，我们与各商业银行一道深入企业、厂矿、农村调查研究，掌握实情，大力支持了新建地区的交通、能源、通信等基础设施建设和粮、棉、油及农副产品收购资金的需要。

1997 年末，全地区各项存款总数达 28.08 亿元，比 1993 年底增加 20.29 亿元，增长 2.6 倍。其中城乡居民储蓄存款为 23.11 亿元，比 1993 年末净增 17.31 亿元，增长 2.98 倍，各项贷款达 45.21 亿元，比 1993 年末净增 25.26 亿元，增长 1.27 倍，其中固定资产贷款 7 亿元，比 1993 年净增 5.12 亿元。四年中，再贷款（各商业银行和城乡信用社的短期贷款）4.6 亿元，核销以工代赈资金达 1.2 亿元。四年累计净投放货币达 32 亿元。四年内发放的各项贷款虽然超过 1993 年以前几十年的总和，但宏观上并没有突破上级的计划指标。我们大力组织存款，积极向上争取政策，边放边收，加速了资金周转，提高了资金使用效益。后来我们就把它总结为："讲好北京话、办好巴中事。"当时的四川省分行出了简报，省人民银行行长杨刚才同志在 1995 年召开的全省人行县支行行长会议上讲：巴中地区分行"讲好北京话、办好巴中事"的经验很好，值得其他地区借鉴。

最后是处理好银行与党政的关系。我们坚持两条原则：一是不以中央企业自居，坚持在当地党政的统一领导下进行工作，尽力为当地社会各项事业的发展出谋划策，排忧解难，并加大新建地区贷款投入，促进老区经济快速发展，在政治上保持高度一致。二是党委、政府领导提出的要求确实一时难以办到的，也尽量说明原因，以取得其理解和支持。几年来，我们不仅与地委、行署关系十分融洽，而且与地级各部门也是友好相处，做到了互相支持、互相信任，给金融行业树立了一个良好的形象。

为了促进地方经济持续、快速发展，我们把金融监管作为头等大事抓住不放。从 1994 年 1 月至 1997 年末，全区共新批设立金融机构和服务网点 85 个，其中城乡信用社 16 个，邮政储蓄 23 个，使各专业银行和城乡信用社的机构分别达到了 178 个和 257 个。同时对布局不合理、安全无保障、效益特别差的 56 个网点进行了撤销和合并。辖区内金融机构总数达到了 524 个，比 1993 年末增长了 23.87%（含邮政储蓄）。金融从业人员（含邮政储蓄）达 4250 人，从而为全区经济发展筹措了大量资金，为加速新区建设做出了应有的贡献。

清理、整顿、取缔城乡"基金会""储金会"。1994 年，我们首先对城市各种名义的乱集资、乱入股、基金会、储金会等进行了全面检查清理，并及时向地委、行署领导汇报清理情况，从而得到了党政领导的重视和支持。为了维护正常的金融经济秩序，坚决制止各种基金会在巴中辖区内发展蔓延。当时，巴中地区仅有两家，均是巴中市以工商联商会名义办起来的互助储金会，由于受各方面的干扰及主客观多种原因而纠正不彻底外，其余均在这次清理中得到了有效制止，并追回了乱集资金额 250 多万元，没有造成重大的经济损失。

通江、南江、平昌三县工商联在 1994 年下半年也正准备筹建基金会，我们发现后，及时向地区行政公署领导汇报，迅速派三个工作组分赴上述三县弄清情况，并分别与三县县委、县政府领导通报情况，交换意见，及时采取有效措施，很快制止了基金会的筹建。

薛志勇，男，生于 1957 年 10 月，甘肃秦安人，中共党员。1993 年 8 月，任巴中地区建设银行筹备领导小组成员。1994 年 4 月，任巴中地区建行党组副书记、副行长，主持工作。1999 年 6 月，任巴中地区建行党委书记、行长。

竭诚服务巴中发展

薛志勇

我们筹建巴中地区建设银行，刚开始是很艰辛的。当时我在达县地区建行任人事科科长，从开始筹备酝酿，到最后搭班子、组建队伍，我全程参加。

1993 年 8 月份，我们就已经知悉原达县地区的通江、南江、巴中、平昌四县要从达县地区分出去，成立巴中地区。达县地区建行原行长周元庸和时任行长戴年德等领导，对筹建巴中地区分行非常热情，省分行党组和领导也特别重视，特别派时任省分行副行长赵富高到达县地区来进行考察。当时达县地区建行党组提出的建议是：从达县地区建行副行级领导当中挑一位去巴中当行长，再从地方政府部门过去一位领导当副行长，巴中县建行党组书记、行长陈文祥同志任行级领导。在搭班子的过程中，我们达县地区分行两位年轻的副行长都调到省分行任处长去了，剩下的一位副行长、一位纪检组长和一位总稽核，都是 50 多岁的人了，身体健康情况也不是很好。达县地区分行机关干部都很清楚巴中的情况，"巴中建行成立之日，就是亏损之时"，大家都这样认为。行领导身体不好，无法来巴中，其他业务部门的一般同志到巴中来当中层干部也不愿意，整个达县地区建行机关100多人，只过来了我一个人。

1993年8月30日，省建行批准成立巴中建行筹备领导小组，原达县地区建行党组成员、总稽核任登奎任组长，我和陈文祥同志任成员。1994年4月份，省建行任命我为主持全面工作的副行长，宣汉县建行党组书记、行长秦联忠为副行长，陈文祥为总稽核。巴中地委根据省分行提议，任命我为党组副书记，秦联忠和陈文祥为党组成员。

我们建行的筹建算是比较早的。当时巴中地区筹备组五人领导小组还在达县地委招待所办公的时候，我们就去报到了，时间是9月3日。9月4日，我们随巴中地区筹备领导小组的同志先到通江县，9月5日到达巴中。

来到巴中以后，条件非常艰苦。当时我们从渠县建行调了一位办公室主任过来，宣汉县还过来了一位股长，从通江、南江、平昌和巴中四个县支行各抽调了两名同志到地区分行来工作，加上一个驾驶员，共12个人，其中有九位同志是需要住宿的。

当时的巴中，地区刚成立，筹建人员较多，房屋非常紧张。我们过来后，找不到较大的房子，最后只好住在民政福利招待所。因为房间小，数量少，只能满足我们九个人的住宿。没有做饭的地方，我们就把招待所公共厕所旁边的浴室当作厨房。每次去厨房，都要经过公共厕所，那个气味非常大，蚊虫也非常多，大家吃饭时，心里都不是个滋味。

招待所房子的窗户是朝南开的，到了夏天中午，太阳直接照在床上，热得不行，根本没法睡觉。我们只能去办公室，坐在椅子上午休。后来我们就在武装部附近租了厨房，职工个人逐步又租了一些民房，这才改善了吃饭和住宿的条件。

巴中成立地区以后，交通运输满足不了经济发展的需求。改善交通条件，刻不容缓。巴中当时到处都在修路。我们有时候到达县去，早晨天麻麻亮就走，一直要到晚上才翻越铁山。特别是平昌那一段堵车，有时候一堵就是一整天。到成都开会，一般都要提前一天半出发。如果提前一天走，一是赶不到，两头都要摸黑。二是即使你赶到了，坐在会场上，领导在上面讲话，我们根本就听不进去。因为人非常疲倦，脑壳里像一团浆糊，迷糊不清醒。

现在想起那个时期，确实是非常艰难的，从我们的工作环境来说非常艰苦，从我们的工作任务来说非常艰巨。艰巨在哪个地方呢？比如省建行要求我们通过盘活信贷资产存量，优化信贷资产增量，从而进一步提高信贷资产质量和经营效益。作为地方党委，巴中地区当时正处于交通建设的高潮时期，特别是唐巴路，还有四个县（市）的公路，都急需大量的建设资金。人们对建设银行承担基建项目资金的认识根深蒂固，只要是基本建设项目上缺钱，都会不约而同地来找建行，所以我们的贷款压力非常大。地方党委和政府要求我们"讲好北京话、办好巴中事"。这句话好说，做起来确实很难，犹如在钢丝上跳舞，稍有不慎就踩偏了。

如果说1994年之前是身体累，1995年以后就是心累，而且不是一般的累。除了贷款方面的压力以外，我们在内部管理上，按照上级行的要求，必须精简机构，精减人员。如信托代办处、房地产信贷部、房地产公司代办处，还有一个劳动服务公司，也就是银行自己办的公司，等等，我们既要撤销那些机构，又要精减人员，既要精减储蓄代办员和劳动服务公司临时人员，还要精减正式职工。由于当时大办储蓄，增加了很多储蓄网点，一个网点需配四个储蓄人员。当时临时人员能来建行的，要么是有真才实学，要么是有一定的社会关系，一般的人真还来不了。要清退那些人，压力就很大，一是确实把人家的饭碗端了，二是那些人清退出去以后，对建行多少有点怨气。因为原先说得好好的，干得好可以转成正式职工，结果把人家辞退了。

精简机构，精减人员，给内部职工的压力很大，大家都有悲观失望的情绪。再加上一些外部的同行业竞争，带来的消极影响是很大的，负面情绪很多，社会影响面也很广。很多人都说，建行要垮了，要撤了，你们还把钱存到建设银行去干吗？以后你可能取不出来了！

在外部环境负面影响较多的情况下，我们还是始终坚持按照省分行的要求精简机构、精减人员，对外大抓存款，筹资增存。我们行筹建之初，存款是4000多万元，贷款是7000多万元（还有一些账外贷款），储蓄资金还不够放贷款。不够放贷款，这部分钱从哪来的？只有从省分行和人民银行借。大家都知道，储蓄的利率很低，活期存款的利率就更低了，发放贷款是有收益的。而拆借资金和从上级行调拨的资金，利息一般都在4个点到5个点（个别时候有3个点的），放贷利率只有5—6个点，这个利差太小了，利润就非常薄。有段时期是利率倒挂，放贷越多，亏损就越严重。

为了解决资金缺口问题，我们对外大抓存款，对内强化管理。除了精简机构、精减人员、规范管理外，就是压缩管理成本。

当时社会上说，银行福利待遇很高，当我到地方工作后才知道，其实银行待遇很低，只是名声好听而已。

对上，我们主要是争取政策。第一个是争取信贷指标。因为地方政府对我们的要求很高，一定要求我们支持地方经济发展。这是政治任务。我们自己也深刻认识到，银行和所在地的经济发展是鱼水关系，锅里有食碗里才能有。在一个地方发展银行业务，如果地方的经济发展不起来，银行业务也是发展不起来的。第二个是争取呆账贷款的核销指标。我们前后争取核销呆坏账贷款一个多亿，为企业减负，为巴中经济发展添薪。

对下我们主要是提高经营管理效益。因为我们是商业银行，商业银行就要盈利，如果老是亏损，就失去了存在的价值，所以对下，主要是从经济效益入手来抓管理。

通过多年努力，我们的储蓄存款从建区之初，也就是1993年底的4949万元增长到了3.1亿元。贷款，我们先后累计发放6个多亿，累计回收是4个多亿。2000年底，贷款余额大概是2.1亿元的样子，也就是存款增长得比较多，我们实现了资金自求平衡。我们把信贷支持重点放在了交通建设上。在一无规模、二无资金、三无放贷权的情况下，我们多次派人到省建行专题汇报，受到了省分行领导和业务部门的充分理解和大力支持。

1993年底，建行给巴乐铁路改造工程注入贷款100多万元，为新区的交通建设解了燃眉之急。1994年8月份，我们在通江县召开工作会议期间，得知通江县正在组织公路大会战，便组织参会的30多名同志当场捐款5000多元。从1994年开始，我们先后贷款1000多万元，支持巴乐、唐巴等干线公路改造和区内其他公路交通设施建设，全行职工先后向公路建设捐款2.3万多元。针对能源不足的问题，建行职工记在心上，落实在行动上，组织人员认真调查，反复论证，以翔实的论证报告和竭诚服务巴中地区经济发展的满腔热情，换来了省地重点项目——平昌县水电站由小型水电站改为了中型水电站，前期准备工作在建行的支持下顺利进行，给予了500多万元贷款支持的风（滩）平（昌）巴（中）输变电线路也开通了，国家电网的强大电流汇入了巴中后，为地方的经济腾飞注入了强大的活力。

记得地区刚成立时，打电话很难，大家经常说的一句话是，"交通靠走，通信靠吼"。地委、行署集中力量，狠抓光缆工程通信建设，用一年时间实现了西（安）成（都）光缆巴中地区段和三县一市国际国内直拨程控电话开通。在这项工程里，我们建行组织人员编制项目预决算书，归集经办区乡、街道和企事业单位筹集的建设资金4000多万元，注入贷款1000多万元。

江北新区开发是巴中地区基础建设的重中之重，我们建行给予了大力支持。地区招投标工作站刚成立，专业技术人员还比较缺少。我们立即上门请战，抽调业务骨干六人，在远离巴城的乡村为江北新区建设工程编写工程标底。参加编写的建行职工克服蚊虫叮咬、生活艰苦、工作条件十分简陋等诸多困难，封闭式苦战了20多天，编制建设工程标底15份，价值3000多万元，以责任心强、准确率高、速度快、保密工作好，赢得了地委、行署的表扬。

地委、行署机关基建工程资金缺口大，为尽快解决地级机关的住房问题，我们建行房地产信贷部还制定并报经行署审批转发了《地级机关住房贷款优惠办法》，并积极筹集资金发放优惠贷款，受到了一致好评。

说实在的，只要当时的地级机关单位来找我们，考虑到地级机关单位绝大多数都在建行开立账户和房改资金都归集在建行等原因，我们多多少少都给予支持。特别是 1996 年的时候，韩忠信书记要求在 1996 年 10 月 1 日前，所有地级机关全部要搬到江北新区去办公。很多单位因为缺少资金、房子没修好而搬不了。当时地区领导还专门来找我们协调，我们一次性给五个单位每个单位发放 10 万元贷款，一共解决了 50 万元贷款。

在服务地方经济建设中，为精简办事环节、提高工作效率、方便企事业单位，我们建行信贷部门的同志经常深入企事业单位和施工现场，一起讨论项目的优劣，一起分析资金运用效益的高低，一起商讨挖潜革新、合理调度资金的良策，使南江竹坝铁矿、平昌烟草公司、南江丝厂等一批企业扭亏为盈。

这些成绩的取得，离不开省建行领导和巴中地委、行署领导的关怀和支持，离不开地级各部门、各企事业单位和巴中地区 320 万人民的理解和厚爱，离不开全行员工的辛勤努力和奉献！原省建行行长傅德芝、副行长黄叔平，地委书记韩忠信、周登全和行署专员李克明等领导，都曾亲临地区建行检查指导工作。这一切都充分说明，人民建行为人民，人民群众信赖建行；这一切也充分说明，巴中地区建行在巴中革命根据地上重新找到了属于自己的位置，在激烈的市场竞争中，迈出了向国有商业银行转轨的坚实一步。

张照荣，男，生于 1943 年 6 月，四川成都人，无党派人士，高级经济师。任巴中棉纺织厂厂长。第九届、十届全国人民代表大会代表。

艰难的国企改革

张照荣

当时我在巴中县农机局工作。有一天，县委农工部的领导找我谈话，大意是说农机服务公司因多年亏损无力扭转提出集体辞职，经考察，你多年在农机局生产股工作，对农机局下属企业的生产经营情况比较熟悉，准备派你去农机公司工作，征求你的意见。

经过几天思考后，我给组织上提了三点建议：派几位同志以工作组的名义进驻公司，接管公司的经营管理工作；三年内扭转亏损达标后经验收合格，工作组即撤销，成员来去自由；原公司中的遗留问题由组织解决。领导同意了我的意见。

进公司以后我们做了大量的调研工作，基本摸清了公司情况：公司机构设置齐全合理，人员配备基本到位，但人浮于事，松松垮垮，人心涣散。全公司 60 余位员工，包括公司本部员工和各区供应点的员工几乎无一人相信公司能够扭亏。工作组及时抓住了公司亏损的核心原因——人心，经过多层次、全方位艰苦细致的思想政治工作，公司出现了久违的生动活泼、积极向上的风气。正所谓"人心齐、泰山移"，日常大量而平凡的工作就不在此赘述，经过近一年的努力，终于实现利润了，揭掉了16年的亏损帽子。

工作组撤销后，我回到县农机局任农机研究所所长。之后不久，我接到通知，到巴中工农织布厂任厂长。这里不得不补述一下这个厂的来历。

这个厂成立于1965年，由八名机修工人组建成立，隶属县水电局农机站，叫农机保修车间。在"农业的根本出路在于机械化"的指引下，农机事业有了长足发展，上世纪70年代初保修车间改名为巴中县第二农机厂，在宕梁公社一大队征地修建了新厂房。随着个体经济和社队企业的蓬勃发展，加之企业自身僵化的经营和管理体制，虽经更换了多届领导但仍未扭转亏损，不得不再次寻求转产以挽救企业。经与达县地区棉纺织厂（四川省第二大棉纺织企业）协商达成协议，达棉赠送拆换下来的老旧织布设备并帮助安装调试投产，无偿帮助培训技术工人和管理干部，并派技术骨干到厂管理。转产后农机二厂即改名为巴中国营工农织布厂。虽有达棉的大力帮助，但投产后因各种原因，继续并扩大了亏损。

我到任后的第一天，厂部会议室坐了很多人，一问才知是上海第八织布厂催收欠款的人。转产时，由纺织厅调配的下线织布机（上海第八织布厂技改换下来的织布机）没有付款的共计100多万元。一查账，根本没有钱，工人很久就是轮流上班发放生活费，根本无力支付这笔欠款。

这是一个十几年连续亏损、当前还不能正常生产的转产企业，加之由机械转产为轻纺，行业差异巨大，职工相融性差，不适应新行业，这个厂成为巴中癌症企业。

就是这样一个企业，一些心术不正的干部还在搞内讧，争权夺位，无事生非，诬陷造谣信件满天飞，搅得厂内厂外人心惶惶、鸡犬不宁。就连我这个到任才几天的厂长也中招了。到任不几天，县委统战部来电说，有一个巴中籍的香港商人在广东投资办厂，统战部一名领导要去会见他，叫我们厂派一位负责人同去看一看，有没有投资项目可以引进巴中。厂里同意，让我去广东韶关市会见这位香港杨姓商人。经过 10 来天磋商，达成了在巴中合资建一个小汽车修理厂的项目协议，港方投资 49%，中方控股。项目未被省政府批准，理由是巴中小汽车数量少，项目不能发挥效益。我在韶关待了 10 来天，厂里却闹翻了天，谣言四起，公开散发打印的传单，说我私自跑到香港（根本未去香港）里通外国，勾结香港反动势力为我大资本家家庭翻案……传单不仅在巴中县城机关单位广为散发，还发送到达县地区公安、检察和法院等政法单位（当时巴中属达县地区管辖），我还未在厂里理事，就遭了一闷棍。所幸引起县委、县政府的高度重视，立即派员调查，查明纯属造谣诬陷。真是人在家中坐，祸从天上落！不过却给我敲响了警钟，今后这条路不好走！

路再难也得走，石头再大也得搬！但搬大石头还得靠人多力大，只有整顿厂风，团结一切可以团结的力量，才能走出困境。由此我们大刀阔斧地进行了机构改革：

改革的第一步，设党委书记一人兼工会主席，党委办公室设主任，具体管理党委、工会、共青团和女工委等。尽量在优秀职工中选拔兼职副职，成熟后工作还有需要时可转为专职 。行政实行"一长三总制"，即"厂长，总工程师、总会计师和总经济师"。厂长为行政总负责人，总工程师负责生产、技术和安全，总会计师负责全厂的财务管理，总经济师负责策划和产成品营销。行政设厂部办公室和三总师办公室，这样配备厂级党、政、工领导班子只有四人。

改革第二步，推行强有力的经济责任制。总的做法是，上至厂长、书记，下至清洁工、门卫等全厂职工，工资除与本职工作挂钩外还要与全厂的效益挂钩，即百米（布）效益挂钩责任制。这一条公布后，在全厂引起了震动和热议，绝大多数一线职工表示赞同和拥护，行政、后勤等部门反应强烈。经过做深入细致的思想政治工作，全厂绝大多数职工都能接受。执行三个月以后效果出乎预料的好，厂风有了明显的变化，说空话造谣的少了，上班时东游西逛的少了，关心生产的多了，紧张忙碌的多了，不适应、多余的人离开了……久违的生机勃勃气象终于露头了。

改革第三步，实施"四班三运转"。量、本、利是企业经济活动分析中经常用到的活跃元素，三元素可以互为因果、相互制约和影响。在进行企业经济活动分析时，利是基数，本是制造成本（不变成本和变动成本），量是产量。在其他条件不变的情况下，增加产量是可以提高利润的。经过四个月左右的调整压缩和招收新工人培训上岗，实现了"四班三运转"的运行制度，产量提升了40%左右，实现了当月略有盈利。

改革第四步，更改厂名。基本目标实现后，产量有较大的增加，也增加了资金周转和产品销售的困难。当年社办企业和个体企业正蓬勃发展，涉足纺织行业中的单织厂在江、浙、广东一带更是遍地开花，粗制滥造，质量低劣，缺乏监管，产品普遍受到正规印染厂家的拒收。我们厂的厂名叫"巴中县工农织布厂"，厂址在巴中县城关区宕梁乡一大队。我们的销售员回厂都叫苦连天——花了很大力气谈成一笔生意，签合同时一看我们合同上的厂名就不签了，硬说是社队企业，产品质量不能保证。开始我认为，为了厂的生存和发展更改一下厂名是小事一桩，但报告送到县工业局就打回来了，回答称，厂名是经集体研究领导审定的，工是代表"达棉厂"，农是代表"巴中县"……怎能轻易改呢!? 眼看产品堆积如山、资金周转困难，心急如火，不得不惊动县长才解决了，企业改名为"四川国营巴中织布厂"。

改革第五步，寻求和利用一切条件为我所用。有一年5、6月份，我和厂经营部主任到上海第八织布厂协商偿还债务事宜时发现，上海第八织布厂是解放前遗留下来的老厂，有大批技术精良的老师傅和管理专家；厂址在上海市中心（淮海路附近），厂房和办公楼都很陈旧，但设备不断在更新，企业管理、产品品种和质量均为上乘；市内不解决职工住房，只解决职工转班休息室和哺乳室；最关键的是效益较好。

我们表述了两个意见，一是欠债总是要还的，但目前归还没有这个能力。二是希望得到上海第八织布厂从企业管理、品种开发、产品质量、设备保全、运转操作等全方位的帮助和支持，尽快振兴巴中织布厂，实现利润，尽快还清债务，这才是上策。通过多次深入交谈，上海第八织布厂领导又暗地到我们的住地访查，发现我们住的是香山路的一个防空洞，每天喝冷水吃面包……我们住防空洞不是表演给别人看的，主要是那个地方离第八织布厂很近，联系工作方便，被他们撞见，我还为自己的寒酸相闹了一个大红脸，生怕给我们的商谈带来负面影响，不料结果却是令人惊喜的。他们当场决定，债是一定要还的，但可以暂缓。并立即选派八人组成工作组赴巴中免费帮扶，直到巴中织布厂振兴起飞。我厂只负责工作组的食宿。后来织布八厂的工会主席转告我，是我们简朴务实的作风感动了他们，他们才做出了上述决定。

在全厂职工共同努力下，织布厂实现了腾飞，两个品种获纺织部优秀产品奖，年实现近百万利润，获省纺织厅"先进企业"称号。巴中建区设市给予了企业十年稳定发展的机会，职工人数最多达到3000多人，企业效益和产能不断增长。

朱仕华，男，生于 1946 年 5 月，四川巴州人。巴中水文站站长，高级工程师。1995 年 7 月，任民建四川省委巴中直属支部主任。1998 年 11 月，任民建四川省委巴中总支委员会主任委员。

巴中民建与水文工作纪事

朱仕华

我原来在达县水文站（现在叫水文局）工作。水文部门属省直管单位。1989 年的时候，我在达县加入了民建（中国民主建国会），组织上就把我调到巴中县来工作了，任巴中水文站站长。我原来就是工程师，在水文站的水资源勘测方面做了一些有成效的工作。因为水文站总部在达县，所以我经常要回达县去，并且冬天必须回去。只有汛期才到巴中水文站工作，测洪峰、测泥沙、测水量，给国家提供预防洪水的数据和资料，以便及时保护下游人民的生命财产安全。

我加入民建那会儿，达县地区民主党派正在发展时期，要求必须在高级知识分子当中发展一批。那个年代里，高级工程师是非常少的。我所在的达县水文站有一个支部，有十几个人，是一个知识分子成堆的单位，其中科技人员比较多。

1993 年的时候，巴中成立地区，希望有民主党派人士。当时民建只有我一人，农工党有罗良娟、刘老师等三人，都是从达县转到巴中的。地委统战部找到我，说要成立个支部，要求尽快落实相关工作。

我们就开始大量物色人选。刚开始人们不了解民主党派，以为民主党派就是共产党的反对党。我们在物色人选的时候，就有警惕性很高的市民到公安局去举报我们，说是有人在搞反动串联。当时巴中市把我安排在政协任常委，巴中市公安局还是比较慎重的，就去问政协，才清楚我国的八个民主党派是国家承认的，是共产党的亲密朋友。当时民建专门有本《民讯》，是省民建的刊物，上面理论文章多。还有《中国民讯》《四川民讯》，统统都叫"民讯"，平常我们把这些书拿来，学习理论。

开始时我在巴中发展了10个人。组建民建支部必须要两个人签字，相当于介绍人，没人签字就无法成立。当时民建省委毛志伟确定由我来做签字人，另外还有个民主党派的老革命、省政协副主席陈祖湘，因为他在新中国成立前就是四川民生银行的，现在是银行副行长，他也签了字。1995年7月18日，组建民建四川省委巴中直属支部，我当选为支部主任。

那时候，成立一个支部是非常难得的。地委统战部谢百军部长，还有民建省委的领导，都来支持工作，我们就开始发展组织了。民建省委名誉副主委、四川大学的老教授文宝瑛，以及副主委翟文蓉来巴中开办培训班，把民建知识普及开来，我们支部慢慢就壮大了，逐步开展活动。比如，1997年6月29日召开的迎接香港回归座谈会、每年的团拜会等。

那时候巴中地区的民主党派，只有农工和民建两个。统战部把我们当成"宝贝"，开展活动，就叫我们去学习。由于统战部的重视，在1998年的时候，民建支部就发展有30多个人了。经过省委统战部审批，准予巴中成立民建总支委员会，按地方组织对待。

1998年11月8日，民建巴中总支召开成立大会。大会选举我为主任委员，张清雄为副主任委员，委员由王雅、张映华、罗成水、王晓燕等担任。这些人就是我们的中坚力量。

那时候我们做了很多有意义的事。1998年4月3日，在地委统战部和民建总支的支持下，会员何文泰退休后自筹资金，在农村办起了片区第一所民办中学——巴中市建文中学。大家浑身充满干劲，积极筹资，协助政府做了一些事情。1999 年 5 月 12 日，总支召开支委（扩大）会议，强烈谴责以美国为首的北约袭击我驻南使馆的野蛮行径，坚决拥护党中央的严正声明。1999 年 8 月 20 日，民建、农工党两个民主党派总支与工商联联合召开声讨李登辉"两国论"座谈会。1999 年 12 月 9 日，总支委召开办公会议，就如何配合好地委统战部举办"迎澳门回归诗书画展"活动进行商议。

1995 年、1996 年的时候，行署决定修巴城三号桥。我当时在水文站当站长，专门负责收集巴河的水文资料。地委、行署要求，三号桥的修建要达到能抵御百年一遇洪水的标准。说实话，这个标准谁也不敢保证，我作为一个科技工作者也坚决不能作假。如果水文部门误报，本来涨 2 米，你说涨了 5 米，下面各个乡镇就得搬迁；本来涨了 5 米，你说涨了 2 米，下面淹了你要负责。这些都是人命关天的事情，所以我说，不敢保证。我们要先进行测验，计算出桥头过水面积有多少，再经过精确计算，才能得到科学的数据，也才能为三号桥的修建提供科学的支撑。

5 月份的时候，三号桥就要开始架拱，架拱又怕涨洪水。因为我是工程师，上级让我必须弄清，究竟有没有洪水，也让气象局预报，究竟有没有大雨。气象局负责预报有没有大雨，但具体洪水涨多高，还是我们水文部门说了算。我一直坚持用科学说话，所以我把自己关在屋里，整了几个晚上，从 1942 年起仔细研究，曲线、点图，这些都不是简单的事。经过几天几夜的计算，我得出结论，巴河近段时间是不会涨洪水的。地委相信我作为专业技术人员的判断，才决定开始架桥。现在回想起来，我认为这是我贡献最大的一次。

巴中建区的时候，技术人员缺乏，我作为专业技术人员，主要负责巴中大型项目的给水排水，我们水文站就是干这个的。比如说要建一个大的工厂，有没有水来，大的排水、污水能不能出去，洪水淹不淹得到？这都是我的责任。

说到江北新区的建设，原来那个新区管委会主任是副县长，找了我多次，还有其他人也找了我多次，就问，我们江北新城的给水排水情况究竟如何？我说，江北新城后期规划 10 万人到 20 万人，用水都没有问题。因为我们这一条河上游积水是 2700 多平方公里，从我们这个河段来看，它最低水量是每天 5 个多流量，每秒 86400 立方米，一天就是四十几万立方米的水。我们还有其他的水库配套，比如天星桥水库，江北新城的供水没有任何问题。

各个县水利局刚刚成立的时候，每年的防洪培训都是我去主讲。什么叫保证水位，什么叫警戒水位，什么叫雨量，什么叫流量，都要给参加防洪培训的人讲清楚。每年都有防汛抗旱，那时候很重要，现在也提得很重要，只是巴中这两年遇到的洪水少一些。当时江北新区开发，给水排水资料，必须是由我们水文站给出。那个测量是非常辛苦的，我画的图纸，到现在都还保存着。

王端朝，男，生于 1948 年 1 月，四川通江人，中共党员。1993 年 12 月，任巴中地委宣传部理论科科长。1994 年，任中共巴中地委理论教员，《当代巴山》副主编。1997 年，任巴中地区教委党组成员、副主任。

我为巴中跨越发展鼓呼那些事

王端朝

巴中建地区那些热火朝天的情景，记忆犹新。巴中人以"宁愿苦干、不愿苦熬"的勇毅，创造了闻名全国的巴中经验和巴中精神。过去那些场景，一幕幕浮现脑海，挥之不去。

首期干部培训班

1993 年 7 月底，巴中地区筹备组领导亲临通江，协商后要我赴巴中地委办分管文秘工作。当时我已年过 45 岁，两个孩子均无正式工作。时任县委书记挽留说，老王，你还是留在通江吧，我负责把你的工作和家庭困难解决好。盛情难却，于是我推荐了比我年轻的副主任向全国同志赴巴地办，我便留通江县工作。可是没过多久，12 月 8 日，地委突然来电，令我 12

435

月 9 日上午 10 点前务必赶到地委宣传部报到，否则就地免职。12 月 9 日，县委办准时把我送到巴中地委宣传部。地委宣传部当即给我在望江楼招待所安排了住处，并布置了编写《〈邓小平文选〉第三卷学习辅导》资料，筹办 1994 年 1 月举办的巴中地区首期干部培训班的紧急任务。

离办班不到一个月，时间这么紧，任务这么重，怎么办？在部领导统筹安排下，我与其他四位同志一道，足不出户，争分夺秒，查找文献资料，分头撰写稿件，老领导都没空拜会。直到培训班开讲，老领导见面，才惊讶地说，端朝，什么时候来的，怎么我都不知道？我只好说明缘由，连连道歉。《〈邓小平文选〉第三卷学习辅导》是巴中首本党课教材，专题辅导一共八讲。我撰写了其中的第一讲《坚持解放思想、实事求是的思想路线》和第七讲《加强社会主义市场经济条件下党的建设》。全书由李晓春副部长和我统稿。辅导资料如期编印完毕。在首期干部培训班上，我顺利完成了自己编写的第一、七两讲专题辅导课，课堂秩序井然，讲毕掌声雷动。卢耸岗部长听后夸赞说，老王坐上去，讲得有声有色、有模有样。

后来地区公安处、地区农行、巴中市级机关等部门单位接连邀请我做"解放思想"的报告。当年 7 月，地区举办县处级领导干部培训班，又安排我作"关于社会主义本质"的专题报告，我从"为什么要研究社会主义的本质""什么是社会主义的本质""实现社会主义本质的基本途径"以及"贫困地区加快实现社会主义本质的基本对策"四个方面分门别类作了系统阐释，廓清了当时的迷雾。不久《巴中时报》和江西省委机关刊物《老区建设》以《发展才是硬道理——学习邓选第三卷的一点体会》和《坚持两手抓，四两拨千斤——消除一手硬一手软的思想根源》对讲课内容做了刊发，并邮来书刊，使我备受鼓舞。

奉命述评地区工作

建区之初，干部人员从五湖四海汇集巴中，工作紧，任务重，经费匮乏，住处紧缺，书记、专员与我们一道在食堂排队打饭。大家住的望江楼被戏称为"望妻楼""望夫楼"，个别招来的同志难耐艰困，望而却步，甚至来而复返。一段时间，山雨欲来，"地区撑不住要垮要撤"的谣言四起。军人出身的地委书记韩忠信紧急召开干部大会，坚定地说，"办法总比困难多"，要求各部门提高认识，看好家门，努力奋斗，特别要求宣传部出大手笔，搞好宣传，凝心聚力，鼓舞士气，增强信心。

宣传部闻令而动，时任常务副部长、《巴中时报》总编辑蒋东生同志亲自登门，约我撰写述评地区工作的文章。我唯恐力难胜任，他洞悉我的犹豫，鼓励说，你是理论教员，理论功底深，地区已做的、该做的都可以写，反正是统一认识，推动发展，写好了我在《巴中时报》给你上头版头条。其真诚和信任使我顿失私念，忘却自我，把握全局，以《一步一个深深的脚印——巴中地区成立以来工作述评》为题，连夜呵成，全面系统阐述了地委"狠抓基础、快上工业、活跃商贸、开发旅游"十六字发展战略的科学思路、"弹钢琴"的得力措施、领导率先的扎实工作和首战告捷的点滴实例，最后斩钉截铁地指出，"沧海横流，方显英雄本色"，坚信事在人为、事在人谋。有开拓进取、坚强有力的领导班子，有全区广大干部群众的团结奋斗，有上下左右的关心支持，循此下去，不懈奋斗，不断探索，不断创新，就没有什么困难能挡住我们前进的步伐，巴中地区的明天必定更加灿烂、更加辉煌。蒋部长看后大喜，果然在稿成第二天（1994年3月15日），标题套红全文刊载于《巴中时报》头版头条，印发2万份，直达基层。不久，江西省委《老区建设》以《巴中美景出宏图》为题全文刊用。

及时反映热点问题

1994 年 5、6 月份，"物价上涨"成为人们恐慌和街谈巷议的热门话题。连续几年，上级党政机关的文件或领导讲话都强调控制涨幅，但未讲消除上涨。地委要求用理论和事实说话，平息沸沸扬扬的议论，控制抢购物资、囤积居奇的盲目势头。根据地委要求，本人自告奋勇，以《浅谈物价趋势及对策》为题，对物价本质及其运行规律进行了探索。常言道，"物以稀为贵"，只要发展生产、保障供给，同时抑制非必要需求，物价是难以暴涨的。从全球、全国及各区域情势的全局和较长时段看，物价有的在升，有的在降，似乎是偶然无序的，但其总体水平又总是上升的，说明上涨是发展中不可逆转的一个趋势。同时介绍和阐述了中央、省、地各级党政多管齐下、治标治本，控制过高涨幅的措施行之有效。最后指出，控制物价过高涨幅是深化改革的一场攻坚战，经过上下一致努力，完全可以使物价涨幅低于收入增幅，更低于经济发展幅度。届时水涨船高，广大消费者能够承受，其上涨就毋庸深虑了。

文稿出炉，有人认为是事涉维稳大局的敏感话题，不敢贸然刊发。本人坚信正视上涨的必然性，控制盲动的正确性，于是坚持上投稿件，不久得到四川省委宣传部《理论学习导刊》第七期全文刊发。当月，四川省政府《政务决策与参考》也在"专家论苑"全文刊发。

终生难忘的两次全国研讨会

1994 年 7 月地委接到通知，要求派员参加 9 月份在西安召开的全国老区第二次经济文化开发研讨会，地委研究决定派我赴会。我恐人微言轻，难负重任，建议另选他人。卢耸岗部长闻言正色道，韩书记指示，"新建地区，特事特办"，还坚定地提醒说，前两年你不是也代表川陕苏区去开会了吗？

的确，1992 年 6 月在南昌召开的全国老区首次经济文化开发研讨会给我留下了难忘印象。当时我与达县地委副秘书长黄启国同志及省社联主席等五人代表川陕苏区赴会。会前时任江西省委副书记、省长吴官正一行领导看望我们，会后还一起合影留念。会上，黄启国和我作了交流发言。我发言，实话实说，川陕苏区革命时期，牺牲大贡献大；建设时期纵比变化大，横比差距大；现在发展潜力大，变革呼声高，希望中央反哺特殊政策以扶持。发言下来，各地代表纷纷握手相祝，赞我"说了他们想说而不敢说的话"。会后我拜见了会议主持人、中顾委常委、全国老促会副会长胥光义中将。胥老表示回去后，认真向中央反映老区的呼声和要求，想办法使老区尽快发展起来。会前我向大会送交 60 本通江旅游画册，代表争睹溶洞风光，相见恨晚。讨论中，我还对当时"两头在外"的大循环观点提了点不同看法，认为两头在外，风险太大，我们中国人口多，市场大，应该"双循并举"，首先搞好国内建设，自己强了才能抵御风险，不怕卡压。参会文章《千方百计把第一生产力落到实处——通江科技开发的实践与思考》不久在江西省委机关刊物《老区建设》作了刊发，达县地委还以《工作通报》印发 9000 份，直达各县区镇。

品味卢部长对我的了解及绵里带刚的言辞，我知道不能再推了，便抓紧准备，充分利用地委中心学习组秘书的条件，将地委、行署近一年的工作部署和思路做了阶段性的梳理和提炼，经过月余努力，整理形成了题为《最大限度优化建立和发展社会主义市场经济的条件——巴中老区贫困原因及扶贫开发的思路探讨》的 8000 余字长文，文稿剖析了老区贫困的原因，探索了发展思路，提出了给老区反哺扶贫的 10 条政策性要求。赴西安参会前，地委破格出文任命我为"中共巴中地委理论教员"，以壮行色。

三天会期中，前两天代表发言要求控制在一刻钟内，最后一天发言最后一个小时，台上突然下来一人，走到座前轻声告诉我："下面的时间都是你的了，你可以全文宣读。"我受宠若惊，喜出望外，但同时也清楚自己的身份，必须留给主持人充裕的总结时间，于是删繁就简，保留文稿框架及关键部位词句，40 分钟发言，三次长时间热烈的鼓掌。发言下来，各路记者纷至围拢，索要文稿。会毕合影，我被特意安排在第二排正中前排的胥光义中将身后。地委韩书记来电说，会议情形省里同志已来电告知我，老王你不辱使命，为我们巴中争光了。我随即答谢说，韩书记，谢谢你的鼓励。我讲的那些都是地委的做法和想法，我可不敢贪功啊！

后来文稿以卢部长、蒋部长和我合著的名义相继在《新华社内参》《四川党的建设》摘要刊发，四川省社科院《区域经济研究》则全文刊发，中央和省委直接听到了巴中的呼声和要求。这是我终生难忘的两次全国研讨会。

参与编修党课教材

1995 年 6 月，根据地委韩忠信书记指示，"组织编写解放思想的小册子，进一步在全区开展解放思想的教育"。地委宣传部组织全区高层力量编写了《解放思想，实事求是，促进巴中地区经济社会全面发展》这本书，作为党课教材，对地区存在的封闭保守观念、小生产观念、以老自居、以穷自卑、地方保护主义、主观主义、形式主义、平均主义、裙带关系等错误的思想观念，通过谈表现、论危害、挖根源，提出了破旧立新的应对措施。1996 年 8 月根据地委要求，地委宣传部历时 30 多天，经过五次大范围讨论，认真听取职能部门意见，集中部内主要力量对"改革耕作制度，大力发展玉米生产""大力发展经济林，加速林业综合开发""大力发展畜牧业，促进农业经济结构调整""发展小型微水利工程，大搞农田水利基本建设"以及"认真抓好配套保障工作，确保四大工程顺利实施"进行了全面阐述。三易其稿，形成了《搞好四大工程，实现两个转变，促进巴中地区经济社会超常规跳跃式发展》这本近 10 万字的党课教材。

我在宣传部统领下，全程参与两本党课教材编修的稿件协调组织、编辑统稿与编印发行工作，并直接撰写了四大工程中第二大工程《大力发展经济林，加速林业综合开发》的专题文稿。两本党课教材，通过骨干培训与基层宣讲，为全区跨越式发展提供了思想保障和智力技术支撑，使地委、行署决策变为全区人民的自觉行动，大大加快了十六字经济社会发展战略和阶段性奋斗目标的实现。

一篇讲政治的体会

1996 年 1 月 29 日，卢耸岗部长和我以《深刻理解讲政治、清醒服务不含糊——学习〈领导干部一定要讲政治〉的体会》为题，为地委中心学习组学习江泽民总书记《领导干部一定要讲政治》准备了发言材料。文稿对"政治的科学内涵""领导干部一定要讲政治的客观必要性""领导干部讲政治的基本内容"以及"领导干部讲政治需要注意的几个问题"，结合国内外形势，深入浅出作了全面系统地阐述。学习会上，卢部长发言后，反响热烈，《巴中时报》全文刊发后，一时间引起报刊台热议。2 月 24 日，《四川日报》于头版报眼做了报道，四川电台接连播放，《四川宣传》《四川理论学习导刊》接续全文转发。

2001 年该文稿被收入北京大学和中国人民大学编写的《面向 21 世纪中国共产党建设研究》，作为北大教辅教材，获"中国理论创新优秀学术成果"一等奖。

为教育声声呼吁

记得初调巴中地区工作时，单位领导忧虑，"巴中就业压力大，进一个人都难，端朝同志有四个'拖斗'咋办"？建议去通江找两个工作指标，却遭委婉回绝，"哪个用人哪个解决"。单位鼓励我坚持，不到两年就优先使我后顾无忧，我感激涕零，拼命工作，一人身兼宣传部理论科科长、地委理论教员、地委中心学习组秘书、地社联副秘书长和《当代巴山》副主编等五项工作，"忙得帽根儿不沾背"。虽然得遂所愿，沉浸在业有所成的喜悦中，但夜以继日，长期得不到休整，四年过去，就累成了满头花白的小老头，穿着臃肿，行动蹒跚，主管领导十分心疼却不舍得放，劝我暂且兼职留部以待后补。

然而机器磨损严重，时不我待，急需养护，领导终于忍痛割爱。最后，卢部长同意我在三个岗位中选择回归教育，画个圆圈，任职巴中地区教委党组成员、副主任，出文后，工作单一，如释重负，便一头扎下基层，深入调研，为夯实四化基础不断鼓呼，四年间在国家、省、地刊发有影响力的文稿10余篇。1997年6月《贫困地区加快实现两个转变的实践与思考》（与耸岗同志合著）载《四川日报》和《经济体制改革研究》；《贫困地区充分发挥教育功能的思考》《点石成金，奥秘何在——通江二中转化后进工作的调查》先后载《巴中日报》和四川省《教育导报》，获巴中地区行署优秀调研文章二等奖；1997年8月《对当前教育几大热点的思考》《勤工俭学是兴教育人的重要内容》《尽力加大教育技术装备工作的力度》先后载《巴中日报》和教育部主办的《实验教学与仪器》；《抓好教师继续教育，促进实施素质教育》《大力支持社会力量办学健康发展》载四川《改革开放发展与探索》；2000年，《不懈学习，努力夯实继续前进的基础》先后载《理论学习导刊》《四川党史》和《人文科学》，获中国管理科学研究院人文科学一等奖；《教育振兴，匹夫有责——学习江泽民同志关于教育问题谈话的几点体会》载《中华优秀科学论文选》和《人民日报》编撰出版的《现代教育管理理论与实践指导全书》，获中国管理科学研究院人文研究所优秀论文一等奖；《社会力量办学异军突起》《贫困地区实现跨越式发展的一项战略举措——加大巴中职教发展比重和力度的调查与建议》先后载《巴中日

报》《教育导报》和《现代教育管理理论与实践指导全书》；等等。回首那
几年，在领导关心、支持与同人配合下，自己分管的职业教育、民办教育、
继续教育和办公室工作风生水起，不断迈上新的台阶。

唐锡明，男，生于 1956 年 3 月，四川巴州人，农工党员，四川名中医。1996 年，任巴中市中医院副院长。1998 年底创立民营巴中骨科医院，任院长。

书记叫我办医院

唐锡明

巴中成立地区后不久，我记得是 1996 年，地委副书记、行署专员周登全在平昌坦溪视察交通大会战现场时出了车祸，脚受了伤。不知他听了谁介绍，要叫我去给他治疗。当时我还在巴中市中医院当副院长，就带上医务人员到他家去，经过一段时间的用药治疗，他的脚恢复得很快也很好。

周书记当时就很感动，他说，老唐，你这个祖传技术那么好，你要发扬光大。我问怎么发扬呢？他说你干脆自己出来办一个骨科医院吧。当时我说，周书记，我们当医生的，没有什么钱，怎么办得起私人医院啊？周书记说钱没有问题，我给你想办法，政府可以给你解决一些。他说柳林有人办了个私立小学，政府都给他解决了十几万元经费呢。我当时有点无动于衷，没有一定要办骨科医院的这种想法。虽然后来也给地区卫生局打了个申请，纯属应付一下领导的关心。

一直到了 1998 年，有一天又到地委院里给另一个领导看病，走到地委

444

招待所门口，碰到周书记。这个时候周登全同志已经是地委书记了。他说，老唐，我叫你建医院，你怎么做的？我说，周书记，还没有建。他问，为什么没有建呢？我说，你给我吩咐了，我就写了一个申请交到卫生局，正在审批。当时地委秘书长张忠孝也在那儿，周书记便对他说，老张，马上给王显顺打电话，叫他抓紧点。王显顺是当时的地区卫生局局长。可能只隔了两三天，卫生局就把手续给我批了。

批过以后，我们立即就着手筹建骨科医院，但是没有钱。最后我就找地委统战部，因为我是农工民主党党员，属于政协、统战这一块。地委统战部部长是李旭升，他也是地区政协工委副主任，统战部副部长是谢百军，他们就比较关心这个事，答应帮我借钱。我当时就找统战部帮忙借了 15 万元，我自己筹了 5 万元钱。1998 年这 5 万元钱刚好够租房子，就在草坝街租了生资公司 300 多平方米的房子，借的这 15 万块钱我们就购置医疗设备，最后招了 20 余名医护人员。1998 年 3 月，我的两个弟弟也从中医院辞职，另一个从地区医院出来。我就带着我的三个弟弟，我自任院长，我们骨科医院就算正式在草坝街那儿挂牌营业了。

当时建这个医院，主要是想把我们唐氏祖传的中医骨科发扬光大。我是我们唐家第七代中医骨科传人，1990 年曾经在成都中医学院进修了中医骨科和西医骨科的手术。我运用中西医结合治疗，效果比单纯的中医或者单纯的西医治疗更好。我对我的弟弟们说，建个专门的骨科医院，能够把唐氏骨科通过中西医结合来发扬光大，为巴中老百姓解决一些实际问题。当年巴中的医疗条件还是很落后，动不动就有发生意外、严重骨折的老百姓要往成都、重庆转院。加之那时巴中到外面的路不好走，老百姓费力费钱转到外地大医院，往往耽搁了最佳救治时间，钱花了伤也没有治好。如果巴中有专门的骨科医院，老百姓看病就更方便了。

骨科医院建立起来后，我们又到处借钱买了一台救护车，其实只付了一部分钱，欠了一部分。那时候为了节约资金，我们到成都去买药买各种材料，都要反复比较筛选，找最价廉物美的。到成都买药，10 元钱、20 元钱的住宿费都要节约。我舅老倌（妻子的兄弟）给我开车，晚上就在路上歇。那时候走盐亭、三台，有时候还走广元、剑阁，在车子上睡一会儿天亮了，就到成都去办事，事办了第二天下午再把药一买就赶回来。那时候路不好走，车又容易坏，好几次在路上车坏了，只好当"山大王"，很多时候都露宿野外。

为了节约成本，稍微有空，我们就到周围山上，如到南龛坡、塔子山去采药。自采的鲜草药拿回来用，一是效果好，二是病人费用低一些。我们的药都是自己加工，特别是外敷的药，自己用石碓窝舂。那时候没有机械化，舂药手都舂起了血泡。最近这几年有机械化的粉碎机了，包括中药面，我们都通过粉碎机粉，但鲜草药还是用碓窝舂。我把我们招聘的人员派出去进修学习，我也利用各种机会继续进修深造，这样通过我们自家的技术和其他技术的应用，慢慢地把医院发展起来。

但那时候才建院，环境条件差，病人多，没有地方住，有时候病人就住在巷道里，病房里也没有空调。买不起那么多空调，我们只在手术室装了一台空调。我没有办公室，只有300多平方米的医院，要住四五十个病人，巷道里住满了，就住在楼梯间。那时候设施设备不完善，有一部分病人我们确实不能治疗的，就没有达到理想的康复效果。比如断指，没有显微外科技术，我们保不住手指，有些病人最后就截肢了。遇到这个情况，我们就很着急，所以也是不得不修建自己的医院。

2000年我们就找扶贫办协调，在农行借了100万扶贫贷款，在别的银行又贷了些款，开始在红碑湾那个地方（老百姓叫"牛棚"）选址，因为那里有个日杂公司的废旧仓库，卖得比较便宜，就把那个废旧仓库买下来，又把旁边部分私人的住房拆迁。这些也不是全款买，先欠着，再每一年给点儿。当时请华兴公司来给我们建修，华兴公司不错，把骨科医院修起来。医院乔迁时，当时已经撤地建地级巴中市了，市委的周书记，政府王副市长、卫生局局长，还有原来巴中县级市的熊书记，都来参加我们医院的庆祝仪式，在建院过程中，他们都帮助过我们。

后来我们又把现在的中奥宾馆那一块地买过来，建医院的第二期房子，条件就比较好了。我们尽快派人出去，到北京的积水潭医院和青岛的解放军401医院进修学习，回来后，我们面对严重创伤的病人就有法治了。比如有些病人皮肤骨头虽然没有掉完，但是肉全部掉了，肢体完全分离，如果没有技术，也没有办法治疗——光靠医治骨头，怎么医得活呢？现在这种病人，我们就可以治疗了。这种断肢再植，我们开设十几年了，这一块我们为老百姓真的解决了很大的问题——过去指头掉了，巴中真的没法接。我印象最深的是，1999年初有一个病人打架，大拇指被砍。没有完全落断，只有骨头断了，还有一点皮连着，甩来甩去的。当时应该是夜里，可能两三点钟，他来找我们，我们没法治疗，对他说你只能去成都。他挨到第二天天亮，那时候到成都的车子很难找，还要2000元钱。他的妈妈又跑来找我，说等找到车子送成都，恐怕拇指也没用了，就要我们治。最后还是我弟弟壮着胆子把那个小伙子的拇指给接活了，但这只能说明我弟弟和他运气都好。

巴中撤地设市后，在市委、市政府的继续关心支持下，我们巴中骨科医院取得了更大发展，我们到巴中兴文新区征了地，建设了巴中骨科医院兴文分院。从建院初衷来看，我们算是达到了目标。目前中医骨科这一块，在巴中起码我们整体上是不错的了。最近这六七年，只要来我们医院的病人，我们基本上没有往华西医院、重庆医院转的。重庆第三军医大学跟我们签了定点合作医院协议，第三军医大学的大坪医院，我们合作整整10年了，都没有给它转一例病人。骨科这一块我们都是能够处理的，本地一些医院接到一些情况严重的骨科病人，都会转到我们这儿来。所以我觉得，我建了这个医院，能够解决那么多病人的健康问题，内心还是很自豪的。

现在很多朋友看见我说，你现在应该请一个专职驾驶员。说句实在话，臊皮（丢人），我没有坐一天办公室，没有一个秘书，更别说专职驾驶员了。我到成都办事开会，都是我自己开车。为什么呢，还是想节约成本。我这么多年，天天上班开一个Polo车，开到哪里，人家都说我臊皮。我说第一，这个车也有好处，节约成本，耗油低；第二，车小，好停车。我建起这么大一家医院，真不是为了挣多少钱，图多大的名。我经常说，我不吃烟不喝酒，晚上下班后回家，老婆没有在屋里，我就自己煮一两多面，整点儿菜叶就行了。我经常说，要那么多钱干什么呢？吃也吃不了多少，用也用不出去，有时候舍不得用。建医院还不是为了巴中，为了病人！

在全省的民营医院里，我们骨科医院应该是走在最前列的，无论是规模上还是技术上。全省的专科民营医院骨科中，我们是第一家三级骨科专科医院。巴中有一部分骨科病人到华西医院去治，华西专家一看是巴中来的，就说，你不要到我们这里来，我们这里床位紧，你回去，到巴中骨科医院去，他们会治得好的。有一年5月份，有位病人在印合路那儿骑摩托，与一辆小车相撞，双下肢开放性粉碎性骨折四处，胫腓骨和大腿骨断了。巴中一家医院救护车拉过去后，医院的医生让他截肢，说保不住。这个病人当晚被送到华西医院，华西无床位，又转到省人民医院。第二天省人民医院查房后，有个专家听说病人是巴中的，这个专家就说，你回巴中骨科医院去吧，不是说省医院没法治，而是治下来的费用高，至少要花50万元。我问病人家属，这个专家你认识吗？他说他也不认识，查房时这个专家叫他回巴中骨科医院去，所以他的女儿和干儿子就坐我们医院的救护车，又到省人民医院去把人接回来了，在我们兴文院区治。最后我们把他的双腿保住了，只花了二十几万元。

我们民营医院往往是想尽办法、节约成本，老百姓看病的成本也就变低了。我们现在换一次药，五六十元钱。但现在中药成本涨到多高呢？一些乡镇卫生院换一次药需100多元。我们尽量让老百姓少花钱，我们的祖传秘方自己做，自己筛选药材，包括外用外敷的秘方、外搽的药酒，搞了好几十个配方。

现在我们对有些病例采取中西医结合的方式。能用中医治疗的，就用中医手法复位小夹板固定，这样费用低。复位手法确实还达不到理想效果的，我们就通过手术，上钢板啊、上钢钉啊、换关节啊，这些治疗过后，再用中医中药进行后期治疗，采用中西医结合的治疗效果，确实比单纯的西医中医都要好。有些病情确实很严重的，比如粉碎性骨折，单纯中医西医的手法再怎么好，都达不到中西医结合的效果。现在我们是通过西医治疗，把骨头复好位，再结合中医来治。过去我们治不了断指再植，现在能治了。一些病人腿断手臂断后到我们医院来，稍后才把断腿断手送过来，这样的病人我们都治疗了很多，90%都成功了。指头断的特别多，差不多都是猪草机给弄的。那几年农村养猪，手脚被猪草机割伤的很多，还有建筑工地上被电锯锯掉的，农村旋耕机（就是铁牛）一年下来也要绞落好多腿和手臂。这一块儿必须靠西医——我们通过显微镜把神经血管放大很多倍，先把神经血管接好，再通过中医中草药外敷、中医内服药来治疗。我们就是通过这种中西医结合的治疗方式，来达到让病人更加满意的治疗效果。我们的新项目——断指断肢再植技术，在巴中是首创。我们目前所开展的骨科新技术、新项目包括脊柱、颈椎治疗，我们的显微外科、断肢再植再接神经血管等，都得了市级科技进步奖。

我们做医生，最大的成就感就是为病人着想，让他们有一个舒适清爽的就医环境，尽早使身体得到康复；就是为我们的医护人员着想，让大家有一个宽松的工作环境和良好的工作条件，激发他们的最大潜力为病人服务；就是为巴中的父老乡亲着想，帮助他们解决就医难问题，让他们不出巴中，就能享受到优质的医疗服务；就是为生我养我的故土桑梓着想，报答故乡的养育之恩，为故乡的医疗事业贡献自己的一份力量！衷心感谢所有关心、支持和帮助过巴中骨科医院的人！

岳俊聪，男，生于1948年4月，四川南江人，中共党员。1993年10月，任南江竹坝铁矿总支书记、矿长。1995年，任南江矿业集团党委书记、董事长、总经理。1998年4月，任南江县人大常委会副主任。

"远学邯钢　近学竹坝"
——南江矿业发展记忆

岳俊聪

　　1992年12月，南江县委、县政府选派我到竹坝铁矿去搞矿山工作，1993年10月担任矿总支书记、矿长。竹坝铁矿当时是四川省"八五"规划期间冶金行业的重点矿山建设项目，生产规模为年产铁精矿粉12.8万吨，为川东北最大的铁矿采选规模铁矿山，是冶金部长沙黑色金属矿山设计院设计的采选工艺，工艺在当时是很先进的。我到竹坝铁矿之前，是县工业局生计科副科长，县委、县政府主管部门决定选派我去负责这个矿山，当时能否达产，能否把竹坝铁矿搞好，自己的思想压力还是比较大。

　　上世纪90年代属于改革开放的初期，处于探索阶段的市场经济还不规范，同时90年代初冶金行业也处于整个行业不景气的时期。竹坝铁矿是南江投资、规模最大的企业，县委、县政府十分关注竹坝铁矿的生产、达产和效益情况。当时铁精矿粉的市场售价很低，我记得是167元/吨。按照

450

当时的市场价格和常规计算的生产成本，那是肯定过不了成本关的，当年应该就要亏损 400 多万元。在这种情况下，我想的是如何使企业不亏损。这样一个大的矿山项目，如果我去当矿长就亏损的话，自己觉得对不起党委、政府的信任，也辜负了前人建设矿山的辛勤努力。

我和管理团队反复研究，最后就想到了一个办法，市场上的铁精矿粉只卖到 167 元/吨，我就将这个市场价格反推到生产、工艺和材料消耗的每一个定额上去，把它分解下来，我记得有 830 多个细项指标，这样一弄，最后给它取了一个名字叫"模拟市场价格成本倒推控制法"。围绕这一个方法，在企业里建立了财务、成本、管理、考核、奖惩等一整套成本管理体系。这个体系形成后，倒推过去车间成本是 105 元/吨，加上管理成本，在当时看来，每一吨我们还可以赚 15 元，这样就保证了企业不亏损。最后实际控制下来，还不到 105 元的车间成本，当年年末的财务报表上，企业不是亏而是盈，当年就盈利 180 多万元！当时的 180 多万元很多了，效益是很佳的。

我记得那时候巴中地区就成立了，在原来的巴中县委招待所会议室开工业经济分析会，我介绍我们是如何管理、如何控制成本的，较为系统地介绍了"模拟市场价格成本倒推控制法"。我记得当时到会的有韩忠信书记、周登全专员。我整个发言过程当中，韩书记和周专员不断插话，不断详细询问一些问题，他们感觉很欣喜。我发言过后，把稿子交上去，最后周专员又找我专门谈话，我又详细介绍了这个成本倒推控制法和成本控制体系。不久，《巴中时报》上刊登出了周专员的署名文章——《远学邯钢近学竹坝，努力提高我区工业经济效益》。这个事实证明什么呢？证明企业的盈亏问题重在管理，企业的盈亏问题重在核算。

当时竹坝铁矿一个很突出的问题是集资工问题。集资工来源于农村、城镇和街道，劳动纪律差，管理也不严格，周边集镇、农村一些人和矿内一些人搞赌博，居然在厂里、车间上班都赌。如果这个现象不整治，根本就谈不上管理，安全、生产将受到极大影响，必须加强思想教育，发动职工爱厂护厂，保证生产经营的良性运转。在充分调查研究的基础上，我带领管理团队于 1993 年提出了一个"清三汉、打三徒"措施。

所谓"清三汉"，就是清理伤情恢复但不上班的伤汉、小病大养的病汉和出工不出力的懒汉。把这"三汉"人员从各个车间班组清理出来，没有潜力的人，动员他下岗，愿意改变的人，通过培训后继续上岗，把空余人员集中起来组建服务队。当时有个人，大专学校毕业，分配在我们竹坝铁矿，他还是想留下来，最后我干脆让他到服务队去当队长。因为矿山的土地比较宽广，荒山荒坡也多，他就去喂了 100 多头黄羊。他带领这一支服务队，到坡上去放羊，不去生产岗位。他们伙食团的职工，卖了羊就解决了他们的工资问题，所以他就得到了很好的锻炼，一年多下来有了成效。

紧接着就是打"三徒"。哪"三徒"呢？第一个是内外勾结的赌徒。第二个是附近场镇窜进来的歹徒，居然敢到车间里面来骚扰女工，我把他取名为歹徒。第三个就是酗酒闹事的酒徒。

通过"清三汉、打三徒"，厂里提高了正气，强化了劳动纪律，走上了严格管理的轨道。我去的 1993 年当年，铁精粉产量就接近 10 万吨，第二年超达产。当然我这些管理，包括一些强硬的措施得以实施，也完全得益于县委、县政府和有关部门的支持。当时的县委书记是陈延荣，他特别赞赏我的管理，大会小会都点名表扬我，要求大家向我学习。周登全专员又写了这样一篇远学邯钢近学竹坝的整版文章。因为当时都在推崇邯钢经验，邯钢经验就是控制成本的经验，地区领导又安排我做了成本倒推控制法的专题报告。我深刻体会到，如果没有党委、政府的支持，我很难把企业搞好。企业必须在党委、政府的领导下，才能行稳、发展壮大。我们要相信党委，相信政府，但是不依赖政府，自己想办法，所以就提出了这一系列想法。

1994 年，企业有了一定的原始积累，5 月 4 日董事会就开始提出，对外发展，低成本扩张，提出"东进西扩、北上发展"。当时就在陕西境内收购了四个矿山，在西边的攀枝花、凉山州也展开了收购，我们在凉山州会理县收购了秀水河铁矿。秀水河铁矿是一家乡镇企业，我们收购后，第一年内通过技术改造，将铁精矿粉由原来的不到 3 万吨增加到 58 万吨。又收购了广元市旺苍县的李家河铁矿。李家河铁矿是 20 世纪 70 年代绵阳专区的国有矿山，到了我们集团，2000 年中期铁精矿粉的产量达到近 80 万吨。那时候冶金行业形势逐渐好转，此后我们年销售产值就超过了 5 个亿，利润超 5000 万元。

1998 年金融危机的爆发，造成了整个社会三角债解不开。产品交易出现严重变形，以物抵款，相互价款跳楼变现。

比如我们把铁矿卖到钢厂，钢厂没有钱给我们，但铁矿他们又用了，怎么办？没有现金支付，他们就给我们钢材，让我们拿去在市场上抛售变现，这种现象就叫作跳楼。因为当时的钢材，螺纹钢建材一般都只是 1800 元 / 吨，但是他给我们偿付货款的钢材至少都是 2000 元 / 吨，我如果按照 1800 元去变现，每吨要亏 200 元，假设我要想迅速变现，在 1800 元的基础上，我还要往下降。这种情况在市场上称为变现跳楼，大概亏损的点是 15%—20%，也就是说 100 块钱的钢材要亏 20 元。这也是为了解决三角债，不得不以款抵物。但是我们使用的原材料、职工工资和社会应付债务、银行贷款给人家付了，人家就不会让价，我们就会因这种三角债的关系，给企业带来不可弥补的重大亏损。

怎么办呢？我提出"四跳四不跳"，这些都是土办法。在三角债当中，我收的货款，是以一个跳楼价收回来，承担了 20% 的亏损，但是回来后怎么办呢？第一，保国家利益；第二，保职工利益、保企业的运转。所以来一个"四不跳"。"四不跳"就是税费不跳，该给职工缴的费用不跳、职工的工资不跳，银行的利息不跳，应该保持运转的电费不跳，是多少我付多少。除了这"四不跳"，其余的社会运输费用、社会往来款和原材料购置款"跳"，与社会相关其他款项支付，一律按市场价"跳"点。通过这"四跳""四不跳"，我"跳"进来亏，我"跳"出去相应地赚，最终保持企业收支平衡不会亏，使企业良性运转。

在对外发展过程中，当时银行贷款是很困难的。国有企业进行了股份制改造，职工变为股东，调动了职工的积极性、责任感，起到了很大的作用。在对外发展中，在陕西，甘肃，四川凉山、攀枝花这些地方，我们收购的都是人家搞得要垮或搞不下去的企业，用一两百万、三百万元把它买了。比如旺苍的李家河铁矿，当时是绵阳专区的一个国有矿山，土地都有308亩，那些选场、医务室、职工宿舍，那些红砖房子、俱乐部，都是从绵阳拉到矿山场。这么好一个矿山，最后搞不下去，我们200万元就买下来，运行到今年已经服务了22年整。

2010年，在冶金行业比较好的情况下，我们提出了收缩外围矿山、做强南江本土企业的战略方针。我算定以后冶金行业可能会不景气，决定搞收缩。比如会理县秀水河铁矿，当年投了8100万元，2010年我们抓住市场较好的机会把它转让出去，成交2.3个亿。陕西的矿山也相继转让，然后只立足南江本土搞发展，收购了南江五铜包铁矿、坪河石墨矿、霞石矿五个矿体。其中不被很多人理解的就是南江霞石矿，霞石矿在国内只有六个点，四川南江算是最好的，我们开发也比较早，所以对外宣称"亚洲第一、世界第二"。这个霞石矿比铁矿都好，是目前最优质的陶瓷原料，产品供不应求，企业效益倍增。我们又与铁投集团、路桥集团达成联合协议，将南矿集团和路桥集团合并。2019年最终成行，南江矿业和四川路桥建设集团合并，定名为四川鑫展望碳材科技集团有限公司，前景无量。

我们这个企业，作为一个国企，能够正常运转30多年，并且不断发展壮大，还是很不容易的。我在职工大会上讲，我们如何跳出国有企业"三部曲怪圈"。所谓"三部曲怪圈"，就是国家投资、银行贷款、三年基建红火得很，这些领导者感觉也体面，反正到时候有工资发；三年建设期满投产，进入管理阶段，企业进入市场阶段，就没有办法了，管理不善，市场打不开，产品滞销，质量不过硬，这三年就处于艰难运行的维持当中；第三个三年就是运行困难，资不抵债，即将破产。九年中最后这一年，是盖箱箱收摊摊搞破产。所以我们走出了这个"三部曲怪圈"。我们要运营30

年，我们要运营 100 年，当然矿业集团现在已经三十几年了。现在我们与省属企业融为一体，我坚信在省属大国企的管理下，合并后的新企业会发展得更好，为南江的工业经济做出更大贡献。

梁大碧，女，生于 1948 年 1 月，四川
南江人，中共党员。1992 年 12 月，当选
第八届全国人民代表大会代表。1997 年 12
月，当选第九届全国人民代表大会代表。

我必须认真履行人大代表职责

梁大碧

1992 年前，我连续四届当选南江县人大代表，1992 年冬，我当选第八
届全国人大代表，感到非常光荣又责任重大。

1993 年 3 月，我出席八届全国人大一次会议。因为从来没到过北京，
第一次坐飞机、第一次亲手投票选举了国家领导人，心情非常激动。我必
须把老百姓的心声反映给党中央和国家领导人，为我们革命老区、边远山
区争取特殊政策，加大无偿投入的力度。我必须认真履行代表职责。

在八届、九届人大的 10 次会议上，我积极反映了老百姓的心声。每
次去开会，前 10 天我都吃不下饭、睡不着觉，要把所有的任务完成，我
才吃得下饭、睡得着觉。代表们开玩笑说，等梁代表吃得饭睡得觉，会议
就要闭幕了。我反映些啥问题呢？就说我们的老少边穷地方，第一是通信
信息不畅，第二是老百姓负担重，第三是行路难、饮水难，还有上学难、
就医难。

在八届人大第一次会议上，我去主席台找了中国科协党组书记张玉台、高潮和王治国等领导。因为我开会临行时，县委彭仁金副书记叫我带上反映山区贫困需要经费资助的文件材料，一定要交到领导手里。我去主席台，两个警卫不允许，我说我是个农民代表，肩负300多万老区人民的担子，必须完成任务。警卫说，你在这儿不要动。他就把我的材料送到了主席台的座位上。然后他过来对我说，你这个代表真的很实在。

后来我去找张玉台书记，只打听到了他的秘书王可，我把电话打到王可那里，说我是全国人大代表，张书记跟我谈话时给我留了电话号码，心情一激动就忘记了。他马上去问张书记，然后对我说，张书记叫你去他的办公室。我就叫上南江在北京当兵20年的总后勤部汽车二队教导员，一起去找到张玉台书记。我向他汇报，我们巴中想修个科技馆，老百姓要搞科学种田，提高科技含量才能够致富。张书记说，你们要打报告来，批了才可以给你们拨钱修科技馆。

第二次会议，我去找交通部黄镇东部长，费了一些神。那天我在会上先找了黔江交通局的黄局长，他也是人大代表，认识黄镇东部长，他说了黄部长的体貌特征。我守在部长席位附近等候，当我看见来人的胸牌上写有"黄镇东"三个字时，心里就像有团火在烧，千头万绪涌上心头。我一下走过去，把他的手握住了。我说，黄部长您好，我是来自川陕苏区巴中地区的一位农民代表，巴中刚从达县分家，交通不便，想修条公路。我激动地说过后，黄部长就说，代表，你回去依程序打报告上来，我们给巴中解决。我紧紧握住他的手诉说，我这次开会亲眼见到黄部长很荣幸，我们四川省是一个拥有一亿多人的省份，人口太多，我们巴中是革命老区，红军战斗过的地方，李先念、徐向前曾经到过的地方。我还对他讲了通江空山坝上摆战场、女子独立团的故事。他说，那好，你有材料没有？我就把预先准备好的装了材料的牛皮纸信封给他拿出来。他说，平时是要打报告上来，你作为代表在会议期间找到我，不得不给你解决。他叫我安心去开好会。

开会那些天，我就把我在小组会和代表团的发言全部形成文字，我们的建议、议案、提案，必须要 30 个代表签字才能提交。我就去联系，对有疑虑的代表说，只要符合老百姓发展的，只要符合改革开放政策的，你们写的有道理，我也给你签名。我还找到其他小组和一些领导为我签名。他们说，你这是为老区人民办好事。就给我签了。我就把它们复印，除了交到全国人大办公厅，另外备用几个袋子，凡是开会就提着，万一碰到中央的领导，碰到哪个部的部长、哪个司的司长，我就呈给他一份。那一年年终，交通部给巴中批了修路资金 200 万元，我们先修了沙南路，又修了唐巴路。

1995 年第三次会议，那天是三八妇女节，下午江总书记来参加我们妇女代表的座谈会。我就将原先提交的那些议案复印装在一个大袋子里，有文教、卫生、交通、信息、工业、农业开发项目等方面的材料。我恭恭敬敬地握着江总书记的手说，总书记，您辛苦了。我是来自大巴山巴中地区的一位农民代表，我们那个地区原先属于达县，13 个县只有我这样一个农民代表。分家成立巴中地区后，320 万人民也就唯独有我这么个代表，肩负的担子很重，我必须要把老百姓的心声心愿讲给党中央领导。当时江总书记也把我的手握着，我很激动。他的秘书说，好了好了，总书记一定会来看望老区人民的。后来有关部门批了 500 万元经费，用于巴中地区修唐巴路。

从八届全国人民代表大会二次会议开始，我就一直呼吁减轻农民负担，直到第九届全国人民代表大会两次会议我都在呼吁。第一次呼吁减轻负担，那天我一说减农业税，小组会的代表都看着我，过后有代表提醒我，你这个代表当晕了，把其他税减少点就不错了，还想要减农业税！我回答，我们应该向发达国家学习，人家耕种很多公顷土地，不但不交农业税，而且还给补贴，我们要汲取人家好的东西，让老百姓甩开膀子在土地上做文章，把钱包鼓起来。慢慢地就没人说我了。后来开会我又呼吁，就没啥人反对。第三次呼吁，跟着我呼吁的人就多了，都说我的提议是对的。我认为，农村面积大，人口多，不把农民的问题解决好，不把农民搞富，那是不行的。

第九届全国人大会议闭会期间，中央电视台的记者到我们南江来采访。记者问我，梁代表，你当时哪有那么大的胆量呢？我说，我认为，人大代表是人民选的，我不是为我个人呼吁，要是为个人，我一年勒紧腰带，多喂几头猪就解决了。我说，那么多老百姓，有的家庭确实没有底子，好多年都欠账，中央不作倾斜搞特殊政策，加大无偿投入，让我们老百姓在农业上大做文章，用科学种田的方法把老百姓扶一把富起来，你说怎么办？目前农村老百姓穷，好多适龄儿童失学，我走了很多地方，扶持了好几个小学生和初高中生。我觉得把老百姓扶持起来了，就是我们最大的幸福。一位国家领导人说过，我国人口主要是农民，农民的问题解决好了，一切都好办了。我是根据这个道理来的。这是人民的心声，我是老区人民群众选的代表，我要为老区呼吁。

记得那次，朱镕基副总理的工作人员晚上给我打电话，说请我准备好，第二天下午中央领导要找部分代表开座谈会。我问有多少人参加，他说不知道。我第二天去会场看，有64位代表。座谈会上，大家都抢着发言，我把手举了五次，朱镕基总理看到我，指着我说，你起来发言。我就一下站起来称呼"朱总理"，他开玩笑说，你还没投我票呢！我说，以后就要投您的票。大家都笑了。我说，我是个农民代表，连选连任八届、九届人大代表，我想说几句我们巴中人民的心里话。我们巴中刚从达县分家过来，白手起家，啥都没得，天上没得飞机，地上没得火车，河里没得船只。我就那么对他讲了，我说，请朱总理抽时间到我们巴中到川陕苏区来走一走、看一看。他说一定来。

有一次会议讨论，我看到李鹏总理到我们四川厅来了，当时就走上去，在他要落座时，我喊了声"李总理"，握住他的手。我说，李总理，您下次回四川来，还请来看看我们巴中地区，有通、南、巴、平四个县（市），都是革命老区，红军战斗过的地方。我说这里有刘伯坚纪念馆，有通江空山坝战场，还有我们南江的、巴中的红军烈士陵园。他笑着说，我了解。后来江总书记来了，他说，李鹏是你们四川人，他会照顾你们的。江总书记当时说，我们很重视四川，我们的轻工业、重工业都放在绵阳，放在你们四川……我说，感谢中央领导对我们边远山区特别关爱，希望给我们革命老区倾斜特殊政策，让老区人民与时俱进地实现共同富裕。

八届、九届全国人大的 10 次会议，我就是这样履行代表职责的，我不断地写议案，先后见到了江总书记、朱总理、李总理、乔石委员长，找到了交通部、中国科协、农业部、煤炭部、铁道部、工业部和水利部等部门。我去找这些部门时，就请在北京工作多年的南江老乡牵线搭桥，我把代表证戴上，走到哪里人们都很尊重我。

我参加第八、九届全国人大会议期间，巴中驻北京联络处主任鄢永都、刘光东两位领导和全体工作人员，还有在北京工作的岳鸿鹄（北京某部汽车教导员）、岳明（中共中央对外联络部局长）、岳中第（航天航空部研究院研究员）、梁大淮（抗美援朝老兵，在交通部工作），在我每次参会期间都非常热情和关心，我去各大部委，他们都安排专人陪同和接送，我真的十分感谢他们！

后 记

　　本书编辑遵循以下原则：讲述者（作者）简历和文章的讲述时间段均为"1993 年 7 月—2000 年 12 月"；书中文章按巴中地区时的格局并结合文章具体讲述内容排序；原巴中县按时间先后称为"巴中县"（1993 年 10 月前）、"巴中市"（1993 年 10 月—2000 年 12 月）和"巴州区"（2000 年 12 月后）；正文中"巴中市"一般为"县级巴中市"，为行文流畅，仅在第一次出现时括弧注为"巴中市（县级巴中市，下同）"；因行文需要出现"地级巴中市"，均在"巴中市"后注为"（地级巴中市）"，或直接表述为"地级巴中市"；达县地区按时间先后称为"达县地区"（1993 年前）、"达川地区"（1993—2000）和"达州市"（2000 年后）。另外，为尽量保持口述资料的原真性，对亲历者在同一事件、同一提法（如五改三建）上的不同讲述，本书未强求一致。

　　本书采编过程中，得到了亲历者、市级相关部门和四川蓝鸽传媒公司、巴山速记公司的大力配合和支持，得到了陈俊、夏文冰、李中琨、潘尔华等先生的支持帮助，在此一并致以诚挚的感谢！

　　因编辑需要，部分稿件未获采用。加之时间仓促，遗误难免，在此一并致歉。欢迎批评指正！

编　者

2023 年 10 月